L'ÉVOLUTION

CRÉATRICE

L'ÉVOLUTION
CRÉATRICE

PAR

Henri BERGSON

Membre de l'Institut,
Professeur au Collège de France.

PARIS

FÉLIX ALCAN, ÉDITEUR

LIBRAIRIES FÉLIX ALCAN ET GUILLAUMIN RÉUNIES

108, BOULEVARD SAINT-GERMAIN, 108

1907

[illegible]

[illegible]
[illegible]
[illegible]
[illegible]

[illegible]
[illegible]
[illegible]

[illegible]

[illegible]
[illegible]

[illegible]

L'ÉVOLUTION

CRÉATRICE

PAR

Henri BERGSON

Membre de l'Institut
Professeur au Collège de France

—

PARIS

FÉLIX ALCAN, ÉDITEUR

LIBRAIRIES FÉLIX ALCAN ET GUILLAUMIN RÉUNIES

108, BOULEVARD SAINT-GERMAIN, 108

—

1907

INTRODUCTION

L'histoire de l'évolution de la vie, si incomplète qu'elle soit encore, nous laisse déjà entrevoir comment l'intelligence s'est constituée par un progrès ininterrompu, le long d'une ligne qui monte, à travers la série des Vertébrés, jusqu'à l'homme. Elle nous montre, dans la faculté de comprendre, une annexe de la faculté d'agir, une adaptation de plus en plus précise, de plus en plus complexe et souple, de la conscience des êtres vivants aux conditions d'existence qui leur sont faites. De là devrait résulter cette conséquence que notre intelligence, au sens étroit du mot, est destinée à assurer l'insertion parfaite de notre corps dans son milieu, à se représenter les rapports des choses extérieures entre elles, enfin à penser la matière. Telle sera, en effet, une des conclusions du présent essai. Nous verrons que l'intelligence humaine se sent chez elle tant qu'on la laisse parmi les objets inertes, plus spécialement parmi les solides, où notre action trouve son point d'appui et notre industrie ses instruments de travail, que nos concepts ont été formés à l'image des solides, que notre logique est surtout la logique des solides, que, par là même, notre intelligence triomphe dans la géométrie, où se révèle la parenté de la pensée logique avec la matière inerte, et où l'intelligence n'a qu'à suivre son mouvement naturel, après le plus léger contact possible avec l'expérience, pour aller de découverte en découverte avec la certitude que l'expérience marche derrière elle et lui donnera invariablement raison.

Mais de là devrait résulter aussi que notre pensée, sous sa forme purement logique, est incapable de se représenter la vraie nature de la vie, la signification profonde du mouvement évolutif. Créée par la vie, dans des circonstances déterminées, pour agir sur des choses déterminées, comment embrasserait-elle la vie, dont elle n'est qu'une émanation ou un aspect? Déposée, en cours de route, par le mouvement évolutif, comment s'appliquerait-elle le long du mouvement évolutif lui-même? Autant vaudrait prétendre que la partie égale le tout, que l'effet peut résorber en lui sa cause, ou que le galet laissé sur la plage dessine la forme de la vague qui l'apporta. De fait, nous sentons bien qu'aucune des catégories de notre pensée, unité, multiplicité, causalité mécanique, finalité intelligente, etc., ne s'applique exactement aux choses de la vie : qui dira où commence et où finit l'individualité, si l'être vivant est un ou plusieurs, si ce sont les cellules qui s'associent en organisme ou si c'est l'organisme qui se dissocie en cellules? En vain nous poussons le vivant dans tel ou tel de nos cadres. Tous les cadres craquent. Ils sont trop étroits, trop rigides surtout pour ce que nous voudrions y mettre. Notre raisonnement, si sûr de lui quand il circule à travers les choses inertes, se sent d'ailleurs mal à son aise sur ce nouveau terrain. On serait fort embarrassé pour citer une découverte biologique due au raisonnement pur. Et, le plus souvent, quand l'expérience a fini par nous montrer comment la vie s'y prend pour obtenir un certain résultat, nous trouvons que sa manière d'opérer est précisément celle à laquelle nous n'aurions jamais pensé.

Pourtant, la philosophie évolutioniste étend sans hésitation aux choses de la vie les procédés d'explication qui ont réussi pour la matière brute. Elle avait commencé par nous montrer dans l'intelligence un effet local de l'évolution, une lueur, peut-être accidentelle, qui éclaire le va-et-vient des êtres vivants dans l'étroit passage ouvert à leur action : et voici que tout à coup, oubliant ce qu'elle vient de nous dire, elle fait de cette lanterne manœuvrée au fond d'un souterrain un Soleil qui illuminerait le monde. Hardiment, elle procède avec les seules forces de la pensée conceptuelle à la reconstruction idéale de toutes choses, même de la vie. Il est vrai qu'elle se heurte en route à de si formidables difficultés, elle voit sa logique aboutir ici à de si étranges contradictions, que bien vite elle renonce à son ambition première. Ce n'est plus la réalité même, dit-elle, qu'elle recomposera, mais seulement une imitation du réel, ou plutôt une image symbolique ; l'essence des choses nous échappe et nous échappera toujours, nous nous mouvons parmi des relations, l'absolu n'est pas de notre ressort, arrêtons-nous devant l'Inconnaissable. Mais c'est vraiment, après beaucoup d'orgueil pour l'intelligence humaine, un excès d'humilité. Si la forme intellectuelle de l'être vivant s'est modelée peu à peu sur les actions et réactions réciproques de certains corps et de leur entourage matériel, comment ne nous livrerait-elle pas quelque chose de l'essence même dont les corps sont faits ? L'action ne saurait se mouvoir dans l'irréel. D'un esprit né pour spéculer ou pour rêver je pourrais admettre qu'il reste extérieur à la réalité, qu'il la déforme et qu'il la transforme, peut-être même qu'il la crée, comme nous créons les figures d'hommes et d'animaux que notre imagination découpe dans le nuage qui passe. Mais une intelligence tendue vers l'action qui s'accomplira et vers la réaction qui s'ensuivra, palpant son objet pour en recevoir à chaque instant l'impression mobile, est une intelligence qui touche quelque chose de l'absolu. L'idée nous serait-elle jamais venue de mettre en doute cette valeur absolue de notre connaissance, si la philosophie ne nous avait montré à quelles contradictions notre spéculation se heurte, à quelles impasses elle aboutit ? Mais ces difficultés, ces contradictions naissent de ce que nous appliquons les formes habituelles de notre pensée à des objets sur lesquels notre industrie n'a pas à s'exercer et pour lesquels, par conséquent, nos cadres ne sont pas faits. La connaissance intellectuelle, en tant qu'elle se rapporte à un certain aspect de la matière inerte, doit au contraire nous en présenter l'empreinte fidèle, ayant été clichée sur cet objet particulier. Elle ne devient relative que si elle prétend, telle qu'elle est, nous représenter la vie, c'est-à-dire le clicheur qui a pris l'empreinte.

Faut-il donc renoncer à approfondir la nature de la vie ? Faut-il s'en tenir à la représentation mécanistique que l'entendement nous en donnera toujours, représentation nécessairement artificielle et symbolique, puisqu'elle rétrécit l'activité totale de la vie à la forme d'une certaine activité humaine, laquelle n'est qu'une manifestation partielle et locale de la vie, un effet ou un résidu de l'opération vitale ?

Il le faudrait, si la vie avait employé tout ce qu'elle renferme de virtualités psychiques à faire de purs entendements, c'est-à-dire à préparer des géomètres. Mais la ligne d'évolution qui aboutit à l'homme n'est pas la seule. Sur d'autres voies, divergentes, se sont développées d'autres formes de la conscience, qui n'ont pas su se libérer des contraintes extérieures ni se reconquérir sur elles-mêmes, comme l'a fait l'intelligence humaine, mais qui n'en expriment pas moins, elles aussi, quelque chose d'immanent et d'essentiel au mouvement évolutif. En les rapprochant les unes des autres, en les faisant ensuite fusionner avec l'intelligence, n'obtiendrait-on pas cette fois une conscience coextensive à la vie et capable, en se retournant brusquement contre la poussée vitale qu'elle sent derrière elle, d'en obtenir une vision intégrale, quoique sans doute évanouissante ?

On dira que, même ainsi, nous ne dépassons pas notre intelligence, puisque c'est avec notre intelligence, à travers notre intelligence, que nous regardons encore les autres formes de la conscience. Et l'on aurait raison de le dire, si nous étions de pures intelligences, s'il n'était pas resté, autour de notre pensée conceptuelle et logique, une nébulosité vague, faite de la substance même aux dépens de laquelle s'est formé le noyau lumineux que nous appelons intelligence. Là résident certaines puissances complémentaires de l'entendement, puissances dont nous n'avons qu'un sentiment confus quand nous restons enfermés en nous, mais qui s'éclaireront et se distingueront quand elles s'apercevront elles-mêmes à l'œuvre, pour ainsi dire, dans l'évolution de la nature. Elles apprendront ainsi quel effort elles ont à faire pour s'intensifier, et pour se dilater dans le sens même de la vie.

C'est dire que la *théorie de la connaissance* et la *théorie de la vie* nous paraissent inséparables l'une de l'autre. Une théorie de la vie qui ne s'accompagne pas d'une critique de la connaissance est obligée d'accepter, tels quels, les concepts que l'entendement met à sa disposition : elle ne peut qu'enfermer les faits, de gré ou de force, dans des cadres préexistants qu'elle considère comme définitifs. Elle obtient ainsi un symbolisme commode, nécessaire même peut-être à la science positive, mais non pas une vision directe de son objet. D'autre part, une théorie de la connaissance, qui ne replace pas l'intelligence dans l'évolution générale de la vie, ne nous apprendra ni comment les cadres de la connaissance se sont constitués, ni comment nous pouvons les élargir ou les dépasser. Il faut que ces deux recherches, théorie de la connaissance et théorie de la vie, se rejoignent, et, par un processus circulaire, se poussent l'une l'autre indéfiniment.

A elles deux, elles pourront résoudre par une méthode plus sûre, plus rapprochée de l'expérience, les grands problèmes que la philosophie pose. Car, si elles réussissaient dans leur entreprise commune, elles nous feraient assister à la formation de l'intelligence et, par là, à la genèse de cette matière dont notre intelligence dessine la configuration générale. Elles creuseraient jusqu'à la racine même de la nature et de l'esprit. Elles substitueraient au faux évolutionisme de Spencer, — qui consiste à découper la réalité actuelle, déjà évoluée, en petits morceaux non moins évolués, puis à la recomposer avec ces fragments, et à se donner ainsi, par avance, tout ce qu'il s'agit d'expliquer, — un évolutionisme vrai, où la réalité serait suivie dans sa génération et sa croissance.

Mais une philosophie de ce genre ne se fera pas en un jour. A la différence des systèmes proprement dits, dont chacun fut l'œuvre d'un homme de génie et se présenta comme un bloc, à prendre ou à laisser, elle ne pourra se constituer que par l'effort collectif et progressif de bien des penseurs, de bien des observateurs aussi, se complétant, se corrigeant, se redressant les uns les autres. Aussi le présent essai ne vise-t-il pas à résoudre tout d'un coup les plus grands problèmes. Il voudrait simplement définir la méthode et faire entrevoir, sur quelques points essentiels, la possibilité de l'appliquer.

Le plan en était tracé par le sujet lui-même. Dans un premier chapitre, nous essayons au progrès évolutif les deux vêtements de confection dont notre entendement dispose, mécanisme et finalité[1] ; nous montrons qu'ils ne

---

1. L'idée de considérer la vie comme transcendante à la finalité aussi bien qu'au mécanisme est d'ailleurs loin d'être une idée nouvelle. En particulier, on la trouvera exposée avec profondeur dans trois articles de M. Ch. Dunan sur *Le problème de la vie* (*Revue philosophique*, 1892). Dans le développement de cette idée, nous nous sommes plus d'une fois rencontré avec M. Dunan. Toutefois les vues que nous présentons sur ce point, comme sur les questions qui s'y rattachent, sont celles mêmes que nous avions émises, il y a longtemps déjà, dans notre *Essai sur les données immédiates de la conscience* (Paris, 1889). Un des principaux objets de cet Essai était en effet de montrer que la vie psychologique n'est ni unité ni multiplicité, qu'elle transcende et le *mécanique* et l'*intelligent*, mécanisme et finalisme n'ayant de sens que là où il y a « multiplicité distincte », « spatialité », et par conséquent assemblage de parties préexistantes : « durée réelle » signifie à la fois continuité indivisée et création. Dans le présent travail, nous faisons application de ces mêmes idées à la vie en général, envisagée d'ailleurs elle-même du point de vue psychologique.

vont ni l'un ni l'autre, mais que l'un des deux pourrait
être recoupé, recousu, et, sous cette nouvelle forme, aller
moins mal que l'autre. Pour dépasser le point de vue de
l'entendement, nous tâchons de reconstituer, dans notre
second chapitre, les grandes lignes d'évolution que la vie
a parcourues à côté de celle qui menait à l'intelligence humaine. L'intelligence se trouve ainsi replacée dans sa cause
génératrice, qu'il s'agirait alors de saisir en elle-même et
de suivre dans son mouvement. C'est un effort de ce genre
que nous tentons, — bien incomplètement, — dans notre
troisième chapitre. Une quatrième et dernière partie est
destinée à montrer comment notre entendement lui-même,
en se soumettant à une certaine discipline, pourrait préparer une philosophie qui le dépasse. Pour cela, un coup
d'œil sur l'histoire des systèmes devenait nécessaire, en
même temps qu'une analyse des deux grandes illusions
auxquelles s'expose, dès qu'il spécule sur la réalité en général, l'entendement humain.

L'ÉVOLUTION CRÉATRICE

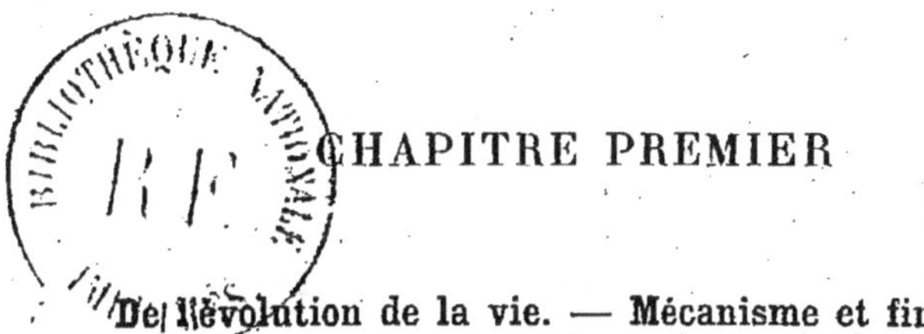

CHAPITRE PREMIER

De l'évolution de la vie. — Mécanisme et finalité.

L'existence dont nous sommes le plus assurés et que nous connaissons le mieux est incontestablement la nôtre, car de tous les autres objets nous avons des notions qu'on pourra juger extérieures et superficielles, tandis que nous nous percevons nous-mêmes intérieurement, profondément. Que constatons-nous alors ? Quel est, dans ce cas privilégié, le sens précis du mot « exister » ? Rappelons ici, en deux mots, les conclusions d'un travail antérieur.

Je constate d'abord que je passe d'état en état. J'ai chaud ou j'ai froid, je suis gai ou je suis triste, je travaille ou je ne fais rien, je regarde ce qui m'entoure ou je pense à autre chose. Sensations, sentiments, volitions, représentations, voilà les modifications entre lesquelles mon existence se partage et qui la colorent tour à tour. Je change donc sans cesse. Mais ce n'est pas assez dire. Le changement est bien plus radical qu'on ne le croirait d'abord.

Je parle en effet de chacun de mes états comme s'il formait un bloc. Je dis bien que je change, mais le changement m'a l'air de résider dans le passage d'un état à l'état suivant : de chaque état, pris à part, j'aime à croire qu'il reste ce qu'il est pendant tout le temps qu'il se produit. Pourtant, un léger effort d'attention me révèlerait qu'il n'y a pas d'affection, pas de représentation, pas de volition qui ne se modifie à tout moment ; si un état d'âme cessait de varier, sa durée cesserait de couler. Prenons le plus stable des états internes, la perception visuelle d'un objet extérieur immobile. L'objet a beau rester le même, j'ai beau le regarder du même côté, sous le même angle, au même jour : la vision que j'ai n'en diffère pas moins de celle que je viens d'avoir, quand ce ne serait que parce qu'elle a vieilli d'un instant. Ma mémoire est là, qui pousse quelque chose de ce passé dans ce présent. Mon état d'âme, en avançant sur la route du temps, s'enfle continuellement de la durée qu'il ramasse ; il fait, pour ainsi dire, boule de neige avec lui-même. A plus forte raison en est-il ainsi des états plus profondément intérieurs, sensations, affections, désirs, etc., qui ne correspondent pas, comme une simple perception visuelle, à un objet extérieur invariable. Mais il est commode de ne pas faire attention à ce changement ininterrompu, et de ne le remarquer que lorsqu'il devient assez gros pour imprimer au corps une nouvelle attitude, à l'attention une direction nouvelle. A ce moment précis on trouve qu'on a changé d'état. La vérité est qu'on change sans cesse, et que l'état lui-même est déjà du changement.

C'est dire qu'il n'y a pas de différence essentielle entre passer d'un état à un autre et persister dans le même état. Si l'état qui « reste le même » est plus varié qu'on ne le croit, inversement le passage d'un état à un autre ressemble plus qu'on ne se l'imagine à un même état qui se prolonge ; la transition est continue. Mais, précisément parce que nous fermons les yeux sur l'incessante variation de chaque état psychologique, nous sommes obligés, quand la variation est devenue si considérable qu'elle s'impose à notre attention, de parler comme si un nouvel état s'était juxtaposé au précédent. De celui-ci nous supposons qu'il demeure invariable à son tour, et ainsi de suite indéfiniment. L'apparente discontinuité de la vie psychologique tient donc à ce que notre attention se fixe sur elle par une série d'actes discontinus : où il n'y a qu'une pente douce, nous croyons apercevoir, en suivant la ligne brisée de nos actes d'attention, les marches d'un escalier. Il est vrai que notre vie psychologique est pleine d'imprévu. Mille incidents surgissent, qui semblent trancher sur ce qui les précède, ne point se rattacher à ce qui les suit. Mais la discontinuité de leurs apparitions se détache sur la continuité d'un fond où ils se dessinent et auquel ils doivent les intervalles mêmes qui les séparent : ce sont les coups de timbale qui éclatent de loin en loin dans la symphonie. Notre attention se fixe sur eux parce qu'ils l'intéressent davantage, mais chacun d'eux est porté par la masse fluide de notre existence psychologique tout entière. Chacun d'eux n'est que le point le mieux éclairé d'une zone mouvante qui comprend tout ce que nous sentons, pensons, voulons, tout ce que nous sommes enfin à un moment donné. C'est cette zone entière qui constitue, en réalité, notre état. Or, des états ainsi définis on peut dire qu'ils ne sont pas des éléments distincts. Ils se continuent les uns les autres en un écoulement sans fin.

Mais, comme notre attention les a distingués et séparés artificiellement, elle est bien obligée de les réunir ensuite par un lien artificiel. Elle imagine ainsi un *moi* amorphe, indifférent, immuable, sur lequel défileraient ou s'enfileraient les états psychologiques qu'elle a érigés en entités indépendantes. Où il y a une fluidité de nuances fuyantes qui empiètent les unes sur les autres, elle aperçoit des couleurs tranchées, et pour ainsi dire solides, qui se juxtaposent comme les perles variées d'un collier : force lui est de supposer alors un fil, non moins solide, qui retiendrait les perles ensemble. Mais si ce substrat incolore est sans cesse coloré par ce qui le recouvre, il est pour nous, dans son indétermination, comme s'il n'existait pas. Or, nous ne percevons précisément que du coloré, c'est-à-dire des états psychologiques. A vrai dire, ce « substrat » n'est pas une réalité ; c'est, pour notre conscience, un simple signe destiné à lui rappeler sans cesse le caractère artificiel de l'opération par laquelle l'attention juxtapose un état à un état, là où il y a une continuité qui se déroule. Si notre existence se composait d'états séparés dont un « moi » impassible eût à faire la synthèse, il n'y aurait pas pour nous de durée. Car un moi qui ne change pas ne dure pas, et un état psychologique qui reste identique à lui-même tant qu'il n'est pas remplacé par l'état suivant ne dure pas davantage. On aura beau, dès lors, aligner ces états les uns à côté des autres sur le « moi » qui les soutient, jamais ces solides enfilés sur du solide ne feront de la durée qui coule. La vérité est qu'on obtient ainsi une imitation artificielle de la vie intérieure, un équivalent statique qui se prêtera mieux aux exigences de la logique et du langage, précisément parce qu'on en aura éliminé le temps réel. Mais quant à la vie psychologique, telle qu'elle se déroule sous les symboles qui la recouvrent, on s'aperçoit sans peine que le temps en est l'étoffe même.

Il n'y a d'ailleurs pas d'étoffe plus résistante ni plus substantielle. Car notre durée n'est pas un instant qui remplace un instant : il n'y aurait alors jamais que du

présent, pas de prolongement du passé dans l'actuel, pas
d'évolution, pas de durée concrète. La durée est le progrès continu du passé qui ronge l'avenir et qui gonfle
en avançant. Du moment que le passé s'accroît sans cesse,
indéfiniment aussi il se conserve. La mémoire, comme
nous avons essayé de le prouver[1], n'est pas une faculté de
classer des souvenirs dans un tiroir ou de les inscrire sur
un registre. Il n'y a pas de registre, pas de tiroir, il n'y a
même pas ici, à proprement parler, une faculté, car une
faculté s'exerce par intermittences, quand elle veut ou
quand elle peut, tandis que l'amoncellement du passé sur
le passé se poursuit sans trêve. En réalité le passé se
conserve de lui-même, automatiquement. Tout entier,
sans doute, il nous suit à tout instant : ce que nous avons
senti, pensé, voulu depuis notre première enfance est là,
penché sur le présent qui va s'y joindre, pressant contre
la porte de la conscience qui voudrait le laisser dehors.
Le mécanisme cérébral est précisément fait pour en
refouler la presque totalité dans l'inconscient et pour
n'introduire dans la conscience que ce qui est de nature
à éclairer la situation présente, à aider l'action qui se
prépare, à donner enfin un travail *utile*. Tout au plus des
souvenirs de luxe arrivent-ils, par la porte entre-bâillée,
à passer en contrebande. Ceux-là, messagers de l'inconscient, nous avertissent de ce que nous traînons derrière
nous sans le savoir. Mais, lors même que nous n'en aurions
pas l'idée distincte, nous sentirions vaguement que notre
passé nous reste présent. Que sommes-nous, en effet,
qu'est-ce que notre *caractère*, sinon la condensation de
l'histoire que nous avons vécue depuis notre naissance,
avant notre naissance même, puisque nous apportons

---

1. *Matière et Mémoire*, Paris, 1896, chap. ii et iii.

avec nous des dispositions prénatales ? Sans doute nous ne pensons qu'avec une petite partie de notre passé ; mais c'est avec notre passé tout entier, y compris notre courbure d'âme originelle, que nous désirons, voulons, agissons. Notre passé se manifeste donc intégralement à nous par sa poussée et sous forme de tendance, quoiqu'une faible part seulement en devienne représentation.

De cette survivance du passé résulte l'impossibilité, pour une conscience, de traverser deux fois le même état. Les circonstances ont beau être les mêmes, ce n'est plus sur la même personne qu'elles agissent, puisqu'elles la prennent à un nouveau moment de son histoire. Notre personnalité, qui se bâtit à chaque instant avec de l'expérience accumulée, change sans cesse. En changeant, elle empêche un état, fût-il identique à lui-même en surface, de se répéter jamais en profondeur. C'est pourquoi notre durée est irréversible. Nous ne saurions en revivre une parcelle, car il faudrait commencer par effacer le souvenir de tout ce qui a suivi. Nous pourrions, à la rigueur, rayer ce souvenir de notre intelligence, mais non pas de notre volonté.

Ainsi notre personnalité pousse, grandit, mûrit sans cesse. Chacun de ses moments est du nouveau qui s'ajoute à ce qui était auparavant. Allons plus loin : ce n'est pas seulement du nouveau, mais de l'imprévisible. Sans doute mon état actuel s'explique par ce qui était en moi et par ce qui agissait sur moi tout à l'heure. Je n'y trouverais pas d'autres éléments en l'analysant. Mais une intelligence, même surhumaine, n'eût pu prévoir la forme simple, indivisible, qui donne à ces éléments tout abstraits leur organisation concrète. Car prévoir consiste à projeter dans l'avenir ce qu'on a perçu dans le passé, ou à se représenter pour plus tard un nouvel assemblage, dans un autre ordre, des éléments déjà perçus. Mais ce qui n'a jamais été perçu, et ce qui est en même temps simple, est nécessairement imprévisible. Or, tel est le cas de chacun de nos états, envisagé comme un moment d'une histoire qui se déroule : il est simple, et il ne peut pas avoir été déjà perçu, puisqu'il concentre dans son indivisibilité tout le perçu avec, en plus, ce que le présent y ajoute. C'est un moment original d'une non moins originale histoire.

Le portrait achevé s'explique par la physionomie du modèle, par la nature de l'artiste, par les couleurs délayées sur la palette ; mais, même avec la connaissance de ce qui l'explique, personne, pas même l'artiste, n'eût pu prévoir exactement ce que serait le portrait, car le prédire eût été le produire avant qu'il fût produit, hypothèse absurde qui se détruit elle-même. Ainsi pour les moments de notre vie, dont nous sommes les artisans. Chacun d'eux est une espèce de création. Et de même que le talent du peintre se forme ou se déforme, en tous cas se modifie, sous l'influence même des œuvres qu'il produit, ainsi chacun de nos états, en même temps qu'il sort de nous, modifie notre personne, étant la forme nouvelle que nous venons de nous donner. On a donc raison de dire que ce que nous faisons dépend de ce que nous sommes ; mais il faut ajouter que nous sommes, dans une certaine mesure, ce que nous faisons, et que nous nous créons continuellement nous-mêmes. Cette création de soi par soi est d'autant plus complète, d'ailleurs, qu'on raisonne mieux sur ce qu'on fait. Car la raison ne procède pas ici comme en géométrie, où les prémisses sont données une fois pour toutes, impersonnelles, et où une conclusion impersonnelle s'impose. Ici, au contraire, les mêmes raisons pourront dicter à des personnes différentes, ou à la même personne à des moments différents, des actes profondément différents, quoique également raisonnables. A vrai dire, ce ne sont pas tout à fait les mêmes raisons, puisque ce ne sont pas celles de la même personne, ni du même moment. C'est pourquoi l'on ne peut pas opérer sur elles *in abstracto*, du dehors, comme en géométrie, ni résoudre pour autrui les problèmes que la vie lui pose. A chacun de les résoudre du dedans, pour son compte. Mais nous n'avons pas à approfondir ce point. Nous cherchons seulement quel sens précis notre conscience donne au mot « exister », et nous trouvons que, pour un être conscient, exister consiste à changer, changer à se mûrir, se mûrir à se créer indéfiniment soi-même. En dirait-on autant de l'existence en général ?

Un objet matériel, pris au hasard, présente les caractères inverses de ceux que nous venons d'énumérer. Ou il reste ce qu'il est, ou, s'il change sous l'influence d'une force extérieure, nous nous représentons ce changement comme un déplacement de parties qui, elles, ne changent pas. Si ces parties s'avisaient de changer, nous les fragmenterions à leur tour. Nous descendrons ainsi jusqu'aux molécules dont les fragments sont faits, jusqu'aux atomes constitutifs des molécules, jusqu'aux corpuscules générateurs des atomes, jusqu'à l' « impondérable » au sein duquel le corpuscule se formerait par un simple tourbillonnement. Nous pousserons enfin la division ou l'analyse aussi loin qu'il le faudra. Mais nous ne nous arrêterons que devant l'immuable.

Maintenant, nous disons que l'objet composé change par le déplacement de ses parties. Mais, quand une partie a quitté sa position, rien ne l'empêche de la reprendre. Un groupe d'éléments qui a passé par un état peut donc toujours y revenir, sinon par lui-même, au moins par l'effet d'une cause extérieure qui remet tout en place. Cela revient à dire qu'un état du groupe pourra se répéter aussi souvent qu'on voudra et que par conséquent le groupe ne vieillit pas. Il n'a pas d'histoire.

Ainsi, rien ne s'y crée, pas plus de la forme que de la matière. Ce que le groupe sera est déjà présent dans ce qu'il est, pourvu que l'on comprenne dans ce qu'il est tous les points de l'univers avec lesquels on le suppose en rapport. Une intelligence surhumaine calculerait, pour n'importe quel moment du temps, la position de n'importe quel point du système dans l'espace. Et comme il n'y a rien de plus, dans la forme du tout, que la disposition des parties, les formes futures du système sont théoriquement visibles dans sa configuration présente.

Toute notre croyance aux objets, toutes nos opérations sur les systèmes que la science isole, reposent en effet sur l'idée que le temps ne mord pas sur eux. Nous avons touché un mot de cette question dans un travail antérieur. Nous y reviendrons au cours de la présente étude. Pour le moment, bornons-nous à faire remarquer que le temps abstrait t attribué par la science à un objet matériel ou à un système isolé ne consiste qu'en un nombre déterminé de *simultanéités* ou plus généralement de *correspondances*, et que ce nombre reste le même, quelle que soit la nature des intervalles qui séparent les correspondances les unes des autres. De ces intervalles il n'est jamais question quand on parle de la matière brute ; ou, si on les considère, c'est pour y compter des correspondances nouvelles, entre lesquelles pourra encore se passer tout ce qu'on voudra. Le sens commun, qui ne s'occupe que d'objets détachés, comme d'ailleurs la science, qui n'envisage que des systèmes isolés, se place aux extrémités des intervalles et non pas le long des intervalles mêmes. C'est pourquoi l'on pourrait supposer que le flux du temps prît une rapidité infinie, que tout le passé, le présent et l'avenir des objets matériels ou des systèmes isolés fût étalé d'un seul coup dans l'espace : il n'y aurait rien à changer ni aux formules du savant ni même au langage du sens commun. Le nombre t signifierait toujours la même chose. Il compterait encore le même nombre de correspondances entre les états des objets ou des systèmes et les points de la ligne toute tracée que serait maintenant « le cours du temps ».

Pourtant la succession est un fait incontestable, même dans le monde matériel. Nos raisonnements sur les systèmes isolés ont beau impliquer que l'histoire passée, présente et future de chacun d'eux serait dépliable tout d'un coup, en éventail ; cette histoire ne s'en déroule pas moins au fur et à mesure, comme si elle occupait une durée analogue à la nôtre. Si je veux me préparer un verre d'eau sucrée, j'ai beau faire, je dois attendre que le sucre fonde. Ce petit fait est gros d'enseignements. Car le temps que j'ai à attendre n'est plus ce temps mathématique qui s'appliquerait aussi bien le long de l'histoire entière du monde matériel, lors même qu'elle serait étalée tout d'un coup dans l'espace. Il coïncide avec mon impatience, c'est-à-dire avec une certaine portion de ma durée à moi, qui n'est pas allongeable ni rétrécissable à volonté. Ce n'est plus du pensé, c'est du vécu. Ce n'est plus une relation, c'est de l'absolu. Qu'est-ce à dire, sinon que le verre d'eau, le sucre, et le processus de dissolution du sucre dans l'eau sont sans doute des abstractions, et que le Tout dans lequel ils ont été découpés par mes sens et mon entendement progresse peut-être à la manière d'une conscience ?

Certes, l'opération par laquelle la science isole et clôt un système n'est pas une opération tout à fait artificielle. Si elle n'avait pas un fondement objectif, on ne s'expliquerait pas qu'elle fût tout indiquée dans certains cas, impossible dans d'autres./Nous verrons que la matière a une tendance à constituer des systèmes isolables, qui se puissent traiter géométriquement. C'est même par cette tendance que nous la définirons/ Mais ce n'est qu'une tendance. La matière ne va pas jusqu'au bout, et l'isolement n'est jamais complet./ Si la science va jusqu'au bout et isole complètement, c'est pour la commodité de l'étude. Elle sous-entend que le système, dit isolé, reste soumis à certaines influences extérieures. Elle les laisse simplement de côté, soit parce qu'elle les trouve assez faibles pour les négliger, soit parce qu'elle se réserve d'en tenir compte plus tard. Il n'en est pas moins vrai que ces influences sont autant de fils qui relient le système à un autre plus vaste, celui-ci à un troisième qui les englobe tous deux, et ainsi de suite jusqu'à ce qu'on arrive au système le plus objectivement isolé et le plus indépendant de tous, le système solaire dans son ensemble. Mais, même ici, l'isolement n'est pas absolu. Notre soleil rayonne de la chaleur et de la lumière au delà de la planète la plus lointaine. Et, d'autre part, il se meut, entraînant avec lui les planètes et leurs satellites, dans une direction déterminée. Le fil qui le rattache au reste de l'univers est sans doute bien ténu. Pourtant c'est le long de ce fil que se transmet, jusqu'à la plus petite parcelle du monde où nous vivons, la durée immanente au tout de l'univers.

L'univers dure. Plus nous approfondirons la nature du temps, plus nous comprendrons que durée signifie invention, création de formes, élaboration continue de l'absolument nouveau. Les systèmes délimités par la science ne durent que parce qu'ils sont indissolublement liés au reste de l'univers. Il est vrai que, dans l'univers lui-même, il faut distinguer, comme nous le dirons plus loin, deux mouvements opposés, l'un de « descente », l'autre de « montée ». Le premier ne fait que dérouler un rouleau tout préparé. Il pourrait, en principe, s'accomplir d'une manière presque instantanée, comme il arrive à un ressort qui se détend. Mais le second, qui correspond à un travail intérieur de maturation ou de création, dure essentiellement, et impose son rythme au premier, qui en est inséparable.

Rien n'empêche donc d'attribuer aux systèmes que la science isole une durée et, par là, une forme d'existence analogue à la nôtre, si on les réintègre dans le Tout. Mais il faut les y réintégrer. Et l'on en dirait autant, *a fortiori*, des objets délimités par notre perception. Les contours distincts que nous attribuons à un objet, et qui lui confèrent son individualité, ne sont que le dessin d'un certain genre d'*influence* que nous pourrions exercer en un certain point de l'espace : c'est le plan de nos actions éventuelles qui est renvoyé à nos yeux, comme par un miroir, quand nous apercevons les surfaces et les arêtes des choses. Supprimez cette action et par conséquent les grandes routes qu'elle se fraye d'avance, par la perception, dans l'enchevêtrement du réel, l'individualité du corps se résorbe dans l'universelle interaction qui est sans doute la réalité même.

Maintenant, nous avons considéré des objets matériels pris au hasard. N'y a-t-il pas des objets privilégiés ? Nous disions que les corps bruts sont taillés dans l'étoffe de la nature par une *perception* dont les ciseaux suivent, en quelque sorte, le pointillé des lignes sur lesquelles l'*action* passerait. Mais le corps qui exercera cette action, le corps qui, avant d'accomplir des actions réelles, projette déjà sur la matière le dessin de ses actions virtuelles, le corps qui n'a qu'à braquer ses organes sensoriels sur le flux du réel pour le faire cristalliser en formes définies et créer ainsi tous les autres corps, le *corps vivant* enfin est-il un corps comme les autres ?

Sans doute il consiste, lui aussi, en une portion d'étendue reliée au reste de l'étendue, solidaire du Tout, soumise aux même lois physiques et chimiques qui gouvernent n'importe quelle portion de la matière. Mais, tandis que la subdivision de la matière en corps isolés est relative à notre perception, tandis que la constitution de systèmes clos de points matériels est relative à notre science, le corps vivant a été isolé et clos par la nature elle-même. Il se compose de parties hétérogènes qui se complètent les unes les autres. Il accomplit des fonctions diverses qui s'impliquent les unes les autres. C'est un *individu*, et d'aucun autre objet, pas même du cristal, on ne peut en dire autant, puisqu'un cristal n'a ni hétérogénéité de parties ni diversité de fonctions. Sans doute il est malaisé de déterminer, même dans le monde organisé, ce qui est individu et ce qui ne l'est pas. La difficulté est déjà grande dans le règne animal ; elle devient presque insurmontable quand il s'agit des végétaux. Cette difficulté tient d'ailleurs à des causes profondes, sur lesquelles nous nous appesantirons plus loin. On verra que l'individualité comporte une infinité de degrés et que nulle part, pas même chez l'homme, elle n'est réalisée pleinement. Mais ce n'est pas une raison pour refuser d'y voir une propriété caractéristique de la vie. Le biologiste qui procède en géomètre triomphe trop facilement ici de notre impuissance à donner de l'individualité une définition précise et générale. Une définition parfaite ne s'applique qu'à une réalité faite : or, les propriétés vitales ne sont jamais entièrement réalisées, mais toujours en voie de réalisation ; ce sont moins des *états* que des *tendances*. Et une tendance n'obtient tout ce qu'elle vise que si elle n'est contrariée par aucune autre tendance : comment ce cas se présenterait-il dans le domaine de la vie, où il y a toujours, comme nous le montrerons, implication réciproque de tendances antagonistes ? En particulier, dans le cas de l'individualité, on peut dire que, si la tendance à s'individuer est partout présente dans le monde organisé, elle est partout combattue par la tendance à se reproduire. Pour que l'individualité fût parfaite, il faudrait qu'aucune partie détachée de l'organisme ne pût vivre séparément. Mais la reproduction deviendrait alors impossible. Qu'est-elle, en effet, sinon la reconstitution d'un organisme nouveau avec un fragment détaché de l'ancien ? L'individualité loge donc son ennemi chez elle. Le besoin même qu'elle éprouve de se perpétuer dans le temps la condamne à n'être jamais complète dans l'espace. Il appartient au biologiste de faire, dans chacun des cas, la part des deux tendances. C'est donc en vain qu'on lui demande une définition de l'individualité formulable une fois pour toutes, et applicable automatiquement.

Mais trop souvent on raisonne sur les choses de la vie comme sur les modalités de la matière brute. Nulle part la confusion n'est aussi visible que dans les discussions sur l'individualité. On nous montre les tronçons d'un Lumbriculus régénérant chacun leur tête et vivant désormais comme autant d'individus indépendants, une Hydre dont les morceaux deviennent autant d'Hydres nouvelles, un œuf d'Oursin dont les fragments développent des embryons complets : où donc était, nous dit-on, l'individualité de l'œuf, de l'Hydre ou du Ver? — Mais, de ce qu'il y a plusieurs individualités maintenant, il ne suit pas qu'il n'y ait pas eu une individualité unique tout à l'heure. Je reconnais que, lorsque j'ai vu plusieurs tiroirs tomber d'un meuble, je n'ai plus le droit de dire que le meuble était tout d'une pièce. Mais c'est qu'il ne peut rien y avoir de plus dans le présent de ce meuble que dans son passé, et que, s'il est fait de plusieurs pièces hétérogènes maintenant, il l'était dès sa fabrication. Plus généralement, les corps inorganisés, qui sont ceux dont nous avons besoin pour agir et sur lesquels nous avons modelé notre façon de penser, sont régis par cette loi simple : « le présent ne contient rien de plus que le passé, et ce qu'on trouve dans l'effet était déjà dans la cause. » Mais supposons que le corps organisé ait pour trait distinctif de croître et de se modifier sans cesse, comme en témoigne d'ailleurs l'observation la plus superficielle, il n'y aurait rien d'étonnant à ce qu'il fût *un* d'abord et *plusieurs* ensuite. La reproduction des organismes unicellulaires consiste en cela même. l'être vivant se divise en deux moitiés dont chacune est un individu complet. Il est vrai que, chez les animaux plus complexes, la nature localise dans des cellules dites sexuelles, à peu près indépendantes, le pouvoir de produire à nouveau le tout. Mais quelque chose de ce pouvoir peut rester diffus dans le reste de l'organisme, comme le prouvent les faits de régénération, et l'on conçoit que, dans certains cas privilégiés, la faculté subsiste intégralement à l'état latent et se manifeste à la première occasion. A vrai dire, pour que j'aie le droit de parler d'individualité, il n'est pas nécessaire que l'organisme ne puisse se scinder en fragments viables. Il suffit que cet organisme ait présenté une certaine systématisation de parties avant la fragmentation et que la même systématisation tende à se reproduire dans les fragments une fois détachés. Or, c'est justement ce que nous observons dans le monde organisé. Concluons donc que l'individualité n'est jamais parfaite, qu'il est souvent difficile, parfois impossible de dire ce qui est individu et ce qui ne l'est pas, mais que la vie n'en manifeste pas moins une recherche de l'individualité et qu'elle tend à constituer des systèmes naturellement isolés, naturellement clos.

Par là, un être vivant se distingue de tout ce que notre perception ou notre science isole ou clôt artificiellement. On aurait donc tort de le comparer à un *objet*. Si nous voulions chercher dans l'inorganisé un terme de comparaison, ce n'est pas à un objet matériel déterminé, c'est bien plutôt à la totalité de l'univers matériel que nous devrions assimiler l'organisme vivant. Il est vrai que la comparaison ne servirait plus à grand'chose, car un être vivant est un être observable, tandis que le tout de l'univers est construit ou reconstruit par la pensée. Du moins notre attention aurait-elle été appelée ainsi sur le caractère essentiel de l'organisation. Comme l'univers dans son ensemble, comme chaque être conscient pris à part, l'organisme qui vit est chose qui dure. Son passé se prolonge tout entier dans son présent, y demeure actuel et agissant. Comprendrait-on, autrement, qu'il traversât des phases bien réglées, qu'il changeât d'âge, enfin qu'il eût une histoire? Si je considère mon corps en particulier, je trouve que, semblable à ma conscience, il se mûrit peu à peu de l'enfance à la vieillesse; comme moi, il vieillit. Même, maturité et vieillesse ne sont, à proprement parler, que des attributs de mon corps; c'est par métaphore que je donne le même nom aux changements correspondants de ma personne consciente. Maintenant, si je me transporte de haut en bas de l'échelle des êtres vivants, si je passe d'un des plus différenciés à l'un des moins différenciés, de l'organisme pluricellulaire de l'homme à l'organisme unicellulaire de l'Infusoire, je retrouve, dans cette simple cellule, le même processus de vieillissement. L'Infusoire s'épuise au bout d'un certain nombre de divisions, et si l'on peut, en modifiant le milieu [1], retarder le moment où un rajeunissement par conjugaison devient nécessaire, on ne saurait le reculer indéfiniment. Il est vrai qu'entre ces deux cas extrêmes, où l'organisme est tout à fait individualisé, on en trouverait une multitude d'autres où l'individualité est moins marquée et dans lesquels, bien qu'il y ait sans doute vieillissement quelque part, on ne saurait dire au juste ce qui vieillit. Encore une fois, il n'existe pas de loi biologique universelle, qui s'applique telle quelle, automatiquement, à n'importe quel vivant. Il n'y a que des *directions* où la vie lance les espèces en général.) Chaque espèce particulière, dans l'acte même par lequel elle se constitue, affirme son indépendance, suit son caprice, dévie plus ou moins de la ligne, parfois même remonte la pente et semble tourner le dos à la direction originelle. On n'aura pas de peine à nous montrer qu'un arbre ne vieillit pas, puisque ses rameaux terminaux sont toujours aussi jeunes, toujours aussi capables d'engendrer, par bouture, des arbres nouveaux. Mais dans un pareil organisme, — qui est d'ailleurs une société plutôt qu'un individu, — quelque chose vieillit, quand ce ne seraient que les feuilles et l'intérieur du tronc. Et chaque cellule, considérée à part, évolue d'une manière déterminée. *Partout où quelque chose vit, il y a, ouvert quelque part, un registre où le temps s'inscrit.*

1. Calkins, *Studies on the life history of Protozoa* (Arch. *J. Entwickelungsmechanik,* vol. XV, 1903, p. 139-186).

Ce n'est là, dira-t-on, qu'une métaphore. — Il est de l'essence du mécanisme, en effet, de tenir pour métaphorique toute expression qui attribue au temps une action efficace et une réalité propre. L'observation immédiate a beau nous montrer que le fond même de notre existence consciente est mémoire, c'est-à-dire prolongation du passé dans le présent, c'est-à-dire enfin durée agissante et irréversible. Le raisonnement a beau nous prouver que, plus nous nous écartons des objets découpés et des systèmes isolés par le sens commun et la science, plus nous avons affaire à une réalité qui change en bloc dans ses dispositions intérieures, comme si une mémoire accumulatrice du passé y rendait impossible le retour en arrière. L'instinct mécanistique de l'esprit est plus fort que le raisonnement, plus fort que l'observation immédiate. Le métaphysicien que nous portons inconsciemment en nous, et dont la présence s'explique, comme on le verra plus loin, par la place même que l'homme occupe dans l'ensemble des êtres vivants, a ses exigences arrêtées, ses explications faites, ses thèses irréductibles : toutes se ramènent à la négation de la durée concrète. *Il faut* que le changement se réduise à un arrangement ou à un dérangement de parties, que l'irréversibilité du temps soit une apparence relative à notre ignorance, que l'impossibilité du retour en arrière ne soit que l'impuissance de l'homme à remettre les choses en place. Dès lors, le vieillissement ne peut plus être que l'acquisition progressive ou la perte graduelle de certaines substances, peut-être les deux à la fois. Le temps a juste autant de réalité pour un être vivant que pour un sablier, où le réservoir d'en haut se vide tandis que le réservoir d'en bas se remplit, et où l'on peut remettre les choses en place en retournant l'appareil.

Il est vrai qu'on n'est pas d'accord sur ce qui se gagne

ni sur ce qui se perd entre le jour de la naissance et celui de la mort. On s'est attaché à l'accroissement continuel du volume du protoplasme, depuis la naissance de la cellule jusqu'à sa mort [1]. Plus vraisemblable et plus profonde est la théorie qui fait porter la diminution sur la quantité de substance nutritive renfermée dans le « milieu intérieur » où l'organisme se renouvelle, et l'augmentation sur la quantité des substances résiduelles, non excrétées qui, en s'accumulant dans le corps, finissent par l' « encroûter [2] ». Faut-il néanmoins, avec un microbiologiste éminent, déclarer insuffisante toute explication du vieillissement qui ne tient pas compte de la phagocytose [3] ? Nous n'avons pas qualité pour trancher la question. Mais le fait que les deux théories s'accordent à affirmer la constante accumulation ou la perte constante d'une certaine espèce de matière, alors que, dans la détermination de ce qui se gagne et de ce qui se perd, elles n'ont plus grand'chose de commun, montre assez que le cadre de l'explication a été fourni *a priori*. Nous le verrons de mieux en mieux à mesure que nous avancerons dans notre étude : il n'est pas facile, quand on pense au temps, d'échapper à l'image du sablier.

La cause du vieillissement doit être plus profonde. Nous estimons qu'il y a continuité ininterrompue entre l'évolution de l'embryon et celle de l'organisme complet. La poussée en vertu de laquelle l'être vivant grandit, se dé-

---

1. Sedgwick Minot, *On certain phenomena of growing old.* (*Proc. of the American Assoc. for the advancement of science*, 39th meeting, Salem, 1891, p. 271-288).

2. Le Dantec, *L'individualité et l'erreur individualiste*, Paris, 1905, p. 84 et suiv.

3. Metchnikoff, *La dégénérescence sénile* (*Année biologique*, III, 1897, p. 249 et suiv.). Cf. du même auteur : *La nature humaine*, Paris, 1903, p. 312 et suiv.

veloppe et vieillit, est celle même qui lui a fait traverser les phases de la vie embryonnaire. Le développement de l'embryon est un perpétuel changement de forme. Celui qui voudrait en noter tous les aspects successifs se perdrait dans un infini, comme il arrive quand on a affaire à une continuité. De cette évolution prénatale la vie est le prolongement. La preuve en est qu'il est souvent impossible de dire si l'on a affaire à un organisme qui vieillit ou à un embryon qui continue d'évoluer : tel est le cas des larves d'Insectes et de Crustacés, par exemple. D'autre part, dans un organisme comme le nôtre, des crises telles que la puberté ou la ménopause, qui entraînent la transformation complète de l'individu, sont tout à fait comparables aux changements qui s'accomplissent au cours de la vie larvaire ou embryonnaire ; — pourtant elles font partie intégrante de notre vieillissement. Si elles se produisent à un âge déterminé, et en un temps qui peut être assez court, personne ne soutiendra qu'elles surviennent alors *ex abrupto*, du dehors, simplement parce qu'on a atteint un certain âge, comme l'appel sous les drapeaux arrive à celui qui a vingt ans révolus. Il est évident qu'un changement comme celui de la puberté se prépare à tout instant depuis la naissance et même avant la naissance, et que le vieillissement de l'être vivant jusqu'à cette crise consiste, en partie au moins, dans cette préparation graduelle. Bref, ce qu'il y a de proprement vital dans le vieillissement est la continuation insensible, infiniment divisée, du changement de forme. Des phénomènes de destruction organique l'accompagnent d'ailleurs, sans aucun doute. A ceux-là s'attachera une explication mécanistique du vieillissement. Elle notera les faits de sclérose, l'accumulation graduelle des substances résiduelles, l'hypertrophie grandissante du protoplasme de la cellule. Mais sous ces effets visibles se dissimule une cause intérieure. L'évolution de l'être vivant, comme celle de l'embryon, implique un enregistrement continuel de la durée, une persistance du passé dans le présent, et par conséquent une apparence au moins de mémoire organique.

L'état présent d'un corps brut dépend exclusivement de ce qui se passait à l'instant précédent. La position des points matériels d'un système défini et isolé par la science est déterminée par la position de ces mêmes points au moment immédiatement antérieur. En d'autres termes, les lois qui régissent la matière inorganisée sont exprimables, en principe, par des équations différentielles dans lesquelles le temps (au sens où le mathématicien prend ce mot) jouerait le rôle de variable indépendante. En est-il ainsi des lois de la vie ? L'état d'un corps vivant trouve-t-il son explication complète dans l'état immédiatement antérieur ? Oui, si l'on convient, *a priori*, d'assimiler le corps vivant aux autres corps de la nature et de l'identifier, pour les besoins de la cause, avec les systèmes artificiels sur lesquels opèrent le chimiste, le physicien et l'astronome. Mais en astronomie, en physique et en chimie, la proposition a un sens bien déterminé : elle signifie que certains aspects du présent, importants pour la science, sont calculables en fonction du passé immédiat. Rien de semblable dans le domaine de la vie. Ici le calcul a prise, tout au plus, sur certains phénomènes de *destruction* organique. De la *création* organique, au contraire, des phénomènes évolutifs qui constituent proprement la vie, nous n'entrevoyons même pas comment nous pourrions les soumettre à un traitement mathématique. On dira que cette impuissance ne tient qu'à notre ignorance. Mais elle peut aussi bien exprimer que le moment actuel d'un corps vivant ne trouve pas sa raison d'être dans le moment immédiatement antérieur, qu'il faut y joindre tout le passé de l'organisme, son hérédité, enfin l'ensemble d'une très longue histoire. En réalité, c'est la seconde de ces deux hypothèses qui traduit l'état actuel des sciences biologiques, et même leur direction. Quant à l'idée que le corps vivant pourrait être soumis par quelque calculateur surhumain au même traitement mathématique que notre système solaire, elle est sortie peu à peu d'une certaine métaphysique qui a pris une forme plus précise depuis les découvertes physiques de Galilée, mais qui, — nous le montrerons, — fut toujours la métaphysique naturelle de l'esprit humain. Sa clarté apparente, notre impatient désir de la trouver vraie, l'empressement avec lequel tant d'excellents esprits l'acceptent sans preuve, toutes les séductions enfin qu'elle exerce sur notre pensée devraient nous mettre en garde contre elle. L'attrait qu'elle a pour nous prouve assez qu'elle donne satisfaction à une inclination innée. Mais, comme on le verra plus loin, les tendances intellectuelles, aujourd'hui innées, que la vie a dû créer au cours de son évolution, sont faites pour tout autre chose que pour nous fournir une explication de la vie.

C'est à l'opposition de cette tendance qu'on vient se heurter, dès qu'on veut distinguer entre un système artificiel et un système naturel, entre le mort et le vivant. Elle fait qu'on éprouve une égale difficulté à penser que l'organisé dure et que l'inorganisé ne dure pas. Eh quoi, dira-t-on, en affirmant que l'état d'un système artificiel dépend exclusivement de son état au moment précédent, ne faites-vous pas intervenir le temps, ne mettez-vous pas le système dans la durée? Et d'autre part, ce passé qui, selon vous, fait corps avec le moment actuel de l'être vi-

vant, la mémoire organique ne le contracte-t-elle pas tout
entier dans le moment immédiatement antérieur, qui, dès
lors, devient la cause unique de l'état présent ? — Parler
ainsi est méconnaître la différence capitale qui sépare le
temps concret, le long duquel un système réel se développe,
et le temps abstrait qui intervient dans nos spéculations
sur les systèmes artificiels. Quand nous disons que l'état
d'un système artificiel dépend de ce qu'il était au moment
immédiatement antérieur, qu'entendons-nous par là ? Il
n'y a pas, il ne peut pas y avoir d'instant immédiatement
antérieur à un instant, pas plus qu'il n'y a de point mathématique contigu à un point mathématique. L'instant
« immédiatement antérieur » est, en réalité, celui qui
est relié à l'instant présent par l'intervalle dt. Tout
ce que nous voulons dire est donc que l'état présent
du système est défini par des équations où entrent des
coefficients différentiels tels que $\dfrac{de}{dt}$, $\dfrac{dv}{dt}$, c'est-à-dire, au
fond, des vitesses *présentes* et des accélérations *présentes*.
C'est donc enfin du présent seulement qu'il est question,
d'un présent qu'on prend, il est vrai, avec sa *tendance*.
Et, de fait, les systèmes sur lesquels la science opère sont
dans un présent instantané qui se renouvelle sans cesse,
jamais dans la durée réelle, concrète, où le passé fait corps
avec le présent. Quand le mathématicien calcule l'état
futur d'un système au bout du temps t, rien ne l'empêche
de supposer que, d'ici là, l'univers matériel s'évanouisse
pour réapparaître tout à coup. C'est le $t^{\text{ième}}$ moment seul
qui compte, — quelque chose qui sera un pur instantané.
Ce qui coulera dans l'intervalle, c'est-à-dire le temps réel,
ne compte pas et ne peut pas entrer dans le calcul. Que
si le mathématicien déclare se placer dans cet intervalle,
c'est toujours en un certain point, à un certain moment,

je veux dire à l'extrémité d'un temps t' qu'il se transporte, et c'est alors de l'intervalle qui va jusqu'en T' qu'il n'est plus question. Que s'il divise l'intervalle en parties infiniment petites par la considération de la différentielle dt, il exprime simplement par là qu'il considérera des accélérations et des vitesses, c'est-à-dire des nombres qui notent des tendances et qui permettent de calculer l'état du système à un moment donné ; mais c'est toujours d'un moment donné, je veux dire arrêté, qu'il est question, et non pas du temps qui coule. Bref, *le monde sur lequel le mathématicien opère est un monde qui meurt et renaît à chaque instant, celui-là même auquel pensait Descartes quand il parlait de création continuée.* Mais, dans le temps ainsi conçu, comment se représenter une évolution, c'est-à-dire le trait caractéristique de la vie? L'évolution, elle, implique une continuation réelle du passé par le présent, une durée qui est un *trait d'union.* En d'autres termes, la connaissance d'un être vivant ou *système naturel* est une connaissance qui porte sur l'intervalle même de durée, tandis que la connaissance d'un *système artificiel* ou mathématique ne porte que sur l'extrémité.

Continuité de changement, conservation du passé dans le présent, durée vraie, l'être vivant semble donc bien partager ces attributs avec la conscience. Peut-on aller plus loin, et dire que la vie est invention comme l'activité consciente, création incessante comme elle?

Il n'entre pas dans notre dessein d'énumérer ici les preuves du transformisme. Nous voulons seulement expliquer en deux mots pourquoi nous l'accepterons, dans le présent travail, comme une traduction suffisamment exacte et précise des faits connus. L'idée du transformisme est déjà en germe dans la classification naturelle des êtres organisés. Le naturaliste rapproche en effet les uns des autres les organismes qui se ressemblent, puis divise le groupe en sous-groupes à l'intérieur desquels la ressemblance est plus grande encore, et ainsi de suite : tout le long de l'opération, les caractères du groupe apparaissent comme des thèmes généraux sur lesquels chacun des sous-groupes exécuterait ses variations particulières. Or, telle est précisément la relation que nous trouvons, dans le monde animal et dans le monde végétal, entre ce qui engendre et ce qui est engendré : sur le canevas que l'ancêtre transmet à ses descendants, et que ceux-ci possèdent en commun, chacun met sa broderie originale. Il est vrai que les différences entre le descendant et l'ascendant sont légères, et qu'on peut se demander si une même matière vivante présente assez de plasticité pour revêtir successivement des formes aussi différentes que celles d'un Poisson, d'un Reptile et d'un Oiseau. Mais, à cette question, l'observation répond d'une manière péremptoire. Elle nous montre que, jusqu'à une certaine période de son développement, l'embryon de l'Oiseau se distingue à peine de celui du Reptile, et que l'individu développe à travers la vie embryonnaire en général une série de transformations comparables à celles par lesquelles on passerait, d'après l'évolutionisme, d'une espèce à une autre espèce. Une seule cellule, obtenue par la combinaison des deux cellules mâle et femelle, accomplit ce travail en se divisant. Tous les jours, sous nos yeux, les formes les plus hautes de la vie sortent d'une forme très élémentaire. L'expérience établit donc que le plus complexe a pu sortir du plus simple par voie d'évolution. Maintenant, en est-il sorti effectivement ? La paléontologie, malgré l'insuffisance de ses documents, nous invite à le croire, car là où elle retrouve avec quelque précision l'ordre de succession des espèces, cet ordre est justement celui que des considérations tirées de l'embryogénie et de l'anatomie comparées auraient fait supposer, et chaque nouvelle découverte paléontologique apporte au transformisme une nouvelle confirmation. Ainsi, la preuve tirée de l'observation pure et simple va toujours se renforçant, tandis que, d'autre part, l'expérimentation écarte les objections une à une : c'est ainsi que les récentes expériences de H. de Vries, par exemple, en montrant que des variations importantes peuvent se produire brusquement et se transmettre régulièrement, font tomber quelques-unes des plus grosses difficultés que la thèse soulevait. Elles nous permettent d'abréger beaucoup le temps que l'évolution biologique paraissait réclamer. Elles nous rendent aussi moins exigeants vis-à-vis de la paléontologie. De sorte qu'en résumé l'hypothèse transformiste apparaît de plus en plus comme une expression au moins approximative de la vérité. Elle n'est pas démontrable rigoureusement ; mais, au-dessous de la certitude que donne la démonstration théorique ou expérimentale, il y a cette probabilité indéfiniment croissante qui supplée l'évidence et qui y tend comme à sa limite : tel est le genre de probabilité que le transformisme présente.

Admettons pourtant que le transformisme soit convaincu d'erreur. Supposons qu'on arrive à établir, par inférence ou par expérience, que les espèces sont nées par un processus discontinu, dont nous n'avons aujourd'hui aucune idée. La doctrine serait-elle atteinte dans ce qu'elle a de plus intéressant et, pour nous, de plus important ? La classification subsisterait sans doute dans ses grandes lignes. Les données actuelles de l'embryologie subsisteraient également. La correspondance subsisterait entre l'embryogénie comparée et l'anatomie comparée. Dès lors la biologie pourrait et devrait continuer à établir entre les formes vivantes les mêmes relations que suppose aujourd'hui le transformisme, la même parenté. Il s'agirait, il est vrai, d'une parenté idéale et non plus d'une filiation matérielle. Mais, comme les données actuelles de la paléontologie subsisteraient aussi, force serait bien d'admettre encore que c'est successivement, et non pas simultanément, que sont apparues les formes entre lesquelles une parenté idéale se révèle. Or la théorie évolutioniste, dans ce qu'elle a d'important aux yeux du philosophe, n'en demande pas davantage. Elle consiste surtout à constater des relations de parenté idéale et à soutenir que, là où il y a ce rapport de filiation pour ainsi dire *logique* entre des formes, il y a aussi un rapport de succession *chronologique* entre les espèces où ces formes se matérialisent. Cette double thèse subsisterait en tout état de cause. Et, dès lors, il faudrait bien encore supposer une évolution quelque part, — soit dans une Pensée créatrice où les idées des diverses espèces se seraient engendrées les unes les autres exactement comme le transformisme veut que les espèces elles-mêmes se soient engendrées sur la terre, — soit dans un plan d'organisation vitale immanent à la nature, qui s'expliciterait peu à peu, où les rapports de filiation logique et chronologique entre les formes pures seraient précisément ceux que le transformisme nous présente comme des rapports de filiation réelle entre des individus vivants, — soit enfin dans quelque cause inconnue de la vie, qui développerait ses effets *comme si* les uns engendraient les autres. On aurait donc simplement *transposé* l'évolution. On l'aurait fait passer du visible dans l'invisible. Presque tout ce que le transformisme nous dit aujourd'hui se conserverait, quitte à s'interpréter d'une autre manière. Ne vaut-il pas mieux, dès lors, s'en tenir à la lettre du transformisme, tel que le professe la presque unanimité des savants ? Si l'on réserve la question de savoir dans quelle mesure cet évolutionisme décrit les faits et dans quelle mesure il les symbolise, il n'a rien d'inconciliable avec les doctrines qu'il a prétendu remplacer, même avec celle des créations séparées, à laquelle on l'oppose généralement. C'est pourquoi nous estimons que le langage du transformisme s'impose maintenant à toute philosophie, comme l'affirmation dogmatique du transformisme s'impose à la science.

Mais alors, il ne faudra plus parler de la *vie en général* comme d'une abstraction, ou comme d'une simple rubrique sous laquelle on inscrit tous les êtres vivants. A un certain moment, en certains points de l'espace, un courant bien visible a pris naissance : ce courant de vie, traversant les corps qu'il a organisés tour à tour, passant de génération en génération, s'est divisé entre les espèces et éparpillé entre les individus sans rien perdre de sa force, s'intensifiant plutôt à mesure qu'il avançait. On sait que, dans la thèse de la « continuité du plasma germinatif », soutenue par Weismann, les éléments sexuels de l'organisme générateur transmettraient directement leurs propriétés aux éléments sexuels de l'organisme engendré. Sous cette forme extrême, la thèse a paru contestable, car c'est dans des cas exceptionnels seulement qu'on voit s'ébaucher les glandes sexuelles dès la segmentation de l'ovule fécondé. Mais, si les cellules génératrices des éléments sexuels n'apparaissent pas, en général, dès le début de la vie embryonnaire, il n'en est pas moins vrai qu'elles se forment toujours aux dépens de tissus de l'embryon qui n'ont encore subi aucune différenciation fonctionnelle particulière et dont les cellules se composent de protoplasme non modifié [1]. En d'autres termes, le pouvoir

1. Roule, *L'embryologie générale*, Paris, 1893, p. 319.

génétique de l'ovule fécondé s'affaiblit à mesure qu'il se répartit sur la masse grandissante des tissus de l'embryon ; mais, pendant qu'il se dilue ainsi, il concentre à nouveau quelque chose de lui-même sur un certain point spécial, sur les cellules d'où naîtront les ovules ou les spermatozoïdes. On pourrait donc dire que, si le plasma germinatif n'est pas continu, il y a du moins continuité d'énergie génétique, cette énergie ne se dépensant que quelques instants, juste le temps de donner l'impulsion à la vie embryonnaire, et se ressaisissant le plus tôt possible dans de nouveaux éléments sexuels où, encore une fois, elle attendra son heure. Envisagée de ce point de vue, *la vie apparaît comme un courant qui va d'un germe à un germe par l'intermédiaire d'un organisme développé*. Tout se passe comme si l'organisme lui-même n'était qu'une excroissance, un bourgeon que fait saillir le germe ancien travaillant à se continuer en un germe nouveau. L'essentiel est la continuité de progrès qui se poursuit indéfiniment, progrès invisible sur lequel chaque organisme visible chevauche pendant le court intervalle de temps qu'il lui est donné de vivre.

Or, plus on fixe son attention sur cette continuité de la vie, plus on voit l'évolution organique se rapprocher de celle d'une conscience, où le passé presse contre le présent et en fait jaillir une forme nouvelle, incommensurable avec ses antécédents. Que l'apparition d'une espèce végétale ou animale soit due à des causes précises, nul ne le contestera. Mais il faut entendre par là que, si l'on connaissait après coup le détail de ces causes, on arriverait à expliquer par elles la forme qui s'est produite : de la prévoir il ne saurait être question [1]. Dira-t-on qu'on pourrait la pré-

---

1. L'irréversibilité de la série des êtres vivants a été bien mise en lumière par Baldwin (*Development and evolution*, New-York, 1902, en particulier p. 327).

voir si l'on connaissait, dans tous leurs détails, les conditions où elle se produira ? Mais ces conditions font corps avec elle et ne font même qu'un avec elle, étant caractéristiques du moment où la vie se trouve alors de son histoire : comment supposer connue par avance une situation qui est unique en son genre, qui ne s'est pas encore produite et ne se reproduira jamais ? On ne prévoit de l'avenir que ce qui ressemble au passé ou ce qui est recomposable avec des éléments semblables à ceux du passé. Tel est le cas des faits astronomiques, physiques, chimiques, de tous ceux qui font partie d'un système où se juxtaposent simplement des éléments censés immuables, où il ne se produit que des changements de position, où il n'y a pas d'absurdité théorique à imaginer que les choses soient remises en place, où par conséquent le même phénomène total ou du moins les mêmes phénomènes élémentaires peuvent se répéter. Mais d'une situation originale, qui communique quelque chose de son originalité à ses éléments, c'est-à-dire aux vues partielles qu'on prend sur elle, comment pourrait-on se la figurer donnée avant qu'elle se produise [1] ? Tout ce qu'on peut dire est qu'elle s'explique, une fois produite, par les éléments que l'analyse y découvre. Mais ce qui est vrai de la production d'une nouvelle espèce l'est aussi de celle d'un nouvel individu, et plus généralement de n'importe quel moment de n'importe quelle forme vivante. Car, s'il faut que la variation ait atteint une certaine importance et une certaine généralité pour qu'elle donne naissance à une espèce nouvelle, elle se produit à tout moment, continue, insensible, dans chaque être vivant. Et les mutations brusques elles-mêmes, dont on nous parle au-

---

1. Nous avons insisté sur ce point dans l'*Essai sur les données immédiates de la conscience*, pages 14o-151.

jourd'hui, ne sont évidemment possibles que si un travail d'incubation, ou mieux de maturation, s'est accompli à travers une série de générations qui paraissaient ne pas changer. En ce sens on pourrait dire de la vie, comme de la conscience, qu'à chaque instant elle crée quelque chose[1].

Mais contre cette idée de l'originalité et de l'imprévisibilité absolues des formes toute notre intelligence s'insurge. Notre intelligence, telle que l'évolution de la vie l'a modelée, a pour fonction essentielle d'éclairer notre conduite, de préparer notre action sur les choses, de prévoir, pour une situation donnée, les événements favorables ou défavorables qui pourront s'ensuivre. Elle isole donc instinctivement, dans une situation, ce qui ressemble au déjà connu ; elle cherche le même, afin de pouvoir appliquer son principe que « le même produit le même ». En cela consiste la prévision de l'avenir par le sens commun. La science porte cette opération au plus haut degré possible d'exactitude et de précision, mais elle n'en altère pas le caractère essentiel. Comme la connaissance usuelle, la science ne retient des choses que l'aspect *répétition*. Si le tout est original, elle s'arrange pour l'analyser en éléments ou en aspects qui soient *à peu près* la reproduction du passé. Elle ne peut opérer que sur ce qui est censé se répéter, c'est-à-dire sur ce qui est soustrait, par hypo-

---

1. Dans son beau livre sur *Le génie dans l'art*, M. Séailles développe cette double thèse que l'art prolonge la nature et que la vie est création. Nous accepterions volontiers la seconde formule ; mais faut-il entendre par création, comme le fait l'auteur, une *synthèse* d'éléments ? Là où les éléments préexistent, la synthèse qui s'en fera est virtuellement donnée, n'étant que l'un des arrangements possibles : cet arrangement, une intelligence surhumaine aurait pu l'apercevoir d'avance parmi tous les possibles qui l'entouraient. Nous estimons au contraire que, dans le domaine de la vie, les éléments n'ont pas d'existence réelle et séparée. Ce sont des vues multiples de l'esprit sur un processus indivisible. Et c'est pourquoi il y a contingence radicale dans le progrès, incommensurabilité entre ce qui précède et ce qui suit, enfin durée.

thèse, à l'action de la durée. Ce qu'il y a d'irréductible et d'irréversible dans les moments successifs d'une histoire lui échappe. Il faut, pour se représenter cette irréductibilité et cette irréversibilité, rompre avec des habitudes scientifiques qui répondent aux exigences fondamentales de la pensée, faire violence à l'esprit, remonter la pente naturelle de l'intelligence. Mais là est précisément le rôle de la philosophie.

C'est pourquoi la vie a beau évoluer sous nos yeux comme une création continue d'imprévisible forme : toujours l'idée subsiste que forme, imprévisibilité et continuité sont de pures apparences, où se reflètent autant d'ignorances. Ce qui se présente aux sens comme une histoire continue se décomposerait, nous dira-t-on, en états successifs. Ce qui vous donne l'impression d'un état original se résout, à l'analyse, en faits élémentaires dont chacun est la répétition d'un fait connu. Ce que vous appelez une forme imprévisible n'est qu'un arrangement nouveau d'éléments anciens. Les causes élémentaires dont l'ensemble a déterminé cet arrangement sont elles-mêmes des causes anciennes qui se répètent en adoptant un ordre nouveau. La connaissance des éléments et des causes élémentaires eût permis de dessiner par avance la forme vivante qui en est la somme et le résultat. Après avoir résolu l'aspect biologique des phénomènes en facteurs physico-chimiques, nous sauterons, au besoin, par-dessus la physique et la chimie elles-mêmes ; nous irons des masses aux molécules, des molécules aux atomes, des atomes aux corpuscules, il faudra bien que nous arrivions enfin à quelque chose qui se puisse traiter comme une espèce de système solaire, astronomiquement. Si vous le niez, vous contestez le principe même du mécanisme scientifique, et vous déclarez arbitrairement que la matière vivante n'est pas faite des mêmes éléments que l'autre. — Nous répondrons que nous ne contestons pas l'identité fondamentale de la matière brute et de la matière organisée. L'unique question est de savoir si les systèmes naturels que nous appelons des êtres vivants doivent être assimilés aux systèmes artificiels que la science découpe dans la matière brute, ou s'ils ne devraient pas plutôt être comparés à ce système naturel qu'est le tout de l'univers. Que la vie soit une espèce de mécanisme, je le veux bien. Mais est-ce le mécanisme des parties artificiellement isolables dans le tout de l'univers, ou celui du tout réel ? Le tout réel pourrait bien être, disions-nous, une continuité indivisible : les systèmes que nous y découpons n'en seraient point alors, à proprement parler, des parties ; ce seraient des vues partielles prises sur le tout. Et, avec ces vues partielles mises bout à bout, vous n'obtiendrez même pas un commencement de recomposition de l'ensemble, pas plus qu'en multipliant les photographies d'un objet, sous mille aspects divers, vous n'en reproduirez la matérialité. Ainsi pour la vie et pour les phénomènes physico-chimiques en lesquels on prétendrait la résoudre. L'analyse découvrira sans doute dans les processus de création organique un nombre croissant de phénomènes physico-chimiques. Et c'est à quoi s'en tiendront les chimistes et les physiciens. Mais il ne suit pas de là que la chimie et la physique doivent nous donner la clef de la vie.

Un élément très petit d'une courbe est presque une ligne droite. Il ressemblera d'autant plus à une ligne droite qu'on le prendra plus petit. A la limite, on dira, comme on voudra, qu'il fait partie d'une droite ou d'une courbe. En chacun de ses points, en effet, la courbe se confond avec sa tangente. Ainsi la « vitalité » est tangente en n'importe quel point aux forces physiques et chimiques ; mais ces points ne sont, en somme, que les vues d'un esprit qui imagine des arrêts à tels ou tels moments du mouvement générateur de la courbe. En réalité, la vie n'est pas plus faite d'éléments physico-chimiques qu'une courbe n'est composée de lignes droites.

D'une manière générale, le progrès le plus radical qu'une science puisse accomplir consiste à faire entrer les résultats déjà acquis dans un ensemble nouveau, par rapport auquel ils deviennent des vues instantanées et immobiles prises de loin en loin sur la continuité d'un mouvement. Telle est, par exemple, la relation de la géométrie des modernes à celle des anciens. Celle-ci, purement statique, opérait sur les figures une fois décrites ; celle-là étudie la variation d'une fonction, c'est-à-dire la continuité du mouvement qui décrit la figure. On peut sans doute, pour plus de rigueur, éliminer de nos procédés mathématiques toute considération de mouvement ; il n'en est pas moins vrai que l'introduction du mouvement dans la genèse des figures est à l'origine de la mathématique moderne. Nous estimons que, si la biologie pouvait jamais serrer son objet d'aussi près que la mathématique serre le sien, elle deviendrait à la physico-chimie des corps organisés ce que la mathématique des modernes s'est trouvée être à la géométrie antique. Les déplacements tout superficiels de masses et de molécules, que la physique et la chimie étudient, deviendraient, par rapport à ce mouvement vital qui se produit en profondeur, qui est transformation et non plus translation, ce que la station d'un mobile est au mouvement de ce mobile dans l'espace. Et, autant que nous pouvons le pressentir, le procédé par lequel on passerait de la définition d'une certaine action vitale au système de faits physico-chimiques qu'elle implique ne serait pas sans analogie avec l'opération par laquelle on va de la fonction à sa dérivée, de l'équation de la courbe (c'est-à-dire de la loi du mouvement continu par lequel la courbe est engendrée) à l'équation de la tangente qui en donne la direction instantanée. Une pareille science serait une *mécanique de la transformation*, dont notre *mécanique de la translation* deviendrait un cas particulier, une simplification, une projection sur le plan de la quantité pure. Et de même qu'il existe une infinité de fonctions ayant même différentielle, ces fonctions différant les unes des autres par une constante, ainsi, peut-être, l'intégration des éléments physico-chimiques d'une action proprement vitale ne déterminerait cette action qu'en partie : une part serait laissée à l'indétermination. Mais tout au plus peut-on rêver une pareille intégration ; nous ne prétendons pas que le rêve devienne jamais réalité. Nous avons seulement voulu, en développant autant que possible une certaine comparaison, montrer par où notre thèse se rapproche du pur mécanisme, et comment elle s'en distingue.

On pourra d'ailleurs pousser assez loin l'imitation du vivant par l'inorganisé. Non seulement la chimie opère des synthèses organiques, mais on arrive à reproduire artificiellement le dessin extérieur de certains faits d'organisation, tels que la division indirecte de la cellule et la circulation protoplasmique. On sait que le protoplasme de la cellule effectue des mouvements variés à l'intérieur de son enveloppe. D'autre part, la division dite indirecte de la cellule se fait par des opérations d'une complication extrême, dont les unes intéressent le noyau et les autres le cytoplasme. Ces dernières commencent par le dédoublement du centrosome, petit corps sphérique situé à côté du noyau. Les deux centrosomes ainsi obtenus s'éloignent l'un de l'autre, attirent à eux les tronçons coupés et aussi dédoublés du filament qui composait essentiellement le noyau primitif, et aboutissent à former deux nouveaux noyaux autour desquels se constituent les deux nouvelles cellules qui succéderont à la première. Or, on a réussi à imiter, dans leurs grandes lignes et dans leur apparence extérieure, quelques-unes au moins de ces opérations. Si l'on pulvérise du sucre ou du sel de cuisine, qu'on y ajoute de l'huile très vieille et qu'on regarde au microscope une goutte du mélange, on aperçoit une mousse à structure alvéolaire dont la configuration ressemble, d'après certains théoriciens, à celle du protoplasme, et dans laquelle s'accomplissent en tous cas des mouvements qui rappellent beaucoup ceux de la circulation protoplasmique [1]. Si, dans une mousse du même genre, on extrait l'air d'un alvéole, on voit se dessiner un cône d'attraction analogue à ceux qui se forment autour des centrosomes pour aboutir à la division du noyau [2]. Il n'est pas jusqu'aux mouvements extérieurs d'un organisme unicellulaire, ou tout au moins d'une Amibe, qu'on ne croie pouvoir expliquer mécaniquement. Les déplacements de l'Amibe dans une goutte d'eau seraient comparables au va-et-vient d'un grain de poussière dans une chambre où portes et fenêtres ouvertes font circuler des courants d'air. Sa masse absorbe sans cesse certaines matières solubles contenues dans l'eau ambiante et lui en renvoie certaines autres ; ces échanges continuels, semblables à ceux qui s'effectuent entre deux récipients séparés par une cloison poreuse, créeraient autour du petit organisme un tourbillon sans cesse changeant. Quant aux prolongements temporaires ou pseudopodes que l'Amibe

1. Bütschli, *Untersuchungen über mikroskopische Schäume und das Protoplasma*, Leipzig, 1892 ; 1re partie.

2. Rhumbler, *Versuch einer mechanischen Erklärung der indirekten Zell- und Kerntheilung (Roux's Archiv*, 1896).

paraît se donner, ils seraient moins envoyés par elle qu'attirés hors d'elle par une espèce d'aspiration ou de succion du milieu ambiant [1]. De proche en proche, on étendra ce mode d'explication aux mouvements plus complexes que l'Infusoire lui-même exécute avec ses cils vibratiles, lesquels ne sont d'ailleurs, probablement, que des pseudopodes consolidés.

Toutefois, il s'en faut que les savants soient d'accord entre eux sur la valeur des explications et des schémas de ce genre. Des chimistes ont fait remarquer qu'à ne considérer même que l'organique, et sans aller jusqu'à l'organisé, la science n'a reconstitué jusqu'ici que les déchets de l'activité vitale ; les substances proprement actives, plastiques, restent réfractaires à la synthèse. Un des plus remarquables naturalistes de notre temps a insisté sur l'opposition des deux ordres de phénomènes que l'on constate dans les tissus vivants, *anagenèse* d'un côté et *catagenèse* de l'autre. Le rôle des énergies anagénétiques est d'élever les énergies inférieures à leur propre niveau par l'assimilation des substances inorganiques. Elles construisent les tissus. Au contraire, le fonctionnement même de la vie (à l'exception toutefois de l'assimilation, de la croissance et de la reproduction), est d'ordre catagénétique, descente d'énergie et non plus montée. C'est sur ces faits d'ordre catagénétique seulement que la physico-chimie aurait prise, c'est-à-dire, en somme, sur du mort et non plus sur du vivant [2]. Et il est certain que les faits du premier genre paraissent réfractaires à l'analyse

1. Berthold, *Studien über Protoplasmamechanik*, Leipzig, 1886, p. 102. — Cf. l'explication proposée par Le Dantec, *Théorie nouvelle de la vie*, Paris, 1896, p. 60.

2. Cope, *The primary factors of organic evolution*, Chicago, 1896, p. 475-484.

physico-chimique, même s'ils ne sont pas, au sens propre du mot, anagénétiques. Quant à l'imitation artificielle de l'aspect extérieur du protoplasme, doit-on y attacher une réelle importance théorique, alors qu'on n'est pas encore fixé sur la configuration physique de cette substance ? De le recomposer chimiquement il peut encore moins être question pour le moment. Enfin une explication physico-chimique des mouvements de l'Amibe, à plus forte raison des démarches d'un Infusoire, paraît impossible à beaucoup de ceux qui ont observé de près ces organismes rudimentaires. Jusque dans ces manifestations les plus humbles de la vie ils aperçoivent la trace d'une activité psychologique efficace[1]. Mais ce qui est instructif par-dessus tout, c'est de voir combien l'étude approfondie des phénomènes histologiques décourage souvent, au lieu de la fortifier, la tendance à tout expliquer par la physique et la chimie. Telle est la conclusion du livre vraiment admirable que l'histologiste E.-B. Wilson a consacré au développement de la cellule : « L'étude de la cellule pa-« raît, en somme, avoir élargi plutôt que rétréci l'énorme « lacune qui sépare du monde inorganique les formes, « même les plus basses, de la vie[2]. »

En résumé, ceux qui ne s'occupent que de l'activité fonctionnelle de l'être vivant sont portés à croire

1. Maupas, *Étude des Infusoires ciliés* (*Arch. de zoologie expérimentale*, 1883), p. 47, 491, 518, 549 en particulier. — P. Vignon, *Recherches de cytologie générale sur les épithéliums*, Paris, 1902, p. 655. — Une étude approfondie des mouvements de l'Infusoire, et une critique très pénétrante de l'idée de tropisme, a été faite dans ces derniers temps par Jennings (*Contributions to the study of the behavior of lower organisms*, Washington, 1904). Le « type de conduite » de ces organismes inférieurs, tel que Jennings le définit (p. 237-252), est incontestablement d'ordre psychologique.

2. « The study of the cell has on the whole seemed to widen rather than to narrow the enormous gap that separates even the lowest forms of life from the inorganic world. » (E. B. Wilson, *The cell in development and inheritance*, New-York, 1897, p. 330.)

que la physique et la chimie nous donneront la clef des
processus biologiques[1]. Ils ont surtout affaire, en effet, aux
phénomènes qui *se répètent* sans cesse dans l'être vivant,
comme dans une cornue. Par là s'expliquent en partie les
tendances mécanistiques de la physiologie. Au contraire,
ceux dont l'attention se concentre sur la fine structure des
tissus vivants, sur leur genèse et leur évolution, histologistes et embryogénistes d'une part, naturalistes de l'autre,
sont en présence de la cornue elle-même et non plus seulement de son contenu. Ils trouvent que cette cornue crée
sa propre forme le long d'une série *unique* d'actes consti-
tuant une véritable histoire. Ceux-là, histologistes, embryogénistes ou naturalistes, sont loin de croire aussi
volontiers que les physiologistes au caractère physico-
chimique des actions vitales.

A vrai dire, ni l'une ni l'autre des deux thèses, ni celle
qui affirme ni celle qui nie la possibilité de jamais produire chimiquement un organisme élémentaire, ne peut
invoquer l'autorité de l'expérience. Elles sont toutes deux
invérifiables, la première parce que la science n'a pas encore avancé d'un pas vers la synthèse chimique d'une
substance vivante, la seconde parce qu'il n'existe aucun
moyen concevable de prouver expérimentalement l'impossibilité d'un fait. Mais nous avons exposé les raisons
théoriques qui nous empêchent d'assimiler l'être vivant,
système clos par la nature, aux systèmes que notre science
isole. Ces raisons ont moins de force, nous le reconnaissons, quand il s'agit d'un organisme rudimentaire tel que
l'Amibe, qui évolue à peine. Mais elles en acquièrent davantage si l'on considère un organisme plus complexe,
qui accomplit un cycle réglé de transformations. Plus la

---

1. Dastre, *La vie et la mort*, p. 43.

durée marque l'être vivant de son empreinte, plus évidemment l'organisme se distingue d'un mécanisme pur et simple, sur lequel la durée glisse sans le pénétrer. Et la démonstration prend sa plus grande force quand elle porte sur l'évolution intégrale de la vie depuis ses plus humbles origines jusqu'à ses formes actuelles les plus hautes, en tant que cette évolution constitue, par l'unité et la continuité de la matière animée qui la supporte, une seule indivisible histoire. Aussi ne comprenons-nous pas que l'hypothèse évolutioniste passe, en général, pour être apparentée à la conception mécanistique de la vie. De cette conception mécanistique nous ne prétendons pas, sans doute, apporter une réfutation mathématique et définitive. Mais la réfutation que nous tirons des considérations de durée et qui est, à notre avis, la seule réfutation possible, acquiert d'autant plus de rigueur et devient d'autant plus probante qu'on se place plus franchement dans l'hypothèse évolutioniste. Il faut que nous insistions sur ce point. Mais indiquons d'abord, en termes plus nets, la conception de la vie où nous nous acheminons.

Les explications mécanistiques, disions-nous, sont valables pour les systèmes que notre pensée détache artificiellement du tout. Mais du tout lui-même et des systèmes qui, dans ce tout, se constituent naturellement à son image, on ne peut admettre *a priori* qu'ils soient explicables mécaniquement, car alors le temps serait inutile, et même irréel. L'essence des explications mécaniques est en effet de considérer l'avenir et le passé comme calculables en fonction du présent, et de prétendre ainsi que *tout est donné*. Dans cette hypothèse, passé, présent et avenir seraient visibles d'un seul coup pour une intelligence surhumaine, capable d'effectuer le calcul. Aussi les savants qui ont cru à l'universalité et à la parfaite objectivité des explications mécaniques ont-ils fait, consciemment ou inconsciemment, une hypothèse de ce genre. Laplace la formulait déjà avec la plus grande précision : « Une intelligence qui, pour un instant donné, connaîtrait toutes les forces dont la nature est animée et la situation respective des êtres qui la composent, si d'ailleurs elle était assez vaste pour soumettre ces données à l'Analyse, embrasserait dans la même formule les mouvements des plus grands corps de l'univers et ceux du plus léger atome : rien ne serait incertain pour elle, et l'avenir, comme le passé, serait présent à ses yeux[1].» Et Du Bois-Reymond : « On peut imaginer la connaissance de la nature arrivée à un point où le processus universel du monde serait représenté par une formule mathématique unique, par un seul immense système d'équations différentielles simultanées, d'où se tireraient, pour chaque moment, la position, la direction et la vitesse de chaque atome du monde[2].» Huxley, de son côté, a exprimé, sous une forme plus concrète, la même idée : « Si la proposition fondamentale de l'évolution est vraie, à savoir que le monde entier, animé et inanimé, est le résultat de l'interaction mutuelle, selon des lois définies, des forces possédées par les molécules dont la nébulosité primitive de l'univers était composée, alors il n'est pas moins certain que le monde actuel reposait potentiellement dans la vapeur cosmique, et qu'une intelligence suffisante aurait pu, connaissant les propriétés des molécules de cette vapeur, prédire par exemple l'état de la faune de la Grande-Bretagne en 1868, avec autant de certitude que lors-

---

1. Laplace, *Introduction à la théorie analytique des probabilités* (*OEuvres complètes,* vol. VII, Paris, 1886, p. vi).
2. Du Bois-Reymond, *Ueber die Grenzen des Naturerkennens,* Leipzig, 1892.

qu'on dit ce qui arrivera à la vapeur de la respiration pendant une froide journée d'hiver. » — Dans une pareille doctrine, on parle encore du temps, on prononce le mot, mais on ne pense guère à la chose. Car le temps y est dépourvu d'efficace, et, du moment qu'il ne fait rien, il n'est rien. Le mécanisme radical implique une métaphysique où la totalité du réel est posée en bloc, dans l'éternité, et où la durée apparente des choses exprime simplement l'infirmité d'un esprit qui ne peut pas connaître tout à la fois. Mais la durée est bien autre chose que cela pour notre conscience, c'est-à-dire pour ce qu'il y a de plus indiscutable dans notre expérience. Nous percevons la durée comme un courant qu'on ne saurait remonter. Elle est le fond de notre être et, nous le sentons bien, la substance même des choses avec lesquelles nous sommes en communication. En vain on fait briller à nos yeux la perspective d'une mathématique universelle ; nous ne pouvons sacrifier l'expérience aux exigences d'un système. C'est pourquoi nous repoussons le mécanisme radical.

Mais le finalisme radical nous paraît tout aussi inacceptable, et pour la même raison. La doctrine de la finalité, sous sa forme extrême, telle que nous la trouvons chez Leibniz par exemple, implique que les choses et les êtres ne font que réaliser un programme une fois tracé. Mais, s'il n'y a rien d'imprévu, point d'invention ni de création dans l'univers, le temps devient encore inutile. Comme dans l'hypothèse mécanistique, on suppose encore ici que *tout est donné*. Le finalisme ainsi entendu n'est qu'un mécanisme à rebours. Il s'inspire du même postulat, avec cette seule différence que, dans la course de nos intelligences finies le long de la succession toute apparente des choses, il met en avant de nous la lumière avec la-

quelle il prétend nous guider, au lieu de la placer derrière.
Il substitue l'attraction de l'avenir à l'impulsion du passé.
Mais la succession n'en reste pas moins une pure apparence, comme d'ailleurs la course elle-même. Dans la
doctrine de Leibniz, le temps se réduit à une perception
confuse, relative au point de vue humain, et qui s'éva-
nouirait, semblable à un brouillard qui tombe, pour un
esprit placé au centre des choses.

Toutefois le finalisme n'est pas, comme le mécanisme,
une doctrine aux lignes arrêtées. Il comporte autant d'in-
fléchissements qu'on voudra lui en imprimer. La philosophie mécanistique est à prendre ou à laisser : il faudrait
la laisser, si le plus petit grain de poussière, en déviant de
la trajectoire prévue par la mécanique, manifestait la plus
légère trace de spontanéité. Au contraire, la doctrine des
causes finales ne sera jamais réfutée définitivement. Si l'on
en écarte une forme, elle en prendra une autre. Son principe, qui est d'essence psychologique, est très souple. Il
est si extensible, et par là même si large, qu'on en accepte
quelque chose dès qu'on repousse le mécanisme pur. La
thèse que nous exposerons dans ce livre participera donc
nécessairement du finalisme dans une certaine mesure.
C'est pourquoi il importe d'indiquer avec précision ce
que nous allons en prendre, et ce que nous entendons
en laisser.

Disons tout de suite qu'on nous paraît faire fausse
route quand on atténue le finalisme leibnizien en le frac-
tionnant à l'infini. Telle est pourtant la direction que
la doctrine de la finalité a prise. On sent bien que, si
l'univers dans son ensemble est la réalisation d'un plan,
cela ne saurait se montrer empiriquement. On sent bien
aussi que, même si l'on s'en tient au monde organisé,
il n'est guère plus facile de prouver que tout y soit har-

monie. Les faits, interrogés, diraient aussi bien le contraire. La nature met les êtres vivants aux prises les uns
avec les autres. Elle nous présente partout le désordre à
côté de l'ordre, la régression à côté du progrès. Mais ce
qui n'est affirmable ni de l'ensemble de la matière, ni de
l'ensemble de la vie, ne serait-il pas vrai de chaque organisme pris à part ? N'y remarque-t-on pas une admirable division du travail, une merveilleuse solidarité entre
les parties, l'ordre parfait dans la complication infinie ?
En ce sens, chaque être vivant ne réalise-t-il pas un plan
immanent à sa substance ? Cette thèse consiste, au fond,
à briser en morceaux l'antique conception de la finalité.
On n'accepte pas, on tourne même volontiers en ridi-
cule l'idée d'une finalité *externe*, en vertu de laquelle
les êtres vivants seraient coordonnés les uns aux autres :
il est absurde, dit-on, de supposer que l'herbe ait été faite
pour la vache, l'agneau pour le loup. Mais il y a une
finalité *interne* : chaque être est fait pour lui-même, toutes
ses parties se concertent pour le plus grand bien de l'ensemble et s'organisent avec intelligence en vue de cette fin.
Telle est la conception de la finalité qui a été pendant
longtemps classique. Le finalisme s'est rétréci au point
de ne jamais embrasser plus d'un être vivant à la fois.
En se faisant plus petit, il pensait sans doute offrir moins
de surface aux coups.

La vérité est qu'il s'y exposait bien davantage. Si radicale que notre thèse elle-même puisse paraître, la finalité
est externe ou elle n'est rien du tout.

Considérons en effet l'organisme le plus complexe et
le plus harmonieux. Tous les éléments, nous dit-on,
conspirent pour le plus grand bien de l'ensemble. Soit,
mais n'oublions pas que chacun des éléments peut être
lui-même, dans certains cas, un organisme, et qu'en

subordonnant l'existence de ce petit organisme à la vie du grand, nous acceptons le principe d'une finalité externe. La conception d'une finalité toujours interne se détruit ainsi elle-même. Un organisme est composé de tissus dont chacun vit pour son compte. Les cellules dont les tissus sont faits ont aussi une certaine indépendance. A la rigueur, si la subordination de tous les éléments de l'individu à l'individu lui-même était complète, on pourrait refuser de voir en eux des organismes, réserver ce nom à l'individu, et ne parler que de finalité interne. Mais chacun sait que ces éléments peuvent posséder une véritable autonomie. Sans parler des phagocytes, qui poussent l'indépendance jusqu'à attaquer l'organisme qui les nourrit, sans parler des cellules germinales, qui ont leur vie propre à côté des cellules somatiques, il suffit de mentionner les faits de régénération : ici un élément ou un groupe d'éléments manifeste soudain que si, en temps normal, il s'assujettissait à n'occuper qu'une petite place et à n'accomplir qu'une fonction spéciale, il pouvait faire beaucoup plus, il pouvait même, dans certains cas, se considérer comme l'équivalent du tout.

Là est la pierre d'achoppement des théories vitalistes. Nous ne leur reprocherons pas, comme on le fait d'ordinaire, de répondre à la question par la question même. Sans doute le « principe vital » n'explique pas grand'chose : du moins a-t-il l'avantage d'être une espèce d'écriteau posé sur notre ignorance et qui pourra nous la rappeler à l'occasion[1], tandis que le mécanisme nous

---

1. Il y a en effet deux parts à faire dans le néo-vitalisme contemporain : d'un côté l'affirmation que le mécanisme pur est insuffisant, affirmation qui prend une grande autorité quand elle émane d'un savant tel que Driesch ou Reinke, par exemple, et d'autre part les hypothèses que ce vitalisme superpose

invite à l'oublier. Mais la vérité est que la position du vitalisme est rendue très difficile par le fait qu'il n'y a ni finalité purement interne ni individualité absolument tranchée dans la nature. Les éléments organisés qui entrent dans la composition de l'individu ont eux-mêmes une certaine individualité et revendiqueront chacun leur principe vital, si l'individu doit avoir le sien. Mais, d'autre part, l'individu lui-même n'est pas assez indépendant, pas assez isolé du reste, pour que nous puissions lui accorder un « principe vital » propre. Un organisme tel que celui d'un Vertébré supérieur est le plus individué de tous les organismes : pourtant, si l'on remarque qu'il n'est que le développement d'un ovule qui faisait partie du corps de sa mère et d'un spermatozoïde qui appartenait au corps de son père, que l'œuf (c'est-à-dire l'ovule fécondé) est un véritable trait d'union entre les deux progéniteurs puisqu'il est commun à leurs deux substances, on s'aperçoit que tout organisme individuel, fût-ce celui d'un homme, est un simple bourgeon qui a poussé sur le corps combiné de ses deux parents. Où commence alors, où finit le principe vital de l'individu ? De proche en proche, on reculera jusqu'à ses plus lointains ancêtres ; on le trouvera solidaire de chacun d'eux, solidaire de cette petite masse de gelée protoplasmique qui est sans doute à la racine de l'arbre généalogique de la vie. Faisant corps, dans une certaine mesure, avec cet ancêtre primitif, il est également solidaire de tout

au mécanisme (« entéléchies » de Driesch, « dominantes » de Reinke, etc.). De ces deux parties, la première est incontestablement la plus intéressante. Voir les belles études de Driesch : (*Die Lokalisation morphogenetischer Vorgänge*, Leipzig, 1899 ; *Die organischen Regulationen*, Leipzig, 1901 ; *Naturbegriffe und Natururteile*, Leipzig, 1904 ; *Der Vitalism als Geschichte und als Lehre*, Leipzig, 1905) et de Reinke : (*Die Welt au. Taat*, Berlin, 1899 ; *Einleitung in die theoretische Biologie*, Berlin, 1901 ; *Philosophie der Botanik*, Leipzig, 1905).

ce qui s'en est détaché par voie de descendance diver-
gente : en ce sens, on peut dire qu'il reste uni à la
totalité des vivants par d'invisibles liens. C'est donc en
vain qu'on prétend rétrécir la finalité à l'individualité de
l'être vivant. S'il y a de la finalité dans le monde de la
vie, elle embrasse la vie entière dans une seule indivisible
étreinte. Cette vie commune à tous les vivants présente,
sans aucun doute, bien des incohérences et bien des
lacunes, et d'autre part elle n'est pas si mathématiquement *une* qu'elle ne puisse laisser chaque vivant
s'individualiser dans une certaine mesure. Elle n'en
forme pas moins un seul tout ; et il faut opter entre la
négation pure et simple de la finalité et l'hypothèse qui
coordonne, non seulement les parties d'un organisme à
l'organisme lui-même, mais encore chaque être vivant à
l'ensemble des autres.

Ce n'est pas en pulvérisant la finalité qu'on la fera
passer plus facilement. Ou l'hypothèse d'une finalité
immanente à la vie doit être rejetée en bloc, ou c'est
dans un tout autre sens, croyons-nous, qu'il faut la
modifier.

L'erreur du finalisme radical, comme d'ailleurs celle
du mécanisme radical, est d'étendre trop loin l'application de certains concepts naturels à notre intelligence.
Originellement, nous ne pensons que pour agir. C'est
dans le moule de l'action que notre intelligence a été cou-
lée. La spéculation est un luxe, tandis que l'action est une
nécessité. Or, pour agir, nous commençons par nous proposer un but ; nous faisons un plan, puis nous passons au
détail du mécanisme qui le réalisera. Cette dernière opération n'est possible que si nous savons sur quoi nous pouvons compter. Il faut que nous ayons extrait, de la nature,

des similitudes qui nous permettent d'anticiper sur l'avenir. Il faut donc que nous ayons fait application, consciemment ou inconsciemment, de la loi de causalité. D'ailleurs, mieux se dessine dans notre esprit l'idée de la causalité efficiente, plus la causalité efficiente prend la forme d'une causalité mécanique. Cette dernière relation, à son tour, est d'autant plus mathématique qu'elle exprime une plus rigoureuse nécessité. C'est pourquoi nous n'avons qu'à suivre la pente de notre esprit pour devenir mathématiciens. Mais, d'autre part, cette mathématique naturelle n'est que le soutien inconscient de notre habitude consciente d'enchaîner les mêmes causes aux mêmes effets ; et cette habitude elle-même a pour objet ordinaire de guider des actions inspirées par des intentions ou, ce qui revient au même, de diriger des mouvements combinés en vue de l'exécution d'un modèle : nous naissons artisans comme nous naissons géomètres, et même nous ne sommes géomètres que parce que nous sommes artisans. Ainsi l'intelligence humaine, en tant que façonnée aux exigences de l'action humaine, est une intelligence qui procède à la fois par intention et par calcul, par la coordination de moyens à une fin et par la représentation de mécanismes à formes de plus en plus géométriques. Qu'on se figure la nature comme une immense machine régie par des lois mathématiques ou qu'on y voie la réalisation d'un plan, on ne fait, dans les deux cas, que suivre jusqu'au bout deux tendances de l'esprit qui sont complémentaires l'une de l'autre et qui ont leur origine dans les mêmes nécessités vitales.

C'est pourquoi le finalisme radical est tout près du mécanisme radical sur la plupart des points. L'une et l'autre doctrines répugnent à voir dans le cours des choses, ou même simplement dans le développement de la vie, une imprévisible création de forme. Le mécanisme n'envisage de la réalité que l'aspect similitude ou répétition. Il est donc dominé par cette loi qu'il n'y a dans la nature que du même reproduisant du même. Mieux se dégage la géométrie qu'il contient, moins il peut admettre que quelque chose se crée, ne fût-ce que de la forme. En tant que nous sommes géomètres, nous repoussons donc l'imprévisible. Nous pourrions l'accepter, assurément, en tant que nous sommes artistes, car l'art vit de création et implique une croyance latente à la spontanéité de la nature. Mais l'art désintéressé est un luxe, comme la pure spéculation. Bien avant d'être artistes, nous sommes artisans. Et toute fabrication, si rudimentaire soit-elle, vit sur des similitudes et des répétitions, comme la géométrie naturelle qui lui sert de point d'appui. Elle travaille sur des modèles qu'elle se propose de reproduire. Et quand elle invente, elle procède ou s'imagine procéder par un arrangement nouveau d'éléments connus. Son principe est qu' « il faut le même pour obtenir le même ». Bref, l'application rigoureuse du principe de finalité, comme celle du principe de causalité mécanique, conduit à la conclusion que « tout est donné ». Les deux principes disent la même chose dans leurs deux langues, parce qu'ils répondent au même besoin.

C'est pourquoi ils s'accordent encore à faire table rase du temps. La durée réelle est celle qui mord sur les choses et qui y laisse l'empreinte de sa dent. Si tout est dans le temps, tout change intérieurement, et la même réalité concrète ne se répète jamais. La répétition n'est donc possible que dans l'abstrait : ce qui se répète, c'est tel ou tel aspect que nos sens et surtout notre intelligence ont détaché de la réalité, précisément parce que notre action, sur laquelle tout l'effort de notre intelligence est tendu, ne se peut mouvoir que parmi des répétitions. Ainsi, concentrée sur ce qui se répète, uniquement préoccupée de souder le même au même, l'intelligence se détourne de la vision du temps. Elle répugne au fluent et solidifie tout ce qu'elle touche. Nous ne *pensons* pas le temps réel. Mais nous le vivons, parce que la vie déborde l'intelligence. Le sentiment que nous avons de notre évolution et de l'évolution de toutes choses dans la pure durée est là, dessinant autour de la représentation intellectuelle proprement dite une frange indécise qui va se perdre dans la nuit. Mécanisme et finalisme s'accordent à ne tenir compte que du noyau lumineux qui brille au centre. Ils oublient que ce noyau s'est formé aux dépens du reste par voie de condensation, et qu'il faudrait se servir de tout, du fluide autant et plus que du condensé, pour ressaisir le mouvement intérieur de la vie.

A vrai dire, si la frange existe, même indistincte et floue, elle doit avoir plus d'importance encore pour le philosophe que le noyau lumineux qu'elle entoure. Car c'est sa présence qui nous permet d'affirmer que le noyau est un noyau, que l'intelligence toute pure est un rétrécissement, par condensation, d'une puissance plus vaste. Et, justement parce que cette vague intuition ne nous est d'aucun secours pour diriger notre action sur les choses, action tout entière localisée à la surface du réel, on peut présumer qu'elle ne s'exerce plus simplement en surface, mais en profondeur.

Dès que nous sortons des cadres où le mécanisme et le finalisme radical enferment notre pensée, la réalité nous apparaît comme un jaillissement ininterrompu de nouveautés, dont chacune n'a pas plutôt surgi pour faire le présent qu'elle a déjà reculé dans le passé : à cet instant précis elle tombe sous le regard de l'intelligence, dont les yeux sont éternellement tournés en arrière. Tel est déjà le cas de notre vie intérieure. A chacun de nos actes on trouvera sans peine des antécédents dont il serait, en quelque sorte, la résultante mécanique. Et l'on dira aussi bien que chaque action est l'accomplissement d'une intention. En ce sens le mécanisme est partout, et la finalité partout, dans l'évolution de notre conduite. Mais, pour peu que l'action intéresse l'ensemble de notre personne et soit véritablement nôtre, elle n'aurait pu être prévue, encore que ses antécédents l'expliquent une fois accomplie. Et, tout en réalisant une intention, elle diffère, elle réalité présente et neuve, de l'intention, qui ne pouvait être qu'un projet de recommencement ou de réarrangement du passé. Mécanisme et finalisme ne sont donc ici que des vues extérieures prises sur notre conduite. Ils en extraient l'intellectualité. Mais notre conduite glisse entre les deux et s'étend beaucoup plus loin. Cela ne veut pas dire, encore une fois, que l'action libre soit l'action capricieuse, déraisonnable. Se conduire par caprice consiste à osciller mécaniquement entre deux ou plusieurs partis *tout faits* et à se fixer pourtant enfin sur l'un d'eux : ce n'est pas avoir mûri une situation intérieure, ce n'est pas avoir évolué ; c'est, si paradoxale que cette assertion puisse paraître, avoir plié la volonté à imiter le mécanisme de l'intelligence. Au contraire, une conduite vraiment nôtre est celle d'une volonté qui ne cherche pas à contrefaire l'intelligence et qui, restant elle-même c'est-à-dire évoluant, aboutit par voie de maturation graduelle à des actes que l'intelligence pourra résoudre indéfiniment en éléments intelligibles sans y arriver jamais complètement : l'acte libre est incommensurable avec l'idée, et sa « rationalité » doit se définir par cette incommensurabilité même, qui permet d'y trouver autant d'intelligibilité qu'on voudra. Tel est le caractère de notre évolution intérieure. Et tel est aussi, sans doute, celui de l'évolution de la vie.

Notre raison, incurablement présomptueuse, s'imagine posséder par droit de naissance ou par droit de conquête, innés ou appris, tous les éléments essentiels de la connaissance de la vérité. Là même où elle avoue ne pas connaître l'objet qu'on lui présente, elle croit que son ignorance porte seulement sur la question de savoir quelle est celle de ses catégories anciennes qui convient à l'objet nouveau. Dans quel tiroir prêt à s'ouvrir le ferons-nous entrer ? De quel vêtement déjà coupé allons-nous l'habiller ? Est-il ceci, ou cela, ou autre chose ? et « ceci » et « cela » et « autre chose » sont toujours pour nous du déjà conçu, du déjà connu. L'idée que nous pourrions avoir à créer de toutes pièces, pour un objet nouveau, un nouveau concept, peut-être une nouvelle méthode de penser, nous répugne profondément. L'histoire de la philosophie est là cependant, qui nous montre l'éternel conflit des systèmes, l'impossibilité de faire entrer définitivement le réel dans ces vêtements de confection que sont nos concepts tout faits, la nécessité de travailler sur mesure. Plutôt que d'en venir à cette extrémité, notre raison aime mieux annoncer une fois pour toutes, avec une orgueilleuse modestie, qu'elle ne connaîtra que du relatif et que l'absolu n'est pas de son ressort : cette déclaration préliminaire lui permet d'appliquer sans scrupule sa méthode habituelle de penser et, sous prétexte qu'elle ne touche pas à l'absolu, de trancher absolument sur toutes choses. Platon fut le premier à ériger en théorie que connaître le réel consiste à lui trouver son Idée, c'est-à-dire à le faire entrer dans un cadre préexistant qui serait déjà à notre disposition, — comme si nous possédions implicitement la science universelle. Mais cette croyance est naturelle à l'intelligence humaine, toujours préoccupée de savoir sous quelle ancienne rubrique elle cataloguera n'importe quel objet nouveau, et l'on pourrait dire, en un certain sens, que nous naissons tous platoniciens.

Nulle part l'impuissance de cette méthode ne s'étale aussi manifestement que dans les théories de la vie. Si, en évoluant dans la direction des Vertébrés en général, de l'homme et de l'intelligence en particulier, la Vie a dû abandonner en route bien des éléments incompatibles avec ce mode particulier d'organisation et les confier, comme nous le montrerons, à d'autres lignes de développement, c'est la totalité de ces éléments que nous devrons rechercher et fondre avec l'intelligence proprement dite, pour ressaisir la vraie nature de l'activité vitale. Nous y serons sans doute aidés, d'ailleurs, par la frange de représentation confuse qui entoure notre représentation distincte, je veux dire intellectuelle : que peut être cette frange inutile, en effet, sinon la partie du principe évoluant qui ne s'est pas rétrécie à la forme spéciale de notre organisation et qui a passé en contrebande ? C'est donc là que nous devrons aller chercher des indications pour dilater la forme intellectuelle de notre pensée ; c'est là que nous puiserons l'élan nécessaire pour nous hausser au-dessus de nous-mêmes. Se représenter l'ensemble de la vie ne peut pas consister à combiner entre elles des idées simples déposées en nous par la vie elle-même au cours de son évolution : comment la partie équivaudrait-elle au tout, le contenu au contenant, un résidu de l'opération vitale à l'opération elle-même ? Telle est pourtant notre illusion quand nous définissons l'évolution de la vie par « le passage de l'homogène à l'hétérogène » ou par tout autre concept obtenu en composant entre eux des fragments d'intelligence. Nous nous plaçons en un des points d'aboutissement de l'évolution, le principal sans doute, mais non pas le seul ; en ce point même nous ne prenons pas tout ce qui s'y trouve, car nous ne retenons de l'intelligence qu'un ou deux des concepts où elle s'exprime : et c'est cette partie d'une partie que nous déclarons représentative du tout, de quelque chose même qui déborde le tout consolidé, je veux dire du mouvement évolutif dont ce « tout » n'est que la phase actuelle ! La vérité est que ce ne serait pas trop, ce ne serait pas assez ici de prendre l'intelligence entière. Il faudrait encore rapprocher d'elle ce que nous trouvons en chaque autre point terminus de l'évolution. Et il faudrait considérer ces éléments divers et divergents comme autant d'extraits qui sont ou du moins qui furent, sous leur forme la plus humble, complémentaires les uns des autres. Alors seulement nous pressentirions la nature réelle du mouvement évolutif ; — encore ne ferions-nous que la pressentir, car nous n'aurions toujours affaire qu'à l'évolué, qui est un résultat, et non pas à l'évolution même, c'est-à-dire à l'acte par lequel le résultat s'obtient.

Telle est la philosophie de la vie où nous nous acheminons. Elle prétend dépasser à la fois le mécanisme et le finalisme ; mais, comme nous l'annoncions d'abord, elle se rapproche de la seconde doctrine plus que de la première. Il ne sera pas inutile d'insister sur ce point, et de montrer en termes plus précis par où elle ressemble au finalisme, et par où elle en diffère.

Comme le finalisme radical, quoique sous une forme plus vague, elle nous représentera le monde organisé comme un ensemble harmonieux. Mais cette harmonie est loin d'être aussi parfaite qu'on l'a dit. Elle admet bien

des discordances, parce que chaque espèce, chaque individu même ne retient de l'impulsion globale de la vie
qu'un certain élan, et tend à utiliser cette énergie dans
son intérêt propre ; en cela consiste l'*adaptation*. L'espèce et l'individu ne pensent ainsi qu'à eux, — d'où un
conflit possible avec les autres formes de la vie. L'harmonie n'existe donc pas en fait ; elle existe plutôt en droit :
je veux dire que l'élan originel est un élan commun
et que, plus on remonte haut, plus les tendances diverses
apparaissent comme complémentaires les unes des autres.
Tel, le vent qui s'engouffre dans un carrefour se divise en
courants d'air divergents, qui ne sont tous qu'un seul et
même souffle. L'harmonie, ou plutôt la « complémentarité », ne se révèle qu'en gros, dans les tendances plutôt
que dans les états. Surtout (et c'est le point sur lequel le
finalisme s'est le plus gravement trompé), l'harmonie se
trouverait plutôt en arrière qu'en avant. Elle tient à une
identité d'impulsion et non pas à une aspiration commune. C'est en vain qu'on voudrait assigner à la vie un
but, au sens humain du mot. Parler d'un but est penser
à un modèle préexistant qui n'a plus qu'à se réaliser.
C'est donc supposer, au fond, que tout est donné, que
l'avenir pourrait se lire dans le présent. C'est croire
que la vie, dans son mouvement et dans son intégralité,
procède comme notre intelligence, qui n'est qu'une vue
immobile et fragmentaire prise sur elle, et qui se place
toujours naturellement en dehors du temps. La vie, elle,
progresse et dure. Sans doute on pourra toujours, en jetant un coup d'œil sur le chemin une fois parcouru, en
marquer la direction, la noter en termes psychologiques
et parler comme s'il y avait eu poursuite d'un but. C'est
ainsi que nous parlerons nous-mêmes. Mais, du chemin
qui allait être parcouru, l'esprit humain n'a rien à dire,

car le chemin a été créé au fur et à mesure de l'acte qui
le parcourait, n'étant que la direction de cet acte lui-même.
L'évolution doit donc comporter à tout moment une interprétation psychologique qui en est, de notre point de
vue, la meilleure explication, mais cette explication n'a
de valeur et même de signification que dans le sens rétro-
actif. Jamais l'interprétation finaliste, telle que nous la
proposerons, ne devra être prise pour une anticipation sur
l'avenir. C'est une certaine vision du passé à la lumière
du présent. Bref, la conception classique de la finalité
postule à la fois trop et trop peu. Elle est trop large et
trop étroite. En expliquant la vie par l'intelligence, elle
rétrécit à l'excès la signification de la vie ; l'intelligence,
telle du moins que nous la trouvons en nous, a été façonnée par l'évolution au cours du trajet ; elle est découpée
dans quelque chose de plus vaste, ou plutôt elle n'est que
la projection nécessairement plane d'une réalité qui a relief et profondeur. C'est cette réalité plus compréhensive
que le finalisme vrai devrait reconstituer, ou plutôt embrasser, si possible, dans une vision simple. Mais, d'autre
part, justement parce qu'elle déborde l'intelligence, faculté de lier le même au même, d'apercevoir et aussi de
produire des répétitions, cette réalité est sans doute
créatrice, c'est-à-dire productrice d'effets où elle se dilate
et se dépasse elle-même : ces effets n'étaient donc pas
donnés en elle par avance, et par conséquent elle ne
pouvait pas les prendre pour fins, encore qu'une fois produits ils comportent une interprétation rationnelle, comme
celle de l'objet fabriqué qui a réalisé un modèle. Bref, la
théorie des causes finales ne va pas assez loin quand elle
se borne à mettre de l'intelligence dans la nature, et elle va
trop loin quand elle suppose une préexistence de l'avenir
dans le présent sous forme d'idée. La seconde thèse, qui

- pèche par excès, est d'ailleurs la conséquence de la première, qui pèche par défaut. Il faut substituer à l'intelligence proprement dite la réalité plus compréhensive dont l'intelligence n'est que le rétrécissement. L'avenir apparaît alors comme dilatant le présent. Il n'était donc pas contenu dans le présent sous forme de fin représentée. Et néanmoins, une fois réalisé, il expliquera le présent autant que le présent l'expliquait, et même davantage ; il devra être envisagé comme une fin autant et plus que comme un résultat. Notre intelligence a le droit de le considérer abstraitement de son point de vue habituel, étant elle-même une abstraction opérée sur la cause d'où il émane.

Il est vrai que la cause paraît alors insaisissable. Déjà la théorie finaliste de la vie échappe à toute vérification précise. Que sera-ce, va-t-on dire, si nous allons plus loin qu'elle dans une de ses directions ? Nous voici revenus, en effet, après une digression nécessaire, à la question que nous tenons pour essentielle : peut-on prouver par les faits l'insuffisance du mécanisme ? Nous annoncions que, si cette démonstration est possible, c'est à condition qu'on se place franchement dans l'hypothèse évolutioniste. Le moment est venu d'établir que, si le mécanisme ne suffit pas à rendre compte de l'évolution, le moyen de prouver cette insuffisance n'est pas de s'arrêter à la conception classique de la finalité, encore moins de la rétrécir ou de l'atténuer, mais au contraire d'aller plus loin qu'elle.

Indiquons tout de suite le principe de notre démonstration. Nous disions que la vie, depuis ses origines, est la continuation d'un seul et même élan qui s'est partagé entre des lignes d'évolution divergentes. Quelque chose a grandi, quelque chose s'est développé par une série d'additions qui ont été autant de créations. C'est ce développement même qui a amené à se dissocier des tendances qui ne pouvaient croître au delà d'un certain point sans devenir incompatibles entre elles. A la rigueur, rien n'empêcherait d'imaginer un individu unique en lequel, par suite de transformations réparties sur des milliers de siècles, se serait effectuée l'évolution de la vie. Ou encore, à défaut d'un individu unique, on pourrait supposer une pluralité d'individus se succédant en une série unilinéaire. Dans les deux cas l'évolution n'aurait eu, si l'on peut s'exprimer ainsi, qu'une seule dimension. Mais l'évolution s'est faite en réalité par l'intermédiaire de millions d'individus sur des lignes divergentes, dont chacune aboutissait elle-même à un carrefour d'où rayonnaient de nouvelles voies, et ainsi de suite indéfiniment. Si notre hypothèse est fondée, si les causes essentielles qui travaillent le long de ces divers chemins sont de nature psychologique, elles doivent conserver quelque chose de commun en dépit de la divergence de leurs effets, comme des camarades séparés depuis longtemps gardent les mêmes souvenirs d'enfance. Des bifurcations ont eu beau se produire, des voies latérales s'ouvrir où les élément dissociés se déroulaient d'une manière indépendante ; ce n'en est pas moins par l'élan primitif du tout que se continue le mouvement des parties. Quelque chose du tout doit donc subsister dans les parties. Et cet élément commun pourra se rendre sensible aux yeux d'une certaine manière, peut-être par la présence d'organes identiques dans des organismes très différents. Supposons, un instant, que le mécanisme soit la vérité : l'évolution se sera faite par une série d'accidents s'ajoutant les uns aux autres, chaque accident nouveau se conservant par sélection s'il est avantageux à cette somme ''accidents avantageux antérieurs que représente la forme actuelle de l'être vivant. Quelle chance y aura-t-il pour que, par deux séries toutes différentes d'accidents qui s'additionnent, deux évolutions toutes différentes aboutissent à des résultats similaires ? Plus deux lignes d'évolution divergeront, moins il y aura de probabilités pour que des influences accidentelles extérieures ou des variations accidentelles internes aient déterminé sur elles la construction d'appareils identiques, surtout s'il n'y avait pas trace de ces appareils au moment où la bifurcation s'est produite. Cette similitude serait naturelle, au contraire, dans une hypothèse telle que la nôtre : on devrait retrouver, jusque dans les derniers ruisselets, quelque chose de l'impulsion reçue à la source. *Le pur mécanisme serait donc réfutable, et la finalité, au sens spécial où nous l'entendons, démontrable par un certain côté, si l'on pouvait établir que la vie fabrique certains appareils identiques, par des moyens dissemblables, sur des lignes d'évolution divergentes. La force de la preuve serait d'ailleurs proportionnelle au degré d'écartement des lignes d'évolution choisies, et au degré de complexité des structures similaires qu'on trouverait sur elles.*

On alléguera que la similitude de structure est due à l'identité des conditions générales où la vie a évolué. Ces conditions extérieures durables auraient imprimé la même direction aux forces constructrices de tel ou tel appareil, malgré la diversité des influences extérieures passagères et des variations accidentelles internes. — Nous n'ignorons pas, en effet, le rôle que joue le concept d'*adaptation* dans la science contemporaine. Certes, les biologistes n'en font pas tous le même usage. Pour quelques-uns, les conditions extérieures sont capables de causer directement la variation des organismes dans un sens défini, par les modifications physico-chimiques qu'elles déterminent dans la substance vivante : telle est l'hypothèse d'Eimer, par exemple. Pour d'autres, plus fidèles à l'esprit du darwinisme, l'influence des conditions ne s'exerce que d'une manière indirecte, en favorisant, dans la concurrence vitale, ceux des représentants d'une espèce que le hasard de la naissance a mieux adaptés au milieu. En d'autres termes, les uns attribuent aux conditions extérieures une influence positive et les autres une action négative : dans la première hypothèse, cette cause susciterait des variations, dans la seconde, elle ne ferait qu'en éliminer. Mais, dans les deux cas, elle est censée déterminer un ajustement précis de l'organisme à ses conditions d'existence. Par cette adaptation commune on tentera sans doute d'expliquer mécaniquement les similitudes de structure d'où nous croyons qu'on pourrait tirer l'argument le plus redoutable contre le mécanisme. C'est pourquoi nous devons indiquer tout de suite en gros, avant de passer au détail, pourquoi les explications qu'on tirerait ici de l' « adaptation » nous paraissent insuffisantes.

Remarquons d'abord que, des deux hypothèses que nous venons de formuler, la seconde est la seule qui ne prête pas à équivoque. L'idée darwinienne d'une adaptation s'effectuant par l'élimination automatique des inadaptés est une idée simple et claire. En revanche, et justement parce qu'elle attribue à la cause extérieure, directrice de l'évolution, une influence toute négative, elle a déjà bien de la peine à rendre compte du développement progressif et rectiligne d'appareils complexes comme ceux que nous allons examiner. Que sera-ce, quand elle voudra expliquer l'identité de structure d'organes extraordinairement compliqués sur des lignes d'évolution divergentes ? Une variation accidentelle, si minime soit-elle, implique l'action d'une foule de petites causes physiques et chimiques.

Une accumulation de variations accidentelles, comme il en faut pour produire une structure compliquée, exige le concours d'un nombre pour ainsi dire infini de causes infinitésimales. Comment ces causes, toutes accidentelles, réapparaîtraient-elles les mêmes, et dans le même ordre, sur des points différents de l'espace et du temps? Personne ne le soutiendra, et le darwiniste lui-même se bornera sans doute à dire que des effets identiques peuvent sortir de causes différentes, que plus d'un chemin conduit au même endroit. Mais ne soyons pas dupes d'une métaphore. L'endroit où l'on arrive ne dessine pas la forme du chemin qu'on a pris pour y arriver, au lieu qu'une structure organique est l'accumulation même des petites différences que l'évolution a dû traverser pour l'atteindre. Concurrence vitale et sélection naturelle ne peuvent nous être d'aucun secours pour résoudre cette partie du problème, car nous ne nous occupons pas ici de ce qui a disparu, nous regardons simplement ce qui s'est conservé. Or, nous voyons que, sur des lignes d'évolution indépendantes, des structures identiques se sont dessinées par une accumulation graduelle d'effets qui se sont ajoutés les uns aux autres. Comment supposer que des causes accidentelles, se présentant dans un ordre accidentel, aient abouti plusieurs fois au même résultat, les causes étant infiniment nombreuses et l'effet infiniment compliqué?

Le principe du mécanisme est que « les mêmes causes produisent les mêmes effets ». Ce principe n'implique pas toujours, il est vrai, que les mêmes effets aient les mêmes causes ; il entraîne pourtant cette conséquence dans le cas particulier où les causes demeurent visibles dans l'effet qu'elles produisent et en sont les éléments constitutifs. Que deux promeneurs partis de points différents, et errant dans la campagne au gré de leur caprice, finissent par se rencontrer, cela n'a rien que de très ordinaire. Mais qu'en cheminant ainsi ils dessinent des courbes identiques, exactement superposables l'une à l'autre, c'est tout à fait invraisemblable. L'invraisemblance sera d'ailleurs d'autant plus grande que les chemins parcourus de part et d'autre présenteront des détours plus compliqués. Et elle deviendra impossibilité, si les zigzags des deux promeneurs sont d'une complexité infinie. Or, qu'est-ce que cette complication de zigzags à côté de celle d'un organe où sont disposés dans un certain ordre des milliers de cellules différentes, dont chacune est une espèce d'organisme ?

Passons donc à la seconde hypothèse, et voyons comment elle résoudrait le problème. L'adaptation ne consistera plus simplement en l'élimination des inadaptés. Elle sera due à l'influence positive des conditions extérieures qui auront modelé l'organisme sur leur forme propre. C'est bien par la similitude de la cause que s'expliquera cette fois la similitude des effets. Nous serons, en apparence, dans le pur mécanisme. Mais regardons de plus près. Nous allons voir que l'explication est toute verbale, que nous sommes encore dupes des mots, et que l'artifice de la solution consiste à prendre le terme « adaptation », en même temps, dans deux sens tout différents.

Si je verse dans un même verre, tour à tour, de l'eau et du vin, les deux liquides y prendront la même forme, et la similitude de forme tiendra à l'identité d'adaptation du contenu au contenant. Adaptation signifie bien alors insertion mécanique. C'est que la forme à laquelle la matière s'adapte était déjà là, toute faite, et qu'elle a imposé à la matière sa propre configuration. Mais quand on parle de l'adaptation d'un organisme aux conditions dans lesquelles il doit vivre, où est la forme préexistante qui attend sa matière? Les conditions ne sont pas un moule où la vie s'insérera et dont elle recevra sa forme : quand on raisonne ainsi, on est dupe d'une métaphore. Il n'y a pas encore de forme, et c'est à la vie qu'il appartiendra de se créer à elle-même une forme appropriée aux conditions qui lui sont faites. Il va falloir qu'elle tire parti de ces conditions, qu'elle en neutralise les inconvénients et qu'elle en utilise les avantages, enfin qu'elle réponde aux actions extérieures par la construction d'une machine qui n'a aucune ressemblance avec elles. S'adapter ne consistera plus ici à *répéter*, mais à *répliquer*, ce qui est tout différent. S'il y a encore adaptation, ce sera au sens où l'on pourrait dire de la solution d'un problème de géométrie, par exemple, qu'elle s'adapte aux conditions de l'énoncé. Je veux bien que l'adaptation ainsi entendue explique pourquoi des processus évolutifs différents aboutissent à des formes semblables; le même problème appelle en effet la même solution. Mais il faudra faire intervenir alors, comme pour la solution d'un problème de géométrie, une activité intelligente ou du moins une cause qui se comporte de la même manière. C'est la finalité qu'on réintroduira, et une finalité beaucoup trop chargée, cette fois, d'éléments anthropomorphiques. En un mot, si l'adaptation dont on parle est passive, simple répétition en relief de ce que les conditions donnent en creux, elle ne construira rien de ce qu'on veut lui faire construire; et si on la déclare active, capable de répondre par une solution calculée au problème que les conditions posent, on va plus loin que nous, trop loin même selon nous, dans la direction que nous indiquions d'abord. Mais la vérité est que l'on passe subrepticement de l'un de ces deux sens à l'autre, et qu'on se réfugie dans le premier toutes les fois qu'on va être pris en flagrant délit de finalisme dans l'emploi du second. C'est

le second qui sert véritablement à la pratique courante de
la science, mais c'est le premier qui lui fournit le plus souvent sa philosophie. On s'exprime dans chaque cas particulier comme si le processus d'adaptation était un effort
de l'organisme pour construire une machine capable de
tirer des conditions extérieures le meilleur parti possible ;
puis on parle de l'adaptation en général comme si elle était
l'empreinte même des circonstances, reçue passivement
par une matière indifférente.

Mais arrivons aux exemples. Il serait d'abord intéressant
d'instituer ici une comparaison générale entre les plantes et
les animaux. Comment n'être pas frappé des progrès paral-
lèles qui se sont accomplis, de part et d'autre, dans le sens
de la sexualité ? Non seulement la fécondation même est
identique chez les plantes supérieures à ce qu'elle est chez
l'animal, puisqu'elle consiste, ici et là, dans l'union de
deux demi-noyaux qui différaient par leurs propriétés et
leur structure avant leur rapprochement et qui deviennent,
tout de suite après, équivalents l'un à l'autre, mais la préparation des éléments sexuels se poursuit des deux côtés
dans des conditions semblables : elle consiste essentiellement dans la réduction du nombre des chromosomes
et le rejet d'une certaine quantité de substance chroma-
tique[1]. Pourtant végétaux et animaux ont évolué sur des
lignes indépendantes, favorisés par des circonstances dissemblables, contrariés par des obstacles différents. Voilà
deux grandes séries qui sont allées en divergeant. Le long
de chacune d'elles, des milliers de milliers de causes se
sont composées ensemble pour déterminer l'évolution
morphologique et fonctionnelle. Et pourtant ces causes

1. P. Guérin, *Les connaissances actuelles sur la fécondation chez les Phané-
rogames*, Paris, 1904, p. 144-148. Cf. Delage, *L'Hérédité*, 2ᵉ édition, 1903,
p. 140 et suiv.

infiniment compliquées se sont sommées, de part et d'autre, dans un même effet. De cet effet on osera à peine dire, d'ailleurs, que ce soit un phénomène d' « adaptation » : comment parler d'adaptation, comment faire appel à la pression des circonstances extérieures, alors que l'utilité même de la génération sexuée n'est pas apparente, qu'on a pu l'interpréter dans les sens les plus divers, et que d'excellents esprits voient dans la sexualité de la plante, tout au moins, un luxe dont la nature aurait pu se passer[1] ? Mais nous ne voulons pas nous appesantir sur des faits aussi controversés. L'ambiguïté du terme « adaptation », la nécessité de dépasser tout à la fois le point de vue de la causalité mécanique et celui de la finalité anthropomorphique, apparaîtront plus clairement sur des exemples plus simples. De tout temps, la doctrine de la finalité a tiré parti de la structure merveilleuse des organes des sens pour assimiler le travail de la nature à celui d'un ouvrier intelligent. Comme, d'ailleurs, ces organes se retrouvent, à l'état rudimentaire, chez les animaux inférieurs, comme la nature nous offre tous les intermédiaires entre la tache pigmentaire des organismes les plus simples et l'œil infiniment compliqué des Vertébrés, on pourra aussi bien faire intervenir ici le jeu tout mécanique de la sélection naturelle déterminant une perfection croissante. Enfin, s'il y a un cas où l'on semble avoir le droit d'invoquer l'adaptation, c'est celui-ci. Car, sur le rôle et la signification de la génération sexuée, sur la relation qui la lie aux conditions où elle s'accomplit, on peut discuter : mais le rapport de l'œil à la lumière est manifeste, et quand on parle ici d'adaptation, on doit savoir ce qu'on veut dire. Si

1. Möbius, *Beiträge zur Lehre von der Fortpflanzung der Gewächse*, Iena, 1897, p. 203-206 en particulier. — Cf. Hartog, *Sur les phénomènes de reproduction* (*Année biologique*, 1895, p. 707-709).

donc nous pouvions montrer, dans ce cas privilégié, l'insuffisance des principes invoqués de part et d'autre, notre démonstration aurait atteint tout de suite un assez haut degré de généralité.

Considérons l'exemple sur lequel ont toujours insisté les avocats de la finalité : la structure d'un œil tel que l'œil humain. Ils n'ont pas eu de peine à montrer que, dans cet appareil si compliqué, tous les éléments sont merveilleusement coordonnés les uns aux autres. Pour que la vision s'opère, dit l'auteur d'un livre bien connu sur les « Causes finales », il faut « que la sclérotique de-« vienne transparente en un point de sa surface, afin de « permettre aux rayons lumineux de la traverser...; il « faut que la cornée se trouve correspondre précisément « à l'ouverture même de l'orbite de l'œil...; il faut que « derrière cette ouverture transparente se trouvent des mi-« lieux convergents..., il faut qu'à l'extrémité de la cham-« bre noire se trouve la rétine... [1] ; il faut, perpendiculai-« rement à la rétine, une quantité innombrable de cônes « transparents qui ne laissent parvenir à la membrane « nerveuse que la lumière dirigée suivant le sens de leur « axe [2], etc., etc. » — A quoi l'on a répondu en invitant l'avocat des causes finales à se placer dans l'hypothèse évolutioniste. Tout paraît merveilleux, en effet, si l'on considère un œil tel que le nôtre, où des milliers d'éléments sont coordonnés à l'unité de la fonction. Mais il faudrait prendre la fonction à son origine, chez l'Infusoire, alors qu'elle se réduit à la simple impressionnabilité (presque purement chimique) d'une tache de pigment à la lumière. Cette fonction, qui n'était qu'un fait accidentel au début, a pu, soit directement par un mécanisme in-

1. Paul Janet, *Les causes finales*, Paris, 1876, p. 83.
2. *Ibid.*, p. 80.

connu, soit indirectement, par le seul effet des avantages qu'elle procurait à l'être vivant et de la prise qu'elle offrait ainsi à la sélection naturelle, amener une complication légère de l'organe, laquelle aura entraîné avec elle un perfectionnement de la fonction. Ainsi, par une série indéfinie d'actions et de réactions entre la fonction et l'organe, et sans faire intervenir une cause extra-mécanique, on expliquerait la formation progressive d'un œil aussi bien combiné que le nôtre.

La question est difficile à trancher, en effet, si on la pose tout de suite entre la fonction et l'organe, comme le faisait la doctrine de la finalité, comme le fait le mécanisme lui-même. Car organe et fonction sont deux termes hétérogènes entre eux, qui se conditionnent si bien l'un l'autre qu'il est impossible de dire *a priori* si, dans l'énoncé de leur rapport, il vaut mieux commencer par le premier, comme le veut le mécanisme, ou par le second, comme l'exigerait la thèse de la finalité. Mais la discussion prendrait une tout autre tournure, croyons-nous, si l'on comparait d'abord entre eux deux termes de même nature, un organe à un organe, et non plus un organe à sa fonction. Cette fois, on pourrait s'acheminer peu à peu à une solution de plus en plus plausible. Et l'on aurait d'autant plus de chances d'aboutir qu'on se placerait plus résolument alors dans l'hypothèse évolutioniste.

Voici, à côté de l'œil d'un Vertébré, celui d'un Mollusque tel que le Peigne. Ce sont, dans l'un et dans l'autre, les mêmes parties essentielles, composées d'éléments analogues. L'œil du Peigne présente une rétine, une cornée, un cristallin à structure cellulaire comme le nôtre. On remarque chez lui jusqu'à cette inversion particulière des éléments rétiniens qui ne se rencontre pas, en général, dans la rétine des Invertébrés. Or, on discute sans doute sur l'origine des Mollusques, mais, à quelque opinion qu'on se rallie, on accordera que Mollusques et Vertébrés se sont séparés de leur tronc commun bien avant l'apparition d'un œil aussi complexe que celui du Peigne. D'où vient alors l'analogie de structure ?

Interrogeons sur ce point, tour à tour, les deux systèmes opposés d'explication évolutioniste, l'hypothèse de variations purement accidentelles, et celle d'une variation dirigée dans un sens défini sous l'influence des conditions extérieures.

Pour ce qui est de la première, on sait qu'elle se présente aujourd'hui sous deux formes assez différentes. Darwin avait parlé de variations très légères, qui s'additionneraient entre elles par l'effet de la sélection naturelle. Il n'ignorait pas les faits de variation brusque ; mais ces « sports », comme il les appelait, ne donnaient, selon lui, que des monstruosités incapables de se perpétuer, et c'est par une accumulation de variations insensibles qu'il rendait compte de la genèse des espèces[1]. Telle est encore l'opinion de beaucoup de naturalistes. Elle tend pourtant à céder la place à l'idée opposée : c'est tout d'un coup, par l'apparition simultanée de plusieurs caractères nouveaux, assez différents des anciens, que se constituerait une espèce nouvelle. Cette dernière hypothèse, déjà émise par divers auteurs, notamment par Bateson dans un livre remarquable[2], a pris une signification profonde et acquis une très grande force depuis les belles expériences de Hugo de Vries. Ce botaniste, opé-

1. Darwin, *Origine des espèces*, trad. Barbier, Paris, 1887, p. 46.
2. Bateson, *Materials for the study of variation*, London, 1894, surtout p. 567 et suiv. Cf. Scott, *Variations and mutations* (*American Journal of Science*, novembre 1894).

rant sur l'*OEnothera Lamarckiana,* a obtenu, au bout de quelques générations, un certain nombre de nouvelles espèces. La théorie qu'il dégage de ses expériences est du plus haut intérêt. Les espèces passeraient par des périodes alternantes de stabilité et de transformation. Quand arrive la période de « mutabilité », elles produiraient, dans une foule de directions diverses, des formes inattendues [1]. Nous ne nous hasarderons pas à prendre parti entre cette hypothèse et celle des variations insensibles. Il est d'ailleurs possible que l'une et l'autre renferment une part de vérité. Nous voulons simplement montrer que, petites ou grandes, les variations invoquées sont incapables, si elles sont accidentelles, de rendre compte d'une similitude de structure comme celle que nous signalions.

Acceptons d'abord, en effet, la thèse darwiniste des variations insensibles. Supposons de petites différences dues au hasard et qui vont toujours s'additionnant. Il ne faut pas oublier que toutes les parties d'un organisme sont nécessairement coordonnées les unes aux autres. Peu m'importe que la fonction soit l'effet ou la cause de l'organe : un point est incontestable, c'est que l'organe ne rendra service et ne donnera prise à la sélection que s'il fonctionne. Que la fine structure de la rétine se développe et se complique, ce progrès, au lieu de favoriser la vision, la troublera sans doute, si les centres visuels ne se développent pas en même temps, ainsi que diverses parties de l'organe visuel lui-même. Si les variations sont accidentelles, il est trop évident qu'elles ne s'entendront pas entre elles pour se produire dans toutes les parties de l'organe à la fois, de telle manière qu'il continue à accomplir sa fonction. Darwin l'a bien compris, et c'est une des raisons

1. De Vries, *Die Mutationstheorie,* Leipzig, 1901-1903. Cf. *Species and varieties,* Chicago, 1905.

pour lesquelles il suppose la variation insensible[1]. La différence qui surgit accidentellement sur un point de l'appareil visuel, étant très légère, ne gênera pas le fonctionnement de l'organe ; et, dès lors, cette première variation accidentelle peut *attendre*, en quelque sorte, que des variations complémentaires viennent s'y ajouter et porter la vision à un degré de perfection supérieur. Soit ; mais si la variation insensible ne gêne pas le fonctionnement de l'œil, elle ne le sert pas davantage, tant que les variations complémentaires ne se sont pas produites : dès lors, comment se conserverait-elle par l'effet de la sélection ? Bon gré mal gré, on raisonnera comme si la petite variation était une pierre d'attente posée par l'organisme, et réservée pour une construction ultérieure. Cette hypothèse, si peu conforme aux principes de Darwin, paraît déjà difficile à éviter quand on considère un organe qui s'est développé sur une seule grande ligne d'évolution, l'œil des Vertébrés par exemple. Mais elle s'imposera absolument si l'on remarque la similitude de structure de l'œil des Vertébrés et de celui des Mollusques. Comment supposer en effet que les mêmes petites variations, en nombre incalculable, se soient produites dans le même ordre sur deux lignes d'évolution indépendantes, si elles étaient purement accidentelles ? Et comment se sont-elles conservées par sélection et accumulées de part et d'autre, les mêmes dans le même ordre, alors que chacune d'elles, prise à part, n'était d'aucune utilité ?

Passons donc à l'hypothèse des variations brusques, et voyons si elle résoudra le problème. Elle atténue, sans doute, la difficulté sur un point. En revanche, elle

---

1. Darwin, *Origine des espèces*, trad. Barbier, p. 198.

l'aggrave beaucoup sur un autre. Si c'est par un nombre relativement faible de sauts brusques que l'œil des Mollusques s'est élevé, comme celui des Vertébrés, jusqu'à sa forme actuelle, j'ai moins de peine à comprendre la similitude des deux organes que si elle se composait d'un nombre incalculable de ressemblances infinitésimales successivement acquises : dans les deux cas c'est le hasard qui opère, mais on ne lui demande pas, dans le second, le miracle qu'il aurait à accomplir dans le premier. Non seulement le nombre des ressemblances que j'ai à additionner se restreint, mais je comprends mieux que chacune d'elles se soit conservée pour s'ajouter aux autres, car la variation élémentaire est assez considérable, cette fois, pour assurer un avantage à l'être vivant et se prêter ainsi au jeu de la sélection. Seulement, voici alors qu'un autre problème, non moins redoutable, se pose : comment toutes les parties de l'appareil visuel, en se modifiant soudain, restent-elles si bien coordonnées entre elles que l'œil continue à exercer sa fonction ? Car la variation isolée d'une partie va rendre la vision impossible, du moment que cette variation n'est plus infinitésimale. Il faut maintenant que toutes changent à la fois, et que chacune consulte les autres. Je veux bien qu'une foule de variations non coordonnées entre elles aient surgi chez des individus moins heureux, que la sélection naturelle les ait éliminées, et que, seule, la combinaison viable, c'est-à-dire capable de conserver et d'améliorer la vision, ait survécu. Encore faut-il que cette combinaison se soit produite. Et, à supposer que le hasard ait accordé cette faveur une fois, comment admettre qu'il la répète au cours de l'histoire d'une espèce, de manière à susciter chaque fois, tout d'un coup, des complications nouvelles, merveilleusement réglées les unes sur les autres, situées dans le prolongement des complications antérieures ? Comment surtout supposer que, par une série de simples « accidents », ces variations brusques se soient produites les mêmes, dans le même ordre, impliquant chaque fois un accord parfait d'éléments de plus en plus nombreux et complexes, le long de deux lignes d'évolution indépendantes ?

On invoquera, il est vrai, la loi de corrélation, à laquelle faisait déjà appel Darwin lui-même[1]. On alléguera qu'un changement n'est pas localisé en un point unique de l'organisme, qu'il a sur d'autres points sa répercussion nécessaire. Les exemples cités par Darwin sont restés classiques : les chats blancs qui ont les yeux bleus sont généralement sourds, les chiens dépourvus de poils ont la dentition imparfaite, etc. Soit, mais ne jouons pas maintenant sur le sens du mot « corrélation ». Autre chose est un ensemble de changements *solidaires*, autre chose un système de changements *complémentaires*, c'est-à-dire coordonnés les uns aux autres de manière à maintenir et même à perfectionner le fonctionnement d'un organe dans des conditions plus compliquées. Qu'une anomalie du système pileux s'accompagne d'une anomalie de la dentition, il n'y a rien là qui appelle un principe d'explication spécial : poils et dents sont des formations similaires[2], et la même altération chimique du germe qui entrave la formation des poils doit sans doute gêner celle des dents. C'est probablement à des causes du même genre qu'il faut attribuer la surdité des chats blancs aux yeux bleus. Dans ces divers exemples, les changements « corrélatifs » ne sont que des changements solidaires,

---

1. *Origine des espèces*, p. 11 et 12.

2. Sur cette homologie des poils et des dents, voir Brandt, *Ueber... eine mutmassliche Homologie der Haare und Zähne* (*Biol. Centralblatt*, vol. XVIII, 1898), surtout p. 262 et suiv.

(sans compter que ce sont en réalité des *lésions*, je veux dire des diminutions ou suppressions de quelque chose, et non pas des additions, ce qui est bien différent). Mais quand on nous parle de changements « corrélatifs » survenant tout à coup dans les diverses parties de l'œil, le mot est pris dans un sens tout nouveau : il s'agit cette fois d'un ensemble de changements non seulement simultanés, non seulement liés entre eux par une communauté d'origine, mais encore coordonnés entre eux de telle manière que l'organe continue à accomplir la même fonction simple, et même qu'il l'accomplisse mieux. Qu'une modification du germe, qui influence la formation de la rétine, agisse en même temps aussi sur celle de la cornée, de l'iris, du cristallin, des centres visuels, etc., je l'accorde, à la rigueur, encore que ce soient là des formations autrement hétérogènes entre elles que ne le sont sans doute des poils et des dents. Mais que toutes ces variations simultanées se fassent dans le sens d'un perfectionnement ou même simplement d'un maintien de la vision, c'est ce que je ne puis admettre dans l'hypothèse de la variation brusque, à moins qu'on ne fasse intervenir un principe mystérieux dont le rôle serait de veiller aux intérêts de la fonction : mais ce serait renoncer à l'idée d'une variation « accidentelle ». En réalité, ces deux sens du mot « corrélation » interfèrent souvent ensemble dans l'esprit du biologiste, tout comme ceux du terme « adaptation ». Et la confusion est presque légitime en botanique, là précisément où la théorie de la formation des espèces par variation brusque repose sur la base expérimentale la plus solide. Chez les végétaux, en effet, la fonction est loin d'être liée à la forme aussi étroitement que chez l'animal. Des différences morphologiques profondes, telles qu'un changement dans la forme des feuilles, sont sans influence appréciable sur l'exercice de la fonction et n'exigent pas, par conséquent, tout un système de remaniements complémentaires pour que la plante reste viable. Mais il n'en est pas de même chez l'animal, surtout si l'on considère un organe tel que l'œil, d'une structure très complexe en même temps que d'un fonctionnement très délicat. Ici, l'on chercherait en vain à identifier ensemble des variations simplement solidaires et des variations qui sont, en outre, complémentaires. Les deux sens du mot « corrélation » doivent être distingués avec soin : on commettrait un véritable paralogisme en adoptant l'un d'eux dans les prémisses du raisonnement, et l'autre dans la conclusion. C'est pourtant ce qu'on fait quand on invoque le principe de corrélation dans les explications de détail pour rendre compte des variations complémentaires, et qu'on parle ensuite de la corrélation en général comme si elle n'était qu'un ensemble quelconque de variations provoqué par une variation quelconque du germe. On commence par utiliser l'idée de corrélation dans la science courante comme pourrait le faire un avocat de la finalité ; on se dit que c'est là simplement une manière commode de s'exprimer, qu'on la corrigera et qu'on reviendra au mécanisme pur quand on s'expliquera sur la nature des principes et qu'on passera de la science à la philosophie. On revient alors au mécanisme, en effet ; mais c'est à la condition de prendre le mot « corrélation » dans un sens nouveau, cette fois impropre au détail des explications.

En résumé, si les variations accidentelles qui déterminent l'évolution sont des variations insensibles, il faudra faire appel à un bon génie, — le génie de l'espèce future, — pour conserver et additionner ces variations, car ce n'est pas la sélection qui s'en chargera. Si, d'autre part, les variations accidentelles sont brusques, l'ancienne fonction ne continuera à s'exercer, ou une fonction nouvelle ne la remplacera, que si tous les changements survenus ensemble se complètent en vue de l'accomplissement d'un même acte : il faudra encore recourir au bon génie, cette fois pour obtenir la *convergence* des changements simultanés, comme tout à l'heure pour assurer la *continuité de direction* des variations successives. Ni dans un cas ni dans l'autre, le développement parallèle de structures complexes identiques sur des lignes d'évolution indépendantes ne pourra tenir à une simple accumulation de variations accidentelles. Arrivons donc à la seconde des deux grandes hypothèses que nous devions examiner. Supposons que les variations soient dues, non plus à des causes accidentelles et internes, mais à l'influence directe des conditions extérieures. Voyons comment on s'y prendrait pour rendre compte de la similitude de structure de l'œil dans des séries indépendantes au point de vue phylogénétique.

Si Mollusques et Vertébrés ont évolué séparément, les uns et les autres sont restés exposés à l'influence de la lumière. Et la lumière est une cause physique engendrant des effets déterminés. Agissant d'une manière continue, elle a pu produire une variation continue dans une direction constante. Sans doute il est invraisemblable que l'œil des Vertébrés et celui des Mollusques se soient constitués par une série de variations dues au simple hasard. En admettant que la lumière intervienne alors comme instrument de sélection, pour ne laisser subsister que les variations utiles, il n'y a aucune chance pour que le jeu du hasard, même ainsi surveillé du dehors, aboutisse, dans les deux cas, à la même juxtaposition d'éléments coordonnés de la même manière. Mais il n'en serait plus de même, dans l'hypothèse où la lumière agirait directement sur la matière organisée pour en modifier la structure et l'adapter, en quelque sorte, à sa propre forme. La similitude des deux effets s'expliquerait cette fois simplement par l'identité de la cause. L'œil de plus en plus complexe serait quelque chose comme l'empreinte de plus en plus profonde de la lumière sur une matière qui, étant organisée, possède une aptitude *sui generis* à la recevoir.

Mais une structure organique peut-elle se comparer à une empreinte? Nous avons déjà signalé l'ambiguïté du terme « adaptation ». Autre chose est la complication graduelle d'une forme qui s'insère de mieux en mieux dans le moule des conditions extérieures, autre chose la structure de plus en plus complexe d'un instrument qui tire de ces conditions un parti de plus en plus avantageux. Dans le premier cas, la matière se borne à recevoir une empreinte, mais dans le second elle réagit activement, elle résout un problème. De ces deux sens du mot, c'est le second évidemment qu'on utilise quand on dit que l'œil s'est de mieux en mieux adapté à l'influence de la lumière. Mais on passe plus ou moins inconsciemment du second sens au premier, et une biologie purement mécanistique s'efforcera d'amener à coïncider ensemble l'adaptation passive d'une matière inerte, qui subit l'influence du milieu, et l'adaptation active d'un organisme, qui tire de cette influence un parti approprié. Nous reconnaissons d'ailleurs que la nature elle-même paraît inviter notre esprit à confondre ces deux genres d'adaptation, car elle commence d'ordinaire par une adaptation passive là où elle doit construire plus tard un mécanisme qui réagira activement. Ainsi, dans le cas qui nous occupe, il est incontestable que le premier rudiment de l'œil se trouve dans la tache pigmentaire des organismes inférieurs : cette tache a fort bien pu être produite physiquement par l'action même de la lumière, et l'on observe une foule d'intermédiaires entre la simple tache de pigment et un œil compliqué comme celui des Vertébrés. — Mais, de ce qu'on passe par degrés d'une chose à une autre, il ne suit pas que les deux choses soient de même nature. De ce qu'un orateur adopte d'abord les passions de son auditoire pour arriver ensuite à s'en rendre maître, on ne conclura pas que *suivre* soit la même chose que *diriger*. Or, la matière vivante paraît n'avoir d'autre moyen de tirer parti des circonstances, que de s'y adapter d'abord passivement : là où elle doit prendre la direction d'un mouvement, elle commence par l'adopter. La vie procède par insinuation. On aura beau nous montrer tous les intermédiaires entre une tache pigmentaire et un œil; il n'y en aura pas moins, entre les deux, le même intervalle qu'entre une photographie et un appareil à photographier. La photographie s'est infléchie sans doute, peu à peu, dans le sens d'un appareil photographique ; mais est-ce la lumière seule, force physique, qui aurait pu provoquer cet infléchissement et convertir une impression laissée par elle en une machine capable de l'utiliser?

On alléguera que nous faisons intervenir à tort des considérations d'utilité, que l'œil n'est pas fait pour voir, mais que nous voyons parce que nous avons des yeux, que l'organe est ce qu'il est, et que l' « utilité » est un mot par lequel nous désignons les effets fonctionnels de la structure. Mais quand je dis que l'œil « tire parti » de la lumière, je n'entends pas seulement par là que l'œil est capable de voir; je fais allusion aux rapports très précis qui existent entre cet organe et l'appareil de locomotion. La rétine des Vertébrés se prolonge en un nerf optique, qui se continue lui-même par des centres cérébraux reliés à des mécanismes moteurs. Notre œil tire parti de la lumière en ce qu'il nous permet d'utiliser par des mouvements de réaction les objets que nous voyons avantageux, d'éviter ceux que nous voyons nuisibles. Or, on n'aura pas de peine à me montrer que, si la lumière a produit physiquement une tache de pigment, elle peut déterminer physiquement aussi les mouvements de certains organismes: des Infusoires ciliés, par exemple, réagissent à la lumière. Personne ne soutiendra cependant que l'influence de la lumière ait causé physiquement la formation d'un système nerveux, d'un système musculaire, d'un système osseux, toutes choses qui sont en continuité avec l'appareil de la vision chez les Vertébrés. A vrai dire, déjà quand on parle de la formation graduelle de l'œil, à plus forte raison quand on rattache l'œil à ce qui en est inséparable, on fait intervenir tout autre chose que l'action directe de la lumière. On attribue implicitement à la matière organisée une certaine capacité *sui generis*, la mystérieuse puissance de monter des machines très compliquées pour tirer parti de l'excitation simple dont elle subit l'influence.

Mais c'est précisément de quoi l'on prétend se passer. On veut que la physique et la chimie nous donnent la clef de tout. L'ouvrage capital d'Eimer est instructif à cet égard. On sait quel pénétrant effort ce biologiste a fait pour démontrer que la transformation s'opère, par l'effet d'une influence continue de l'extérieur sur l'intérieur, dans un sens bien défini et non pas, comme le voulait Darwin, par des variations accidentelles. Sa thèse repose sur des observations du plus haut intérêt, dont le point de départ a été l'étude de la marche suivie par la variation de la coloration de la peau chez certains

Lézards. D'autre part, les expériences déjà anciennes de Dorfmeister montrent qu'une même chrysalide, selon qu'on la soumet au froid ou au chaud, donne naissance à des papillons assez différents qui avaient été considérés pendant longtemps comme des espèces indépendantes, *Vanessa levana* et *Vanessa prorsa* : une température intermédiaire produit une forme intermédiaire. On pourrait rapprocher de ces faits les transformations importantes qu'on observe chez un petit Crustacé, *Artemia salina*, quand on augmente ou qu'on diminue la salure de l'eau où il vit[1]. Dans ces diverses expériences, l'agent extérieur paraît bien se comporter comme une cause de transformation. Mais dans quel sens faut-il entendre ici le mot cause? Sans entreprendre une analyse exhaustive de l'idée de causalité, nous ferons simplement remarquer que l'on confond d'ordinaire trois sens de ce terme qui sont tout différents. Une cause peut agir par *impulsion*, par *déclanchement* ou par *déroulement*. La bille de billard qu'on lance contre une autre bille en détermine le mouvement par *impulsion*. L'étincelle qui provoque l'explosion de la poudre agit par *déclanchement*. La détente graduelle du ressort qui fait tourner le phonographe *déroule* la mélodie inscrite sur le cylindre : si je tiens la mélodie qui se joue pour un effet, et la détente du ressort pour la cause, je dirai que la cause procède ici par déroulement. Ce qui distingue ces trois cas l'un de l'autre, c'est la plus ou moins grande solidarité entre la cause et l'effet. Dans le premier, la quantité et la qualité

---

1. Il semble d'ailleurs résulter des dernières observations que la transformation de l'Artemia soit un phénomène plus complexe qu'on ne l'avait cru d'abord. Voir, à ce sujet, Samter et Heymons, *Die Variation bei Artemia salina* (*Anhang zu den Abhandlungen der k. preussischen Akad. der Wissenschaften*, 1902).

de l'effet varient avec la quantité et la qualité de la
cause. Dans le second, ni la qualité ni la quantité de
l'effet ne varient avec la qualité et la quantité de la
cause : l'effet est invariable. Dans le troisième enfin, la
quantité de l'effet dépend de la quantité de la cause, mais
la cause n'influe pas sur la qualité de l'effet : plus, par
l'action du ressort, le cylindre tournera longtemps, plus
longue sera la portion que j'entendrai de la mélodie,
mais la nature de la mélodie entendue, ou de la portion
que j'en entends, ne dépend pas de l'action du ressort.
En réalité, c'est dans le premier cas seulement que la
cause *explique* son effet ; dans les deux autres, l'effet
est plus ou moins donné par avance et l'antécédent
invoqué en est — à des degrés divers, il est vrai —
l'occasion plutôt que la cause. Or, est-ce dans le premier
sens qu'on prend le mot cause quand on dit que la
salure de l'eau est cause des transformations de l'Artemia,
ou que le degré de température détermine la couleur et
les dessins des ailes que prendra une certaine chrysalide
en devenant papillon ? Évidemment non : causalité a ici
un sens intermédiaire entre ceux de déroulement et de
déclanchement. C'est bien ainsi, d'ailleurs, qu'Eimer
lui-même l'entend, quand il parle du caractère « kaléïdos-
copique » de la variation [1], ou quand il dit que la variation de la matière organisée s'opère dans un sens défini
comme, dans des directions définies, cristallise la matière
inorganique [2]. Et que ce soit là un processus purement
physico-chimique, c'est ce qu'on peut lui accorder, à la
rigueur, quand il s'agit de changements dans la coloration
de la peau. Mais si l'on étend ce mode d'explication au

---

1. Eimer, *Orthogenesis der Schmetterlinge*, Leipzig, 1897, p. 24. Cf. *Die
Entstehung der Arten*, p. 53.
2. Eimer, *Die Entstehung der Arten*, Iena, 1888, p. 25.

cas de la formation graduelle de l'œil des Vertébrés, par exemple, il faudra supposer que la physico-chimie de l'organisme est telle, ici, que l'influence de la lumière lui ait fait construire une série progressive d'appareils visuels, tous extrêmement complexes, tous pourtant capables de voir, et voyant de mieux en mieux [1]. Que dirait de plus, pour caractériser cette physico-chimie toute spéciale, le partisan le plus résolu de la doctrine de la finalité? Et la position d'une philosophie mécanistique ne deviendra-t-elle pas bien plus difficile encore, quand on lui aura fait remarquer que l'œil d'un Mollusque ne peut pas avoir la même composition chimique que celui d'un Vertébré, que la substance organique qui a évolué vers la première des deux formes n'a pas pu être chimiquement identique à celle qui a pris l'autre direction, que néanmoins, sous l'influence de la lumière, c'est le même organe qui s'est construit dans les deux cas?

Plus on y réfléchira, plus on verra combien cette production du même effet par deux accumulations diverses d'un nombre énorme de petites causes est contraire aux principes invoqués par la philosophie mécanistique. Nous avons concentré tout l'effort de notre discussion sur un exemple tiré de la phylogenèse. Mais l'ontogenèse nous aurait fourni des faits non moins probants. A chaque instant, sous nos yeux, la nature aboutit à des résultats identiques, chez des espèces quelquefois voisines les unes des autres, par des processus embryogéniques tout différents. Les observations d' « hétéroblastie » se sont multipliées dans ces dernières années [2], et il a fallu renoncer à la théorie presque clas-

---

1. Eimer, *Ibid.*, p. 165 et suiv.

2. Salensky, *Héteroblastie* (*Proc. of the fourth international Congress of Zoology*, London, 1899, p. 111-118). Salensky a créé ce mot pour désigner

sique de la spécificité des feuillets embryonnaires. Pour nous en tenir, encore une fois, à notre comparaison entre l'œil des Vertébrés et celui des Mollusques, nous ferons remarquer que la rétine des Vertébrés est produite par une expansion qu'émet l'ébauche du cerveau chez le jeune embryon. C'est un véritable centre nerveux, qui se serait porté vers la périphérie. Au contraire, chez les Mollusques, la rétine dérive de l'ectoderme directement, et non pas indirectement par l'intermédiaire de l'encéphale embryonnaire. Ce sont donc bien des processus évolutifs différents qui aboutissent, chez l'homme et chez le Peigne, au développement d'une même rétine. Mais, sans même aller jusqu'à comparer entre eux deux organismes aussi éloignés l'un de l'autre, on arriverait à une conclusion identique en étudiant, dans un seul et même organisme, certains faits bien curieux de régénération. Si l'on extirpe le cristallin d'un Triton, on assiste à la régénération du cristallin par l'iris [1]. Or, le cristallin primitif s'était constitué aux dépens de l'ectoderme, alors que l'iris est d'origine mésodermique. Bien plus : si, chez la *Salamandra maculata*, on enlève le cristallin en respectant l'iris, c'est par la partie supérieure de l'iris que se fait encore la régénération du cristallin ; mais, si l'on supprime cette partie supérieure de l'iris elle-même, la régénération s'ébauche dans la couche intérieure ou rétinienne de la région restante [2]. Ainsi des parties différemment situées, différemment constituées, accomplissant

les cas où se forment sur les mêmes points, chez des animaux parents les uns des autres, des organes équivalents dont l'origine embryologique est pourtant différente.

[1]. Wolff, *Die Regeneration der Urodelenlinse* (*Arch. f. Entwickelungsmechanik*, 1. 1895, p. 380 et suiv.).

[2]. Fischel, *Ueber die Regeneration der Linse* (*Anat. Anzeiger*, XIV, 1898, p. 373-380).

en temps normal des fonctions différentes, sont capables de faire les mêmes suppléances et de fabriquer, quand il le faut, les mêmes pièces de la machine. Nous avons bien ici un même effet obtenu par des combinaisons diverses de causes.

Bon gré mal gré, c'est à un principe interne de direction qu'il faudra faire appel pour obtenir cette convergence d'effets. La possibilité d'une telle convergence n'apparaît ni dans la thèse darwiniste et surtout néo-darwiniste des variations accidentelles insensibles, ni dans l'hypothèse des variations accidentelles brusques, ni même dans la théorie qui assigne des directions définies à l'évolution des divers organes par une espèce de composition mécanique entre les forces extérieures et des forces internes. Arrivons donc à la seule des formes actuelles de l'évolutionisme dont il nous reste encore à parler, le néo-lamarckisme.

On sait que Lamarck attribuait à l'être vivant la faculté de varier par suite de l'usage ou du non-usage de ses organes, et aussi de transmettre la variation ainsi acquise à ses descendants. C'est à une doctrine du même genre que se rallient aujourd'hui un certain nombre de biologistes. La variation qui aboutit à produire une espèce nouvelle ne serait pas une variation accidentelle inhérente au germe lui-même. Elle ne serait pas non plus réglée par un déterminisme *sui generis*, qui développerait des caractères déterminés dans un sens déterminé, indépendamment de tout souci d'utilité. Elle naîtrait de l'effort même de l'être vivant pour s'adapter aux conditions où il doit vivre. Cet effort pourrait d'ailleurs n'être que l'exercice mécanique de certains organes, mécaniquement provoqué par la pression des circonstances extérieures. Mais il pourrait aussi impliquer conscience et volonté, et c'est dans ce dernier sens que paraît l'entendre un des représentants les plus éminents de la doctrine, le naturaliste américain Cope [1]. Le néo-lamarckisme est donc, de toutes les formes actuelles de l'évolutionisme, la seule qui soit capable d'admettre un principe interne et psychologique de développement, encore qu'il n'y fasse pas nécessairement appel. Et c'est aussi le seul évolutionisme qui nous paraisse rendre compte de la formation d'organes complexes identiques sur des lignes indépendantes de développement. On conçoit, en effet, que le même effort pour tirer parti des mêmes circonstances aboutisse au même résultat, surtout si le problème posé par les circonstances extérieures est de ceux qui n'admettent qu'une solution. Reste à savoir si le terme « effort » ne doit pas se prendre alors dans un sens plus profond, plus psychologique encore qu'aucun néo-lamarckien ne le suppose.

Autre chose est en effet une simple variation de grandeur, autre chose un changement de forme. Qu'un organe puisse se fortifier et s'accroître par l'exercice, nul ne le contestera. Mais il y a loin de là au développement progressif d'un œil comme celui des Mollusques et des Vertébrés. Si c'est à la prolongation de l'influence de la lumière, passivement reçue, qu'on attribue cet effet, on retombe sur la thèse que nous venons de critiquer. Si, au contraire, c'est bien une activité interne qu'on invoque, alors il s'agit de tout autre chose que de ce que nous appelons d'ordinaire un effort, car jamais l'effort n'a produit devant nous la moindre complication d'un organe, et pourtant il a fallu un nombre énorme de ces complications, admirablement coordonnées entre elles, pour passer de la tache pigmentaire de l'Infusoire à l'œil du Ver-

1. Cope, *The origin of the fittest*, 1887 ; *The primary factors of organic evolution*, 1896.

tébré. Admettons pourtant cette conception du processus évolutif pour les animaux : comment l'étendra-t-on au monde des plantes ? Ici les variations de forme ne paraissent pas impliquer ni entraîner toujours des changements fonctionnels, et, si la cause de la variation est d'ordre psychologique, il est difficile de l'appeler encore effort, à moins d'élargir singulièrement le sens du mot. La vérité est qu'il faut creuser sous l'effort lui-même et chercher une cause plus profonde.

Il le faut surtout, croyons-nous, si l'on veut arriver à une cause de variations régulièrement héréditaires. Nous n'entrerons pas ici dans le détail des controverses relatives à la transmissibilité des caractères acquis ; encore moins voudrions-nous prendre trop nettement parti dans une question qui n'est pas de notre compétence. Nous ne pouvons cependant nous en désintéresser complètement. Nulle part ne se fait mieux sentir l'impossibilité pour les philosophes de s'en tenir aujourd'hui à de vagues généralités, l'obligation pour eux de suivre les savants dans le détail des expériences et d'en discuter avec eux les résultats. Si Spencer avait commencé par se poser la question de l'hérédité des caractères acquis, son évolutionisme aurait sans doute pris une tout autre forme. Si (comme cela nous paraît probable) une habitude contractée par l'individu ne se transmettait à ses descendants que dans des cas très exceptionnels, toute la psychologie de Spencer serait à refaire, une bonne partie de sa philosophie s'écroulerait. Disons donc comment le problème nous paraît se poser, et dans quel sens il nous semble qu'on pourrait chercher à le résoudre.

Après avoir été affirmée comme un dogme, la transmissibilité des caractères acquis a été niée non moins dogmatiquement, pour des raisons tirées *a priori* de la nature supposée des cellules germinales. On sait comment Weismann a été conduit, par son hypothèse de la continuité du plasma germinatif, à considérer les cellules germinales, — ovules et spermatozoïdes, — comme à peu près indépendantes des cellules somatiques. Partant de là, on a prétendu et beaucoup prétendent encore que la transmission héréditaire d'un caractère acquis serait chose inconcevable. — Mais si, par hasard, l'expérience montrait que les caractères acquis sont transmissibles, elle prouverait, par là même, que le plasma germinatif n'est pas aussi indépendant qu'on le dit du milieu somatique, et la transmissibilité des caractères acquis deviendrait *ipso facto* concevable : ce qui revient à dire que concevabilité et inconcevabilité n'ont rien à voir en pareille affaire, et que la question relève uniquement de l'expérience. Mais ici commence précisément la difficulté. Les caractères acquis dont on parle sont le plus souvent des habitudes ou des effets de l'habitude. Et il est rare qu'à la base d'une habitude contractée il n'y ait pas une aptitude naturelle. De sorte qu'on peut toujours se demander si c'est bien l'habitude acquise par le *soma* de l'individu qui s'est transmise, ou si ce ne serait pas plutôt une aptitude naturelle, antérieure à l'habitude contractée : cette aptitude serait restée inhérente au *germen* que l'individu porte en lui, comme elle était déjà inhérente à l'individu et par conséquent à son germe. Ainsi, rien ne prouve que la Taupe soit devenue aveugle parce qu'elle a pris l'habitude de vivre sous terre : c'est peut-être parce que les yeux de la Taupe étaient en voie de s'atrophier qu'elle a dû se condamner à la vie souterraine [1]. Dans ce cas, la tendance à perdre la vue se serait transmise de germen à germen sans qu'il y eût rien

1. Cuénot, *La nouvelle théorie transformiste* (*Revue générale des sciences*, 1894). Cf. Morgan, *Evolution and adaptation*, London, 1903, p. 357.

d'acquis ni de perdu par le soma de la Taupe elle-même.
De ce que le fils d'un maître d'armes est devenu, beaucoup
plus vite que son père, un tireur excellent, on ne peut
conclure que l'habitude du parent se soit transmise à l'enfant, car certaines dispositions naturelles en voie d'accroissement ont pu passer du germen producteur du père au
germen producteur du fils, grandir en route par l'effet de
l'élan primitif et assurer au fils une souplesse plus grande
que celle du père, sans se soucier, pour ainsi dire, de ce
que le père faisait. De même pour beaucoup d'exemples
tirés de la domestication progressive des animaux : il est
difficile de savoir si c'est l'habitude contractée qui se transmet, ou si ce ne serait pas plutôt une certaine tendance
naturelle, celle-là même qui a fait choisir pour la domestication telle ou telle espèce particulière ou certains de ses
représentants. A vrai dire, quand on élimine tous les cas
douteux, tous les faits susceptibles de plusieurs interpré-
tations, il ne reste guère, comme exemples absolument in-
contestables de particularités acquises et transmises, que
les fameuses expériences de Brown-Séquard, répétées et
confirmées d'ailleurs par divers physiologistes [1]. En sec-
tionnant, chez des Cobayes, la moelle épinière ou le nerf
sciatique, Brown-Séquard déterminait un état épileptique
qu'ils transmettaient à leurs descendants. Des lésions de
ce même nerf sciatique, du corps restiforme, etc., provo-
quaient chez le Cobaye des troubles variés, dont sa progéniture pouvait hériter, parfois sous une forme assez différente : exophtalmie, perte des orteils, etc. — Mais il n'est
pas démontré que, dans ces divers cas de transmission
héréditaire, il y ait eu influence véritable du soma de

1. Brown-Séquard, *Nouvelles recherches sur l'épilepsie due à certaines
lésions de la moelle épinière et des nerfs rachidiens* (Arch. de physiologie,
vol. II, 1869, p. 211, 422 et 497).

l'animal sur son germen. Déjà Weismann objectait que l'opération de Brown-Séquard avait pu introduire dans le corps du Cobaye certains microbes spéciaux, qui trouveraient leur milieu de nutrition dans les tissus nerveux, et qui transmettraient la maladie en pénétrant dans les éléments sexuels [1]. Cette objection a été écartée par Brown-Séquard lui-même [2]; mais on pourrait en faire une autre, plus plausible. Il résulte, en effet, des expériences de Voisin et Peron, que les accès d'épilepsie sont suivis de l'élimination d'un corps toxique, capable de produire chez les animaux, par injection, des accidents convulsifs [3]. Peut-être les troubles trophiques, consécutifs aux lésions nerveuses que Brown-Séquard provoquait, se traduisent-ils précisément par la formation de ce poison convulsivant. Dans ce cas, la toxine passerait du Cobaye à son spermatozoïde ou à son ovule, et déterminerait dans le développement de l'embryon un trouble général, qui pourrait cependant ne donner des effets visibles que sur tel ou tel point particulier de l'organisme une fois évolué. Les choses se passeraient ici comme dans les expériences de Charrin, Delamare et Moussu. Des cobayes en gestation, dont on détériorait le foie ou le rein, transmettaient cette lésion à leur progéniture, simplement parce que la détérioration de l'organe de la mère avait engendré des « cytotoxines » spécifiques, lesquelles agissaient sur l'organe homologue du fœtus [4]. Il est vrai que, dans ces expériences, comme

---

1. Weismann, *Aufsätze über Vererbung,* Iena, 1892, p. 376-378, et aussi *Vorträge über Descendenztheorie,* Iena, 1902, t. II, p. 76.

2. Brown-Séquard, *Hérédité d'une affection due à une cause accidentelle* (*Arch. de physiologie,* 1892, p. 686 et suiv.).

3. Voisin et Peron, *Recherches sur la toxicité urinaire chez les épileptiques* (*Archives de neurologie,* vol. XXIV, 1892, et XXV, 1893). Cf. l'ouvrage de Voisin, *L'épilepsie,* Paris, 1897, p. 125-133.

4. Charrin, Delamare et Moussu, *Transmission expérimentale aux descen-*

d'ailleurs dans une observation antérieure des mêmes physiologistes [1], c'est le fœtus déjà formé qui est influencé par les toxines. Mais d'autres recherches de Charrin ont abouti à montrer que le même effet peut être produit, par un mécanisme analogue, sur les spermatozoïdes et les ovules [2]. En somme, l'hérédité d'une particularité acquise pourrait s'expliquer, dans les expériences de Brown-Séquard, par une intoxication du germe. La lésion, si bien localisée qu'elle paraisse, se transmettrait par le même processus que la tare alcoolique, par exemple. Mais n'en serait-il pas de même pour toute particularité acquise qui devient héréditaire ?

Il y a un point, en effet, sur lequel s'accordent ceux qui affirment et ceux qui nient la transmissibilité des caractères acquis : c'est que certaines influences, comme celle de l'alcool, peuvent s'exercer à la fois sur l'être vivant et sur le plasma germinatif dont il est détenteur. En pareil cas, il y a hérédité d'une tare, et tout se passe *comme si* le soma du parent avait agi sur son germen, quoiqu'en réalité germen et soma aient simplement subi, l'un et l'autre, l'action d'une même cause. Ceci posé, admettons que le soma puisse influencer le germen, comme on le croit quand on tient les caractères acquis pour transmissibles. L'hypothèse la plus naturelle n'est-elle pas de supposer que les choses se passeront dans ce second cas comme dans le premier, et que l'effet direct de cette influence du soma sera une altération *générale* du plasma germina-

dants *de lésions développées chez les ascendants (C. R. de l'Ac. des sciences,* vol. CXXXV, 1902, p. 191). Cf. Morgan, *Evolution and adaptation,* p. 257, et Delage, *L'hérédité,* 2ᵉ édit., p. 388.

1. Charrin et Delamare, *Hérédité cellulaire (C. R. de l'Ac. des sciences,* vol. CXXXIII, 1901, p. 69-71).

2. Charrin, *L'hérédité pathologique (Revue générale des sciences,* 15 janvier 1896).

tif? S'il en était ainsi, ce serait par exception, et en quelque sorte par accident, que la modification du descendant serait la même que celle du parent. Il en sera comme de l'hérédité de la tare alcoolique : celle-ci passe sans doute du père aux enfants, mais elle peut prendre chez chacun des enfants une forme différente, et chez aucun d'eux ne ressembler à ce qu'elle était chez le père. Appelons C le changement survenu dans le plasma, C pouvant d'ailleurs être positif ou négatif, c'est-à-dire représenter ou le gain ou la perte de certaines substances. L'effet ne reproduira exactement sa cause, la modification du germen provoquée par une certaine modification d'une certaine partie du soma ne déterminera la même modification de la même partie du nouvel organisme en voie de formation que si toutes les autres parties naissantes de celui-ci jouissent, par rapport à C, d'une espèce d'immunité : la même partie sera alors modifiée dans le nouvel organisme, parce que la formation de cette partie se sera trouvée seule sensible à la nouvelle influence ; — encore pourra-t-elle être modifiée dans un tout autre sens que ne l'était la partie correspondante de l'organisme générateur.

Nous proposerions donc d'introduire une distinction entre l'hérédité de l'*écart* et celle du *caractère*. Un individu qui acquiert un caractère nouveau *s'écarte* par là de la forme qu'il avait et qu'auraient reproduite, en se développant, les germes ou plus souvent les demi-germes dont il est détenteur. Si cette modification n'entraîne pas la production de substances capables de modifier le germen, ou une altération générale de la nutrition susceptible de le priver de certains de ses éléments, elle n'aura aucun effet sur la descendance de l'individu. C'est ce qui arrive sans doute le plus souvent. Que si, au contraire, elle a quelque effet, c'est probablement par l'intermédiaire d'un changement chimique qu'elle aura déterminé dans le plasma germinatif : ce changement chimique pourra, par exception, ramener la modification originelle dans l'organisme que le germe va développer, mais il y a autant et plus de chances pour qu'il fasse autre chose. Dans ce dernier cas, l'organisme engendré s'écartera peut-être du type normal *autant* que l'organisme générateur, mais il s'en écartera *différemment*. Il aura hérité de l'écart et non pas du caractère. En général, donc, les habitudes contractées par un individu n'ont probablement aucun retentissement sur sa descendance ; et, quand elles en ont, la modification survenue chez les descendants peut n'avoir aucune ressemblance visible avec la modification originelle. Telle est du moins l'hypothèse qui nous paraît la plus vraisemblable. En tous cas, jusqu'à preuve du contraire, et tant qu'on n'aura pas institué les expériences décisives réclamées par un biologiste éminent[1], nous devons nous en tenir aux résultats actuels de l'observation. Or, en mettant les choses au mieux pour la thèse de la transmissibilité des caractères acquis, en supposant que le prétendu caractère acquis ne soit pas, dans la plupart des cas, le développement plus ou moins tardif d'un caractère inné, les faits nous montrent que la transmission héréditaire est l'exception et non pas la règle. Comment attendre d'elle qu'elle développe un organe tel que l'œil ? Quand on pense au nombre énorme de variations, toutes dirigées dans le même sens, qu'il faut supposer accumulées les unes sur les autres pour passer de la tache pigmentaire de l'Infusoire à l'œil du Mollusque et du Vertébré, on se demande comment l'hérédité, telle que nous l'observons, aurait jamais déterminé cet amoncellement de différences, à supposer que

---

1. Giard, *Controverses transformistes*, Paris, 1904, p. 147.

des efforts individuels eussent pu produire chacune d'elles
en particulier. C'est dire que le néo-lamarckisme, pas
plus que les autres formes de l'évolutionisme, ne nous
paraît capable de résoudre le problème.

En soumettant ainsi les diverses formes actuelles de
l'évolutionisme à une commune épreuve, en montrant
qu'elles viennent toutes se heurter à une même insurmontable difficulté, nous n'avons nullement l'intention de
les renvoyer dos à dos. Chacune d'elles, au contraire, ap-
puyée sur un nombre considérable de faits, doit être vraie à
sa manière. Chacune d'elles doit correspondre à un certain
point de vue sur le processus d'évolution. Peut-être faut-il
d'ailleurs qu'une théorie se maintienne exclusivement à
un point de vue particulier pour qu'elle reste scientifique,
c'est-à-dire pour qu'elle donne aux recherches de détail
une direction précise. Mais la réalité sur laquelle chacune
de ces théories prend une vue partielle doit les dépasser
toutes. Et cette réalité est l'objet propre de la philosophie,
laquelle n'est point astreinte à la précision de la science,
puisqu'elle ne vise aucune application. Indiquons donc,
en deux mots, ce que chacune des trois grandes formes actuelles de l'évolutionisme nous paraît apporter de positif
à la solution du problème, ce que chacune d'elles laisse de
côté, et sur quel point, à notre sens, il faudrait faire converger ce triple effort pour obtenir une idée plus compréhensive, quoique par là même plus vague, du processus
évolutif.

Les néo-darwiniens ont probablement raison, croyons-
nous, quand ils enseignent que les causes essentielles de
variation sont les différences inhérentes au germe dont
l'individu est porteur, et non pas les démarches de cet

individu au cours de sa carrière. Où nous avons de la peine à suivre ces biologistes, c'est quand ils tiennent les différences inhérentes au germe pour purement accidentelles et individuelles. Nous ne pouvons nous empêcher de croire qu'elles sont le développement d'une impulsion qui passe de germe à germe à travers les individus, qu'elles ne sont pas par conséquent de purs accidents, et qu'elles pourraient fort bien apparaître en même temps, sous la même forme, chez tous les représentants d'une même espèce ou du moins chez un certain nombre d'entre eux. Déjà, d'ailleurs, la théorie des *mutations* modifie profondément le darwinisme sur ce point. Elle dit qu'à un moment donné, après une longue période écoulée, l'espèce tout entière est prise d'une tendance à changer. C'est donc que la *tendance à changer* n'est pas accidentelle. Accidentel, il est vrai, serait le changement lui-même, puisque la mutation opère, selon De Vries, dans des sens différents chez les différents représentants de l'espèce. Mais, d'abord, il faudra voir si la théorie se confirme sur beaucoup d'autres espèces végétales (De Vries ne l'a vérifiée que sur l'*OEnothera Lamarckiana* [1]), et ensuite il n'est pas impossible, comme nous l'expliquerons plus loin, que la part du hasard soit bien plus grande dans la variation des plantes que dans celle des animaux, parce que, dans le monde végétal, la fonction ne dépend pas aussi étroitement de la forme. Quoi qu'il en soit, les néo-darwiniens sont en voie d'admettre que les périodes de mutation sont déterminées. Le sens de la mutation pourrait donc l'être aussi, au

---

1. Quelques faits analogues ont pourtant été signalés, toujours dans le monde végétal. Voir Blaringhem, *La notion d'espèce et la théorie de la mutation* (*Année psychologique*, vol. XII, 1906, p. 95 et suiv.), et De Vries, *Species and Varieties*, p. 655.

moins chez les animaux, et dans la mesure que nous aurons à indiquer.

On aboutirait ainsi à une hypothèse comme celle d'Eimer, d'après laquelle les variations des différents caractères se poursuivraient, de génération en génération, dans des sens définis. Cette hypothèse nous paraît plausible, dans les limites où Eimer lui-même l'enferme. Certes, l'évolution du monde organique ne doit pas être prédéterminée dans son ensemble. Nous prétendons au contraire que la spontanéité de la vie s'y manifeste par une continuelle création de formes succédant à d'autres formes. Mais cette indétermination ne peut pas être complète : elle doit laisser à la détermination une certaine part. Un organe tel que l'œil, par exemple, se serait constitué précisément par une variation continue dans un sens défini. Même, nous ne voyons pas comment on expliquerait autrement la similitude de structure de l'œil dans des espèces qui n'ont pas du tout la même histoire. Où nous nous séparons d'Eimer, c'est lorsqu'il prétend que des combinaisons de causes physiques et chimiques suffisent à assurer le résultat. Nous avons essayé au contraire d'établir, sur l'exemple précis de l'œil, que, s'il y a ici « orthogenèse », une cause psychologique intervient.

C'est précisément à une cause d'ordre psychologique que certains néo-lamarckiens ont recours. Là est, à notre sens, un des points les plus solides du néo-lamarckisme. Mais, si cette cause n'est que l'effort conscient de l'individu, elle ne pourra opérer que dans un nombre assez restreint de cas; elle interviendra tout au plus chez l'animal, et non pas dans le monde végétal. Chez l'animal lui-même, elle n'agira que sur les points directement ou indirectement soumis à l'influence de la volonté. Là même où elle

agit, on ne voit pas comment elle obtiendrait un changement aussi profond qu'un accroissement de complexité :
tout au plus serait-ce concevable si les caractères acquis se
transmettaient régulièrement, de manière à s'additionner
entre eux ; mais cette transmission paraît être l'exception
plutôt que la règle. Un changement héréditaire et de sens
défini, qui va s'accumulant et se composant avec lui-
même de manière à construire une machine de plus en
plus compliquée, doit sans doute se rapporter à quelque
espèce d'effort, mais à un effort autrement profond que
l'effort individuel, autrement indépendant des circonstances, commun à la plupart des représentants d'une
même espèce, inhérent aux germes qu'ils portent plutôt
qu'à leur seule substance, assuré par là de se transmettre
à leurs descendants.

Nous revenons ainsi, par un long détour, à l'idée d'où
nous étions partis, celle d'un *élan originel* de la vie, passant d'une génération de germes à la génération suivante
de germes par l'intermédiaire des organismes développés
qui forment entre les germes le trait d'union. Cet élan,
se conservant sur les lignes d'évolution entre lesquelles il
se partage, est la cause profonde des variations, du moins
de celles qui se transmettent régulièrement, qui s'additionnent, qui créent des espèces nouvelles. En général, quand
des espèces ont commencé à diverger à partir d'une souche commune, elles accentuent leur divergence à mesure
qu'elles progressent dans leur évolution. Pourtant, sur des
points définis, elles pourront et devront même évoluer
identiquement si l'on accepte l'hypothèse d'un élan commun. C'est ce qu'il nous reste à montrer d'une manière
plus précise sur l'exemple même que nous avons choisi,
la formation de l'œil chez les Mollusques et chez les Ver-

tébrés. L'idée d'un « élan originel » pourra d'ailleurs devenir ainsi plus claire.

Deux points sont également frappants dans un organe tel que l'œil : la complexité de la structure et la simplicité du fonctionnement. L'œil se compose de parties distinctes, telles que la sclérotique, la cornée, la rétine, le cristallin, etc. De chacune de ces parties le détail irait à l'infini. Pour ne parler que de la rétine, on sait qu'elle comprend trois couches superposées d'éléments nerveux, — cellules multipolaires, cellules bipolaires, cellules visuelles, — dont chacune a son individualité et constitue sans doute un organisme fort complexe : encore n'est-ce là qu'un schéma simplifié de la fine structure de cette membrane. La machine qu'est l'œil est donc composée d'une infinité de machines, toutes d'une complexité extrême. Pourtant la vision est un fait simple. Dès que l'œil s'ouvre, la vision s'opère. Précisément parce que le fonctionnement est simple, la plus légère distraction de la nature dans la construction de la machine infiniment compliquée eût rendu la vision impossible. C'est ce constraste entre la complexité de l'organe et l'unité de la fonction qui déconcerte l'esprit.

Une théorie mécanistique sera celle qui nous fera assister à la construction graduelle de la machine sous l'influence des circonstances extérieures, intervenant directement par une action sur les tissus ou indirectement par la sélection des mieux adaptés. Mais, quelque forme que prenne cette thèse, à supposer qu'elle vaille quelque chose pour le détail des parties, elle ne jette aucune lumière sur leur corrélation.

Survient alors la doctrine de la finalité. Elle dit que les parties ont été assemblées sur un plan préconçu, en vue d'un but. En quoi elle assimile le travail de la nature à celui de l'ouvrier qui procède, lui aussi, par assemblage de parties en vue de la réalisation d'une idée ou de l'imitation d'un modèle. Le mécanisme reprochera donc avec raison au finalisme son caractère anthropomorphique. Mais il ne s'aperçoit pas qu'il procède lui-même selon cette méthode, en la tronquant simplement. Sans doute il a fait table rase de la fin poursuivie ou du modèle idéal. Mais il veut, lui aussi, que la nature ait travaillé comme l'ouvrier humain, en assemblant des parties. Un simple coup d'œil jeté sur le développement d'un embryon lui eût pourtant montré que la vie s'y prend tout autrement. *Elle ne procède pas par association et addition d'éléments, mais par dissociation et dédoublement.*

Il faut donc dépasser l'un et l'autre points de vue, celui du mécanisme et celui du finalisme, lesquels ne sont, au fond, que des points de vue où l'esprit humain a été conduit par le spectacle du travail de l'homme. Mais dans quel sens les dépasser ? Nous disions que, de décomposition en décomposition, quand on analyse la structure d'un organe, on va à l'infini, quoique le fonctionnement du tout soit chose simple. Ce contraste entre la complication à l'infini de l'organe et la simplicité extrême de la fonction est précisément ce qui devrait nous ouvrir les yeux.

En général, quand un même objet apparaît d'un côté comme simple et de l'autre comme indéfiniment composé, les deux aspects sont loin d'avoir la même importance, ou plutôt le même degré de réalité. La simplicité appartient alors à l'objet même, et l'infini de complication à des vues que nous prenons sur l'objet en tournant autour de lui, aux symboles juxtaposés par lesquels nos sens ou notre intelligence nous le représentent, plus généralement à des *éléments d'ordre différent* avec lesquels nous essayons de l'imiter artificiellement, mais avec lesquels aussi il reste incommensurable, étant d'une autre nature qu'eux. Un artiste de génie a peint une figure sur la toile. Nous pourrons imiter son tableau avec des carreaux de mosaïque multicolores. Et nous reproduirons d'autant mieux les courbes et les nuances du modèle que nos carreaux seront plus petits, plus nombreux, plus variés de ton. Mais il faudrait une infinité d'éléments infiniment petits, présentant une infinité de nuances, pour obtenir l'exact équivalent de cette figure que l'artiste a conçue comme une chose simple, qu'il a voulu transporter en bloc sur la toile, et qui est d'autant plus achevée qu'elle apparaît mieux comme la projection d'une intuition indivisible. Maintenant, supposons nos yeux ainsi faits qu'ils ne puissent s'empêcher de voir dans l'œuvre du maître un effet de mosaïque. Ou supposons notre intelligence ainsi faite qu'elle ne puisse s'expliquer l'apparition de la figure sur la toile autrement que par un travail de mosaïque. Nous pourrions alors parler simplement d'un assemblage de petits carreaux, et nous serions dans l'hypothèse mécanistique. Nous pourrions ajouter qu'il a fallu, en outre de la matérialité de l'assemblage, un plan sur lequel le mosaïste travaillât : nous nous exprimerions cette fois en finalistes. Mais ni dans un cas ni dans l'autre nous n'atteindrions le processus réel, car il n'y a pas eu de carreaux assemblés. C'est le tableau, je veux dire l'acte simple projeté sur la toile, qui, par le seul fait d'entrer dans notre perception, s'est décomposé lui-même à nos yeux en mille et mille petits carreaux qui présentent, en tant que recomposés, un admirable arrangement. Ainsi l'œil, avec sa merveilleuse complexité de structure, pourrait n'être que l'acte simple de la vision, en tant qu'il se divise pour nous en une mosaïque de cellules, dont l'ordre nous semble merveilleux une fois que nous nous sommes représenté le tout comme un assemblage.

Si je lève la main de A en B, ce mouvement m'apparaît à la fois sous deux aspects. Senti du dedans, c'est un acte simple, indivisible. Aperçu du dehors, c'est le parcours d'une certaine courbe AB. Dans cette ligne je distinguerai autant de positions que je voudrai, et la ligne elle-même pourra être définie une certaine coordination de ces positions entre elles. Mais les positions en nombre infini, et l'ordre qui relie les positions les unes aux autres, sont sortis automatiquement de l'acte indivisible par lequel ma main est allée de A en B. Le mécanisme consisterait ici à ne voir que les positions. Le finalisme tiendrait compte de leur ordre. Mais mécanisme et finalisme passeraient, l'un et l'autre, à côté du mouvement, qui est la réalité même. En un certain sens, le mouvement est *plus* que les positions et que leur ordre, car il suffit de se le donner, dans sa simplicité indivisible, pour que l'infinité des positions successives ainsi que leur ordre soient donnés du même coup, avec, en plus, quelque chose qui n'est ni ordre ni position mais qui est l'essentiel : la mobilité. Mais, en un autre sens, le mouvement est *moins* que la série des positions avec l'ordre qui les relie ; car, pour disposer des points dans un certain ordre, il faut d'abord se représenter l'ordre et ensuite le réaliser avec des points, il faut un travail d'assemblage et il faut de l'intelligence, au lieu que le mouvement simple de la main ne contient rien de tout cela. Il n'est pas intelligent, au sens humain du mot, et ce n'est pas un assemblage, car il n'est pas fait d'éléments. De même pour le rapport de l'œil à la vision. Il y a, dans la vision, *plus* que les cellules composantes de l'œil et que leur coordination réciproque : en ce sens, ni le mécanisme ni le finalisme ne vont aussi loin qu'il le faudrait. Mais, en un autre sens, mécanisme et finalisme vont trop loin l'un et l'autre, car ils attribuent à la nature le plus formidable des travaux d'Hercule en voulant qu'elle ait haussé jusqu'à l'acte simple de vision une infinité d'éléments infiniment compliqués, alors que la nature n'a pas eu plus de peine à faire un œil que je n'en ai à lever la main. Son acte simple s'est divisé automatiquement en une infinité d'éléments qu'on trouvera coordonnés à une même idée, comme le mouvement de ma main a laissé tomber hors de lui une infinité de points qui se trouvent satisfaire à une même équation.

Mais c'est ce que nous avons beaucoup de peine à comprendre, parce que nous ne pouvons nous empêcher de nous représenter l'organisation comme une *fabrication*. Autre chose est pourtant fabriquer, autre chose organiser. La première opération est propre à l'homme. Elle consiste à assembler des parties de matière qu'on a taillées de telle façon qu'on puisse les insérer les unes dans les autres et obtenir d'elles une action commune. On les dispose, pour ainsi dire, autour de l'action qui en est déjà le centre idéal. La fabrication va donc de la périphérie au centre ou, comme diraient les philosophes, du multiple à l'un. Au contraire, le travail d'organisation va du centre à la périphérie. Il commence en un point qui est presque un point mathématique, et se propage autour de ce point par ondes concentriques qui vont toujours s'élargissant. Le travail de fabrication est d'autant plus efficace qu'il dispose d'une plus grande quantité de matière. Il procède par concentration et compression. Au contraire, l'acte d'organisation a quelque chose d'explosif : il lui faut, au départ, le moins de place possible, un minimum de matière, comme si les forces organisatrices n'entraient dans l'espace qu'à regret. Le spermatozoïde, qui met en mouvement le processus évolutif de la vie embryonnaire, est une des plus petites cellules de l'organisme ; encore n'est-ce qu'une faible portion du spermatozoïde qui prend réellement part à l'opération.

Mais ce ne sont là que des différences superficielles. En creusant au-dessous d'elles, on trouverait, croyons-nous, une différence plus profonde.

L'œuvre fabriquée dessine la forme du travail de fabrication. J'entends par là que le fabricant retrouve exactement dans son produit ce qu'il y a mis. S'il veut faire une machine, il en découpera les pièces une à une, puis les assemblera : la machine faite laissera voir et les pièces et leur assemblage. L'ensemble du résultat représente ici l'ensemble du travail, et à chaque partie du travail correspond une partie du résultat.

Maintenant, je reconnais que la science positive peut et doit procéder comme si l'organisation était un travail du même genre. A cette condition seulement elle aura prise sur les corps organisés. Son objet n'est pas, en effet, de nous révéler le fond des choses, mais de nous fournir le meilleur moyen d'agir sur elles. Or, la physique et la chimie sont des sciences déjà avancées, et la matière vivante ne se prête à notre action que dans la mesure où nous pouvons la traiter par les procédés de notre physique et de notre chimie. L'organisation ne sera donc étudiable scientifiquement que si le corps organisé a été assimilé d'abord à une machine. Les cellules seront les pièces de la machine, l'organisme en sera l'assemblage. Et les travaux élémentaires, qui ont organisé les parties, seront censés être les éléments réels du travail qui a organisé le tout. Voilà le point de vue de la science. Tout autre, à notre avis, est celui de la philosophie.

Pour nous, le tout d'une machine organisée représente bien, à la rigueur, le tout du travail organisateur (encore que ce ne soit vrai qu'approximativement), mais les parties de la machine ne correspondent pas à des parties du travail, car *la matérialité de cette machine ne représente plus un ensemble de moyens employés, mais un ensemble d'obstacles tournés* : c'est une négation plutôt qu'une réalité positive. Ainsi, comme nous l'avons montré dans une étude antérieure, la vision est une puissance qui atteindrait, *en droit*, une infinité de choses inaccessibles à notre regard. Mais une telle vision ne se prolongerait pas en action ; elle conviendrait à un fantôme et non pas à un être vivant. La vision d'un être vivant est une vision efficace, limitée aux objets sur lesquels l'être peut agir : c'est une vision *canalisée*, et l'appareil visuel symbolise simplement le travail de canalisation. Dès lors, la création de l'appareil visuel ne s'explique pas plus par l'assemblage de ses éléments anatomiques que le percement d'un canal ne s'expliquerait par un apport de terre qui en aurait fait les rives. La thèse mécanistique consisterait à dire que la terre a été apportée charretée par charretée ; le finalisme ajouterait que la terre n'a été pas déposée au hasard, que les charretiers ont suivi un plan. Mais mécanisme et finalisme se tromperaient l'un et l'autre, car le canal s'est fait autrement.

Plus précisément, nous comparions le procédé par lequel la nature construit un œil à l'acte simple par lequel nous levons la main. Mais nous avons supposé que la main ne rencontrait aucune résistance. Imaginons qu'au lieu de se mouvoir dans l'air, ma main ait à traverser de la limaille de fer qui se comprime et résiste à mesure que j'avance. A un certain moment, ma main aura épuisé son effort, et, à ce moment précis, les grains de limaille se seront juxtaposés et coordonnés en une forme déterminée, celle même de la main qui s'arrête et d'une partie du bras. Maintenant, supposons que la main et le bras soient restés invisibles. Les spectateurs chercheront dans les grains de limaille eux-mêmes, et dans des forces intérieures à l'amas, la raison de l'arrangement. Les uns rapporteront la position de chaque grain à l'action que les grains voisins exercent sur lui : ce seront des mécanistes. D'autres voudront qu'un plan d'ensemble ait présidé au détail de ces actions élémentaires : ils seront finalistes. Mais la vérité est qu'il y a tout simplement eu un acte indivisible, celui de la main traversant la limaille : l'inépuisable détail du mouvement des grains, ainsi que l'ordre de leur arrangement final, exprime négativement, en quelque sorte, ce mouvement indivisé, étant la forme globale d'une résistance et non pas une synthèse d'actions positives élémentaires. C'est pourquoi, si l'on donne le nom d' « effet » à l'arrangement des grains et celui de « cause » au mouvement de la main, on pourra dire, à la rigueur, que le tout de l'effet s'explique par le tout de la cause, mais à des parties de la cause ne correspondront nullement des parties de l'effet. En d'autres termes, ni le mécanisme ni le finalisme ne seront ici à leur place, et c'est à un mode d'explication *sui generis* qu'il faudra recourir. Or, dans l'hypothèse que nous proposons, le rapport de la vision à l'appareil visuel serait à peu près celui de la main à la limaille de fer qui en dessine, en canalise et en limite le mouvement.

Plus l'effort de la main est considérable, plus elle va loin à l'intérieur de la limaille. Mais, quel que soit le point où elle s'arrête, instantanément et automatiquement les grains s'équilibrent, se coordonnent entre eux. Ainsi pour la vision et pour son organe. Selon que l'acte indivisé qui constitue la vision s'avance plus ou moins loin, la matérialité de l'organe est faite d'un nombre plus ou moins considérable d'éléments coordonnés entre eux, mais l'ordre est nécessairement complet et parfait. Il ne saurait être partiel, parce que, encore une fois, le processus réel qui lui donne naissance n'a pas de parties. C'est de quoi ni le mécanisme ni le finalisme ne tiennent compte, et c'est à quoi nous ne prenons pas garde non plus quand nous nous étonnons de la merveilleuse structure d'un instrument comme l'œil. Au fond de notre étonnement il y a toujours cette idée qu'*une partie seulement* de cet ordre *aurait pu* être réalisée, que sa réalisation complète est une espèce de grâce. Cette grâce, les finalistes se la font dispenser en une seule fois par la cause finale ; les mécanistes prétendent l'obtenir petit à petit par l'effet de la sélection naturelle; mais les uns et les autres voient dans cet ordre quelque chose de positif et dans sa cause, par conséquent, quelque chose de fractionnable, qui comporte tous les degrés possibles d'achèvement. En réalité, la cause est plus ou moins intense, mais elle ne peut produire son effet qu'en bloc et d'une manière achevée. Selon qu'elle ira plus ou moins loin dans le sens de la vision, elle donnera les simples amas pigmentaires d'un organisme inférieur, ou l'œil rudimentaire d'une Serpule, ou l'œil déjà différencié de l'Alciope, ou l'œil merveilleusement perfectionné d'un Oiseau, mais tous ces organes, de complication très inégale, présenteront nécessairement une égale coordination. C'est pourquoi deux espèces animales auront beau être fort éloignées l'une de l'autre : si, de part et d'autre, la marche à la vision est allée aussi loin, des deux côtés il y aura le même organe visuel, car la forme de l'organe ne fait qu'exprimer la mesure dans laquelle a été obtenu l'exercice de la fonction.

Mais, en parlant d'une marche à la vision, ne revenons-nous pas à l'ancienne conception de la finalité ? Il en serait ainsi, sans aucun doute, si cette marche exigeait la représentation, consciente ou inconsciente, d'un but à atteindre. Mais la vérité est qu'elle s'effectue en vertu de l'élan originel de la vie, qu'elle est impliquée dans ce mouvement même, et que c'est précisément pourquoi on la retrouve sur des lignes d'évolution indépendantes. Que si maintenant on nous demandait pourquoi et comment elle y est impliquée, nous répondrions que la vie est, avant tout, une tendance à agir sur la matière brute. Le sens de cette action n'est sans doute pas prédéterminé : de là l'imprévisible variété des formes que la vie, en évoluant, sème sur son chemin. Mais cette action présente toujours, à un degré plus ou moins élevé, le caractère de la contingence ; elle implique tout au moins un rudiment de choix. Or, un choix suppose la représentation anticipée de plusieurs actions possibles. Il faut donc que des possibilités d'action se dessinent pour l'être vivant avant l'action même. La perception visuelle n'est pas autre chose[1] : les contours visibles des corps sont le dessin de notre action éventuelle sur eux. La vision se retrouvera donc, à des degrés différents, chez les animaux les plus divers, et elle se manifestera par la même complexité de structure partout où elle aura atteint le même degré d'intensité.

Nous avons insisté sur ces similitudes de structure en général, sur l'exemple de l'œil en particulier, parce que nous devions définir notre attitude vis-à-vis du mécanisme, d'une part, et du finalisme, de l'autre. Il nous reste maintenant à la décrire, avec plus de précision, en elle-même.

1. Voir, à ce sujet, *Matière et Mémoire*, chap. i.

C'est ce que nous allons faire en envisageant les résultats divergents de l'évolution, non plus dans ce qu'ils présentent d'analogue, mais dans ce qu'ils ont de mutuellement complémentaire.

CHAPITRE II

Les directions divergentes de l'évolution de la vie.
Torpeur, intelligence, instinct.

Le mouvement évolutif serait chose simple, nous aurions vite fait d'en déterminer la direction, si la vie décrivait une trajectoire unique, comparable à celle d'un boulet plein lancé par un canon. Mais nous avons affaire ici à un obus qui a tout de suite éclaté en fragments, lesquels, étant eux-mêmes des espèces d'obus, ont éclaté à leur tour en fragments destinés à éclater encore, et ainsi de suite pendant fort longtemps. Nous ne percevons que ce qui est le plus près de nous, les mouvements éparpillés des éclats pulvérisés. C'est en partant d'eux que nous devons remonter, de degré en degré, jusqu'au mouvement originel.

Quand l'obus éclate, sa fragmentation particulière s'explique tout à la fois par la force explosive de la poudre qu'il renferme et par la résistance que le métal y oppose. Ainsi pour la fragmentation de la vie en individus et en espèces. Elle tient, croyons-nous, à deux séries de causes : la résistance que la vie éprouve de la part de la matière brute, et la force explosive — due à un équilibre instable de tendances — que la vie porte en elle.

La résistance de la matière brute est l'obstacle qu'il fallut tourner d'abord. La vie semble y avoir réussi à force d'humilité, en se faisant très petite et très insinuante, biaisant avec les forces physiques et chimiques, consentant même à faire avec elles une partie du chemin ; comme l'aiguille de la voie ferrée quand elle adopte pendant quelques instants la direction du rail dont elle veut se détacher. Des phénomènes observés dans les formes les plus élémentaires de la vie on ne peut dire s'ils sont encore physiques et chimiques ou s'ils sont déjà vitaux. Il fallait que la vie entrât ainsi dans les habitudes de la matière brute, pour entraîner peu à peu sur une autre voie cette matière magnétisée. Les formes animées qui parurent d'abord furent donc d'une simplicité extrême. C'étaient sans doute de petites masses de protoplasme à peine différencié, comparables du dehors aux Amibes que nous observons aujourd'hui, mais avec, en plus, la formidable poussée intérieure qui devait les hausser jusqu'aux formes supérieures de la vie. Qu'en vertu de cette poussée les premiers organismes aient cherché à grandir le plus possible, cela nous paraît probable : mais la matière organisée a une limite d'expansion bien vite atteinte. Elle se dédouble plutôt que de croître au delà d'un certain point. Il fallut, sans doute, des siècles d'effort et des prodiges de subtilité pour que la vie tournât ce nouvel obstacle. Elle obtint d'un nombre croissant d'éléments, prêts à se dédoubler, qu'ils restassent unis. Par la division du travail elle noua entre eux un indissoluble lien. L'organisme complexe et quasi-discontinu fonctionne ainsi comme eût fait une masse vivante continue, qui aurait simplement grandi.

Mais les causes vraies et profondes de division étaient celles que la vie portait en elle. Car la vie est tendance, et l'essence d'une tendance est de se développer en forme de gerbe, créant, par le seul fait de sa croissance, des directions divergentes entre lesquelles se partagera son élan. C'est ce que nous observons sur nous-mêmes dans l'évolution de cette tendance spéciale que nous appelons notre caractère. Chacun de nous, en jetant un coup d'œil rétrospectif sur son histoire, constatera que sa personnalité d'enfant, quoique indivisible, réunissait en elle des personnes diverses qui pouvaient rester fondues ensemble parce qu'elles étaient à l'état naissant : cette indécision pleine de promesses est même un des plus grands charmes de l'enfance. Mais les personnalités qui s'entrepénètrent deviennent incompatibles en grandissant, et, comme chacun de nous ne vit qu'une seule vie, force lui est de faire un choix. Nous choisissons en réalité sans cesse, et sans cesse aussi nous abandonnons beaucoup de choses. La route que nous parcourons dans le temps est jonchée des débris de tout ce que nous commencions d'être, de tout ce que nous aurions pu devenir. Mais la nature, qui dispose d'un nombre incalculable de vies, n'est point astreinte à de pareils sacrifices. Elle conserve les diverses tendances qui ont bifurqué en grandissant. Elle crée, avec elles, des séries divergentes d'espèces qui évolueront séparément.

Ces séries pourront d'ailleurs être d'inégale importance. L'auteur qui commence un roman met dans son héros une foule de choses auxquelles il est obligé de renoncer à mesure qu'il avance. Peut-être les reprendra-t-il plus tard dans d'autres livres, pour composer avec elles des personnages nouveaux qui apparaîtront comme des extraits ou plutôt comme des compléments du premier ; mais presque toujours ceux-ci auront quelque chose d'étriqué en comparaison du personnage originel. Ainsi pour l'évolution de la vie. Les bifurcations, au cours du trajet, ont été nombreuses, mais il y a eu beaucoup d'impasses à côté de deux ou trois grandes routes ; et de ces routes elle-mêmes une seule, celle qui monte le long des Vertébrés jusqu'à l'homme, a été assez large pour laisser passer librement le grand souffle de la vie. Nous avons cette impression quand nous comparons les sociétés d'Abeilles ou de Fourmis, par exemple, aux sociétés humaines. Les premières sont admirablement disciplinées et unies, mais figées ; les autres sont ouvertes à tous les progrès, mais divisées, et en lutte incessante avec elles-mêmes. L'idéal serait une société toujours en marche et toujours en équilibre, mais cet idéal n'est peut-être pas réalisable : les deux caractères qui voudraient se compléter l'un l'autre, qui se complètent même à l'état embryonnaire, deviennent incompatibles en s'accentuant. Si l'on pouvait parler, autrement que par métaphore, d'une impulsion à la vie sociale, il faudrait dire que le gros de l'impulsion s'est porté le long de la ligne d'évolution qui aboutit à l'homme, et que le reste a été recueilli sur la voie conduisant aux Hyménoptères : les sociétés de Fourmis et d'Abeilles présenteraient ainsi l'aspect complémentaire des nôtres. Mais ce ne serait là qu'une manière de s'exprimer. Il n'y a pas eu d'impulsion particulière à la vie sociale. Il y a simplement le mouvement général de la vie, lequel crée, sur des lignes divergentes, des formes toujours nouvelles. Si des sociétés doivent apparaître sur deux de ces lignes, elles devront manifester la divergence des voies en même temps que la communauté de l'élan. Elles développeront ainsi deux séries de caractères, que nous trouverons vaguement complémentaires l'une de l'autre.

L'étude du mouvement évolutif consistera donc à démêler un certain nombre de directions divergentes, à apprécier l'importance de ce qui s'est passé sur chacune d'elles, en un mot à déterminer la nature des tendances dissociées et à en faire le dosage. Combinant alors ces tendances entre elles, on obtiendra une approximation ou plutôt une imitation de l'indivisible principe moteur d'où procédait leur élan. C'est dire qu'on verra dans l'évolution

tout autre chose qu'une série d'adaptations aux circonstances, comme le prétend le mécanisme, tout autre chose
aussi que la réalisation d'un plan d'ensemble, comme le
voudrait la doctrine de la finalité.

Que la condition nécessaire de l'évolution soit l'adaptation au milieu, nous ne le contestons aucunement. Il est
trop évident qu'une espèce disparaît quand elle ne se plie
pas aux conditions d'existence qui lui sont faites. Mais
autre chose est reconnaître que les circonstances extérieures sont des forces avec lesquelles l'évolution doit
compter, autre chose soutenir qu'elles sont les causes
directrices de l'évolution. Cette dernière thèse est celle
du mécanisme. Elle exclut absolument l'hypothèse d'un
élan originel, je veux dire d'une poussée intérieure qui
porterait la vie, par des formes de plus en plus complexes, à
des destinées de plus en plus hautes. Cet élan est pourtant
visible, et un simple coup d'œil jeté sur les espèces fossiles
nous montre que la vie aurait pu se passer d'évoluer, ou
n'évoluer que dans des limites très restreintes, si elle avait
pris le parti, beaucoup plus commode pour elle, de s'anky-
loser dans ses formes primitives. Certains Foraminifères
n'ont pas varié depuis l'époque silurienne. Impassibles
témoins des révolutions sans nombre qui ont bouleversé
notre planète, les Lingules sont aujourd'hui ce qu'elles
étaient aux temps les plus reculés de l'ère paléozoïque.

La vérité est que l'adaptation explique les sinuosités du
mouvement évolutif, mais non pas les directions générales du mouvement, encore moins le mouvement lui-
même[1]. La route qui mène à la ville est bien obligée de
monter les côtes et de descendre les pentes ; elle *s'adapte*

____

1. Ce point de vue sur l'adaptation a été signalé par M. F. Marin dans un
remarquable article sur l'*Origine des espèces* (*Revue scientifique*, nov. 1901,
p. 580).

aux accidents du terrain ; mais les accidents de terrain ne sont pas cause de la route et ne lui ont pas non plus imprimé sa direction. A chaque moment ils lui fournissent l'indispensable, le sol même sur lequel elle se pose ; mais si l'on considère le tout de la route et non plus chacune de ses parties, les accidents de terrain n'apparaissent plus que comme des empêchements ou des causes de retard, car la route visait simplement la ville et aurait voulu être une ligne droite. Ainsi pour l'évolution de la vie et pour les circonstances qu'elle traverse, avec cette différence toutefois que l'évolution ne dessine pas une route unique, qu'elle s'engage dans des directions sans pourtant viser des buts, et qu'enfin elle reste inventive jusque dans ses adaptations.

Mais, si l'évolution de la vie est autre chose qu'une série d'adaptations à des circonstances accidentelles, elle n'est pas davantage la réalisation d'un plan. Un plan est donné par avance. Il est représenté, ou tout au moins représentable, avant le détail de sa réalisation. L'exécution complète en peut être repoussée dans un avenir lointain, reculée même indéfiniment : l'idée n'en est pas moins formulable, dès maintenant, en termes actuellement donnés. Au contraire, si l'évolution est une création sans cesse renouvelée, elle crée au fur et à mesure, non seulement les formes de la vie, mais les idées qui permettraient à une intelligence de la comprendre, les termes qui serviraient à l'exprimer. C'est dire que son avenir déborde son présent et ne pourrait s'y dessiner en une idée.

Là est la première erreur du finalisme. Elle en entraîne une autre, plus grave encore.

Si la vie réalise un plan, elle devra manifester une harmonie plus haute à mesure qu'elle avancera plus loin. Telle, la maison dessine de mieux en mieux l'idée de l'architecte tandis que les pierres montent sur les pierres. Au contraire, si l'unité de la vie est tout entière dans l'élan qui la pousse sur la route du temps, l'harmonie n'est pas en avant, mais en arrière. L'unité vient d'une *vis a tergo* : elle est donnée au début comme une impulsion, elle n'est pas posée au bout comme un attrait. L'élan se divise de plus en plus en se communiquant. La vie, au fur et à mesure de son progrès, s'éparpille en manifestations qui devront sans doute à la communauté de leur origine d'être complémentaires les unes des autres sous certains aspects, mais qui n'en seront pas moins antagonistes et incompatibles entre elles. Ainsi la désharmonie entre les espèces ira en s'accentuant. Encore n'en avons-nous signalé jusqu'ici que la cause essentielle. Nous avons supposé, pour simplifier, que chaque espèce acceptait l'impulsion reçue pour la transmettre à d'autres, et que, dans tous les sens où la vie évolue, la propagation s'effectuait en ligne droite. En fait, il y a des espèces qui s'arrêtent, il en est qui rebroussent chemin. L'évolution n'est pas seulement un mouvement en avant ; dans beaucoup de cas on observe un piétinement sur place, et plus souvent encore une déviation ou un retour en arrière. Il faut qu'il en soit ainsi, comme nous le montrerons plus loin, et les mêmes causes, qui scindent le mouvement évolutif, font que la vie, en évoluant, se distrait souvent d'elle-même, hypnotisée sur la forme qu'elle vient de produire. Mais il résulte de là un désordre croissant. Sans doute il y a progrès, si l'on entend par progrès une marche continue dans la direction générale que détermina une impulsion première, mais ce progrès ne s'accomplit que sur les deux ou trois grandes lignes d'évolution où se dessinent des formes de plus en plus complexes, de plus en plus hautes : entre ces lignes courent une foule de voies secondaires où se multiplient au contraire les déviations, les arrêts et les reculs. Le philosophe, qui avait commencé par poser en principe que chaque détail se rattache à un plan d'ensemble, va de déception en déception le jour où il aborde l'examen des faits ; et comme il avait tout mis sur le même rang, il en arrive maintenant, pour n'avoir pas voulu faire la part de l'accident, à croire que tout est accidentel. Il faut commencer au contraire par faire à l'accident sa part, qui est très grande. Il faut reconnaître que tout n'est pas cohérent dans la nature. Par là on sera conduit à déterminer les centres autour desquels l'incohérence cristallise. Et cette cristallisation même clarifiera le reste : les grandes directions apparaîtront, où la vie se meut en développant l'impulsion originelle. On n'assistera pas, il est vrai, à l'accomplissement détaillé d'un plan. Il y a plus et mieux ici qu'un plan qui se réalise. Un plan est un terme assigné à un travail : il clôt l'avenir dont il dessine la forme. Devant l'évolution de la vie, au contraire, les portes de l'avenir restent grandes ouvertes. C'est une création qui se poursuit sans fin en vertu d'un mouvement initial. Ce mouvement fait l'unité du monde organisé, unité féconde, d'une richesse infinie, supérieure à ce qu'aucune intelligence pourrait rêver, puisque l'intelligence n'est qu'un de ses aspects ou de ses produits.

Mais il est plus facile de définir la méthode que de l'appliquer. L'interprétation complète du mouvement évolutif dans le passé, tel que nous le concevons, ne serait possible que si l'histoire du monde organisé était faite. Nous sommes loin d'un pareil résultat. Les généalogies qu'on propose pour les diverses espèces sont, le plus souvent, problématiques. Elles varient avec les auteurs, avec les vues théoriques dont elles s'inspirent, et soulèvent des débats que l'état actuel de la science ne permet pas de trancher. Mais, en comparant les diverses solutions entre elles, on verra que la controverse porte plutôt sur le détail que sur les grandes lignes. En suivant les grandes lignes d'aussi près que possible, nous serons donc sûrs de ne pas nous égarer. Elles seules nous importent d'ailleurs, car nous ne visons pas, comme le naturaliste, à retrouver l'ordre de succession des diverses espèces, mais seulement à définir les directions principales de leur évolution. Encore ces directions n'ont-elles pas toutes pour nous le même intérêt : c'est de la voie qui conduit à l'homme que nous devons nous occuper plus particulièrement. Nous ne perdrons donc pas de vue, en les suivant les unes et les autres, qu'il s'agit surtout de déterminer le rapport de l'homme à l'ensemble du règne animal, et la place du règne animal lui-même dans l'ensemble du monde organisé.

Pour commencer par le second point, disons qu'aucun caractère précis ne distingue la plante de l'animal. Les essais tentés pour définir rigoureusement les deux règnes ont toujours échoué. Il n'est pas une seule propriété de la vie végétale qui ne se soit retrouvée, à quelque degré, chez certains animaux, pas un seul trait caractéristique de l'animal qu'on n'ait pu observer chez certaines espèces, ou à certains moments, dans le monde végétal. On comprend donc que des biologistes épris de rigueur aient tenu pour artificielle la distinction entre les deux règnes. Ils auraient raison, si la définition devait se faire ici comme dans les sciences mathématiques et physiques, par certains attributs statiques que l'objet défini possède et que les autres ne possèdent pas. Bien différent, à notre avis, est le genre de définition qui convient aux sciences de la vie. Il n'y a guère de manifestation de la vie qui ne contienne à l'état rudimentaire, ou latent, ou virtuel, les caractères essentiels de la plupart des autres manifestations. La différence est dans les proportions. Mais cette différence de proportion suffira à définir le groupe où elle se rencontre, si l'on peut établir qu'elle n'est pas accidentelle et que le groupe, à mesure qu'il évoluait, tendait de plus en plus à *mettre l'accent* sur ces caractères particuliers. En un mot, *le groupe ne se définira plus par la possession de certains caractères, mais par sa tendance à les accentuer.* Si l'on se place à ce point de vue, si l'on tient moins compte des états que des tendances, on trouve que végétaux et animaux peuvent se définir et se distinguer d'une manière précise, et qu'ils correspondent bien à deux développements divergents de la vie.

Cette divergence s'accuse d'abord dans le mode d'alimentation. On sait que le végétal emprunte directement à l'air, à l'eau et à la terre les éléments nécessaires à l'entretien de la vie, en particulier le carbone et l'azote : il les prend sous leur forme minérale. Au contraire, l'animal ne peut s'emparer de ces mêmes éléments que s'ils ont déjà été fixés pour lui dans des substances organiques par les plantes ou par des animaux qui, directement ou indirectement, les doivent à des plantes, de sorte qu'en définitive c'est le végétal qui alimente l'animal. Il est vrai que cette loi souffre bien des exceptions chez les végétaux. On n'hésite pas à classer parmi les végétaux le Drosera, la Dionée, le Pinguicula, qui sont des plantes insectivores. D'autre part les Champignons, qui occupent une place si considérable dans le monde végétal, s'alimentent comme des animaux : qu'ils soient ferments, saprophytes ou parasites, c'est à des substances organiques déjà formées qu'ils empruntent leur nourriture. On ne saurait donc tirer de cette différence une définition statique qui tranche automatiquement, dans n'importe quel cas, la question de savoir si l'on a affaire à une plante ou à un animal. Mais cette différence peut fournir un commencement de définition dynamique des deux règnes, en ce qu'elle marque les deux directions divergentes où végétaux et animaux ont pris leur essor. C'est un fait remarquable que les Champignons, qui sont répandus dans la nature avec une si extraordinaire abondance, n'aient pas pu évoluer. Ils ne s'élèvent pas organiquement au-dessus des tissus qui, chez les végétaux supérieurs, se forment dans le sac embryonnaire de l'ovule et précèdent le développement germinatif du nouvel individu [1]. Ce sont, pourrait-on dire, les avortons du monde végétal. Leurs diverses espèces constituent autant d'impasses, comme si, en renonçant au mode d'alimentation ordinaire des végétaux, ils s'arrêtaient sur la grande route de l'évolution végétale. Quant aux Droseras, aux Dionées, aux plantes insectivores en général, ils s'alimentent comme les autres plantes par leurs racines, ils fixent aussi, par leurs parties vertes, le carbone de l'acide carbonique contenu dans l'atmosphère. La faculté de capturer des insectes, de les absorber et de les digérer est une faculté qui a dû surgir chez eux sur le tard, dans des cas tout à fait exceptionnels, là où le sol, trop pauvre, ne leur fournissait pas une nourriture suffisante. D'une manière générale, si l'on s'attache moins à la présence des caractères qu'à leur tendance à se développer, et si l'on tient pour essentielle la tendance le long de laquelle l'évolution a pu se continuer indéfiniment, on dira que les végétaux se distinguent des animaux par le pouvoir de créer de la matière organique aux dépens d'éléments minéraux qu'ils tirent directement de l'atmosphère, de la

1. De Saporta et Marion, *L'évolution des Cryptogames*, 1881, p. 37.

terre et de l'eau. Mais à cette différence s'en rattache une autre, déjà plus profonde.

L'animal, ne pouvant fixer directement le carbone et l'azote qui sont partout présents, est obligé de chercher, pour s'en nourrir, les végétaux qui ont déjà fixé ces éléments ou les animaux qui les ont empruntés eux-mêmes au règne végétal. L'animal est donc nécessairement mobile. Depuis l'Amibe, qui lance au hasard ses pseudopodes pour saisir les matières organiques éparses dans une goutte d'eau, jusqu'aux animaux supérieurs qui possèdent des organes sensoriels pour reconnaître leur proie, des organes locomoteurs pour aller la saisir, un système nerveux pour coordonner leurs mouvements à leurs sensations, la vie animale est caractérisée, dans sa direction générale, par la mobilité dans l'espace. Sous-sa forme la plus rudimentaire, l'animal se présente comme une petite masse de protoplasme enveloppée tout au plus d'une mince pellicule albuminoïde qui lui laisse pleine liberté de se déformer et de se mouvoir. Au contraire, la cellule végétale s'entoure d'une membrane de cellulose qui la condamne à l'immobilité. Et, de bas en haut du règne végétal, ce sont les mêmes habitudes de plus en plus sédentaires, la plante n'ayant pas besoin de se déranger et trouvant autour d'elle, dans l'atmosphère, dans l'eau et dans la terre où elle est placée, les éléments minéraux qu'elle s'approprie directement. Certes, des phénomènes de mouvement s'observent aussi chez les plantes. Darwin a écrit un beau livre sur les mouvements des plantes grimpantes. Il a étudié les manœuvres de certaines plantes insectivores, telles que le Drosera et la Dionée, pour saisir leur proie. On connaît les mouvements des feuilles de l'Acacia, de la Sensitive, etc. D'ailleurs, le va-et-vient du protoplasme végétal à l'intérieur de son enveloppe est là pour témoigner de sa parenté avec le protoplasme des animaux. Inversement, on noterait dans une foule d'espèces animales (généralement parasites) des phénomènes de fixation analogues à ceux des végétaux[1]. Ici encore on se tromperait si l'on prétendait faire de la fixité et de la mobilité deux caractères qui permettent de décider, à simple inspection, si l'on est en présence d'une plante ou d'un animal. Mais la fixité, chez l'animal, apparaît le plus souvent comme une torpeur où l'espèce serait tombée, comme un refus d'évoluer plus loin dans un certain sens : elle est proche parente du parasitisme, et s'accompagne de caractères qui rappellent ceux de la vie végétale. D'autre part, les mouvements des végétaux n'ont ni la fréquence ni la variété de ceux des animaux. Ils n'intéressent d'ordinaire qu'une partie de l'organisme, et ne s'étendent presque jamais à l'organisme entier. Dans les cas exceptionnels où une vague spontanéité s'y manifeste, il semble qu'on assiste au réveil accidentel d'une activité normalement endormie. Bref, si la mobilité et la fixité coexistent dans le monde végétal comme dans le monde animal, la balance est manifestement rompue en faveur de la fixité dans un cas et de la mobilité dans l'autre. Ces deux tendances opposées sont si évidemment directrices des deux évolutions, qu'on pourrait déjà définir par elles les deux règnes. Mais fixité et mobilité, à leur tour, ne sont que les signes superficiels de tendances plus profondes encore.

Entre la mobilité et la conscience il y a un rapport évident. Certes, la conscience des organismes supérieurs paraît solidaire de certains dispositifs cérébraux. Plus le système nerveux se développe, plus nombreux et plus pré-

---

1. Sur la fixation et le parasitisme en général, voir l'ouvrage de Houssay, *La forme et la vie*, Paris, 1900, p. 721-807.

cis deviennent les mouvements entre lesquels il a le choix, plus lumineuse aussi est la conscience qui les accompagne. Mais ni cette mobilité, ni ce choix, ni par conséquent cette conscience n'ont pour condition nécessaire la présence d'un système nerveux : celui-ci n'a fait que canaliser dans des sens déterminés, et porter à un plus haut degré d'intensité, une activité rudimentaire et vague, diffuse dans la masse de la substance organisée. Plus on descend dans la série animale, plus les centres nerveux se simplifient et se séparent aussi les uns des autres ; finalement, les éléments nerveux disparaissent, noyés dans l'ensemble d'un organisme moins différencié. Mais il en est ainsi de tous les autres appareils, de tous les autres éléments anatomiques ; et il serait aussi absurde de refuser la conscience à un animal, parce qu'il n'a pas de cerveau, que de le déclarer incapable de se nourrir parce qu'il n'a pas d'estomac. La vérité est que le système nerveux est né, comme les autres systèmes, d'une division du travail. Il ne crée pas la fonction, il la porte seulement à un plus haut degré d'intensité et de précision en lui donnant la double forme de l'activité réflexe et de l'activité volontaire. Pour accomplir un vrai mouvement réflexe, il faut tout un mécanisme monté dans la moelle ou dans le bulbe. Pour choisir volontairement entre plusieurs démarches déterminées, il faut des centres cérébraux, c'est-à-dire des carrefours d'où partent des voies conduisant à des mécanismes moteurs de configuration diverse et d'égale précision. Mais, là où ne s'est pas encore produite une canalisation en éléments nerveux, encore moins une concentration des éléments nerveux en un système, il y a quelque chose d'où sortiront, par voie de dédoublement, et le réflexe et le volontaire, quelque chose qui n'a ni la précision mécanique du premier ni les hésitations intelligentes du second, mais qui, participant à dose infinitésimale de l'un et de l'autre, est une réaction simplement indécise et par conséquent déjà vaguement consciente. C'est dire que l'organisme le plus humble est conscient dans la mesure où il se meut *librement*. La conscience est-elle ici, par rapport au mouvement, l'effet ou la cause? En un sens elle est cause, puisque son rôle est de diriger la locomotion. Mais, en un autre sens, elle est effet, car c'est l'activité motrice qui l'entretient, et, dès que cette activité disparaît, la conscience s'atrophie ou plutôt s'endort. Chez des Crustacés tels que les Rhizocéphales, qui ont dû présenter autrefois une structure plus différenciée, la fixité et le parasitisme accompagnent la dégénérescence et la presque disparition du système nerveux : comme, en pareil cas, le progrès de l'organisation avait localisé dans des centres nerveux toute l'activité consciente, on peut conjecturer que la conscience est plus faible encore chez des animaux de ce genre que dans des organismes beaucoup moins différenciés, qui n'ont jamais eu de centres nerveux mais qui sont restés mobiles.

Comment alors la plante, qui s'est fixée à la terre et qui trouve sa nourriture sur place, aurait-elle pu se développer dans le sens de l'activité consciente? La membrane de cellulose dont le protoplasme s'enveloppe, en même temps qu'elle immobilise l'organisme végétal le plus simple, le soustrait, en grande partie, à ces excitations extérieures qui agissent sur l'animal comme des irritants de la sensibilité et l'empêchent de s'endormir [1]. La plante est donc généralement inconsciente. Ici encore il faudrait se garder des distinctions radicales. Inconscience et conscience ne sont pas deux étiquettes qu'on puisse coller machinalement, l'une sur toute cellule végétale, l'autre sur tous les ani-

[1]. Cope, *op. cit.*, p. 76.

maux. Si la conscience s'endort chez l'animal qui a dégénéré en parasite immobile, inversement elle se réveille, sans doute, chez le végétal qui a reconquis la liberté de ses mouvements, et elle se réveille dans l'exacte mesure où le végétal a reconquis cette liberté. Conscience et inconscience n'en marquent pas moins les directions où se sont développés les deux règnes, en ce sens que, pour trouver les meilleurs spécimens de la conscience chez l'animal, il faut *monter* jusqu'aux représentants les plus élevés de la série, au lieu que, pour découvrir des cas probables de conscience végétale, il faut *descendre* aussi bas que possible dans l'échelle des plantes, arriver aux zoospores des Algues, par exemple, et plus généralement à ces organismes unicellulaires dont on peut dire qu'ils hésitent entre la forme végétale et l'animalité. De ce point de vue, et dans cette mesure, nous définirions l'animal par la sensibilité et la conscience éveillée, le végétal par la conscience endormie et l'insensibilité.

En résumé, le végétal fabrique directement des substances organiques avec des substances minérales : cette aptitude le dispense en général de se mouvoir et, par là même, de sentir. Les animaux, obligés d'aller à la recherche de leur nourriture, ont évolué dans le sens de l'activité locomotrice et par conséquent d'une conscience de plus en plus ample, de plus en plus distincte.

Maintenant, que la cellule animale et la cellule végétale dérivent d'une souche commune, que les premiers organismes vivants aient oscillé entre la forme végétale et la forme animale, participant de l'une et de l'autre à la fois, cela ne nous paraît pas douteux. Nous venons, en effet, de voir que les tendances caractéristiques de l'évolution des deux règnes, quoique divergentes, coexistent encore aujour-

d'hui, et chez la plante et chez l'animal. La proportion seule
diffère. D'ordinaire, l'une des deux tendances recouvre ou
écrase l'autre, mais, dans des circonstances exceptionnelles,
celle-ci se dégage et reconquiert la place perdue. La mobilité et la conscience de la cellule végétale ne sont pas à
ce point endormies qu'elles ne puissent se réveiller quand
les circonstances le permettent ou l'exigent. Et, d'autre
part, l'évolution du règne animal a été sans cesse re-
tardée, ou arrêtée, ou ramenée en arrière par la tendance
qu'il a conservée à la vie végétative. Si pleine, si débor-
dante que puisse en effet paraître l'activité d'une espèce
animale, la torpeur et l'inconscience la guettent. Elle ne
soutient son rôle que par un effort, au prix d'une fatigue.
Le long de la route sur laquelle l'animal a évolué, des dé-
faillances sans nombre se sont produites, des déchéances
qui se rattachent pour la plupart à des habitudes para-
sitaires ; ce sont autant d'aiguillages sur la vie végétative. Ainsi, tout nous fait supposer que le végétal et l'animal
descendent d'un ancêtre commun qui réunissait, à l'état
naissant, les tendances de l'un et de l'autre.

Mais les deux tendances qui s'impliquaient réciproquement sous cette forme rudimentaire se sont dissociées en
grandissant. De là le monde des plantes avec sa fixité et
son insensibilité, de là les animaux avec leur mobilité et
leur conscience. Point n'est besoin, d'ailleurs, pour expliquer ce dédoublement, de faire intervenir une force mystérieuse. Il suffit de remarquer que l'être vivant appuie
naturellement vers ce qui lui est le plus commode, et que
végétaux et animaux ont opté, chacun de leur côté, pour
deux genres différents de commodité dans la manière de
se procurer le carbone et l'azote dont ils avaient besoin.
Les premiers, continuellement et machinalement, tirent
ces éléments d'un milieu qui les leur fournit sans cesse. Les

seconds, par une action discontinue, concentrée en quelques instants, consciente, vont chercher ces corps dans des organismes qui les ont déjà fixés. Ce sont deux manières différentes de comprendre le travail ou, si l'on aime mieux, la paresse. Aussi nous paraît-il douteux qu'on découvre jamais à la plante des éléments nerveux, si rudimentaires qu'on les suppose. Ce qui correspond, chez elle, à la volonté directrice de l'animal, c'est, croyons-nous, la direction où elle infléchit l'énergie de la radiation solaire quand elle s'en sert pour rompre les attaches du carbone avec l'oxygène dans l'acide carbonique. Ce qui correspond, chez elle, à la sensibilité de l'animal, c'est l'impressionnabilité toute spéciale de sa chlorophylle à la lumière. Or, un système nerveux étant, avant tout, un mécanisme qui sert d'intermédiaire entre des sensations et des volitions, le véritable « système nerveux » de la plante nous paraît être le mécanisme ou plutôt le chimisme *sui generis* qui sert d'intermédiaire entre l'impressionnabilité de sa chlorophylle à la lumière et la production de l'amidon. Ce qui revient à dire que la plante ne doit pas avoir d'éléments nerveux, et que *le même élan qui a porté l'animal à se donner des nerfs et des centres nerveux a dû aboutir, dans la plante, à la fonction chlorophyllienne*[1].

Ce premier coup d'œil jeté sur le monde organisé va

1. De même que la plante, dans certains cas, retrouve la faculté de se mouvoir activement qui sommeille en elle, ainsi l'animal peut, dans des circonstances exceptionnelles, se replacer dans les conditions de la vie végétative et développer en lui un équivalent de la fonction chlorophyllienne. Il paraît résulter, en effet, des récentes expériences de Maria von Linden que les chrysalides et les chenilles de divers Lépidoptères, sous l'influence de la lumière, fixent le carbone de l'acide carbonique contenu dans l'atmosphère (M. von Linden, *L'assimilation de l'acide carbonique par les chrysalides de Lépidoptères, C. R. de la Soc. de biologie*, 1905, p. 692 et suiv.).

nous permettre de déterminer en termes plus précis ce qui unit les deux règnes, et aussi ce qui les sépare.

Supposons, comme nous le faisions entrevoir dans le précédent chapitre, qu'il y ait au fond de la vie un effort pour greffer, sur la nécessité des forces physiques, la plus grande somme possible d'indétermination. Cet effort ne peut aboutir à créer de l'énergie, ou, s'il en crée, la quantité créée n'appartient pas à l'ordre de grandeur sur lequel ont prise nos sens et nos instruments de mesure, notre expérience et notre science. Tout se passera donc comme si l'effort visait simplement à utiliser de son mieux une énergie préexistante, qu'il trouve à sa disposition. Il n'a qu'un moyen d'y réussir : c'est d'obtenir de la matière une telle accumulation d'énergie potentielle qu'il puisse, à un moment donné, en faisant jouer un déclic, obtenir le travail dont il a besoin pour agir. Lui-même ne possède que ce pouvoir de déclancher. Mais le travail de déclanchement, quoique toujours le même et toujours plus faible que n'importe quelle quantité donnée, sera d'autant plus efficace qu'il fera tomber de plus haut un poids plus lourd, ou, en d'autres termes, que la somme d'énergie potentielle accumulée et disponible sera plus considérable. En fait, la source principale de l'énergie utilisable à la surface de notre planète est le Soleil. Le problème était donc celui-ci : obtenir du Soleil que çà et là, à la surface de la terre, il suspendît partiellement et provisoirement sa dépense incessante d'énergie utilisable, qu'il en emmagasinât une certaine quantité, sous forme d'énergie non encore utilisée, dans des réservoirs appropriés d'où elle pourrait ensuite s'écouler au moment voulu, à l'endroit voulu, dans la direction voulue. Les substances dont s'alimente l'animal sont précisément des réservoirs de ce genre. Formées de molécules très complexes qui renferment, à l'état potentiel, une somme considérable d'énergie chimique, elles constituent des espèces d'explosifs, qui n'attendent qu'une étincelle pour mettre en liberté la force emmagasinée. Maintenant, il est probable que la vie tendait d'abord à obtenir, du même coup, et la fabrication de l'explosif et l'explosion qui l'utilise. Dans ce cas, le même organisme qui aurait emmagasiné directement l'énergie de la radiation solaire l'aurait dépensée en mouvements libres dans l'espace. Et c'est pourquoi nous devons présumer que les premiers êtres vivants ont cherché, d'une part, à accumuler sans relâche de l'énergie empruntée au Soleil et, d'autre part, à la dépenser d'une manière discontinue et explosive par des mouvements de locomotion : les Infusoires à chlorophylle, les Euglènes, symbolisent peut-être encore aujourd'hui, mais sous une forme étriquée et incapable d'évoluer, cette tendance primordiale de la vie. Le développement divergent des deux règnes correspond-il à ce qu'on pourrait appeler métaphoriquement l'oubli, par chaque règne, d'une des deux moitiés du programme ? Ou bien, ce qui est plus vraisemblable, la nature même de la matière que la vie trouvait devant elle sur notre planète s'opposait-elle à ce que les deux tendances pussent évoluer bien loin ensemble dans un même organisme ? Ce qui est certain, c'est que le végétal a appuyé surtout dans le premier sens et l'animal dans le second. Mais si, dès le début, la fabrication de l'explosif avait pour objet l'explosion, c'est l'évolution de l'animal, bien plus que celle du végétal, qui indique, en somme, la direction fondamentale de la vie.

L' « harmonie » des deux règnes, les caractères complémentaires qu'ils présentent, viendraient donc enfin de ce qu'ils développent deux tendances d'abord fondues en une seule. Plus la tendance originelle et

unique grandit, plus elle trouve difficile de maintenir
unis dans le même être vivant les deux éléments qui, à
l'état rudimentaire, sont impliqués l'un dans l'autre. De
là un dédoublement, de là deux évolutions divergentes ;
de là aussi deux séries de caractères qui s'opposent sur
certains points, se complètent sur d'autres, mais qui, soit
qu'ils se complètent soit qu'ils s'opposent, conservent
toujours entre eux un air de parenté. Tandis que l'animal
évoluait, non sans accidents le long de la route, vers une
dépense de plus en plus libre d'énergie discontinue, la
plante perfectionnait plutôt son système d'accumulation
sur place. Nous n'insisterons pas sur ce second point.
Qu'il nous suffise de dire que la plante a dû être grande-
ment servie, à son tour, par un nouveau dédoublement,
analogue à celui qui s'était produit entre plantes et
animaux. Si la cellule végétale primitive dut, à elle seule,
fixer et son carbone et son azote, elle put presque renoncer à la seconde de ces deux fonctions le jour où
des végétaux microscopiques appuyèrent exclusivement
dans ce sens, se spécialisant d'ailleurs diversement
dans ce travail encore compliqué. Les microbes qui
fixent l'azote de l'atmosphère et ceux qui, tour à tour,
convertissent les composés ammoniacaux en composés
nitreux, ceux-ci en nitrates, ont rendu à l'ensemble
du monde végétal, par la même dissociation d'une
tendance primitivement une, le même genre de service
que les végétaux en général rendent aux animaux. Si
l'on créait pour ces végétaux microscopiques un règne
spécial, on pourrait dire que les microbes du sol, les végétaux et les animaux nous présentent l'*analyse*, opérée par
la matière que la vie avait à sa disposition sur notre
planète, de tout ce que la vie contenait d'abord à l'état
d'implication réciproque. Est-ce, à proprement parler,

une « division du travail »? Ces mots ne donneraient pas une idée exacte de l'évolution, telle que nous nous la représentons. Là où il y a division du travail, il y a *association* et il y a aussi *convergence* d'effort. Au contraire, l'évolution dont nous parlons ne s'accomplit jamais dans le sens d'une association, mais d'une *dissociation*, jamais vers la convergence, mais vers la divergence des efforts. L'harmonie entre termes qui se complètent sur certains points ne se produit pas, d'après nous, en cours de route par une adaptation réciproque ; au contraire elle n'est tout à fait complète qu'au départ. Elle dérive d'une identité originelle. Elle vient de ce que le processus évolutif, qui s'épanouit en forme de gerbe, écarte les uns des autres, au fur et à mesure de leur croissance simultanée, des termes d'abord si bien complémentaires qu'ils étaient confondus.

Il s'en faut d'ailleurs que les éléments en lesquels une tendance se dissocie aient tous la même importance, et surtout la même puissance d'évoluer. Nous venons de distinguer trois règnes différents, si l'on peut s'exprimer ainsi, dans le monde organisé. Tandis que le premier ne comprend que des micro-organismes restés à l'état rudimentaire, animaux et végétaux ont pris leur essor vers de très hautes fortunes. Or, c'est là un fait qui se produit d'ordinaire quand une tendance s'analyse. Parmi les développements divergents auxquels elle donne naissance, les uns continuent indéfiniment, les autres arrivent plus ou moins vite au bout de leur rouleau. Ces derniers ne proviennent pas directement de la tendance primitive, mais de l'un des éléments en lesquels elle s'est divisée : ce sont des développements résiduels, effectués et déposés en cours de route par quelque tendance vraiment élémentaire, qui continue, elle, à évoluer. Quant à ces tendances vraiment élémentaires, elles portent, croyons-nous, une marque à laquelle on les reconnaît.

Cette marque est comme la trace, encore visible en chacune d'elles, de ce que renfermait la tendance originelle dont elles représentent les directions élémentaires. Les éléments d'une tendance ne sont pas comparables, en effet, à des objets juxtaposés dans l'espace et exclusifs les uns des autres, mais plutôt à des états psychologiques, dont chacun, quoiqu'il soit d'abord lui-même, participe cependant des autres et renferme ainsi virtuellement toute la personnalité à laquelle il appartient. Il n'y a pas de manifestation essentielle de la vie, disions-nous, qui ne nous présente, à l'état rudimentaire ou virtuel, les caractères des autres manifestations. Réciproquement, quand nous rencontrons sur une ligne d'évolution le souvenir, pour ainsi dire, de ce qui se développe le long des autres lignes, nous devons conclure que nous avons affaire aux éléments dissociés d'une même tendance originelle. En ce sens, végétaux et animaux représentent bien les deux grands développements divergents de la vie. Si la plante se distingue de l'animal par la fixité et l'insensibilité, mouvement et conscience sommeillent en elle comme des souvenirs qui peuvent se réveiller. D'ailleurs, à côté de ces souvenirs normalement endormis, il en est d'éveillés et d'agissants. Ce sont ceux dont l'activité ne gêne pas le développement de la tendance élémentaire elle-même. On pourrait énoncer cette loi : *Quand une tendance s'analyse en se développant, chacune des tendances particulières qui naissent ainsi voudrait conserver et développer, de la tendance primitive, tout ce qui n'est pas incompatible avec le travail où elle s'est spécialisée.* Par là s'expliquerait précisément le fait sur lequel nous nous sommes appesantis dans le précédent chapitre, la formation de mécanismes complexes identiques sur des lignes d'évolution indépendantes. Certaines analogies profondes entre le végétal et l'animal n'ont probablement pas d'autre cause : la génération sexuée n'est peut-être qu'un luxe pour la plante, mais il fallait que l'animal y vînt, et la plante a dû y être portée par le même élan qui y poussait l'animal, élan primitif, originel, antérieur au dédoublement des deux règnes. Nous en dirons autant de la tendance du végétal à une complexité croissante. Cette tendance est essentielle au règne animal, que travaille le besoin d'une action de plus en plus étendue, de plus en plus efficace. Mais les végétaux, qui se sont condamnés à l'insensibilité et à l'immobilité, ne présentent la même tendance que parce qu'ils ont reçu au début la même impulsion. Des expériences récentes nous les montrent variant dans n'importe quel sens quand arrive la période de « mutation »; au lieu que l'animal a dû évoluer, croyons-nous, dans des sens beaucoup plus définis. Mais nous n'insisterons pas davantage sur ce dédoublement originel de la vie. Arrivons à l'évolution des animaux, qui nous intéresse plus particulièrement.

Ce qui constitue l'animalité, disions-nous, c'est la faculté d'utiliser un mécanisme à déclanchement pour convertir en actions « explosives » une somme aussi grande que possible d'énergie potentielle accumulée. Au début, l'explosion se fait au hasard, sans pouvoir choisir sa direction : c'est ainsi que l'Amibe lance dans tous les sens à la fois ses prolongements pseudopodiques. Mais, à mesure qu'on s'élève dans la série animale, on voit la forme même du corps dessiner un certain nombre de directions bien déterminées, le long desquelles cheminera l'énergie. Ces directions sont marquées par autant de chaînes d'éléments nerveux placés bout à bout. Or, l'élément nerveux s'est dégagé peu à peu de la masse à peine différenciée du tissu organisé. On peut donc conjecturer que c'est en lui et en ses annexes que se concentre, dès qu'il apparaît, la faculté de libérer brusquement l'énergie accumulée. A vrai dire, toute cellule vivante dépense sans cesse de l'énergie à se maintenir en équilibre. La cellule végétale, assoupie dès le début, s'absorbe tout entière dans ce travail de conservation, comme si elle prenait pour fin ce qui ne devait d'abord être qu'un moyen. Mais, chez l'animal, tout converge à l'action, c'est-à-dire à l'utilisation de l'énergie pour des mouvements de translation. Sans doute, chaque cellule animale dépense à vivre une bonne partie de l'énergie dont elle dispose, souvent même toute cette énergie; mais l'ensemble de l'organisme voudrait en attirer le plus possible sur les points où s'accomplissent les mouvements de locomotion. De sorte que, là où existe un système nerveux avec les organes sensoriels et les appareils moteurs qui lui servent d'appendices, tout doit se passer comme si le reste du corps avait pour fonction essentielle de préparer pour eux, afin de la leur transmettre au moment voulu, la force qu'ils mettront en liberté par une espèce d'explosion.

Le rôle de l'aliment chez les animaux supérieurs est en effet extrêmement complexe. Il sert d'abord à réparer les tissus. Il fournit ensuite à l'animal la chaleur dont il a besoin pour se rendre aussi indépendant que possible des variations de la température extérieure. Par là, il conserve, entretient et soutient l'organisme où le système nerveux est inséré et sur lequel les éléments nerveux doivent vivre. Mais ces éléments nerveux n'auraient aucune raison d'être si cet organisme ne leur passait pas, à eux-mêmes et surtout aux muscles qu'ils actionnent, une certaine énergie à dépenser, et l'on peut même conjecturer que c'est là, en somme, la destination essentielle et ultime de l'aliment. Cela ne veut pas dire que la part la plus considérable de l'aliment s'emploie à ce travail. Un état peut avoir à faire des dépenses énormes pour assurer la rentrée de l'impôt ; la somme dont il disposera, défalcation faite des frais de perception, sera peut-être minime ; elle n'en est pas moins la raison d'être de l'impôt et de tout ce qu'on a dépensé pour en obtenir la rentrée. Ainsi pour l'énergie que l'animal demande aux substances alimentaires.

Bien des faits nous paraissent indiquer que les éléments nerveux et musculaires occupent cette place vis-à-vis du reste de l'organisme. Jetons d'abord un coup d'œil sur la répartition des substances alimentaires entre les divers éléments du corps vivant. Ces substances se divisent en deux catégories, les unes quaternaires ou albuminoïdes, les autres ternaires, comprenant les hydrates de carbone et les graisses. Les premières sont proprement plastiques, destinées à refaire les tissus, — encore qu'elles puissent, en raison du carbone qu'elles contiennent, devenir énergétiques à l'occasion. Mais la fonction énergétique est plus spécialement dévolue aux secondes : celles-ci, se déposant dans la cellule plutôt que s'incorporant à sa substance, lui apportent, sous forme de potentiel chimique, une énergie de puissance qui se convertira directement en mouvement ou en chaleur. Bref, les premières ont pour rôle principal de refaire la machine, les secondes lui fournissent l'énergie. Il est naturel que les premières n'aient pas de lieu d'élection privilégié, puisque toutes les pièces de la machine ont besoin d'être entretenues. Mais il n'en est pas de même des secondes. Les hydrates de carbone se distribuent très inégalement, et cette inégalité de distribution nous paraît instructive au plus haut point.

Charriées par le sang artériel sous forme de glycose, ces substances se déposent, en effet, sous forme de glycogène, dans les diverses cellules qui forment les tissus. On sait qu'une des principales fonctions du foie est de maintenir constante la teneur du sang en glycose, grâce aux réserves de glycogène que la cellule hépatique élabore. Or, dans cette circulation de glycose et dans cette accumulation de glycogène, il est aisé de voir que tout se passe comme si l'effort entier de l'organisme s'employait à approvisionner d'énergie potentielle les éléments du tissu musculaire et aussi ceux du tissu nerveux. Il procède diversement dans les deux cas, mais il aboutit au même résultat. Dans le premier, il assure à la cellule une réserve considérable, déposée en elle par avance ; la quantité de glycogène que les muscles renferment est énorme, en effet, en comparaison de ce qui s'en trouve dans les autres tissus. Au contraire, dans le tissu nerveux, la réserve est faible (les éléments nerveux, dont le rôle est simplement de libérer l'énergie potentielle emmagasinée dans le muscle, n'ont d'ailleurs jamais besoin de fournir beaucoup de travail à la fois) : mais, chose remarquable, cette réserve est reconstituée par le sang au moment même où elle se dépense, de sorte que le nerf se recharge d'énergie potentielle instantanément. Tissu musculaire et tissu nerveux sont donc bien deux privilégiés, l'un en ce qu'il est approvisionné d'une réserve considérable d'énergie, l'autre en ce qu'il est toujours servi à l'instant où il en a besoin, et dans l'exacte mesure où il en a besoin.

Plus particulièrement, c'est du système sensori-moteur que vient ici l'appel de glycogène, c'est-à-dire d'énergie potentielle, comme si le reste de l'organisme était là pour passer de la force au système nerveux et aux muscles que les nerfs actionnent. Certes, quand on songe au rôle que joue le système nerveux (même sensori-moteur) comme régulateur de la vie organique, on peut se demander si, dans cet échange de bons procédés entre lui et le reste du corps, il est véritablement un maître que le corps servirait. Mais déjà l'on inclinera à cette hypothèse si l'on considère, à l'état statique pour ainsi dire, la répartition de l'énergie potentielle entre les tissus; et l'on s'y ralliera tout à fait, croyons-nous, si l'on réfléchit aux conditions dans lesquelles l'énergie se dépense et se reconstitue. Supposons, en effet, que le système sensori-moteur soit un système comme les autres, au même rang que les autres. Porté par l'ensemble de l'organisme, il attendra qu'un excédent de potentiel chimique lui ait été fourni pour accomplir du travail. C'est, en d'autres termes, la production du glycogène qui réglera la consommation qu'en font les nerfs et les muscles. Supposons, au contraire, que le système sensori-moteur soit vraiment dominateur. La durée et l'étendue de son action seront indépendantes, dans une certaine mesure au moins, de la réserve de glycogène qu'il renferme, et même de celle que l'ensemble de l'organisme contient. Il fournira du travail, et les autres tissus devront s'arranger comme ils pourront pour lui amener de l'énergie potentielle. Or, les choses se passent précisément ainsi, comme le montrent, en particulier les expériences de Morat et Dufourt[1]. Si la fonction glycogénique du foie dépend de l'action des nerfs excitateurs qui la gouvernent, l'action de ces derniers nerfs est subordonnée à celle des nerfs qui ébranlent les

---

1. *Archives de physiologie*, 1892.

muscles locomoteurs, en ce sens que ceux-ci commencent par dépenser sans compter, consommant ainsi du glycogène, appauvrissant de glycose le sang, et déterminant finalement le foie, qui aura dû déverser dans le sang appauvri une partie de sa réserve de glycogène, à en fabriquer de nouveau. C'est donc bien, en somme, du système sensori-moteur que tout part, c'est sur lui que tout converge, et l'on peut dire, sans métaphore, que le reste de l'organisme est à son service.

Qu'on réfléchisse encore à ce qui se passe dans le jeûne prolongé. C'est un fait remarquable que, chez des animaux morts de faim, on trouve le cerveau à peu près intact, alors que les autres organes ont perdu une partie plus ou moins grande de leur poids et que leurs cellules ont subi des altérations profondes [1]. Il semble que le reste du corps ait soutenu le système nerveux jusqu'à la dernière extrémité, se traitant lui-même comme un simple moyen dont celui-ci serait la fin.

En résumé, si l'on convient, pour abréger, d'appeler « système sensori-moteur » le système nerveux cérébro-spinal avec, en plus, les appareils sensoriels en lesquels il se prolonge et les muscles locomoteurs qu'il gouverne, on pourra dire qu'un organisme supérieur est essentiellement constitué par un système sensori-moteur installé sur des appareils de digestion, de respiration, de circulation, de sécrétion, etc., qui ont pour rôle de le réparer, de le nettoyer, de le protéger, de lui créer un milieu intérieur constant, enfin et surtout de lui passer de

---

1. De Manacéine, *Quelques observations expérimentales sur l'influence de l'insomnie absolue* (*Arch. ital. de biologie*, t. XXI, 1894, p. 322 et suiv.). Récemment, des observations analogues ont été faites sur un homme mort d'inanition après un jeûne de 35 jours. Voir, à ce sujet, dans l'*Année biologique* de 1898, p. 338, le résumé d'un travail (en russe) de Tarakevitch et Stchasny.

l'énergie potentielle à convertir en mouvement de locomotion[1]. Il est vrai que, plus la fonction nerveuse se
perfectionne, plus les fonctions destinées à la soutenir ont
à se développer et deviennent par conséquent exigeantes
pour elles-mêmes. A mesure que l'activité nerveuse a
émergé de la masse protoplasmique où elle était noyée,
elle a dû appeler autour d'elle des activités de tout genre
sur lesquelles s'appuyer : celles-ci ne pouvaient se développer que sur d'autres activités, qui en impliquaient
d'autres encore, indéfiniment. C'est ainsi que la complication de fonctionnement des organismes supérieurs va à
l'infini. L'étude d'un de ces organismes nous fait donc
tourner dans un cercle, comme si tout y servait de moyen
à tout. Ce cercle n'en a pas moins un centre, qui est le
système d'éléments nerveux tendus entre les organes
sensoriels et l'appareil de locomotion.

Nous ne nous appesantirons pas ici sur un point que
nous avons longuement traité dans un travail antérieur.
Rappelons seulement que le progrès du système nerveux
s'est effectué, tout à la fois, dans le sens d'une adaptation
plus précise des mouvements et dans celui d'une plus
grande latitude laissée à l'être vivant pour choisir entre
eux. Ces deux tendances peuvent paraître antagonistes,
et elles le sont en effet. Une chaîne nerveuse, même sous
sa forme la plus rudimentaire, arrive cependant à les

1. Cuvier disait déjà : « Le système nerveux est, au fond, tout l'animal ;
les autres systèmes ne sont là que pour le servir » (*Sur un nouveau rapprochement à établir entre les classes qui composent le règne animal, Archives du
Muscum d'histoire naturelle*, Paris, 1812, p. 73-84). Il faudrait naturellement
apporter à cette formule une foule de restrictions, tenir compte, par exemple,
des cas de dégradation et de régression où le système nerveux passe à l'arrière-
plan. Et surtout il faut joindre au système nerveux les appareils sensoriels
d'un côté, moteurs de l'autre, entre lesquels il sert d'intermédiaire. Cf.
Foster, art. *Physiology* de l'*Encyclopaedia Britannica*, Edinburgh, 1885,
p. 17.

réconcilier. D'une part, en effet, elle dessine une ligne bien déterminée entre un point et un autre point de la périphérie, celui-là sensoriel et celui-ci moteur. Elle a donc canalisé une activité d'abord diffuse dans la masse protoplasmique. Mais, d'autre part, les éléments qui la composent sont probablement discontinus ; en tous cas, à supposer qu'ils s'anastomosent entre eux, ils présentent une discontinuité fonctionnelle, car chacun d'eux se termine par une espèce de carrefour où, sans doute, l'influx nerveux peut choisir sa route. De la plus humble Monère jusqu'aux Insectes les mieux doués, jusqu'aux Vertébrés les plus intelligents, le progrès réalisé a été surtout un progrès du système nerveux avec, à chaque degré, toutes les créations et complications de pièces que ce progrès exigeait. Comme nous le faisions pressentir dès le début de ce travail, le rôle de la vie est d'insérer de l'indétermination dans la matière. Indéterminées, je veux dire imprévisibles, sont les formes qu'elle crée au fur et à mesure de son évolution. De plus en plus indéterminée aussi, je veux dire de plus en plus libre, est l'activité à laquelle ces formes doivent servir de véhicule. Un système nerveux, avec des neurones placés bout à bout de telle manière qu'à l'extrémité de chacun d'eux s'ouvrent des voies multiples où autant de questions se posent, est un véritable *réservoir d'indétermination*. Que l'essentiel de la poussée vitale ait passé à la création d'appareils de ce genre, c'est ce que nous paraît montrer un simple coup d'œil jeté sur l'ensemble du monde organisé. Mais, sur cette poussée même de la vie, quelques éclaircissements sont indispensables.

Il ne faut pas oublier que la force qui évolue à travers le monde organisé est une force limitée, qui toujours cherche à se dépasser elle-même, et toujours reste inadéquate à l'œuvre qu'elle tend à produire. De la méconnaissance de ce point sont nées les erreurs et les puérilités du finalisme radical. Il s'est représenté l'ensemble du monde vivant comme une construction, et comme une construction analogue aux nôtres. Toutes les pièces en seraient disposées en vue du meilleur fonctionnement possible de la machine. Chaque espèce aurait sa raison d'être, sa fonction, sa destination. Ensemble elles donneraient un grand concert, où les dissonances apparentes ne serviraient qu'à faire ressortir l'harmonie fondamentale. Bref, tout se passerait dans la nature comme dans les œuvres du génie humain, où le résultat obtenu peut être minime, mais où il y a du moins adéquation parfaite entre l'objet fabriqué et le travail de fabrication.

Rien de semblable dans l'évolution de la vie. La disproportion y est frappante entre le travail et le résultat. De bas en haut du monde organisé c'est toujours un seul grand effort; mais, le plus souvent, cet effort tourne court, tantôt paralysé par des forces contraires, tantôt distrait de ce qu'il doit faire par ce qu'il fait, absorbé par la forme qu'il est occupé à prendre, hypnotisé sur elle comme sur un miroir. Jusque dans ses œuvres les plus parfaites, alors qu'il paraît avoir triomphé des résistances extérieures et aussi de la sienne propre, il est à la merci de la matérialité qu'il a dû se donner. C'est ce que chacun de nous peut expérimenter en lui-même. Notre liberté, dans les mouvements mêmes par où elle s'affirme, crée les habitudes naissantes qui l'étoufferont si elle ne se renouvelle par un effort constant : l'automatisme la guette. La pensée la plus vivante se glacera dans la formule qui l'exprime. Le mot se retourne contre l'idée. La lettre tue l'esprit. Et notre plus ardent enthousiasme, quand il s'extériorise en action, se fige parfois si naturellement en froid calcul d'intérêt ou de vanité, l'un adopte si aisément la forme de l'autre, que nous pourrions les confondre ensemble, douter de notre propre sincérité, nier la bonté et l'amour, si nous ne savions que le mort garde encore quelque temps les traits du vivant.

La cause profonde de ces dissonances gît dans une irrémédiable différence de rythme. La vie en général est la mobilité même ; les manifestations particulières de la vie n'acceptent cette mobilité qu'à regret et retardent constamment sur elle. Celle-là va toujours de l'avant ; celles-ci voudraient piétiner sur place. L'évolution en général se ferait, autant que possible, en ligne droite ; chaque évolution spéciale est un processus circulaire. Comme des tourbillons de poussière soulevés par le vent qui passe, les vivants tournent sur eux-mêmes, suspendus au grand souffle de la vie. Ils sont donc relativement stables, et contrefont même si bien l'immobilité que nous les traitons comme des *choses* plutôt que comme des *progrès*, oubliant que la permanence même de leur forme n'est que le dessin d'un mouvement. Parfois cependant se matérialise à nos yeux, dans une fugitive apparition, le souffle invisible qui les porte. Nous avons cette illumination soudaine devant certaines formes de l'amour maternel, si frappant, si touchant aussi chez la plupart des animaux, observable jusque dans la sollicitude de la plante pour sa graine. Cet amour, où quelques-uns ont vu le grand mystère de la vie, nous en livrerait peut-être le secret. Il nous montre chaque génération penchée sur celle qui la suivra. Il nous laisse entrevoir que l'être vivant est surtout un lieu de passage, et que l'essentiel de la vie tient dans le mouvement qui la transmet.

Ce contraste entre la vie en général, et les formes où

elle se manifeste, présente partout le même caractère. On pourrait dire que la vie tend à agir le plus possible, mais que chaque espèce préfère donner la plus petite somme possible d'effort. Envisagée dans ce qui est son essence même, c'est-à-dire comme une transition d'espèce à espèce, la vie est une action toujours grandissante. Mais chacune des espèces, à travers lesquelles la vie passe, ne vise qu'à sa commodité. Elle va à ce qui demande le moins de peine. S'absorbant dans la forme qu'elle va prendre, elle entre dans un demi-sommeil, où elle ignore à peu près tout le reste de la vie ; elle se façonne elle-même en vue de la plus facile exploitation possible de son entourage immédiat. Ainsi, l'acte par lequel la vie s'achemine à la création d'une forme nouvelle, et l'acte par lequel cette forme se dessine, sont deux mouvements différents et souvent antagonistes. Le premier se prolonge dans le second, mais il ne peut s'y prolonger sans se distraire de sa direction, comme il arriverait à un sauteur qui, pour franchir l'obstacle, serait obligé d'en détourner les yeux et de se regarder lui-même.

Les formes vivantes sont, par définition même, des formes viables. De quelque manière qu'on explique l'adaptation de l'organisme à ses conditions d'existence, cette adaptation est nécessairement suffisante, du moment que l'espèce subsiste. En ce sens, chacune des espèces successives que décrivent la paléontologie et la zoologie fut un *succès* remporté par la vie. Mais les choses prennent un tout autre aspect quand on compare chaque espèce au mouvement qui l'a déposée sur son chemin, et non plus aux conditions où elle s'est insérée. Souvent ce mouvement a dévié, bien souvent aussi il a été arrêté net ; ce qui ne devait être qu'un lieu de passage est devenu le terme. De ce nouveau point de vue, l'insuccès apparaît comme la règle, le succès comme exceptionnel et toujours imparfait. Nous allons voir que, des quatre grandes directions où s'est engagée la vie animale, deux ont conduit à des impasses, et que, sur les deux autres, l'effort a été généralement disproportionné au résultat.

Les documents nous manquent pour reconstituer le détail de cette histoire. Nous pouvons cependant en démêler les grandes lignes. Nous disions qu'animaux et végétaux ont dû se séparer assez vite de leur souche commune, le végétal s'endormant dans l'immobilité, l'animal s'éveillant au contraire de plus en plus et marchant à la conquête d'un système nerveux. Il est probable que l'effort du règne animal aboutit à créer des organismes encore simples, mais doués d'une certaine mobilité, et surtout assez indécis de forme pour se prêter à toutes les déterminations futures. Ces animaux pouvaient ressembler à certains de nos Vers, avec cette différence toutefois que les Vers aujourd'hui vivants auxquels on les comparera sont les exemplaires vidés et figés des formes infiniment plastiques, grosses d'un avenir indéfini, qui furent la souche commune des Échinodermes, des Mollusques, des Arthropodes et des Vertébrés.

Un danger les guettait, un obstacle qui faillit sans doute arrêter l'essor de la vie animale. Il y a une particularité dont on ne peut s'empêcher d'être frappé quand on jette un coup d'œil sur la faune des temps primaires. C'est l'emprisonnement de l'animal dans une enveloppe plus ou moins dure, qui devait gêner et souvent même paralyser ses mouvements. Les Mollusques d'alors avaient une coquille plus universellement que ceux d'aujourd'hui. Les Arthropodes en général étaient pourvus d'une carapace ; c'étaient des Crustacés. Les plus anciens Pois-

sons eurent une enveloppe osseuse, d'une dureté extrême[1].
L'explication de ce fait général doit être cherchée,
croyons-nous, dans une tendance des organismes mous
à se défendre les uns contre les autres en se rendant,
autant que possible, indévorables. Chaque espèce, dans
l'acte par lequel elle se constitue, va à ce qui lui est le
plus commode. De même que, parmi les organismes
primitifs, certains s'étaient orientés vers l'animalité en
renonçant à fabriquer de l'organique avec de l'inorganique
et en empruntant les substances organiques toutes faites
aux organismes déjà aiguillés sur la vie végétale, ainsi,
parmi les espèces animales elles-mêmes, beaucoup s'arran-
gèrent pour vivre aux dépens des autres animaux. Un
organisme qui est animal, c'est-à-dire mobile, pourra en
effet profiter de sa mobilité pour aller chercher des animaux sans défense et s'en repaître, tout aussi bien que
des végétaux. Ainsi, plus les espèces se faisaient mobiles,
plus sans doute elles devenaient voraces et dangereuses
les unes pour les autres. De là dut résulter un brusque
arrêt du monde animal tout entier dans le progrès qui le
portait à une mobilité de plus en plus haute ; car la peau
dure et calcaire de l'Échinoderme, la coquille du Mollusque, la carapace du Crustacé et la cuirasse ganoïde des
anciens Poissons ont probablement eu pour origine commune un effort des espèces animales pour se protéger
contre les espèces ennemies. Mais cette cuirasse, derrière
laquelle l'animal se mettait à l'abri, le gênait dans ses
mouvements et parfois l'immobilisait. Si le végétal a renoncé
à la conscience en s'enveloppant d'une membrane de cellulose, l'animal qui s'est enfermé dans une citadelle ou dans
une armure se condamne à un demi-sommeil. C'est dans

1. Voir, sur ces différents points, l'ouvrage de Gaudry : *Essai de paléontologie philosophique*, Paris, 1896, p. 14-16 et 78-79.

cette torpeur que vivent, aujourd'hui encore, les Échinodermes et même les Mollusques. Arthropodes et Vertébrés en furent sans doute menacés également. Ils y échappèrent, et à cette heureuse circonstance tient l'épanouissement actuel des formes les plus hautes de la vie.

Dans deux directions, en effet, nous voyons la poussée de la vie au mouvement reprendre le dessus. Les Poissons échangent leur cuirasse ganoïde pour des écailles. Longtemps auparavant, les Insectes avaient paru, débarrassés, eux aussi, de la cuirasse qui avait protégé leurs ancêtres. A l'insuffisance de leur enveloppe protectrice ils suppléèrent, les uns et les autres, par une agilité qui leur permettait d'échapper à leurs ennemis et aussi de prendre l'offensive, de choisir le lieu et le moment de la rencontre. C'est un progrès du même genre que nous observons dans l'évolution de l'armement humain. Le premier mouvement est de se chercher un abri ; le second, qui est le meilleur, est de se rendre aussi souple que possible pour la fuite et surtout pour l'attaque, — attaquer étant encore le moyen le plus efficace de se défendre. Ainsi le lourd hoplite a été supplanté par le légionnaire, le chevalier bardé de fer a dû céder la place au fantassin libre de ses mouvements, et, d'une manière générale, dans l'évolution de l'ensemble de la vie, comme dans celle des sociétés humaines, comme dans celle des destinées individuelles, les plus grands succès ont été pour ceux qui ont accepté les plus gros risques.

L'intérêt bien entendu de l'animal était donc de se rendre plus mobile. Comme nous le disions à propos de l'adaptation en général, on pourra toujours expliquer par leur intérêt particulier la transformation des espèces. On donnera ainsi la cause immédiate de la variation. Mais on n'en donnera souvent ainsi que la cause la plus superficielle. La cause profonde est l'impulsion qui lança la vie dans le monde, qui la fit se scinder entre végétaux et animaux, qui aiguilla l'animalité sur la souplesse de la forme, et qui, à un certain moment, dans le règne animal menacé de s'assoupir, obtint, sur quelques points au moins, qu'on se réveillât et qu'on allât de l'avant.

Sur les deux voies, où évoluèrent séparément les Vertébrés et les Arthropodes, le développement (abstraction faite des reculs liés au parasitisme ou à toute autre cause) a consisté avant tout dans un progrès du système nerveux sensori-moteur. On cherche la mobilité, on cherche la souplesse, on cherche — à travers bien des tâtonnements, et non sans avoir donné d'abord dans une exagération de la masse et de la force brutale — la variété des mouvements. Mais cette recherche elle-même s'est faite dans des directions divergentes. Un coup d'œil jeté sur le système nerveux des Arthropodes et sur celui des Vertébrés nous avertit des différences. Chez les premiers, le corps est formé d'une série plus ou moins longue d'anneaux juxtaposés ; l'activité motrice se répartit alors entre un nombre variable, parfois considérable, d'appendices dont chacun a sa spécialité. Chez les autres, l'activité se concentre sur deux paires de membres seulement, et ces organes accomplissent des fonctions qui dépendent beaucoup moins étroitement de leur forme [1]. L'indépendance devient complète chez l'homme, dont la main peut exécuter n'importe quel travail.

Voilà du moins ce qu'on voit. Derrière ce qu'on voit il y a maintenant ce qu'on devine, deux puissances immanentes à la vie et d'abord confondues, qui ont dû se dissocier en grandissant.

—————

[1]. Voir, à ce sujet : Shaler, *The Individual*, New-York, 1900, p. 118-125.

Pour définir ces puissances, il faut considérer, dans l'évolution des Arthropodes et dans celle des Vertébrés, les espèces qui marquent, de part et d'autre, le point culminant. Comment déterminer ce point ? Ici encore on fera fausse route si l'on vise à la précision géométrique. Il n'existe pas de signe unique et simple auquel on puisse reconnaître qu'une espèce est plus avancée qu'une autre sur une même ligne d'évolution. Il y a des caractères multiples, qu'il faut comparer entre eux et peser dans chaque cas particulier, pour savoir jusqu'à quel point ils sont essentiels ou accidentels, et dans quelle mesure il convient d'en tenir compte.

Il n'est pas contestable, par exemple, que le succès soit le criterium le plus général de la supériorité, les deux termes étant, jusqu'à un certain point, synonymes l'un de l'autre. Par succès il faut entendre, quand il s'agit de l'être vivant, une aptitude à se développer dans les milieux les plus divers, à travers la plus grande variété possible d'obstacles, de manière à couvrir la plus vaste étendue possible de terre. Une espèce qui revendique pour domaine la terre entière est véritablement une espèce dominatrice et par conséquent supérieure. Telle est l'espèce humaine, qui représentera le point culminant de l'évolution des Vertébrés. Mais tels sont aussi, dans la série des Articulés, les Insectes et en particulier certains Hyménoptères. On a dit que les Fourmis étaient maîtresses du sous-sol de la terre, comme l'homme est maître du sol.

D'autre part, un groupe d'espèces apparu sur le tard peut être un groupe de dégénérés, mais il faut pour cela qu'une cause spéciale de régression soit intervenue. En droit, ce groupe serait supérieur au groupe dont il dérive, puisqu'il correspondrait à un stade plus avancé de l'évolution. Or, l'homme est probablement le dernier venu des

Vertébrés[1]. Et, dans la série des Insectes, il n'y a de postérieur à l'Hyménoptère que le Lépidoptère, c'est-à-dire, sans doute, une espèce de dégénéré, véritable parasite des plantes à fleurs.

Ainsi, par des chemins différents, nous sommes conduits à la même conclusion. L'évolution des Arthropodes aurait atteint son point culminant avec l'Insecte et en particulier avec les Hyménoptères, comme celle des Vertébrés avec l'homme. Maintenant, si l'on remarque que nulle part l'instinct n'est aussi développé que dans le monde des Insectes, et que dans aucun groupe d'Insectes il n'est aussi merveilleux que chez les Hyménoptères, on pourra dire que toute l'évolution du règne animal, abstraction faite des reculs vers la vie végétative, s'est accomplie sur deux voies divergentes dont l'une allait à l'instinct et l'autre à l'intelligence.

Torpeur végétative, instinct et intelligence, voilà donc enfin les éléments qui coïncidaient dans l'impulsion vitale commune aux plantes et aux animaux, et qui, au cours d'un développement où ils se manifestèrent dans les formes les plus imprévues, se dissocièrent par le seul fait de leur croissance. *L'erreur capitale, celle qui, se transmettant depuis Aristote, a vicié la plupart des philosophies de la nature, est de voir dans la vie végétative, dans la vie instinctive et dans la vie raisonnable trois degrés successifs d'une même tendance qui se développe, alors que ce sont trois directions divergentes d'une activité qui s'est scindée en*

---

1. Ce point est contesté par M. René Quinton, qui considère les Mammifères carnivores et ruminants, ainsi que certains Oiseaux, comme postérieurs à l'homme (R. Quinton, *L'eau de mer milieu organique*, Paris, 1904, p. 435). Soit dit en passant, nos conclusions générales, quoique très différentes de celles de M. Quinton, n'ont rien d'inconciliable avec elles ; car si l'évolution a bien été telle que nous nous la représentons, les Vertébrés ont dû faire effort pour se maintenir dans les conditions d'action les plus favorables, celles mêmes où la vie s'était placée d'abord.

grandissant. La différence entre elles n'est pas une différence d'intensité, ni plus généralement de degré, mais de nature.

Il importe d'approfondir ce point. De la vie végétale et de la vie animale nous avons vu comment elles se complètent et comment elles s'opposent. Il s'agit maintenant de montrer que l'intelligence et l'instinct, eux aussi, s'opposent et se complètent. Mais disons d'abord pourquoi l'on est tenté d'y voir des activités dont la première serait supérieure à la seconde et s'y superposerait, alors qu'en réalité ce ne sont pas choses de même ordre, ni qui se soient succédé l'une à l'autre, ni auxquelles on puisse assigner des rangs.

C'est qu'intelligence et instinct, ayant commencé par s'entrepénétrer, conservent quelque chose de leur origine commune. Ni l'un ni l'autre ne se rencontrent jamais à l'état pur. Nous disions que, dans la plante, peuvent se réveiller la conscience et la mobilité de l'animal qui se sont endormies chez elle, et que l'animal vit sous la menace constante d'un aiguillage sur la vie végétative. Les deux tendances de la plante et de l'animal se pénétraient si bien d'abord qu'il n'y a jamais eu rupture complète entre elles : l'une continue à hanter l'autre ; partout nous les trouvons mêlées ; c'est la proportion qui diffère. Ainsi pour l'intelligence et l'instinct. Il n'y a pas d'intelligence où l'on ne découvre des traces d'instinct, pas d'instinct surtout qui ne soit entouré d'une frange d'intelligence. C'est cette frange d'intelligence qui a été cause de tant de méprises. De ce que l'instinct est toujours plus ou moins intelligent, on a conclu qu'intelligence et instinct sont choses de même ordre, qu'il n'y a entre eux qu'une différence de complication ou de perfection, et surtout que l'un des deux est exprimable en termes de l'autre. En réalité, ils ne s'accompagnent que parce qu'ils se complètent, et ils ne se complètent que parce qu'ils sont différents, ce qu'il y a d'instinctif dans l'instinct étant de sens opposé à ce qu'il y a d'intelligent dans l'intelligence.

On ne s'étonnera pas si nous insistons sur ce point. Nous le tenons pour capital.

Disons d'abord que les distinctions que nous allons faire seront trop tranchées, précisément parce que nous voulons définir de l'instinct ce qu'il a d'instinctif et de l'intelligence ce qu'elle a d'intelligent, alors que tout instinct concret est mélangé d'intelligence, comme toute intelligence réelle est pénétrée d'instinct. De plus, ni l'intelligence ni l'instinct ne se prêtent à des définitions rigides ; ce sont des tendances et non pas des choses faites. Enfin il ne faudra pas oublier que, dans le présent chapitre, nous considérons l'intelligence et l'instinct au sortir de la vie qui les dépose le long de son parcours. Or, la vie manifestée par un organisme est, à nos yeux, un certain effort pour obtenir certaines choses de la matière brute. On ne s'étonnera donc pas si c'est la diversité de cet effort qui nous frappe dans l'instinct et dans l'intelligence, et si nous voyons dans ces deux formes de l'activité psychique, avant tout, deux méthodes différentes d'action sur la matière inerte. Cette manière un peu étroite de les envisager aura l'avantage de nous fournir un moyen objectif de les distinguer. En revanche, elle ne nous donnera de l'intelligence en général, et de l'instinct en général, que la position moyenne au-dessus et au-dessous de laquelle ils oscillent constamment tous deux. C'est pourquoi l'on ne devra voir dans ce qui va suivre qu'un dessin schématique, où les contours respectifs de l'intelligence et de l'instinct seront plus accusés qu'il ne le faut, et où nous aurons négligé l'estompage qui vient, tout à la fois, de l'indécision de chacun d'eux et de leur empiétement réciproque l'un sur l'autre. En un sujet aussi obscur, on ne saurait faire un trop grand effort vers la lumière. Il sera toujours aisé de rendre ensuite les formes plus floues, de corriger ce que le dessin aurait de trop géométrique, enfin de substituer à la raideur d'un schéma la souplesse de la vie.

A quelle date faisons-nous remonter l'apparition de l'homme sur la terre? Au temps où se fabriquèrent les premières armes, les premiers outils. On n'a pas oublié la querelle mémorable qui s'éleva autour de la découverte de Boucher de Perthes dans la carrière de Moulin-Quignon. La question était de savoir si l'on avait affaire à des haches véritables ou à des fragments de silex brisés accidentellement. Mais que, si c'étaient des hachettes, on fût bien en présence d'une intelligence, et plus particulièrement de l'intelligence humaine, personne un seul instant n'en douta. Ouvrons, d'autre part, un recueil d'anecdotes sur l'intelligence des animaux. Nous verrons qu'à côté de beaucoup d'actes explicables par l'imitation, ou par l'association automatique des images, il en est que nous n'hésitons pas à déclarer intelligents ; en première ligne figurent ceux qui témoignent d'une pensée de *fabrication*, soit que l'animal arrive à façonner lui-même un instrument grossier, soit qu'il utilise à son profit un objet fabriqué par l'homme. Les animaux qu'on classe tout de suite après l'homme au point de vue de l'intelligence, les Singes et les Eléphants, sont ceux qui savent employer, à l'occasion, un instrument artificiel. Au-dessous d'eux, mais non pas très loin d'eux, on mettra ceux qui *reconnaissent* un objet fabriqué : par exemple le Renard, qui sait fort bien qu'un piège est un piège. Sans doute, il y a intelligence partout où il y a inférence; mais l'inférence, qui consiste en un infléchissement de l'expérience passée dans le sens de l'expérience présente, est déjà un commencement d'invention. L'invention devient complète quand elle se matérialise en un instrument fabriqué. C'est là que tend l'intelligence des animaux, comme à un idéal. Et si, d'ordinaire, elle n'arrive pas encore à façonner des objets artificiels et à s'en servir, elle s'y prépare par les variations mêmes qu'elle exécute sur les instincts fournis par la nature. En ce qui concerne l'intelligence humaine, on n'a pas assez remarqué que l'invention mécanique a d'abord été sa démarche essentielle, qu'aujourd'hui encore notre vie sociale gravite autour de la fabrication et de l'utilisation d'instruments artificiels, que les inventions qui jalonnent la route du progrès en ont aussi tracé la direction. Nous avons de la peine à nous en apercevoir, parce que les modifications de l'humanité retardent d'ordinaire sur les transformations de son outillage. Nos habitudes individuelles et même sociales survivent assez longtemps aux circonstances pour lesquelles elles étaient faites, de sorte que les effets profonds d'une invention se font remarquer lorsque nous en avons déjà perdu de vue la nouveauté. Un siècle a passé depuis l'invention de la machine à vapeur, et nous commençons seulement à ressentir la secousse profonde qu'elle nous a donnée. La révolution qu'elle a opérée dans l'industrie n'en a pas moins bouleversé les relations entre les hommes. Des idées nouvelles se lèvent. Des sentiments nouveaux sont en voie d'éclore. Dans des milliers d'années, quand le recul du passé n'en laissera plus apercevoir que les grandes lignes, nos guerres et nos révolutions compteront pour peu de chose, à supposer qu'on s'en souvienne encore ; mais de la machine à vapeur, avec les inventions de tout genre qui lui font cortège, on parlera peut-être comme nous parlons du bronze ou de la pierre taillée ; elle servira à définir un âge[1]. Si nous pouvions nous dépouiller de tout orgueil, si, pour définir notre espèce, nous nous en tenions strictement à ce que l'histoire et la préhistoire nous présentent comme la caractéristique constante de l'homme et de l'intelligence, nous ne dirions peut-être pas *Homo sapiens*, mais *Homo faber*. En définitive, *l'intelligence, envisagée dans ce qui en paraît être la démarche originelle, est la faculté de fabriquer des objets artificiels, en particulier des outils à faire des outils, et d'en varier indéfiniment la fabrication.*

Maintenant, un animal inintelligent possède-t-il aussi des outils ou des machines ? Oui, certes, mais ici l'instrument fait partie du corps qui l'utilise. Et, correspondant à cet instrument, il y a un *instinct* qui sait s'en servir. Sans doute il s'en faut que tous les instincts consistent dans une faculté naturelle d'utiliser un mécanisme inné. Une telle définition ne s'appliquerait pas aux instincts que Romanes a appelés « secondaires », et plus d'un instinct « primaire » y échapperait. Mais cette définition de l'instinct, comme celle que nous donnons provisoirement de l'intelligence, détermine tout au moins la limite idéale vers laquelle s'acheminent les formes très nombreuses de l'objet défini. On a bien souvent fait remarquer que la plupart des instincts sont le prolongement, ou mieux l'achèvement, du travail d'organisation lui-même. Où commence l'activité de l'instinct ?

1. M. Paul Lacombe a fait ressortir l'influence capitale que les grandes inventions ont exercée sur l'évolution de l'humanité (P. Lacombe, *De l'histoire considérée comme science*, Paris, 1894. Voir, en particulier, les p. 168-247).

où finit celle de la nature? On ne saurait le dire. Dans les métamorphoses de la larve en nymphe et en insecte parfait, métamorphoses qui exigent souvent, de la part de la larve, des démarches appropriées et une espèce d'initiative, il n'y a pas de ligne de démarcation tranchée entre l'instinct de l'animal et le travail organisateur de la matière vivante. On pourra dire, à volonté, que l'instinct organise les instruments dont il va se servir, ou que l'organisation se prolonge dans l'instinct qui doit utiliser l'organe. Les plus merveilleux instincts de l'Insecte ne font que développer en mouvements sa structure spéciale, à tel point que, là où la vie sociale divise le travail entre les individus et leur impose ainsi des instincts différents, on observe une différence correspondante de structure : on connaît le polymorphisme des Fourmis, des Abeilles, des Guêpes et de certains Pseudonévroptères. Ainsi, à ne considérer que les cas limites où l'on assiste au triomphe complet de l'intelligence et de l'instinct, on trouve entre eux une différence essentielle : *l'instinct achevé est une faculté d'utiliser et même de construire des instruments organisés; l'intelligence achevée est la faculté de fabriquer et d'employer des instruments inorganisés.*

Les avantages et les inconvénients de ces deux modes d'activité sautent aux yeux. L'instinct trouve à sa portée l'instrument approprié : cet instrument, qui se fabrique et se répare lui-même, qui présente, comme toutes les œuvres de la nature, une complexité de détail infinie et une simplicité de fonctionnement merveilleuse, fait tout de suite, au moment voulu, sans difficulté, avec une perfection souvent admirable, ce qu'il est appelé à faire. En revanche, il conserve une structure à peu près invariable, puisque sa modification ne va pas sans une modification de l'espèce. L'instinct est donc nécessairement spécialisé, n'étant que l'utilisation, pour un objet déterminé, d'un instrument déterminé. Au contraire, l'instrument fabriqué intelligemment est un instrument imparfait. Il ne s'obtient qu'au prix d'un effort. Il est presque toujours d'un maniement pénible. Mais, comme il est fait d'une matière inorganisée, il peut prendre une forme quelconque, servir à n'importe quel usage, tirer l'être vivant de toute difficulté nouvelle qui surgit et lui conférer un nombre illimité de pouvoirs. Inférieur à l'instrument naturel pour la satisfaction des besoins immédiats, il a d'autant plus d'avantage sur celui-ci que le besoin est moins pressant. Surtout, il réagit sur la nature de l'être qui l'a fabriqué, car, en l'appelant à exercer une nouvelle fonction, il lui confère, pour ainsi dire, une organisation plus riche, étant un organe artificiel qui prolonge l'organisme naturel. Pour chaque besoin qu'il satisfait, il crée un besoin nouveau, et ainsi, au lieu de fermer, comme l'instinct, le cercle d'action où l'animal va se mouvoir automatiquement, il ouvre à cette activité un champ indéfini où il la pousse de plus en plus loin et la fait de plus en plus libre. Mais cet avantage de l'intelligence sur l'instinct n'apparaît que tard, et lorsque l'intelligence, ayant porté la fabrication à son degré supérieur de puissance, fabrique déjà des machines à fabriquer. Au début, les avantages et les inconvénients de l'instrument fabriqué et de l'instrument naturel se balancent si bien qu'il est difficile de dire lequel des deux assurera à l'être vivant un plus grand empire sur la nature.

On peut conjecturer qu'ils commencèrent par être impliqués l'un dans l'autre, que l'activité psychique originelle participa des deux à la fois, et que, si l'on remontait assez haut dans le passé, on trouverait des instincts plus rapprochés de l'intelligence que ceux de nos Insectes, une

intelligence plus voisine de l'instinct que celle de nos Vertébrés : intelligence et instinct élémentaires d'ailleurs,
prisonniers d'une matière qu'ils n'arrivent pas à dominer.
Si la force immanente à la vie était une force illimitée,
elle eût peut-être développé indéfiniment dans les mêmes
organismes l'instinct et l'intelligence. Mais tout paraît
indiquer que cette force est finie, et qu'elle s'épuise
assez vite en se manifestant. Il lui est difficile d'aller
loin dans plusieurs directions à la fois. Il faut qu'elle
choisisse. Or, elle a le choix entre deux manières d'agir
sur la matière brute. Elle peut fournir cette action *immédiatement* en se créant un instrument *organisé* avec lequel
elle travaillera ; ou bien elle peut la donner *médiatement*
dans un organisme qui, au lieu de posséder naturellement
l'instrument requis, le fabriquera lui-même en façonnant
la matière inorganique. De là l'intelligence et l'instinct, qui
divergent de plus en plus en se développant, mais qui
ne se séparent jamais tout à fait l'un de l'autre. D'un
côté, en effet, l'instinct le plus parfait de l'Insecte s'accompagne de quelques lueurs d'intelligence, ne fût-ce que
dans le choix du lieu, du moment et des matériaux de la
construction : quand, par extraordinaire, des Abeilles nidi-
fient à l'air libre, elles inventent des dispositifs nouveaux
et véritablement intelligents pour s'adapter à ces conditions nouvelles[1]. Mais, d'autre part, l'intelligence a encore
plus besoin de l'instinct que l'instinct de l'intelligence,
car façonner la matière brute suppose déjà chez l'animal
un degré supérieur d'organisation, où il n'a pu s'élever
que sur les ailes de l'instinct. Aussi, tandis que la nature
a évolué franchement vers l'instinct chez les Arthropodes,
nous assistons, chez presque tous les Vertébrés, à la recher-

---

1. Bouvier, *La nidification des Abeilles à l'air libre* (*C. R. de l'Acad. des
sciences*, 7 mai 1906).

che plutôt qu'à l'épanouissement de l'intelligence. C'est encore l'instinct qui forme le substrat de leur activité psychique, mais l'intelligence est là, qui aspire à le supplanter. Elle n'arrive pas à inventer des instruments : du moins s'y essaie-t-elle en exécutant le plus de variations possible sur l'instinct, dont elle voudrait se passer. Elle ne prend tout à fait possession d'elle-même que chez l'homme, et ce triomphe s'affirme par l'insuffisance même des moyens naturels dont l'homme dispose pour se défendre contre ses ennemis, contre le froid et la faim. Cette insuffisance, quand on cherche à en déchiffrer le sens, acquiert la valeur d'un document préhistorique : c'est le congé définitif que l'instinct reçoit de l'intelligence. Il n'en est pas moins vrai que la nature a dû hésiter entre deux modes d'activité psychique, l'un assuré du succès immédiat, mais limité dans ses effets, l'autre aléatoire, mais dont les conquêtes, s'il arrivait à l'indépendance, pouvaient s'étendre indéfiniment. Le plus grand succès fut d'ailleurs remporté, ici encore, du côté où était le plus gros risque. *Instinct et intelligence représentent donc deux solutions divergentes, également élégantes, d'un seul et même problème.*

De là, il est vrai, des différences profondes de structure interne entre l'instinct et l'intelligence. Nous n'insisterons que sur celles qui intéressent notre présente étude. Disons donc que l'intelligence et l'instinct impliquent deux espèces de connaissance radicalement différentes. Mais quelques éclaircissements sont d'abord nécessaires au sujet de la conscience en général.

On s'est demandé jusqu'à quel point l'instinct est conscient. Nous répondrons qu'il y a ici une multitude de différences et de degrés, que l'instinct est plus ou moins conscient dans certains cas, inconscient dans d'autres. La plante, comme nous le verrons, a des instincts : il est dou-

teux que ces instincts s'accompagnent chez elle de sentiment. Même chez l'animal, on ne trouve guère d'instinct
complexe qui ne soit inconscient dans une partie au moins
de ses démarches. Mais il faut signaler ici une différence,
trop peu remarquée, entre deux espèces d'inconscience,
celle qui consiste en une conscience *nulle* et celle qui pro-
vient d'une conscience *annulée*. Conscience nulle et conscience annulée sont toutes deux égales à zéro ; mais le
premier zéro exprime qu'il n'y a rien, le second qu'on a
affaire à deux quantités égales et de sens contraire qui se
compensent et se neutralisent. L'inconscience d'une pierre
qui tombe est une conscience nulle : la pierre n'a aucun
sentiment de sa chute. En est-il de même de l'inconscience de l'instinct, dans les cas extrêmes où l'instinct
est inconscient? Quand nous accomplissons machinalement une action habituelle, quand le somnambule joue
automatiquement son rêve, l'inconscience peut être absolue ; mais elle tient, cette fois, à ce que la représentation de
l'acte est tenue en échec par l'exécution de l'acte lui-même,
lequel est si parfaitement semblable à la représentation et
s'y insère si exactement qu'aucune conscience ne peut plus
déborder. *La représentation est bouchée par l'action.* La
preuve en est que, si l'accomplissement de l'acte est arrêté
ou entravé par un obstacle, la conscience peut surgir.
Elle était donc là, mais neutralisée par l'action qui remplis-
sait la représentation. L'obstacle n'a rien créé de positif ;
il a simplement fait un vide, il a pratiqué un débouchage.
Cette inadéquation de l'acte à la représentation est précisément ici ce que nous appelons conscience.

En approfondissant ce point, on trouverait que la conscience est la lumière immanente à la zone d'actions possibles ou d'activité virtuelle qui entoure l'action effectivement accomplie par l'être vivant. Elle signifie hésitation ou

choix. Là où beaucoup d'actions également possibles se dessinent sans aucune action réelle (comme dans une délibération qui n'aboutit pas), la conscience est intense. Là où l'action réelle est la seule action possible (comme dans l'activité du genre somnambulique ou plus généralement automatique), la conscience devient nulle. Représentation et connaissance n'en existent pas moins dans ce dernier cas, s'il est avéré qu'on y trouve un ensemble de mouvements systématisés dont le dernier est déjà préformé dans le premier, et que la conscience pourra d'ailleurs en jaillir au choc d'un obstacle. De ce point de vue, *on définirait la conscience de l'être vivant une différence arithmétique entre l'activité virtuelle et l'activité réelle. Elle mesure l'écart entre la représentation et l'action.*

On peut dès lors présumer que l'intelligence sera plutôt orientée vers la conscience, l'instinct vers l'inconscience. Car, là où l'instrument à manier est organisé par la nature, le point d'application fourni par la nature, le résultat à obtenir voulu par la nature, une faible part est laissée au choix : la conscience inhérente à la représentation sera donc contre-balancée, au fur et à mesure qu'elle tendrait à se dégager, par l'accomplissement de l'acte, identique à la représentation, qui lui fait contrepoids. Là où elle apparaît, elle éclaire moins l'instinct lui-même que les contrariétés auxquelles l'instinct est sujet : c'est le *déficit* de l'instinct, la distance de l'acte à l'idée, qui deviendra conscience ; et la conscience ne sera alors qu'un accident. Elle ne souligne essentiellement que la démarche initiale de l'instinct, celle qui déclanche toute la série des mouvements automatiques. Au contraire, le déficit est l'état normal de l'intelligence. Subir des contrariétés est son essence même. Ayant pour fonction primitive de fabriquer des instruments inorganisés, elle doit, à travers mille difficultés, choisir pour ce travail le lieu et le moment, la forme et la matière. Et elle ne peut se satisfaire entièrement, parce que toute satisfaction nouvelle crée de nouveaux besoins. Bref, si l'instinct et l'intelligence enveloppent, l'un et l'autre, des connaissances, la connaissance est plutôt *jouée* et inconsciente dans le cas de l'instinct, plutôt *pensée* et consciente dans le cas de l'intelligence. Mais c'est là une différence de degré plutôt que de nature. Tant qu'on ne s'attache qu'à la conscience, on ferme les yeux sur ce qui est, au point de vue psychologique, la différence capitale entre l'intelligence et l'instinct.

Pour arriver à la différence essentielle, il faut, sans s'arrêter à la lumière plus ou moins vive qui éclaire ces deux formes de l'activité intérieure, aller tout droit aux deux objets, profondément distincts l'un de l'autre, qui en sont les points d'application.

Quand l'Œstre du Cheval dépose ses œufs sur les jambes ou sur les épaules de l'animal, il agit comme s'il savait que sa larve doit se développer dans l'estomac du cheval, et que le cheval, en se léchant, transportera la larve naissante dans son tube digestif. Quand un Hyménoptère paralyseur va frapper sa victime aux points précis où se trouvent des centres nerveux, de manière à l'immobiliser sans la tuer, il procède comme ferait un savant entomologiste, doublé d'un chirurgien habile. Mais que ne devrait pas savoir le petit Scarabée dont on a si souvent raconté l'histoire, le Sitaris? Ce Coléoptère dépose ses œufs à l'entrée des galeries souterraines que creuse une espèce d'Abeille, l'Anthophore. La larve du Sitaris, après une longue attente, guette l'Anthophore mâle au sortir de la galerie, se cramponne à elle, y reste attachée jusqu'au « vol nuptial »; là, elle saisit l'occasion de passer du mâle à la femelle, et attend tranquillement que celle-ci ponde ses œufs. Elle saute alors sur l'œuf, qui va lui servir de support dans le miel, dévore l'œuf en quelques jours, et, installée sur la coquille, subit sa première métamorphose. Organisée maintenant pour flotter sur le miel, elle consomme cette provision de nourriture et devient nymphe, puis insecte parfait. Tout se passe *comme si* la larve du Sitaris, dès son éclosion, savait que l'Anthophore mâle sortira de la galerie d'abord, que le vol nuptial lui fournira le moyen de se transporter sur la femelle, que celle-ci la conduira dans un magasin de miel capable de l'alimenter quand elle se sera transformée, que, jusqu'à cette transformation, elle aura dévoré peu à peu l'œuf de l'Anthophore, de manière à se nourrir, à se soutenir à la surface du miel, et aussi à supprimer le rival qui serait sorti de l'œuf. Et tout se passe également *comme si* le Sitaris lui-même savait que sa larve saura toutes ces choses. La connaissance, si connaissance il y a, n'est qu'implicite. Elle s'extériorise en démarches précises au lieu de s'intérioriser en conscience. Il n'en est pas moins vrai que la conduite de l'Insecte dessine la représentation de choses déterminées, existant ou se produisant en des points précis de l'espace et du temps, que l'Insecte connaît sans les avoir apprises.

Maintenant, si nous envisageons du même point de vue l'intelligence, nous trouvons qu'elle aussi connaît certaines choses sans les avoir apprises. Mais ce sont des connaissances d'un ordre bien différent. Nous ne voudrions pas ranimer ici la vieille querelle des philosophes au sujet de l'innéité. Bornons-nous donc à enregistrer le point sur lequel tout le monde est d'accord, à savoir que le petit enfant comprend immédiatement des choses que l'animal ne comprendra jamais, et qu'en ce sens l'intelligence, comme l'instinct, est une fonction héréditaire, partant innée. Mais cette intelligence innée, quoiqu'elle soit une faculté de connaître, ne connaît aucun objet en particulier. Quand le nouveau-né cherche pour la première fois le sein de sa nourrice, témoignant ainsi qu'il a la connaissance (inconsciente, sans doute) d'une chose qu'il n'a jamais vue, on dira, précisément parce que la connaissance innée est ici celle d'un objet déterminé, que c'est de l'instinct et non pas de l'intelligence. L'intelligence n'apporte donc la connaissance innée d'aucun objet. Et pourtant, si elle ne connaissait rien naturellement, elle n'aurait rien d'inné. Que peut-elle donc connaître, elle qui ignore toutes choses ? — A côté des *choses*, il y a les *rapports*. L'enfant qui vient de naître ne connaît ni des objets déterminés ni une propriété déterminée d'aucun objet ; mais, le jour où l'on appliquera devant lui une propriété à un objet, une épithète à un substantif, il comprendra tout de suite ce que cela veut dire. La relation de l'attribut au sujet est donc saisie par lui naturellement. Et l'on en dirait autant de la relation générale que le verbe exprime, relation si immédiatement conçue par l'esprit que le langage peut la sous-entendre, comme il arrive dans les langues rudimentaires qui n'ont pas de verbe. L'intelligence fait donc naturellement usage des rapports d'équivalent à équivalent, de contenu à contenant, de cause à effet, etc., qu'implique toute phrase où il y a un sujet, un attribut, un verbe, exprimé ou sous-entendu. Peut-on dire qu'elle ait la connaissance *innée* de chacun de ces rapports en particulier ? C'est affaire aux logiciens de chercher si ce sont là autant de relations irréductibles, ou si l'on ne pourrait pas les résoudre en relations plus générales encore. Mais, de quelque manière qu'on effectue l'analyse de la pensée, on aboutira toujours à un ou à plusieurs cadres généraux, dont l'esprit possède la connaissance innée puisqu'il en fait un emploi naturel. Disons donc que *si l'on envisage dans l'instinct et dans l'intelligence ce qu'ils renferment de connaissance innée, on trouve que cette connaissance innée porte dans le premier cas sur des choses et dans le second sur des rapports.*

Les philosophes distinguent entre la matière de notre connaissance et sa forme. La matière est ce qui est donné par les facultés de perception, prises à l'état brut. La forme est l'ensemble des rapports qui s'établissent entre ces matériaux pour constituer une connaissance systématique. La forme, sans matière, peut-elle être déjà l'objet d'une connaissance ? Oui, sans doute, à condition que cette connaissance ressemble moins à une chose possédée qu'à une habitude contractée, moins à un état qu'à une direction ; ce sera, si l'on veut, un certain pli naturel de l'attention. L'écolier, qui sait qu'on va lui dicter une fraction, tire une barre, avant de savoir ce que seront le numérateur et le dénominateur ; il a donc présente à l'esprit la relation générale entre les deux termes, quoiqu'il ne connaisse aucun d'eux ; il connaît la forme sans la matière. Ainsi pour les cadres, antérieurs à toute expérience, où notre expérience vient s'insérer. Adoptons donc ici les mots consacrés par l'usage. Nous donnerons de la distinction entre l'intelligence et l'instinct cette formule plus précise : *l'intelligence, dans ce qu'elle a d'inné, est la connaissance d'une forme, l'instinct implique celle d'une matière.*

De ce second point de vue, qui est celui de la connaissance et non plus de l'action, la force immanente à la vie en général nous apparaît encore comme un principe limité, en lequel coexistent et se pénètrent réciproquement, au début, deux manières différentes, et même divergentes, de connaître. La première atteint immédiatement, dans leur matérialité même, des objets déterminés. Elle dit : « voici ce qui est ». La seconde n'atteint aucun objet en particulier ; elle n'est qu'une puissance naturelle de rapporter un objet à un objet, ou une partie à une partie, ou un aspect à un aspect, enfin de tirer des conclusions quand on possède des prémisses et d'aller de ce qu'on a appris à ce qu'on ignore. Elle ne dit plus « ceci est » ; elle dit seulement que *si* les conditions sont telles, tel sera le conditionné. Bref, la première connaissance, de nature instinctive, se formulerait dans ce que les philosophes appellent des propositions *catégoriques*, tandis que la seconde, de nature intellectuelle, s'exprime toujours *hypothétiquement*. De ces deux facultés, la première semble d'abord bien préférable à l'autre. Et elle le serait en effet, si elle s'étendait à un nombre indéfini d'objets. Mais, en fait, elle ne s'applique jamais qu'à un objet spécial, et même à une partie restreinte de cet objet. Du moins en a-t-elle la connaissance intérieure et pleine, non pas explicite, mais impliquée dans l'action accomplie. La seconde, au contraire, ne possède naturellement qu'une connaissance extérieure et vide ; mais, par là même, elle a l'avantage d'apporter un cadre où une infinité d'objets pourront trouver place tour à tour. Tout se passe comme si la force qui évolue à travers les formes vivantes, étant une force limitée, avait le choix, dans le domaine de la connaissance naturelle ou innée, entre deux espèces de limitation, l'une portant sur l'*extension* de la connaissance, l'autre sur sa *compréhension*. Dans le premier cas, la connaissance pourra être étoffée et pleine, mais elle se restreindra alors à un objet déterminé ; dans le second, elle ne limite plus son objet, mais c'est parce qu'elle ne contient plus rien, n'étant qu'une forme sans matière. Les deux tendances, d'abord impliquées l'une dans l'autre, ont dû se séparer pour grandir. Elles sont allées, chacune de son côté, chercher fortune dans le monde. Elles ont abouti à l'instinct et à l'intelligence.

Tels sont donc les deux modes divergents de connaissance par lesquels l'intelligence et l'instinct devront se définir, si c'est au point de vue de la connaissance qu'on se place, et non plus de l'action. Mais connaissance et action ne sont ici que deux aspects d'une seule et même faculté. Il est aisé de voir, en effet, que la seconde définition n'est qu'une nouvelle forme de la première.

Si l'instinct est, par excellence, la faculté d'utiliser un instrument naturel organisé, il doit envelopper la connaissance innée (virtuelle ou inconsciente, il est vrai) et de cet instrument et de l'objet auquel il s'applique. L'instinct est donc la connaissance innée d'une *chose*. Mais l'intelligence est la faculté de fabriquer des instruments inorganisés, c'est-à-dire artificiels. Si, par elle, la nature renonce à doter l'être vivant de l'instrument qui lui servira, c'est pour que l'être vivant puisse, selon les circonstances, varier sa fabrication. La fonction essentielle de l'intelligence sera donc de démêler, dans des circonstances quelconques, le moyen de se tirer d'affaire. Elle cherchera ce qui peut le mieux servir, c'est-à-dire s'insérer dans le cadre proposé. Elle portera essentiellement sur les relations entre la situation donnée et les moyens de l'utiliser. Ce qu'elle aura donc d'inné, c'est la tendance à établir des rapports, et cette tendance implique la connaissance naturelle de certaines relations très générales, véritable étoffe que l'activité propre à chaque intelligence taillera en relations plus particulières. Là où l'activité est orientée vers la fabrication, la connaissance porte donc nécessairement sur des rapports. Mais cette connaissance toute *formelle* de l'intelligence a sur la connaissance *matérielle* de l'instinct un incalculable avantage. Une forme, justement parce qu'elle est vide, peut être remplie tour à tour, à volonté, par un nombre indéfini de choses, même par celles qui ne servent à rien. De sorte qu'une connaissance formelle ne se limite pas à ce qui est pratiquement utile, encore que ce soit en vue de l'utilité pratique qu'elle a fait son apparition dans le monde. Un être intelligent porte en lui de quoi se dépasser lui-même.

Il se dépassera cependant moins qu'il ne le voudrait, moins aussi qu'il ne s'imagine le faire. Le caractère purement formel de l'intelligence la prive du lest dont elle aurait besoin pour se poser sur les objets qui seraient du plus puissant intérêt pour la spéculation. L'instinct, au contraire, aurait la matérialité voulue, mais il est incapable d'aller chercher son objet aussi loin : il ne spécule pas. Nous touchons au point qui intéresse le plus notre présente recherche. La différence que nous allons signaler entre l'instinct et l'intelligence est celle que toute notre analyse tendait à dégager. Nous la formulerions ainsi : *Il y a des choses que l'intelligence seule est capable de chercher, mais que, par elle-même, elle ne trouvera jamais. Ces choses, l'instinct seul les trouverait ; mais il ne les cherchera jamais.*

Il est nécessaire d'entrer ici dans quelques détails provisoires sur le mécanisme de l'intelligence. Nous avons dit que l'intelligence avait pour fonction d'établir des rapports. Déterminons plus précisément la nature des relations que l'intelligence établit. Sur ce point, on reste encore dans le vague ou dans l'arbitraire tant qu'on voit dans l'intelligence une faculté destinée à la spéculation pure. On est réduit alors à prendre les cadres généraux de

l'entendement pour je ne sais quoi d'absolu, d'irréductible et d'inexplicable. L'entendement serait tombé du ciel
avec sa forme, comme nous naissons chacun avec notre
visage. On définit cette forme, sans doute, mais c'est tout
ce qu'on peut faire, et il n'y a pas à chercher pourquoi
elle est ce qu'elle est plutôt que tout autre chose. Ainsi,
l'on enseignera que l'intelligence est essentiellement unification, que toutes ses opérations ont pour objet commun
d'introduire une certaine unité dans la diversité des phénomènes, etc. Mais, d'abord, « unification » est un terme
vague, moins clair que celui de « relation » ou même que
celui de « pensée », et qui n'en dit pas davantage. De plus,
on pourrait se demander si l'intelligence n'aurait pas pour
fonction de diviser, plus encore que d'unir. Enfin, si l'intelligence procède comme elle fait parce qu'elle veut
unir, et si elle cherche l'unification simplement parce
qu'elle en a besoin, notre connaissance devient relative à
certaines exigences de l'esprit qui auraient pu, sans doute,
être tout autres qu'elles ne sont. Pour une intelligence
autrement conformée, autre eût été la connaissance. L'intelligence n'étant plus suspendue à rien, tout se suspend
alors à elle. Et ainsi, pour avoir placé l'entendement trop
haut, on aboutit à mettre trop bas la connaissance qu'il
nous donne. Cette connaissance devient relative, du
moment que l'intelligence est une espèce d'absolu. Au
contraire, nous tenons l'intelligence humaine pour relative
aux nécessités de l'action. Posez l'action, la forme même
de l'intelligence s'en déduit. Cette forme n'est donc ni
irréductible ni inexplicable. Et, précisément parce qu'elle
n'est pas indépendante, on ne peut plus dire que la
connaissance dépende d'elle. La connaissance cesse d'être
un produit de l'intelligence pour devenir, en un certain
sens, partie intégrante de la réalité.

Les philosophes répondront que l'action s'accomplit dans un monde *ordonné*, que cet ordre est déjà de la pensée, et que nous commettons une pétition de principe en expliquant l'intelligence par l'action, qui la présuppose. En quoi ils auraient raison, si le point de vue où nous nous plaçons dans le présent chapitre devait être notre point de vue définitif. Nous serions alors dupes d'une illusion comme celle de Spencer, qui a cru que l'intelligence était suffisamment expliquée quand on la ramenait à l'empreinte laissée en nous par les caractères généraux de la matière : comme si l'ordre inhérent à la matière n'était pas l'intelligence même ! Mais nous réservons pour le prochain chapitre la question de savoir jusqu'à quel point, et avec quelle méthode, la philosophie pourrait tenter une genèse véritable de l'intelligence en même temps que de la matière. Pour le moment, le problème qui nous préoccupe est d'ordre psychologique. Nous nous demandons quelle est la portion du monde matériel à laquelle notre intelligence est spécialement adaptée. Or, pour répondre à cette question, point n'est besoin d'opter pour un système de philosophie. Il suffit de se placer au point de vue du sens commun.

Partons donc de l'action, et posons en principe que l'intelligence vise d'abord à fabriquer. La fabrication s'exerce exclusivement sur la matière brute, en ce sens que, même si elle emploie des matériaux organisés, elle les traite en objets inertes, sans se préoccuper de la vie qui les a informés. De la matière brute elle-même elle ne retient guère que le solide : le reste se dérobe par sa fluidité même. Si donc l'intelligence tend à fabriquer, on peut prévoir que ce qu'il y a de fluide dans le réel lui échappera en partie, et que ce qu'il y a de proprement vital dans le vivant lui échappera tout à fait. *Notre intelligence, telle qu'elle sort des mains de la nature, a pour objet principal le solide inorganisé.*

Si l'on passait en revue les facultés intellectuelles, on verrait que l'intelligence ne se sent à son aise, qu'elle n'est tout à fait chez elle, que lorsqu'elle opère sur la matière brute, en particulier sur des solides. Quelle est la propriété la plus générale de la matière brute ? Elle est étendue, elle nous présente des objets extérieurs à d'autres objets et, dans ces objets, des parties extérieures à des parties. Sans doute il nous est utile, en vue de nos manipulations ultérieures, de considérer chaque objet comme divisible en parties arbitrairement découpées, chaque partie étant divisible encore à notre fantaisie, et ainsi de suite à l'infini. Mais il nous est avant tout nécessaire, pour la manipulation présente, de tenir l'objet réel auquel nous avons affaire, ou les éléments réels en lesquels nous l'avons résolu, pour *provisoirement définitifs* et de les traiter comme autant d'*unités*. A la possibilité de décomposer la matière autant qu'il nous plaît, et comme il nous plaît, nous faisons allusion quand nous parlons de la *continuité* de l'étendue matérielle ; mais cette continuité, comme on le voit, se réduit pour nous à la faculté que la matière nous laisse de choisir le mode de discontinuité que nous lui trouverons : c'est toujours, en somme, le mode de discontinuité une fois choisi qui nous apparaît comme effectivement réel et qui fixe notre attention, parce que c'est sur lui que se règle notre action présente. Ainsi la discontinuité est pensée pour elle-même, elle est pensable en elle-même, nous nous la représentons par un acte positif de notre esprit, tandis que la représentation intellectuelle de la continuité est plutôt négative, n'étant, au fond, que le refus de notre esprit, devant n'importe quel système de décomposition actuellement donné, de le tenir pour seul possible. *L'intelligence ne se représente claire-ment que le discontinu.*

D'autre part, les objets sur lesquels notre action s'exerce sont, sans aucun doute, des objets mobiles. Mais ce qui nous importe, c'est de savoir *où* le mobile va, *où* il est à un moment quelconque de son trajet. En d'autres termes, nous nous attachons avant tout à ses positions actuelles ou futures, et non pas au *progrès* par lequel il passe d'une position à une autre, progrès qui est le mouvement même. Dans les actions que nous accomplissons, et qui sont des mouvements systématisés, c'est sur le but ou la signification du mouvement, sur son dessin d'ensemble, en un mot sur le plan d'exécution immobile que nous fixons notre esprit. Ce qu'il y a de mouvant dans l'action ne nous intéresse que dans la mesure où le tout en pourrait être avancé, retardé ou empêché par tel ou tel incident survenu en route. De la mobilité même notre intelligence se détourne, parce qu'elle n'a aucun intérêt à s'en occuper. Si elle était destinée à la théorie pure, c'est dans le mouvement qu'elle s'installerait, car le mouvement est sans doute la réalité même, et l'immobilité n'est jamais qu'apparente ou relative. Mais l'intelligence est destinée à tout autre chose. A moins de se faire violence à elle-même, elle suit la marche inverse : c'est de l'immobilité qu'elle part toujours, comme si c'était la réalité ultime ou l'élément ; quand elle veut se représenter le mouvement, elle le reconstruit avec des immobilités qu'elle juxtapose. Cette opération, dont nous montrerons l'illégitimité et le danger dans l'ordre spéculatif, (elle conduit à des impasses et crée artificiellement des problèmes philosophiques insolubles), se justifie sans peine quand on se reporte à sa destination. L'intelligence, à l'état naturel, vise un but pratiquement utile. Quand elle substitue au mouvement des immobilités juxtaposées, elle ne prétend pas reconstituer le mouvement tel qu'il est; elle le remplace simplement par un équivalent pratique. Ce sont les philosophes qui se trompent quand ils transportent dans le domaine de la spéculation une méthode de penser qui est faite pour l'action. Mais nous nous proposons de revenir sur ce point. Bornonsnous à dire que le stable et l'immuable sont ce à quoi notre intelligence s'attache en vertu de sa disposition naturelle. *Notre intelligence ne se représente clairement que l'immobilité.*

Maintenant, fabriquer consiste à tailler dans une matière la forme d'un objet. Ce qui importe avant tout, c'est la forme à obtenir. Quant à la matière, on choisit celle qui convient le mieux ; mais, pour la choisir, c'est-à-dire pour aller la chercher parmi beaucoup d'autres, il faut s'être essayé, au moins en imagination, à doter toute espèce de matière de la forme de l'objet conçu. En d'autres termes, une intelligence qui vise à fabriquer est une intelligence qui ne s'arrête jamais à la forme actuelle des choses, qui ne la considère pas comme définitive, qui tient toute matière, au contraire, pour taillable à volonté. Platon compare le bon dialecticien au cuisinier habile, qui découpe la bête sans lui briser les os, en suivant les articulations dessinées par la nature[1]. Une intelligence qui procéderait toujours ainsi serait bien, en effet, une intelligence tournée vers la spéculation. Mais l'action, et en particulier la fabrication, exige la tendance d'esprit inverse. Elle veut que nous considérions toute forme actuelle des choses, même naturelles, comme artificielle et provisoire, que notre pensée efface de l'objet

---

1. Platon, *Phèdre*, 265 e.

aperçu, fût-il organisé et vivant, les lignes qui en marquent au dehors la structure interne, enfin que nous tenions sa matière pour indifférente à sa forme. L'ensemble de la matière devra donc apparaître à notre pensée comme une immense étoffe où nous pouvons tailler ce que nous voudrons, pour le recoudre comme il nous plaira. Notons-le en passant : c'est ce pouvoir que nous affirmons quand nous disons qu'il y a un *espace*, c'est-à-dire un milieu homogène et vide, infini et infiniment divisible, se prêtant indifféremment à n'importe quel mode de décomposition. Un milieu de ce genre n'est jamais perçu ; il n'est que conçu. Ce qui est perçu, c'est l'étendue colorée, résistante, divisée selon les lignes que dessinent les contours des corps réels ou de leurs parties réelles élémentaires. Mais quand nous nous représentons notre pouvoir sur cette matière, c'est-à-dire notre faculté de la décomposer et de la recomposer comme il nous plaira, nous projetons, en bloc, toutes ces décompositions et recompositions possibles derrière l'étendue réelle, sous forme d'un espace homogène, vide et indifférent, qui la sous-tendrait. Cet espace est donc, avant tout, le schéma de notre action possible sur les choses, encore que les choses aient une tendance naturelle, comme nous l'expliquerons plus loin, à entrer dans un schéma de ce genre : c'est une vue de l'esprit. L'animal n'en a probablement aucune idée, même quand il perçoit comme nous les choses étendues. C'est une représentation qui symbolise la tendance fabricatrice de l'intelligence humaine. Mais ce point ne nous arrêtera pas pour le moment. Qu'il nous suffise de dire que *l'intelligence est caractérisée par la puissance indéfinie de décomposer selon n'importe quelle loi et de recomposer en n'importe quel système.*

Nous avons énuméré quelques-uns des traits essentiels

de l'intelligence humaine. Mais nous avons pris l'individu à l'état isolé, sans tenir compte de la vie sociale. En réalité, l'homme est un être qui vit en société. S'il est vrai que l'intelligence humaine vise à fabriquer, il faut ajouter qu'elle s'associe, pour cela et pour le reste, à d'autres intelligences. Or, il est difficile d'imaginer une société dont les membres ne communiquent pas entre eux par des signes. Les sociétés d'Insectes ont sans doute un langage, et ce langage doit être adapté, comme celui de l'homme, aux nécessités de la vie en commun. Il fait qu'une *action commune* devient possible. Mais ces nécessités de l'action commune ne sont pas du tout les mêmes pour une fourmilière et pour une société humaine. Dans les sociétés d'Insectes, il y a généralement polymorphisme, la division du travail est naturelle, et chaque individu est rivé par sa structure à la fonction qu'il accomplit. En tout cas, ces sociétés reposent sur l'instinct, et par conséquent sur certaines actions ou fabrications qui sont plus ou moins liées à la forme des organes. Si donc les Fourmis, par exemple, ont un langage, les signes qui composent ce langage doivent être en nombre bien déterminé, et chacun d'eux rester invariablement attaché, une fois l'espèce constituée, à un certain objet ou à une certaine opération. Le signe est adhérent à la chose signifiée. Au contraire, dans une société humaine, la fabrication et l'action sont de forme variable, et, de plus, chaque individu doit apprendre son rôle, n'y étant pas prédestiné par sa structure. Il faut donc un langage qui permette, à tout instant, de passer de ce qu'on sait à ce qu'on ignore. Il faut un langage dont les signes — qui ne peuvent pas être en nombre infini — soient extensibles à une infinité de choses. Cette tendance du signe à se transporter d'un objet à un autre est caractéristique du langage humain. On l'observe chez le petit enfant, du jour où il commence à parler. Tout de suite, et naturellement, il étend le sens des mots qu'il apprend, profitant du rapprochement le plus accidentel ou de la plus lointaine analogie pour détacher et transporter ailleurs le signe qu'on avait attaché devant lui à un objet. « N'importe quoi peut désigner n'importe quoi », tel est le principe latent du langage enfantin. On a eu tort de confondre cette tendance avec la faculté de généraliser. Les animaux eux-mêmes généralisent, et d'ailleurs un signe, fût-il instinctif, représente toujours, plus ou moins, un genre. Ce qui caractérise les signes du langage humain, ce n'est pas tant leur généralité que leur mobilité. *Le signe instinctif est un signe* adhérent, *le signe intelligent est un signe* mobile.

Or, cette mobilité des mots, faite pour qu'ils aillent d'une chose à une autre, leur a permis de s'étendre des choses aux idées. Certes, le langage n'eût pas donné la faculté de réfléchir à une intelligence tout à fait extériorisée, incapable de se replier sur elle-même. Une intelligence qui réfléchit est une intelligence qui avait, en dehors de l'effort pratiquement utile, un surplus de force à dépenser. C'est une conscience qui s'est déjà, virtuellement, reconquise sur elle-même. Mais encore faut-il que la virtualité passe à l'acte. Il est présumable que, sans le langage, l'intelligence aurait été rivée aux objets matériels qu'elle avait intérêt à considérer. Elle eût vécu dans un état de somnambulisme, extérieurement à elle-même, hypnotisée sur son travail. Le langage a beaucoup contribué à la libérer. Le mot, fait pour aller d'une chose à une autre, est, en effet, essentiellement déplaçable et libre. Il pourra donc s'étendre, non seulement d'une chose perçue à une autre chose perçue, mais encore de la chose perçue au souvenir de cette chose, du souvenir précis à une image plus fuyante, d'une image fuyante, mais pourtant représentée encore, à la représentation de l'acte par lequel on se la représente, c'est-à-dire à l'idée. Ainsi va s'ouvrir aux yeux de l'intelligence, qui regardait dehors, tout un monde intérieur, le spectacle de ses propres opérations. Elle n'attendait d'ailleurs que cette occasion. Elle profite de ce que le mot est lui-même une chose pour pénétrer, portée par lui, à l'intérieur de son propre travail. Son premier métier avait beau être de fabriquer des instruments ; cette fabrication n'est possible que par l'emploi de certains moyens qui ne sont pas taillés à la mesure exacte de leur objet, qui le dépassent, et qui permettent ainsi à l'intelligence un travail supplémentaire, c'est-à-dire désintéressé. Du jour où l'intelligence, réfléchissant sur ses démarches, s'aperçoit elle-même comme créatrice d'idées, comme faculté de représentation en général, il n'y a pas d'objet dont elle ne veuille avoir l'idée, fût-il sans rapport direct avec l'action pratique. Voilà pourquoi nous disions qu'il y a des choses que l'intelligence seule peut chercher. Seule, en effet, elle s'inquiète de théorie. Et sa théorie voudrait tout embrasser, non seulement la matière brute, sur laquelle elle a naturellement prise, mais encore la vie et la pensée.

Avec quels moyens, quels instruments, quelle méthode enfin elle abordera ces problèmes, nous pouvons le deviner. Originellement, elle est adaptée à la forme de la matière brute. (Le langage même, qui lui a permis d'étendre son champ d'opérations, est fait pour désigner des choses et rien que des choses : c'est seulement parce que le mot est mobile, parce qu'il chemine d'une chose à une autre, que l'intelligence devait tôt ou tard le prendre *en chemin*, alors qu'il n'était posé sur rien, pour l'appliquer à un objet qui n'est pas une chose et qui, dissimulé

1. Voir Ossip-Lourié : Langage et Verbomanie. Paris, 1912, Alcan.

jusque-là, attendait le secours du mot pour passer de l'ombre à la lumière. Mais le mot, en couvrant cet objet, le convertit encore en chose. Ainsi l'intelligence, même quand elle n'opère plus sur la matière brute, suit les habitudes qu'elle a contractées dans cette opération : elle applique des formes qui sont celles mêmes de la matière inorganisée.) Elle est faite pour ce genre de travail. Seul, ce genre de travail la satisfait pleinement. Et c'est ce qu'elle exprime en disant qu'ainsi seulement elle arrive à la *distinction* et à la *clarté*.

Elle devra donc, pour se penser clairement et distinctement elle-même, s'apercevoir sous forme de discontinuité. Les concepts sont en effet extérieurs les uns aux autres, ainsi que des objets dans l'espace. Et ils ont la même stabilité que les objets, sur le modèle desquels ils ont été créés. Ils constituent, réunis, un « monde intelligible » qui ressemble par ses caractères essentiels au monde des solides, mais dont les éléments sont plus légers, plus diaphanes, plus faciles à manier pour l'intelligence que l'image pure et simple des choses concrètes ; ils ne sont plus, en effet, la perception même des choses, mais la représentation de l'acte par lequel l'intelligence se fixe sur elles. Ce ne sont donc plus des images, mais des symboles. Notre logique est l'ensemble des règles qu'il faut suivre dans la manipulation des symboles. Comme ces symboles dérivent de la considération des solides, comme les règles de la composition de ces symboles entre eux ne font guère que traduire les rapports les plus généraux entre solides, notre logique triomphe dans la science qui prend la solidité des corps pour objet, c'est-à-dire dans la géométrie. Logique et géométrie s'engendrent réciproquement l'une l'autre, comme nous le verrons un peu plus loin. C'est de l'extension d'une certaine géométrie naturelle, suggérée par les propriétés générales et immédiatement aperçues des solides, que la logique naturelle est sortie. C'est de cette logique naturelle, à son tour, qu'est sortie la géométrie scientifique, qui étend indéfiniment la connaissance des propriétés extérieures des solides[1]. Géométrie et logique sont rigoureusement applicables à la matière. Elles sont là chez elles, elles peuvent marcher là toutes seules. Mais, en dehors de ce domaine, le raisonnement pur a besoin d'être surveillé par le bon sens, qui est tout autre chose.

Ainsi, toutes les forces élémentaires de l'intelligence tendent à transformer la matière en instrument d'action, c'est-à-dire, au sens étymologique du mot, en *organe*. La vie, non contente de produire des organismes, voudrait leur donner comme appendice la matière inorganique elle-même, convertie en un immense organe par l'industrie de l'être vivant. Telle est la tâche qu'elle assigne d'abord à l'intelligence. C'est pourquoi l'intelligence se comporte invariablement encore comme si elle était fascinée par la contemplation de la matière inerte. Elle est la vie regardant au dehors, s'extériorisant par rapport à elle-même, adoptant en principe, pour les diriger en fait, les démarches de la nature inorganisée. De là son étonnement quand elle se tourne vers le vivant et se trouve en face de l'organisation. Quoi qu'elle fasse alors, elle résout l'organisé en inorganisé, car elle ne saurait, sans renverser sa direction naturelle et sans se tordre sur elle-même, penser la continuité vraie, la mobilité réelle, la compénétration réciproque et, pour tout dire, cette évolution créatrice qui est la vie.

S'agit-il de la continuité? L'aspect de la vie qui est

1. Nous reviendrons sur tous ces points dans le chapitre suivant.

accessible à notre intelligence, comme d'ailleurs aux sens que notre intelligence prolonge, est celui qui donne prise à notre action. Il faut, pour que nous puissions modifier un objet, que nous l'apercevions divisible et discontinu. Du point de vue de la science positive, un progrès incomparable fut réalisé le jour où l'on résolut en cellules les tissus organisés. L'étude de la cellule, à son tour, a révélé en elle un organisme dont la complexité paraît augmenter à mesure qu'on l'approfondit davantage. Plus la science avance, plus elle voit croître le nombre des éléments hétérogènes qui se juxtaposent, extérieurs les uns des autres, pour faire un être vivant. Serre-t-elle ainsi de plus près la vie? ou, au contraire, ce qu'il y a de proprement vital dans le vivant ne semble-t-il pas reculer au fur et à mesure qu'on pousse plus loin le détail des parties juxtaposées? Déjà se manifeste parmi les savants une tendance à considérer la substance de l'organisme comme continue, et la cellule comme une entité artificielle[1]. Mais, à supposer que cette vue finisse par prévaloir, elle ne pourra aboutir, en s'approfondissant elle-même, qu'à un autre mode d'analyse de l'être vivant, et par conséquent à une discontinuité nouvelle, — bien que moins éloignée, peut-être, de la continuité réelle de la vie. La vérité est que cette continuité ne saurait être pensée par une intelligence qui s'abandonne à son mouvement naturel. Elle implique, à la fois, la multiplicité des éléments et la pénétration réciproque de tous par tous, deux propriétés qui ne se peuvent guère réconcilier sur le terrain où s'exerce notre industrie, et par conséquent aussi notre intelligence.

De même que nous séparons dans l'espace, nous fixons

---

1. Nous reviendrons sur ce point dans le chapitre III, p. 281.

dans le temps. L'intelligence n'est point faite pour penser l'*évolution*, au sens propre du mot, c'est-à-dire la continuité d'un changement qui serait mobilité pure. Nous n'insisterons pas ici sur ce point, que nous nous proposons d'approfondir dans un chapitre spécial. Disons seulement que l'intelligence se représente le devenir comme une série d'*états*, dont chacun est homogène avec lui-même et par conséquent ne change pas. Notre attention est-elle appelée sur le changement interne d'un de ces états? Vite nous le décomposons en une autre suite d'états qui constitueront, réunis, sa modification intérieure. Ces nouveaux états, eux, seront chacun invariables, ou bien alors leur changement interne, s'il nous frappe, se résout aussitôt en une série nouvelle d'états invariables, et ainsi de suite indéfiniment. Ici encore, penser consiste à reconstituer, et, naturellement, c'est avec des éléments donnés, avec des éléments stables par conséquent, que nous reconstituons. De sorte que nous aurons beau faire, nous pourrons imiter, par le progrès indéfini de notre addition, la mobilité du devenir, mais le devenir lui-même nous glissera entre les doigts quand nous croirons le tenir.

Justement parce qu'elle cherche toujours à reconstituer, et à reconstituer avec du donné, l'intelligence laisse échapper ce qu'il y a de *nouveau* à chaque moment d'une histoire. Elle n'admet pas l'imprévisible. Elle rejette toute création. Que des antécédents déterminés amènent un conséquent déterminé, calculable en fonction d'eux, voilà qui satisfait notre intelligence. Qu'une fin déterminée suscite des moyens déterminés pour l'atteindre, nous le comprenons encore. Dans les deux cas nous avons affaire à du connu qui se compose avec du connu et, en somme, à de l'ancien qui se répète. Notre intelligence est là à son aise. Et, quel que soit l'objet, elle abstraira, séparera, éliminera, de manière à substituer à l'objet même, s'il le faut, un équivalent approximatif où les choses se passeront de cette manière. Mais que chaque instant soit un apport, que du nouveau jaillisse sans cesse, qu'une forme naisse dont on dira sans doute, une fois produite, qu'elle est un effet déterminé par ses causes, mais dont il était impossible de supposer prévu ce qu'elle serait, attendu qu'ici les causes, uniques en leur genre, font partie de l'effet, ont pris corps en même temps que lui, et sont déterminées par lui autant qu'elles le déterminent; c'est là quelque chose que nous pouvons sentir en nous et deviner par sympathie hors de nous, mais non pas exprimer en termes de pur entendement ni, au sens étroit du mot, penser. On ne s'en étonnera pas si l'on songe à la destination de notre entendement. La causalité qu'il cherche et retrouve partout exprime le mécanisme même de notre industrie, où nous recomposons indéfiniment le même tout avec les mêmes éléments, où nous répétons les mêmes mouvements pour obtenir le même résultat. La finalité par excellence, pour notre entendement, est celle de notre industrie, où l'on travaille sur un modèle donné d'avance, c'est-à-dire ancien ou composé d'éléments connus. Quant à l'invention proprement dite, qui est pourtant le point de départ de l'industrie elle-même, notre intelligence n'arrive pas à la saisir dans son *jaillissement*, c'est-à-dire dans ce qu'elle a d'indivisible, ni dans sa *génialité*, c'est-à-dire dans ce qu'elle a de créateur. L'expliquer consiste toujours à la résoudre, elle imprévisible et neuve, en éléments connus ou anciens, arrangés dans un ordre différent. L'intelligence n'admet pas plus la nouveauté complète que le devenir radical. C'est dire qu'ici encore elle laisse échapper un aspect essentiel de la vie, comme si elle n'était point faite pour penser un tel objet.

Toutes nos analyses nous ramènent à cette conclusion. Mais point n'était besoin d'entrer dans d'aussi longs détails sur le mécanisme du travail intellectuel : il suffirait d'en considérer les résultats. On verrait que l'intelligence, si habile à manipuler l'inerte, étale sa maladresse dès qu'elle touche au vivant. Qu'il s'agisse de traiter la vie du corps ou celle de l'esprit, elle procède avec la rigueur, la raideur et la brutalité d'un instrument qui n'était pas destiné à un pareil usage. L'histoire de l'hygiène et de la pédagogie en dirait long à cet égard. Quand on songe à l'intérêt capital, pressant et constant, que nous avons à conserver nos corps et à élever nos âmes, aux facilités spéciales qui sont données ici à chacun pour expérimenter sans cesse sur lui-même et sur autrui, au dommage palpable par lequel se manifeste et se paie la défectuosité d'une pratique médicale ou pédagogique, on demeure confondu de la grossièreté et surtout de la persistance des erreurs. Aisément on en découvrirait l'origine dans notre obstination à traiter le vivant comme l'inerte et à penser toute réalité, si fluide soit-elle, sous forme de solide définitivement arrêté. Nous ne sommes à notre aise que dans le discontinu, dans l'immobile, dans le mort. *L'intelligence est caractérisée par une incompréhension naturelle de la vie.*

C'est sur la forme même de la vie, au contraire, qu'est moulé l'instinct. Tandis que l'intelligence traite toutes choses mécaniquement, l'instinct procède, si l'on peut parler ainsi, organiquement. Si la conscience qui sommeille en lui se réveillait, s'il s'intériorisait en connaissance au lieu de s'extérioriser en action, si nous savions l'interroger et s'il pouvait répondre, il nous livrerait les secrets les plus intimes de la vie. Car il ne fait que continuer le travail par lequel la vie organise la matière, à tel point que nous ne saurions dire, comme on l'a montré bien souvent, où l'organisation finit et où l'instinct commence. Quand le petit poulet brise sa coquille d'un coup de bec, il agit par instinct, et pourtant il se borne à suivre le mouvement qui l'a porté à travers la vie embryonnaire. Inversement, au cours de la vie embryonnaire elle-même (surtout lorsque l'embryon vit librement sous forme de larve) bien des démarches s'accomplissent qu'il faut rapporter à l'instinct. Les plus essentiels d'entre les instincts primaires sont donc réellement des processus vitaux. La conscience virtuelle qui les accompagne ne s'actualise le plus souvent que dans la phase initiale de l'acte et laisse le reste du processus s'accomplir tout seul. Elle n'aurait qu'à s'épanouir plus largement, puis à s'approfondir complètement, pour coïncider avec la force génératrice de la vie.

Quand on voit, dans un corps vivant, des milliers de cellules travailler ensemble à un but commun, se partager la tâche, vivre chacune pour soi en même temps que pour les autres, se conserver, se nourrir, se reproduire, répondre aux menaces de danger par des réactions défensives appropriées, comment ne pas penser à autant d'instincts ? Et pourtant ce sont là des fonctions naturelles de la cellule, les éléments constitutifs de sa vitalité. Réciproquement, quand on voit les Abeilles d'une ruche former un système si étroitement organisé qu'aucun des individus ne peut vivre isolé au delà d'un certain temps, même si on lui fournit le logement et la nourriture, comment ne pas reconnaître que la ruche est réellement, et non pas métaphoriquement, un organisme unique, dont chaque Abeille est une cellule unie aux autres par d'invisibles liens ? L'instinct qui anime l'Abeille se confond donc avec la force dont la cellule est animée, ou ne fait que la prolonger. Dans des cas extrêmes comme celui-ci, il coïncide avec le travail d'organisation.

Certes, il y a bien des degrés de perfection dans le même instinct. Entre le Bourdon et l'Abeille, par exemple, la distance est grande, et l'on passerait de l'un à l'autre par une foule d'intermédiaires, qui correspondent à autant de complications de la vie sociale. Mais la même diversité se retrouverait dans le fonctionnement d'éléments histologiques appartenant à des tissus différents, plus ou moins apparentés les uns aux autres. Dans les deux cas, il y a des variations multiples exécutées sur un même thème. La constance du thème n'en est pas moins manifeste, et les variations ne font que l'adapter à la diversité des circonstances.

Or, dans un cas comme dans l'autre, qu'il s'agisse des instincts de l'animal ou des propriétés vitales de la cellule, la même science et la même ignorance se manifestent. Les choses se passent comme si la cellule connaissait des autres cellules ce qui l'intéresse, l'animal des autres animaux ce qu'il pourra utiliser, tout le reste demeurant dans l'ombre. Il semble que la vie, dès qu'elle s'est contractée en une espèce déterminée, perde contact avec le reste d'elle-même, sauf cependant sur un ou deux points qui intéressent l'espèce qui vient de naître. Comment ne pas voir que la vie procède ici comme la conscience en général, comme la mémoire? Nous traînons derrière nous, sans nous en apercevoir, la totalité de notre passé ; mais notre mémoire ne verse dans le présent que les deux ou trois souvenirs qui compléteront par quelque côté notre situation actuelle. La connaissance instinctive qu'une espèce possède d'une autre espèce sur un certain point particulier a donc sa racine dans l'unité même de la vie, qui est, pour employer l'expression d'un philosophe ancien, un tout sympathique à lui-même. Il est impossible de considérer certains instincts spéciaux de l'animal et de la plante, évidemment nés dans des circonstances extraordinaires, sans les rapprocher de ces souvenirs, en apparence oubliés, qui jaillissent tout à coup sous la pression d'un besoin urgent.

Sans doute, une foule d'instincts secondaires, et bien des modalités de l'instinct primaire, comportent une explication scientifique. Pourtant il est douteux que la science, avec ses procédés d'explication actuels, arrive jamais à analyser l'instinct complètement. La raison en est qu'instinct et intelligence sont deux développements divergents d'un même principe qui, dans un cas, reste intérieur à lui-même, dans l'autre cas s'extériorise et s'absorbe dans l'utilisation de la matière brute : cette divergence continue témoigne d'une incompatibilité radicale et de l'impossibilité pour l'intelligence de résorber l'instinct. Ce qu'il y a d'essentiel dans l'instinct ne saurait s'exprimer en termes intellectuels, ni par conséquent s'analyser.

Un aveugle-né qui aurait vécu parmi des aveugles-nés n'admettrait pas qu'il fût possible de percevoir un objet distant sans avoir passé par la perception de tous les objets intermédiaires. Pourtant la vision fait ce miracle. On pourra, il est vrai, donner raison à l'aveugle-né et dire que la vision, ayant son origine dans l'ébranlement de la rétine par les vibrations de la lumière, n'est point autre chose, en somme, qu'un toucher rétinien. C'est là, je le veux bien, l'explication scientifique, car le rôle de la science est précisément de traduire toute perception en termes de toucher ; mais nous avons montré ailleurs que l'explication philosophique de la perception devait être d'une autre nature, à supposer qu'on puisse encore parler ici d'explication [1]. Or l'instinct, lui aussi, est une connaissance à distance. Il est à l'intelligence ce que la vision est au toucher. La science ne pourra faire autrement que de le traduire en termes d'intelligence ; mais elle construira ainsi une imitation de l'instinct plutôt qu'elle ne pénétrera dans l'instinct même.

On s'en convaincra en étudiant ici les ingénieuses théories de la biologie évolutioniste. Elles se ramènent à deux types, qui interfèrent d'ailleurs souvent l'un avec l'autre. Tantôt, selon les principes du néo-darwinisme, on voit dans l'instinct une somme de différences accidentelles, conservées par la sélection : telle ou telle démarche utile, naturellement accomplie par l'individu en vertu d'une prédisposition accidentelle du germe, se serait transmise de germe à germe en attendant que le hasard vînt y ajouter, par le même procédé, de nouveaux perfectionnements. Tantôt on fait de l'instinct une intelligence dégradée : l'action jugée utile par l'espèce ou par quelques-uns de ses représentants aurait engendré une habitude, et l'habitude, héréditairement transmise, serait devenue instinct. De ces deux systèmes, le premier a l'avantage de pouvoir, sans soulever d'objection grave, parler de transmission héréditaire, car la modification accidentelle qu'il met à l'origine de l'instinct ne serait pas acquise par l'individu, mais inhérente au germe. En revanche, il est tout à fait incapable d'expliquer des instincts aussi savants que ceux de la plupart des Insectes. Sans doute, ces instincts n'ont pas dû atteindre tout d'un coup le degré de complexité qu'ils ont aujourd'hui ; ils ont évolué probablement. Mais, dans une hypothèse comme celle des néo-darwiniens, l'évolution de l'instinct ne pourrait se

1. *Matière et Mémoire*, chap. I.

faire que par l'addition progressive de pièces nouvelles, en quelque sorte, que des accidents heureux viendraient engrener dans les anciennes. Or il est évident que, dans la plupart des cas, ce n'est pas par voie de simple accroissement que l'instinct a pu se perfectionner : chaque pièce nouvelle exigeait, en effet, sous peine de tout gâter, un remaniement complet de l'ensemble. Comment attendre du hasard un pareil remaniement ? J'accorde qu'une modification accidentelle du germe se transmettra héréditairement et pourra attendre, en quelque sorte, que de nouvelles modifications accidentelles viennent la compliquer. J'accorde aussi que la sélection naturelle éliminera toutes celles des formes plus compliquées qui ne seront pas viables. Encore faudra-t-il, pour que la vie de l'instinct évolue, que des complications viables se produisent. Or elles ne se produiront que si, dans certains cas, l'addition d'un élément nouveau amène le changement corrélatif de tous les éléments anciens. Personne ne soutiendra que le hasard puisse accomplir un pareil miracle. Sous une forme ou sous une autre, on fera appel à l'intelligence. On supposera que c'est par un effort plus ou moins conscient que l'être vivant développe en lui un instinct supérieur. Mais il faudra admettre alors qu'une habitude contractée peut devenir héréditaire, et qu'elle le devient de façon assez régulière pour assurer une évolution. La chose est douteuse, pour ne pas dire davantage. Même si l'on pouvait rapporter à une habitude héréditairement transmise et intelligemment acquise les instincts des animaux, on ne voit pas comment ce mode d'explication s'étendrait au monde végétal, où l'effort n'est jamais intelligent, à supposer qu'il soit quelquefois conscient. Et pourtant, à voir avec quelle sûreté et quelle précision les plantes grimpantes utilisent leurs vrilles,

quelles manœuvres merveilleusement combinées les Orchidées exécutent pour se faire féconder par les Insectes[1],
comment ne pas penser à autant d'instincts ?

Cela ne veut pas dire qu'il faille renoncer tout à fait à
la thèse des néo-darwinistes, non plus qu'à celle des néo-
lamarckiens. Les premiers ont sans doute raison quand ils
veulent que l'évolution se fasse de germe à germe plutôt
que d'individu à individu, les seconds quand il leur arrive de dire qu'à l'origine de l'instinct il y a un effort
(encore que ce soit tout autre chose, croyons-nous,
qu'un effort *intelligent*). Mais ceux-là ont probablement
tort quand ils font de l'évolution de l'instinct une évolution accidentelle, et ceux-ci quand ils voient dans
l'effort d'où l'instinct procède un effort individuel.
L'effort par lequel une espèce modifie ses instincts et
se modifie aussi elle-même doit être chose bien plus
profonde, et qui ne dépend pas uniquement des circonstances ni des individus. Il ne dépend pas uniquement de l'initiative des individus, quoique les individus y
collaborent, et il n'est pas purement accidentel, quoique
l'accident y tienne une large place.

Comparons entre elles, en effet, les diverses formes du
même instinct dans diverses espèces d'Hyménoptères.
L'impression que nous avons n'est pas toujours celle que
nous donnerait une complexité croissante obtenue par
des éléments ajoutés successivement les uns aux autres,
ou une série ascendante de dispositifs rangés, pour ainsi
dire, le long d'une échelle. Nous pensons plutôt, dans
bien des cas au moins, à une circonférence, des divers points
de laquelle ces diverses variétés seraient parties, toutes

---

1. Voir les deux ouvrages de Darwin : *Les plantes grimpantes*, trad. Gordon,
Paris, 1890, et *La fécondation des Orchidées par les Insectes*, trad. Rérolle,
Paris, 1892.

regardant le même centre, toutes faisant effort dans cette direction, mais chacune d'elles ne s'en rapprochant que dans la mesure de ses moyens, dans la mesure aussi où s'éclairait pour elle le point central. En d'autres termes, l'instinct est partout complet, mais il est plus ou moins simplifié, et surtout il est simplifié *diversement*. D'autre part, là où l'on observe une gradation régulière, l'instinct se compliquant lui-même dans un seul et même sens, comme s'il montait les degrés d'une échelle, les espèces que leur instinct classe ainsi en série linéaire sont loin d'avoir toujours entre elles des rapports de parenté. Ainsi, l'étude comparative qu'on a faite, dans ces dernières années, de l'instinct social chez les diverses Apides établit que l'instinct des Méliponines est intermédiaire, quant à la complexité, entre la tendance encore rudimentaire des Bombines et la science consommée de nos Abeilles : pourtant entre les Abeilles et les Méliponines il ne peut pas y avoir un rapport de filiation[1]. Vraisemblablement, la complication plus ou moins grande de ces diverses sociétés ne tient pas à un nombre plus ou moins considérable d'éléments additionnés. Nous nous trouvons bien plutôt devant un certain *thème musical* qui se serait d'abord transposé lui-même, tout entier, dans un certain nombre de tons, et sur lequel, tout entier aussi, se seraient exécutées ensuite des variations diverses, les unes très simples, les autres infiniment savantes. Quant au thème originel, il est partout et il n'est nulle part. C'est en vain qu'on voudrait le noter en termes de représentation : ce fut sans doute, à l'origine, du *senti* plutôt que du *pensé*. On a la même impression devant l'instinct paralyseur de certaines Guêpes. On sait que les diverses espèces d'Hymé-

---

1. Buttel-Reepen, *Die phylogenetische Entstehung des Bienenstaates (Biol. Centralblatt*, XXIII, 1903), p. 108 en particulier.

noptères paralyseurs déposent leurs œufs dans des Arai-
gnées, des Scarabées, des Chenilles qui continueront à
vivre immobiles pendant un certain nombre de jours, et
qui serviront ainsi de nourriture fraîche aux larves, ayant
d'abord été soumis par la Guêpe à une savante opération
chirurgicale. Dans la piqûre qu'elles donnent aux centres
nerveux de leur victime pour l'immobiliser sans la tuer,
ces diverses espèces d'Hyménoptères se règlent sur les diverses espèces de proie auxquelles elles ont respectivement
affaire. La Scolie, qui s'attaque à une larve de Cétoine, ne
la pique qu'en un point, mais en ce point se trouvent
concentrés les ganglions moteurs, et ces ganglions-là
seulement: la piqûre de tels autres ganglions pourrait
amener la mort et la pourriture, qu'il s'agit d'éviter[1].
Le Sphex à ailes jaunes, qui a choisi pour victime le Grillon, sait que le Grillon a trois centres nerveux qui animent
ses trois paires de pattes, ou du moins il fait comme s'il
le savait. Il pique l'insecte d'abord sous le cou, puis en
arrière du prothorax, enfin vers la naissance de l'abdomen[2].
L'Ammophile hérissée donne neuf coups d'aiguillon successifs à neuf centres nerveux de sa Chenille, et enfin
lui happe la tête et la mâchonne, juste assez pour déterminer la paralysie sans la mort[3]. Le thème général est
« la nécessité de paralyser sans tuer » : les variations sont
subordonnées à la structure du sujet sur lequel on opère.
Sans doute, il s'en faut que l'opération soit toujours exé-
cutée parfaitement. On a montré, dans ces derniers temps,
qu'il arrive au Sphex ammophile de tuer la Chenille au
lieu de la paralyser, que parfois aussi il ne la paralyse

1. Fabre, *Souvenirs entomologiques*, 3ᵉ série, Paris, 1890, p. 1-69.
2. Fabre, *Souvenirs entomologiques*, 1ʳᵉ série, 3ᵉ édit., Paris, 1894, p. 93
et suiv.
3. Fabre, *Nouveaux souvenirs entomologiques*, Paris, 1882, p. 14 et suiv.

qu'à moitié [1]. Mais, parce que l'instinct est faillible comme l'intelligence, parce qu'il est susceptible, lui aussi, de présenter des écarts individuels, il ne s'ensuit pas du tout que l'instinct du Sphex ait été acquis, comme on l'a prétendu, par des tâtonnements intelligents. A supposer que, dans la suite des temps, le Sphex soit arrivé à reconnaître un à un, par tâtonnement, les points de sa victime qu'il faut piquer pour l'immobiliser, et le traitement spécial qu'il faut infliger au cerveau pour que la paralysie vienne sans entraîner la mort, comment supposer que les éléments si spéciaux d'une connaissance si précise se soient transmis régulièrement, un à un, par hérédité ? S'il y avait, dans toute notre expérience actuelle, un seul exemple indiscutable d'une transmission de ce genre, l'hérédité des caractères acquis ne serait contestée par personne. En réalité, la transmission héréditaire de l'habitude contractée s'effectue de façon imprécise et irrégulière, à supposer qu'elle se fasse jamais véritablement.

Mais toute la difficulté vient de ce que nous voulons traduire la science de l'Hyménoptère en termes d'intelligence. Force nous est alors d'assimiler le Sphex à l'entomologiste, qui connaît la Chenille comme il connaît tout le reste des choses, c'est-à-dire du dehors, sans avoir, de ce côté, un intérêt spécial et vital. Le Sphex aurait donc à apprendre une à une, comme l'entomologiste, les positions des centres nerveux de la Chenille, — à acquérir au moins la connaissance pratique de ces positions en expérimentant les effets de sa piqûre. Mais il n'en serait plus de même si l'on supposait entre le Sphex et sa victime une *sympathie* (au sens étymologique du mot) qui le renseignât du dedans, pour ainsi dire, sur la vulnérabilité de la

1. Peckham, *Wasps, solitary and social*, Westminster, 1905, p. 28 et suiv.

Chenille. Ce sentiment de vulnérabilité pourrait ne rien devoir à la perception extérieure, et résulter de la seule mise en présence du Sphex et de la Chenille, considérés non plus comme deux organismes, mais comme deux activités. Il exprimerait sous une forme concrète le rapport de l'un à l'autre. Certes, une théorie scientifique ne peut faire appel à des considérations de ce genre. Elle ne doit pas mettre l'action avant l'organisation, la sympathie avant la perception et la connaissance. Mais, encore une fois, ou la philosophie n'a rien à voir ici, ou son rôle commence là où celui de la science finit.

Qu'elle fasse de l'instinct un « réflexe composé », ou une habitude intelligemment contractée et devenue automatisme, ou une somme de petits avantages accidentels accumulés et fixés par la sélection, dans tous les cas la science prétend résoudre complètement l'instinct soit en démarches intelligentes, soit en mécanismes construits pièce à pièce, comme ceux que combine notre intelligence. Je veux bien que la science soit ici dans son rôle. Elle nous donnera, à défaut d'une analyse réelle de l'objet, une traduction de cet objet en termes d'intelligence. Mais comment ne pas remarquer que la science elle-même invite la philosophie à prendre les choses d'un autre biais ? Si notre biologie en était encore à Aristote, si elle tenait la série des êtres vivants pour unilinéaire, si elle nous montrait la vie tout entière évoluant vers l'intelligence et passant, pour cela, par la sensibilité et l'instinct, nous aurions le droit, nous, êtres intelligents, de nous retourner vers les manifestations antérieures et par conséquent inférieures de la vie, et de prétendre les faire tenir, sans les déformer, dans les cadres de notre intelligence. Mais un des résultats les plus clairs de la biologie a été de montrer que l'évolution s'est faite selon des lignes divergentes. C'est à l'extrémité de deux de ces lignes, — les deux principales, — que nous trouvons l'intelligence et l'instinct sous leurs formes à peu près pures. Pourquoi l'instinct se résoudrait-il alors en éléments intelligents ? Pourquoi même en termes tout à fait intelligibles ? Ne voit-on pas que penser ici à de l'intelligent, ou à de l'absolument intelligible, est revenir à la théorie aristotélicienne de la nature ? Sans doute il vaudrait encore mieux y revenir que de s'arrêter net devant l'instinct, comme devant un insondable mystère. Mais, pour n'être pas du domaine de l'intelligence, l'instinct n'est pas situé hors des limites de l'esprit. Dans des phénomènes de sentiment, dans des sympathies et des antipathies irréfléchies, nous expérimentons en nous-mêmes, sous une forme bien plus vague, et trop pénétrée aussi d'intelligence, quelque chose de ce qui doit se passer dans la conscience d'un insecte agissant par instinct. L'évolution n'a fait qu'écarter l'un de l'autre, pour les développer jusqu'au bout, des éléments qui se compénétraient à l'origine. Plus précisément, l'intelligence est, avant tout, la faculté de rapporter un point de l'espace à un autre point de l'espace, un objet matériel à un objet matériel ; elle s'applique à toutes choses, mais en restant en dehors d'elles, et elle n'aperçoit jamais d'une cause profonde que sa diffusion en effets juxtaposés. Quelle que soit la force qui se traduit dans la genèse du système nerveux de la Chenille, nous ne l'atteignons, avec nos yeux et notre intelligence, que comme une juxtaposition de nerfs et de centres nerveux. Il est vrai que nous en atteignons ainsi tout l'effet extérieur. Le Sphex, lui, n'en saisit sans doute que peu de chose, juste ce qui l'intéresse ; du moins le saisit-il du dedans, tout autrement que par un processus de connaissance, par une intuition (*vécue* plu-

tôt que *représentée*) qui ressemble sans doute à ce qui s'appelle chez nous sympathie divinatrice.

C'est un fait remarquable que le va-et-vient des théories scientifiques de l'instinct entre l'*intelligent* et le simplement *intelligible*, je veux dire entre l'assimilation de
l'instinct à une intelligence « tombée » et la réduction
de l'instinct à un pur mécanisme[1]. Chacun de ces deux
systèmes d'explication triomphe dans la critique qu'il fait
de l'autre, le premier quand il nous montre que l'instinct
ne peut pas être un pur réflexe, le second quand il dit que
c'est autre chose que de l'intelligence, même tombée dans
l'inconscience. Qu'est-ce à dire, sinon que se sont là deux
symbolismes également acceptables par certains côtés et,
par d'autres, également inadéquats à leur objet ? L'explication concrète, non plus scientifique, mais métaphysique,
doit être cherchée dans une tout autre voie, non plus
dans la direction de l'intelligence, mais dans celle de la
« sympathie ».

L'instinct est sympathie. Si cette sympathie pouvait
étendre son objet et aussi réfléchir sur elle-même, elle
nous donnerait la clef des opérations vitales, — de même
que l'intelligence, développée et redressée, nous introduit
dans la matière. Car, nous ne saurions trop le répéter,
l'intelligence et l'instinct sont tournés dans deux sens
opposés, celle-là vers la matière inerte, celui-ci vers la
vie. L'intelligence, par l'intermédiaire de la science qui
est son œuvre, nous livrera de plus en plus complètement le secret des opérations physiques ; de la vie elle ne

---

1. Voir, en particulier, parmi les travaux récents : Bethe, *Dürfen wir den
Ameisen und Bienen psychische Qualitäten zuschreiben ?* (*Arch. f. d. ges. Physiologie*, 1898), et Forel, *Un aperçu de psychologie comparée* (*Année psychologique*, 1895).

nous apporte, et ne prétend d'ailleurs nous apporter, qu'une traduction en termes d'inertie. Elle tourne tout autour, prenant, du dehors, le plus grand nombre possible de vues sur cet objet qu'elle attire chez elle, au lieu d'entrer chez lui. Mais c'est à l'intérieur même de la vie que nous conduirait l'*intuition*, je veux dire l'instinct devenu désintéressé, conscient de lui-même, capable de réfléchir sur son objet et de l'élargir indéfiniment.

Qu'un effort de ce genre n'est pas impossible, c'est ce que démontre déjà l'existence, chez l'homme, d'une faculté esthétique à côté de la perception normale. Notre œil aperçoit les traits de l'être vivant, mais juxtaposés les uns aux autres et non pas organisés entre eux. L'intention de la vie, le mouvement simple qui court à travers les lignes, qui les lie les unes aux autres et leur donne une signification, lui échappe. C'est cette intention que l'artiste vise à ressaisir en se replaçant à l'intérieur de l'objet par une espèce de sympathie, en abaissant, par un effort d'intuition, la barrière que l'espace interpose entre lui et le modèle. Il est vrai que cette intuition esthétique, comme d'ailleurs la perception extérieure, n'atteint que l'individuel. Mais on peut concevoir une recherche orientée dans le même sens que l'art et qui prendrait pour objet la vie en général, de même que la science physique, en suivant jusqu'au bout la direction marquée par la perception extérieure, prolonge en lois générales les faits individuels. Sans doute, cette philosophie n'obtiendra jamais de son objet une connaissance comparable à celle que la science a du sien. L'intelligence reste le noyau lumineux autour duquel l'instinct, même élargi et épuré en intuition, ne forme qu'une nébulosité vague. Mais, à défaut de la connaissance proprement dite, réservée à la pure intelligence, l'intuition pourra nous faire saisir ce que les données de l'intelligence ont ici d'insuffisant et nous laisser entrevoir le moyen de les compléter. D'un côté, en effet, elle utilisera le mécanisme même de l'intelligence à montrer comment les cadres intellectuels ne trouvent plus ici leur exacte application, et, d'autre part, par son travail propre, elle nous suggérera tout au moins le sentiment vague de ce qu'il faut mettre à la place des cadres intellectuels. Ainsi, elle pourra amener l'intelligence à reconnaître que la vie n'entre tout à fait ni dans la catégorie du multiple ni dans celle de l'un, que ni la causalité mécanique ni la finalité ne donnent du processus vital une traduction suffisante. Puis, par la communication sympathique qu'elle établira entre nous et le reste des vivants, par la dilatation qu'elle obtiendra de notre conscience, elle nous introduira dans le domaine propre de la vie, qui est compénétration réciproque, création indéfiniment continuée. Mais si, par là, elle dépasse l'intelligence, c'est de l'intelligence que sera venue la secousse qui l'aura fait monter au point où elle est. Sans l'intelligence, elle serait restée, sous forme d'instinct, rivée à l'objet spécial qui l'intéresse pratiquement, et extériorisée par lui en mouvements de locomotion.

Comment la théorie de la connaissance doit tenir compte de ces deux facultés, intelligence et intuition, et comment aussi, faute d'établir entre l'intuition et l'intelligence une distinction assez nette, elle s'engage dans d'inextricables difficultés, créant des fantômes d'idées auxquelles s'accrocheront des fantômes de problèmes, c'est ce que nous essaierons de montrer un peu plus loin. On verra que le problème de la connaissance, pris de ce biais, ne fait qu'un avec le problème métaphysique, et que l'un et l'autre relèvent alors de l'expérience. D'une part, en effet, si l'intelligence est accordée sur la matière et l'intuition sur la vie, il faudra les presser l'une et l'autre pour extraire d'elles la quintessence de leur objet ; la métaphysique sera donc suspendue à la théorie de la connaissance. Mais, d'autre part, si la conscience s'est scindée ainsi en intuition et intelligence, c'est par la nécessité de s'appliquer sur la matière en même temps que de suivre le courant de la vie. Le dédoublement de la conscience tiendrait ainsi à la double forme du réel, et la théorie de la connaissance devrait se suspendre à la métaphysique. A la vérité, chacune de ces deux recherches conduit à l'autre ; elles font cercle, et le cercle ne peut avoir pour centre que l'étude empirique de l'évolution. C'est seulement en regardant la conscience courir à travers la matière, s'y perdre et s'y retrouver, se diviser et se reconstituer, que nous formerons une idée de l'opposition des deux termes entre eux, comme aussi, peut-être, de leur origine commune. Mais, d'autre part, en appuyant sur cette opposition des deux éléments et sur cette communauté d'origine, nous dégagerons sans doute plus clairement le sens de l'évolution elle-même.

Tel sera l'objet de notre prochain chapitre. Mais déjà les faits que nous venons de passer en revue nous suggéreraient l'idée de rattacher la vie soit à la conscience même, soit à quelque chose qui y ressemble.

Dans toute l'étendue du règne animal, disions-nous, la conscience apparaît comme proportionnelle à la puissance de choix dont l'être vivant dispose. Elle éclaire la zone de virtualités qui entoure l'acte. Elle mesure l'écart entre ce qui se fait et ce qui pourrait se faire. A l'envisager du dehors, on pourrait donc la prendre pour un simple auxiliaire de l'action, pour une lumière que l'action allume, étincelle fugitive qui jaillirait du frottement de l'action réelle contre les actions possibles. Mais il faut remarquer que les choses se passeraient exactement de même si la conscience, au lieu d'être effet, était cause. On pourrait supposer que, même chez l'animal le plus rudimentaire, la conscience couvre, en droit, un champ énorme, mais qu'elle est comprimée, en fait, dans une espèce d'étau : chaque progrès des centres nerveux, en donnant à l'organisme le choix entre un plus grand nombre d'actions, lancerait un appel aux virtualités capables d'entourer le réel, desserrerait ainsi l'étau, et laisserait plus librement passer la conscience. Dans cette seconde hypothèse, comme dans la première, la conscience serait bien l'instrument de l'action ; mais il serait encore plus vrai de dire que l'action est l'instrument de la conscience, car la complication de l'action avec elle-même et la mise aux prises de l'action avec l'action seraient, pour la conscience emprisonnée, le seul moyen possible de se libérer. Comment choisir entre les deux hypothèses ? Si la première était vraie, la conscience dessinerait exactement, à chaque instant, l'état du cerveau ; le parallélisme (dans la mesure où il est intelligible) serait rigoureux entre l'état psychologique et l'état cérébral. Au contraire, dans la seconde hypothèse, il y aurait bien solidarité et interdépendance entre le cerveau et la conscience, mais non pas parallélisme : plus le cerveau se compliquera, augmentant ainsi le nombre des actions possibles entre lesquelles l'organisme a le choix, plus la conscience devra déborder son concomitant physique. Ainsi, le souvenir d'un même spectacle auquel ils auront assisté modifiera probablement de la même manière un cerveau de chien et un cerveau d'homme, si la perception a été la même ; pourtant le souvenir devra être tout autre chose dans une conscience d'homme que dans une conscience de chien.

Chez le chien, le souvenir restera captif de la perception ; il ne se réveillera que lorsqu'une perception analogue viendra le rappeler en reproduisant le même spectacle, et il se manifestera alors par la reconnaissance, plutôt *jouée* que *pensée*, de la perception actuelle bien plus que par une renaissance véritable du souvenir lui-même. L'homme, au contraire, est capable d'évoquer le souvenir à son gré, à n'importe quel moment, indépendamment de la perception actuelle. Il ne se borne pas à jouer sa vie passée, il se la représente et il la rêve. La modification locale du cerveau à laquelle le souvenir est attaché étant la même de part et d'autre, la différence psychologique entre les deux souvenirs ne pourra pas avoir sa raison dans telle ou telle différence de détail entre les deux mécanismes cérébraux, mais dans la différence entre les deux cerveaux pris globalement : le plus complexe des deux, en mettant un plus grand nombre de mécanismes aux prises entre eux, aura permis à la conscience de se dégager de l'étreinte des uns et des autres, et d'arriver à l'indépendance. Que les choses se passent bien ainsi, que la seconde des deux hypothèses soit celle pour laquelle il faut opter, c'est ce que nous avons essayé de prouver, dans un travail antérieur, par l'étude des faits qui mettent le mieux en relief le rapport de l'état conscient à l'état cérébral, les faits de reconnaissance normale et pathologique, en particulier les aphasies [1]. Mais c'est ce que le raisonnement aurait aussi bien fait prévoir. Nous avons montré sur quel postulat contradictoire avec lui-même, sur quelle confusion de deux symbolismes incompatibles entre eux, repose l'hypothèse d'une équivalence entre l'état cérébral et l'état psychologique [2].

---

1. *Matière et Mémoire*, chap. ii et iii.

2. *Le paralogisme psycho-physiologique* (*Revue de métaphysique*, novembre 1904).

L'évolution de la vie, envisagée de ce côté, prend un sens plus net, encore qu'on ne puisse pas la subsumer à une véritable idée. Tout se passe comme si un large courant de conscience avait pénétré dans la matière, chargé, comme toute conscience, d'une multiplicité énorme de virtualités qui s'entrepénétraient. Il a entraîné la matière à l'organisation, mais son mouvement en a été à la fois infiniment ralenti et infiniment divisé. D'une part, en effet, la conscience a dû s'assoupir, comme la chrysalide dans l'enveloppe où elle se prépare des ailes, et d'autre part les tendances multiples qu'elle renfermait se sont réparties entre des séries divergentes d'organismes, qui d'ailleurs extériorisaient ces tendances en mouvements plutôt qu'ils ne les intériorisaient en représentations. Au cours de cette évolution, tandis que les uns s'endormaient de plus en plus profondément, les autres se réveillaient de plus en plus complètement, et la torpeur des uns servait l'activité des autres. Mais le réveil pouvait se faire de deux manières différentes. La vie, c'est-à-dire la conscience lancée à travers la matière, fixait son attention ou sur son propre mouvement, ou sur la matière qu'elle traversait. Elle s'orientait ainsi soit dans le sens de l'intuition, soit dans celui de l'intelligence. L'intuition, au premier abord, semble bien préférable à l'intelligence, puisque la vie et la conscience y restent intérieures à elles-mêmes. Mais le spectacle de l'évolution des êtres vivants nous montre qu'elle ne pouvait aller bien loin. Du côté de l'intuition, la conscience s'est trouvée à tel point comprimée par son enveloppe qu'elle a dû rétrécir l'intuition en instinct, c'est-à-dire n'embrasser que la très petite portion de vie qui l'intéressait ; — encore l'embrasse-t-elle dans l'ombre, en la touchant sans presque la voir. De ce côté, l'horizon s'est tout de suite fermé. Au contraire, la conscience se déterminant en intelligence, c'est-à-dire se concentrant d'abord sur la matière, semble ainsi s'extérioriser par rapport à elle-même ; mais, justement parce qu'elle s'adapte aux objets du dehors, elle arrive à circuler au milieu d'eux, à tourner les barrières qu'ils lui opposent, à élargir indéfiniment son domaine. Une fois libérée, elle peut d'ailleurs se replier à l'intérieur, et réveiller les virtualités d'intuition qui sommeillent encore en elle.

De ce point de vue, non seulement la conscience apparaît comme le principe moteur de l'évolution, mais encore, parmi les êtres conscients eux-mêmes, l'homme vient occuper une place privilégiée. Entre les animaux et lui, il n'y a plus une différence de degré, mais de nature. En attendant que cette conclusion se dégage de notre prochain chapitre, montrons comment nos précédentes analyses la suggèrent.

C'est un fait digne de remarque que l'extraordinaire disproportion des conséquences d'une invention à l'invention elle-même. Nous disions que l'intelligence est modelée sur la matière et qu'elle vise d'abord à la fabrication. Mais fabrique-t-elle pour fabriquer, ou ne poursuivrait-elle pas, involontairement et même inconsciemment, tout autre chose ? Fabriquer consiste à informer la matière, à l'assouplir et à la plier, à la convertir en instrument afin de s'en rendre maître. C'est cette *maîtrise* qui profite à l'humanité, bien plus encore que le résultat matériel de l'invention même. Si nous retirons un avantage immédiat de l'objet fabriqué, comme pourrait le faire un animal intelligent, si même cet avantage est tout ce que l'inventeur recherchait, il est peu de chose en comparaison des idées nouvelles, des sentiments nouveaux que l'invention peut faire surgir de tous côtés, comme si elle avait pour effet essentiel de nous hausser au-dessus de nous-mêmes et, par là, d'élargir notre horizon. Entre l'effet et la cause la disproportion, ici, est si grande qu'il est difficile de tenir la cause pour *productrice* de son effet. Elle le *déclanche*, en lui assignant, il est vrai, sa direction. Tout se passe enfin comme si la mainmise de l'intelligence sur la matière avait pour principal objet de *laisser passer quelque chose* que la matière arrête.

La même impression se dégage d'une comparaison entre le cerveau de l'homme et celui des animaux. La différence paraît d'abord n'être qu'une différence de volume et de complexité. Mais il doit y avoir bien autre chose encore, à en juger par le fonctionnement. Chez l'animal, les mécanismes moteurs que le cerveau arrive à monter, ou, en d'autres termes, les habitudes que sa volonté contracte, n'ont d'autre objet et d'autre effet que d'accomplir les mouvements dessinés dans ces habitudes, emmagasinés dans ces mécanismes. Mais, chez l'homme, l'habitude motrice peut avoir un second résultat, incommensurable avec le premier. Elle peut tenir en échec d'autres habitudes motrices et, par là, en domptant l'automatisme, mettre en liberté la conscience. On sait quels vastes territoires le langage occupe dans le cerveau humain. Les mécanismes cérébraux qui correspondent aux mots ont ceci de particulier qu'ils peuvent être mis aux prises avec d'autres mécanismes, ceux par exemple qui correspondent aux choses mêmes, ou encore être mis aux prises les uns avec les autres : pendant ce temps la conscience, qui eût été entraînée et noyée dans l'accomplissement de l'acte, se ressaisit et se libère [1].

1. Un géologue que nous avons déjà eu occasion de citer, N. S. Shaler, dit excellemment : « Quand nous arrivons à l'homme, il semble que nous trouvions aboli l'antique assujettissement de l'esprit au corps, et les parties

La différence doit donc être plus radicale que ne le ferait croire un examen superficiel. C'est celle qu'on trouverait entre un mécanisme qui absorbe l'attention et un mécanisme dont on peut se distraire. La machine à vapeur primitive, telle que Newcomen l'avait conçue, exigeait la présence d'une personne exclusivement chargée de manœuvrer les robinets, soit pour introduire la vapeur dans le cylindre, soit pour y jeter la pluie froide destinée à la condensation. On raconte qu'un enfant employé à ce travail, et fort ennuyé d'avoir à le faire, eut l'idée de relier les manivelles des robinets, par des cordons, au balancier de la machine. Dès lors la machine ouvrait et fermait ses robinets elle-même ; elle fonctionnait toute seule. Maintenant, un observateur qui eût comparé la structure de cette seconde machine à celle de la première, sans s'occuper des deux enfants chargés de la surveillance, n'eût trouvé entre elles qu'une légère différence de complication. C'est tout ce qu'on peut apercevoir, en effet, quand on ne regarde que les machines. Mais si l'on jette un coup d'œil sur les enfants, on voit que l'un est absorbé par sa surveillance, que l'autre est libre de s'amuser à sa guise, et que, par ce côté, la différence entre les deux machines est radicale, la première retenant l'attention captive, la seconde lui donnant congé. C'est une différence du même genre, croyons-nous, qu'on trouverait entre le cerveau de l'animal et le cerveau humain.

En résumé, si l'on voulait s'exprimer en termes de finalité, il faudrait dire que la conscience, après avoir été obligée, pour se libérer elle-même, de scinder l'organisation en deux parties complémentaires, végétaux d'une

intellectuelles se développent avec une rapidité extraordinaire, la structure du corps demeurant identique dans ce qu'elle a d'essentiel » (Shaler, *The interpretation of nature*, Boston, 1899, p. 187).

part et animaux de l'autre, a cherché une issue dans la double direction de l'instinct et de l'intelligence : elle ne l'a pas trouvée avec l'instinct, et elle ne l'a obtenue, du côté de l'intelligence, que par un saut brusque de l'animal à l'homme. De sorte qu'en dernière analyse l'homme serait la raison d'être de l'organisation entière de la vie sur notre planète. Mais ce ne serait là qu'une manière de parler. Il n'y a en réalité qu'un certain courant d'existence et le courant antagoniste ; de là toute l'évolution de la vie. Il faut maintenant que nous serrions de plus près l'opposition de ces deux courants. Peut-être leur découvrirons-nous ainsi une source commune. Par là nous pénétrerons sans doute aussi dans les plus obscures régions de la métaphysique. Mais, comme les deux directions que nous avons à suivre se trouvent marquées dans l'intelligence d'une part, dans l'instinct et l'intuition de l'autre, nous ne craignons pas de nous égarer. Le spectacle de l'évolution de la vie nous suggère une certaine conception de la connaissance et aussi une certaine métaphysique qui s'impliquent réciproquement. Une fois dégagées, cette métaphysique et cette critique pourront jeter quelque lumière, à leur tour, sur l'ensemble de l'évolution.

CHAPITRE III

De la signification de la vie.
L'ordre de la nature et la forme de l'intelligence.

Au cours de notre premier chapitre, nous avons tracé une ligne de démarcation entre l'inorganique et l'organisé, mais nous indiquions que le sectionnement de la matière en corps inorganisés est relatif à nos sens et à notre intelligence, et que la matière, envisagée comme un tout indivisé, doit être un flux plutôt qu'une chose. Par là nous préparions les voies à un rapprochement entre l'inerte et le vivant.

D'autre part, nous avons montré dans notre second chapitre que la même opposition se retrouve entre l'intelligence et l'instinct, celui-ci accordé sur certaines déterminations de la vie, celle-là modelée sur la configuration de la matière brute. Mais instinct et intelligence se détachent l'un et l'autre, ajoutions-nous, sur un fond unique, qu'on pourrait appeler, faute d'un meilleur mot, la Conscience en général, et qui doit être coextensif à la vie universelle. Par là nous faisions entrevoir la possibilité d'engendrer l'intelligence, en partant de la conscience qui l'enveloppe.

Le moment serait donc venu de tenter une genèse de l'intelligence en même temps qu'une genèse des corps, — deux entreprises évidemment corrélatives l'une de l'autre, s'il est vrai que les grandes lignes de notre intelligence dessinent la forme générale de notre action sur la matière, et que le détail de la matière se règle sur les exigences de notre action. Intellectualité et matérialité se seraient constituées, dans le détail, par adaptation réciproque. L'une et l'autre dériveraient d'une forme d'existence plus vaste et plus haute. C'est là qu'il faudrait les replacer, pour les en voir sortir.

Une pareille tentative paraîtra, au premier abord, dépasser en témérité les spéculations les plus hardies des métaphysiciens. Elle prétendrait aller plus loin que la psychologie, plus loin que les cosmogonies, plus loin que la métaphysique traditionnelle, car psychologie, cosmologie et métaphysique commencent par se donner l'intelligence dans ce qu'elle a d'essentiel, au lieu qu'il s'agit ici de l'engendrer, dans sa forme et dans sa matière. L'entreprise est en réalité beaucoup plus modeste, comme nous allons le faire voir. Mais disons d'abord par où elle se distingue des autres.

Pour commencer par la psychologie, il ne faut pas croire qu'elle *engendre* l'intelligence quand elle en suit le développement progressif à travers la série animale. La psychologie comparée nous apprend que, plus un animal est intelligent, plus il tend à réfléchir sur les actions par lesquelles il utilise les choses et à se rapprocher ainsi de l'homme ; mais ses actions adoptaient déjà, par elles-mêmes, les principales lignes de l'action humaine, elles démêlaient dans le monde matériel les mêmes directions générales que nous y démêlons, elles s'appuyaient sur les mêmes objets reliés entre eux par les mêmes rapports, de sorte que l'intelligence animale, quoiqu'elle ne forme pas de concepts proprement dits, se meut déjà dans une atmosphère conceptuelle. Absorbée à tout instant par les actes et attitudes qui sortent d'elle, attirée par eux au dehors, s'extériorisant ainsi par rapport à elle-même, elle joue sans doute les représentations plutôt qu'elle ne les pense ; du moins ce jeu dessine-t-il déjà en gros le schéma de l'intelligence humaine[1]. Expliquer l'intelligence de l'homme par celle de l'animal consiste donc simplement à développer en humain un embryon d'humanité. On montre comment une certaine direction a été suivie de plus en plus loin par des êtres de plus en plus intelligents. Mais, du moment qu'on pose la direction, on se donne l'intelligence.

On se la donne aussi, comme on se donne du même coup la matière, dans une cosmogonie comme celle de Spencer. On nous montre la matière obéissant à des lois, les objets se reliant aux objets et les faits aux faits par des rapports constants, la conscience recevant l'empreinte de ces rapports et de ces lois, adoptant ainsi la configuration générale de la nature et se déterminant en intelligence. Mais comment ne pas voir qu'on suppose l'intelligence dès qu'on pose les objets et les faits ? *A priori*, en dehors de toute hypothèse sur l'essence de la matière, il est évident que la matérialité d'un corps ne s'arrête pas au point où nous le touchons. Il est présent partout où son influence se fait sentir. Or, sa force attractive, pour ne parler que d'elle, s'exerce sur le soleil, sur les planètes, peut-être sur l'univers entier. Plus la physique avance, plus elle efface d'ailleurs l'individualité des corps et même des particules en lesquelles l'imagination scientifique commençait par les décomposer ; corps et corpuscules tendent à se fondre dans une interaction

---

1. Nous avons développé ce point dans *Matière et Mémoire*, chap. ii et iii. notamment pages 78-80 et 169-186.

universelle. Nos perceptions nous donnent le dessin de notre action possible sur les choses bien plus que celui des choses mêmes. Les contours que nous trouvons aux objets marquent simplement ce que nous en pouvons atteindre et modifier. Les lignes que nous voyons tracées à travers la matière sont celles mêmes sur lesquelles nous sommes appelés à circuler. Contours et routes se sont accusés au fur et à mesure que se préparait l'action de la conscience sur la matière, c'est-à-dire, en somme, au fur et à mesure que se constituait l'intelligence. Il est douteux que les animaux construits sur un autre plan que nous, un Mollusque ou un Insecte par exemple, découpent la matière selon les mêmes articulations. Il n'est même pas nécessaire qu'ils la morcellent en corps. Pour suivre les indications de l'instinct, point n'est besoin de percevoir des *objets*, il suffit de distinguer des *propriétés*. L'intelligence, au contraire, même sous sa forme la plus humble, aspire déjà à faire que de la matière agisse sur de la matière. Si, par quelque côté, la matière se prête à une division en agents et patients, ou plus simplement en fragments coexistants et distincts, c'est de ce côté que l'intelligence regardera. Et, plus elle s'occupera de diviser, plus elle déploiera dans l'espace, sous forme d'étendue juxtaposée à de l'étendue, une matière qui tend sans doute à la spatialité, mais dont les parties sont cependant encore à l'état d'implication et de compénétration réciproques. Ainsi, le même mouvement qui porte l'esprit à se déterminer en intelligence, c'est-à-dire en concepts distincts, amène la matière à se morceler en objets nettement extérieurs les uns aux autres. *Plus la conscience s'intellectualise, plus la matière se spatialise.* C'est dire que la philosophie évolutioniste, quand elle se représente, dans l'espace, une matière découpée selon les lignes mêmes que suivra notre action, se donne par avance, toute faite, l'intelligence qu'elle prétendait engendrer.

La métaphysique se livre à un travail du même genre, mais plus subtil et plus conscient de lui-même, quand elle déduit *a priori* les catégories de la pensée. On presse l'intelligence, on la ramène à sa quintessence, on la fait tenir dans un principe si simple qu'on pourrait le croire vide : de ce principe on tire ensuite ce qu'on y a mis en puissance. Par là, on montre sans doute la cohérence de l'intelligence avec elle-même, on définit l'intelligence, on en donne la formule, mais on n'en retrace pas du tout la genèse. Une entreprise comme celle de Fichte, quoique plus philosophique que celle de Spencer, en ce qu'elle respecte davantage l'ordre véritable des choses, ne nous conduit guère plus loin qu'elle. Fichte prend la pensée à l'état de concentration et la dilate en réalité, Spencer part de la réalité extérieure et la recondense en intelligence. Mais, dans un cas comme dans l'autre, il faut qu'on commence par se donner l'intelligence, ou contractée ou épanouie, saisie en elle-même par une vision directe ou aperçue par réflexion dans la nature, comme dans un miroir.

L'entente de la plupart des philosophes sur ce point vient de ce qu'ils s'accordent à affirmer l'unité de la nature, et à se représenter cette unité sous une forme abstraite et géométrique. Entre l'organisé et l'inorganisé ils ne voient pas, ils ne veulent pas voir la coupure. Les uns partent de l'inorganique et prétendent, en le compliquant avec lui-même, reconstituer le vivant ; les autres posent d'abord la vie et s'acheminent vers la matière brute par un *decrescendo* habilement ménagé ; mais, pour les uns et pour les autres, il n'y a dans la nature que des différences de degré, — degrés de complexité dans la première hypothèse, degrés d'intensité dans la seconde. Une fois ce principe admis, l'intelligence devient aussi vaste que le réel, car il est incontestable que ce qu'il y a de géométrique dans les choses est entièrement accessible à l'intelligence humaine ; et, si la continuité est parfaite entre la géométrie et le reste, tout le reste devient également intelligible, également intelligent. Tel est le postulat de la plupart des systèmes. On s'en convaincra sans peine en comparant entre elles des doctrines qui paraissent n'avoir aucun point de contact entre elles, aucune commune mesure, celles d'un Fichte et d'un Spencer par exemple, — deux noms que le hasard vient de nous faire rapprocher l'un de l'autre.

Au fond de ces spéculations il y a donc les deux convictions (corrélatives et complémentaires) que la nature est une et que l'intelligence a pour fonction de l'embrasser en entier. La faculté de connaître étant supposée coextensive à la totalité de l'expérience, il ne peut plus être question de l'engendrer. On se la donne et on s'en sert, comme on se sert de la vue pour embrasser l'horizon. Il est vrai qu'on différera d'avis sur la valeur du résultat : pour les uns, c'est la réalité même que l'intelligence étreint, pour les autres ce n'en est que le fantôme. Mais, fantôme ou réalité, ce que l'intelligence saisit est censé être la totalité du saisissable.

Par là s'explique la confiance exagérée de la philosophie dans les forces de l'esprit individuel. Qu'elle soit dogmatique ou critique, qu'elle consente à la relativité de notre connaissance ou qu'elle prétende s'installer dans l'absolu, une philosophie est généralement l'œuvre d'un philosophe, une vision unique et globale du tout. Elle est à prendre ou à laisser.

Plus modeste, seule capable aussi de se compléter et de

se perfectionner, est la philosophie que nous réclamons. L'intelligence humaine, telle que nous nous la représentons, n'est point du tout celle que nous montrait Platon dans l'allégorie de la caverne. Elle n'a pas plus pour fonction de regarder passer des ombres vaines que de contempler, en se retournant derrière elle, l'astre éblouissant. Elle a autre chose à faire. Attelés, comme des bœufs de labour, à une lourde tâche, nous sentons le jeu de nos muscles et de nos articulations, le poids de la charrue et la résistance du sol : agir et se savoir agir, entrer en contact avec la réalité et même la vivre, mais dans la mesure seulement où elle intéresse l'œuvre qui s'accomplit et le sillon qui se creuse, voilà la fonction de l'intelligence humaine. Pourtant un fluide bienfaisant nous baigne, où nous puisons la force même de travailler et de vivre. De cet océan de vie, où nous sommes immergés, nous aspirons sans cesse quelque chose, et nous sentons que notre être, ou du moins l'intelligence qui le guide, s'y est formé par une espèce de solidification locale. La philosophie ne peut être qu'un effort pour se fondre à nouveau dans le tout. L'intelligence, se résorbant dans son principe, revivra à rebours sa propre genèse. Mais l'entreprise ne pourra plus s'achever tout d'un coup ; elle sera nécessairement collective et progressive. Elle consistera dans un échange d'impressions qui, se corrigeant entre elles et se superposant aussi les unes aux autres, finiront par dilater en nous l'humanité et par obtenir qu'elle se transcende elle-même.

Mais cette méthode a contre elle les habitudes les plus invétérées de l'esprit. Elle suggère tout de suite l'idée d'un cercle vicieux. En vain, nous dira-t-on, vous prétendez aller plus loin que l'intelligence : comment le ferez-vous, sinon avec l'intelligence même ? Tout ce qu'il y a d'éclairé dans votre conscience est intelligence. Vous êtes intérieur à votre pensée, vous ne sortirez pas d'elle. Dites, si vous voulez, que l'intelligence est capable de progrès, qu'elle verra de plus en plus clair dans un nombre de plus en plus grand de choses. Mais ne parlez pas de l'engendrer, car c'est avec votre intelligence encore que vous en feriez la genèse.

L'objection se présente naturellement à l'esprit. Mais on prouverait aussi bien, avec un pareil raisonnement, l'impossibilité d'acquérir n'importe quelle habitude nouvelle. Il est de l'essence du raisonnement de nous enfermer dans le cercle du donné. Mais l'action brise le cercle. Si vous n'aviez jamais vu un homme nager, vous me diriez peut-être que nager est chose impossible, attendu que, pour apprendre à nager, il faudrait commencer par se tenir sur l'eau, et par conséquent savoir nager déjà. Le raisonnement me clouera toujours, en effet, à la terre ferme. Mais si, tout bonnement, je me jette à l'eau sans avoir peur, je me soutiendrai d'abord sur l'eau tant bien que mal en me débattant contre elle, et peu à peu je m'adapterai à ce nouveau milieu, j'apprendrai à nager. Ainsi, en théorie, il y a une espèce d'absurdité à vouloir connaître autrement que par l'intelligence ; mais, si l'on accepte franchement le risque, l'action tranchera peut-être le nœud que le raisonnement a noué et qu'il ne dénouera pas.

Le risque paraîtra d'ailleurs moins gros à mesure qu'on adoptera davantage le point de vue où nous nous plaçons. Nous avons montré que l'intelligence s'est détachée d'une réalité plus vaste, mais qu'il n'y a jamais eu de coupure nette entre les deux : autour de la pensée conceptuelle subsiste une frange indistincte qui en rappelle l'origine. Bien plus, nous comparions l'intelligence à un noyau solide qui se serait formé par voie de condensation.

Ce noyau ne diffère pas radicalement du fluide qui l'enveloppe. Il ne s'y résorbera que parce qu'il est fait de la même substance. Celui qui se jette à l'eau, n'ayant jamais connu que la résistance de la terre ferme, se noierait tout de suite s'il ne se débattait pas contre la fluidité du nouveau milieu ; force lui est de se cramponner à ce que l'eau lui présente encore, pour ainsi dire, de solidité. A cette condition seulement on finit par s'accommoder au fluide dans ce qu'il a d'inconsistant. Ainsi pour notre pensée, quand elle s'est décidée à faire le saut.

Mais il faut qu'elle saute, c'est-à-dire qu'elle sorte de son milieu. Jamais la raison, raisonnant sur ses pouvoirs, n'arrivera à les étendre, encore que cette extension n'apparaisse pas du tout comme déraisonnable une fois accomplie. Vous aurez beau exécuter mille et mille variations sur le thème de la marche, vous ne tirerez pas de là une règle pour nager. Entrez dans l'eau, et, quand vous saurez nager, vous comprendrez que le mécanisme de la natation se rattache à celui de la marche. Le premier prolonge le second, mais le second ne vous eût pas introduit dans le premier. Ainsi, vous pourrez spéculer aussi intelligemment que vous voudrez sur le mécanisme de l'intelligence, vous n'arriverez jamais, par cette méthode, à le dépasser. Vous obtiendrez du plus compliqué, mais non pas du supérieur ou même simplement du différent. Il faut brusquer les choses, et, par un acte de volonté, pousser l'intelligence hors de chez elle.

Le cercle vicieux n'est donc qu'apparent. Il est au contraire réel, croyons-nous, avec toute autre manière de philosopher. C'est ce que nous voudrions montrer en quelques mots, quand ce ne serait que pour prouver que la philosophie ne peut pas, ne doit pas accepter la relation établie par le pur intellectualisme entre la théorie de la connaissance et la théorie du connu, entre la métaphysique et la science.

A première vue, il peut paraître prudent d'abandonner à la science positive la considération des faits. La physique et la chimie s'occuperont de la matière brute, les sciences biologiques et psychologiques étudieront les manifestations de la vie. La tâche du philosophe est alors nettement circonscrite. Il reçoit, des mains du savant, les faits et les lois, et, soit qu'il cherche à les dépasser pour en atteindre les causes profondes, soit qu'il croie impossible d'aller plus loin et qu'il le prouve par l'analyse même de la connaissance scientifique, dans les deux cas il a pour les faits et pour les relations, tels que la science les lui transmet, le respect que l'on doit à la chose jugée. A cette connaissance il superposera une critique de la faculté de connaître et aussi, le cas échéant, une métaphysique : quant à la connaissance même, dans sa matérialité, il la tient pour affaire de science et non pas de philosophie.

Mais comment ne pas voir que cette prétendue division du travail revient à tout brouiller et à tout confondre ? La métaphysique ou la critique que le philosophe se réserve de faire, il va les recevoir toutes faites de la science positive, déjà contenues dans les descriptions et les analyses dont il a abandonné au savant tout le souci. Pour n'avoir pas voulu intervenir, dès le début, dans les questions de fait, il se trouve réduit, dans les questions de principe, à formuler purement et simplement en termes plus précis la métaphysique et la critique inconscientes, partant inconsistantes, que dessine l'attitude même de la science vis-à-vis de la réalité. Ne nous laissons pas duper par une apparente analogie entre les choses de la nature et les choses humaines. Nous ne sommes pas ici dans le domaine judiciaire, où la description du fait et le jugement sur le fait sont deux choses distinctes, par la raison très simple qu'il y a alors au-dessus du fait, indépendante de lui, une loi édictée par un législateur. Ici les lois sont intérieures aux faits et relatives aux lignes qu'on a suivies pour découper le réel en faits distincts. On ne peut pas décrire l'aspect de l'objet sans préjuger de sa nature intime et de son organisation. La forme n'est plus tout à fait isolable de la matière, et celui qui a commencé par réserver à la philosophie les questions de principe, et qui a voulu, par là, mettre la philosophie au-dessus des sciences comme une Cour de Cassation au-dessus des cours d'assises, et d'appel, sera amené, de degré en degré, à ne plus faire d'elle qu'une simple cour d'enregistrement, chargée tout au plus de libeller en termes plus précis des sentences qui lui arrivent irré-vocablement rendues.

La science positive, en effet, est œuvre de pure intelli-gence. Or, qu'on accepte ou qu'on rejette notre concep-tion de l'intelligence, il y a un point que tout le monde nous accordera, c'est que l'intelligence se sent surtout à son aise en présence de la matière inorganisée. De cette matière elle tire de mieux en mieux parti par des inven-tions mécaniques, et les inventions mécaniques lui devien-nent d'autant plus faciles qu'elle pense la matière plus mécaniquement. Elle porte en elle, sous forme de logique naturelle, un géométrisme latent qui se dégage au fur et à mesure qu'elle pénètre davantage dans l'intimité de la matière inerte. Elle est accordée sur cette matière, et c'est pourquoi la physique et la métaphysique de la matière brute sont si près l'une de l'autre. Maintenant, quand l'intelligence aborde l'étude de la vie, nécessairement elle traite le vivant comme l'inerte, appliquant à ce nouvel objet les mêmes formes, transportant dans ce nouveau domaine les mêmes habitudes qui lui ont si bien réussi dans l'ancien. Et elle a raison de le faire, car à cette condition seulement le vivant offrira à notre action la même prise que la matière inerte. Mais la vérité où l'on aboutit ainsi devient toute relative à notre faculté d'agir. Ce n'est plus qu'une vérité symbolique. Elle ne peut pas avoir la même valeur que la vérité physique, n'étant qu'une extension de la physique à un objet dont nous convenons *a priori* de n'envisager que l'aspect extérieur. Le devoir de la philosophie serait donc d'intervenir ici activement, d'examiner le vivant sans arrière-pensée d'utilisation pratique, en se dégageant des formes et des habitudes proprement intellectuelles. Son objet à elle est de spéculer, c'est-à-dire de voir ; son attitude vis-à-vis du vivant ne saurait être celle de la science, qui ne vise qu'à agir, et qui, ne pouvant agir que par l'intermédiaire de la matière inerte, envisage le reste de la réalité sous cet unique aspect. Qu'arrivera-t-il donc si elle abandonne à la science positive toute seule les faits biologiques et les faits psychologiques, comme elle lui a laissé, à bon droit, les faits physiques ? *A priori* elle acceptera une conception mécanistique de la nature entière, conception irréfléchie et même inconsciente, issue du besoin matériel. *A priori* elle acceptera la doctrine de l'unité simple de la connaissance, et de l'unité abstraite de la nature.

Dès lors la philosophie est faite. Le philosophe n'a plus le choix qu'entre un dogmatisme et un scepticisme métaphysiques qui reposent, au fond, sur le même postulat, et qui n'ajoutent rien à la science positive. Il pourra hypostasier l'unité de la nature ou, ce qui revient au même, l'unité de la science, dans un être qui ne sera rien puisqu'il ne fera rien, dans un Dieu inefficace qui résumera simplement en lui tout le donné, ou dans une Matière éternelle, du sein de laquelle se déverseraient les propriétés des choses et les lois de la nature, ou encore dans une Forme pure qui chercherait à saisir une multiplicité insaisissable et qui sera, comme on voudra, forme de la nature ou forme de la pensée. Toutes ces philosophies diront, dans des langages variés, que la science a raison de traiter le vivant comme l'inerte, et qu'il n'y a aucune différence de valeur, aucune distinction à faire entre les résultats auxquels l'intelligence aboutit en appliquant ses catégories, soit qu'elle se repose dans la matière inerte, soit qu'elle s'attaque à la vie.

Pourtant, dans bien des cas, on sent craquer le cadre. Mais, comme on n'a pas commencé par distinguer entre l'inerte et le vivant, l'un adapté par avance au cadre où on l'insère, l'autre incapable d'y tenir autrement que par une convention qui en élimine l'essentiel, on est réduit à frapper d'une égale suspicion tout ce que le cadre contient. A un dogmatisme métaphysique, qui érigeait en absolu l'unité factice de la science, succédera maintenant un scepticisme ou un relativisme qui universalisera et étendra à tous les résultats de la science le caractère artificiel de certains d'entre eux. Ainsi, la philosophie oscillera désormais entre la doctrine qui tient la réalité absolue pour inconnaissable et celle qui, dans l'idée qu'elle nous donne de cette réalité, ne dit rien de plus que ce que disait la science. Pour avoir voulu prévenir tout conflit entre la science et la philosophie, on aura sacrifié la philosophie sans que la science y ait gagné grand'chose. Et pour avoir prétendu éviter le cercle vicieux apparent qui consisterait à user de l'intelligence pour dépasser l'intelligence, on tournera dans un cercle bien réel, celui qui consiste à retrouver laborieusement, en métaphysique, une unité qu'on a commencé par poser *a priori*, une unité qu'on a admise aveuglément, inconsciemment, par cela seul qu'on abandonnait toute l'expérience à la science et tout le réel à l'entendement pur.

Commençons, au contraire, par tracer une ligne de démarcation entre l'inerte et le vivant. Nous trouverons que le premier entre naturellement dans les cadres de l'intelligence, que le second ne s'y prête qu'artificiellement, que dès lors il faut adopter vis-à-vis de celui-ci une attitude spéciale et l'examiner avec des yeux qui ne sont pas ceux de la science positive. La philosophie envahit ainsi le domaine de l'expérience. Elle se mêle de bien des choses qui, jusqu'ici, ne la regardaient pas. Science, théorie de la connaissance et métaphysique vont se trouver portées sur le même terrain. Il en résultera d'abord une certaine confusion parmi elles. Toutes trois croiront d'abord y avoir perdu quelque chose. Mais toutes trois finiront par tirer profit de la rencontre.

La connaissance scientifique, en effet, pouvait s'enorgueillir de ce qu'on attribuait une valeur uniforme à ses affirmations dans le domaine entier de l'expérience. Mais, précisément parce que toutes se trouvaient placées au même rang, toutes finissaient par y être entachées de la même relativité. Il n'en sera plus de même quand on aura commencé par faire la distinction qui, selon nous, s'impose. L'entendement est chez lui dans le domaine de la matière inerte. Sur cette matière s'exerce essentiellement l'action humaine, et l'action, comme nous le disions plus haut, ne saurait se mouvoir dans l'irréel. Ainsi, pourvu que l'on ne considère de la physique que sa forme générale, et non pas le détail de sa réalisation, on peut dire qu'elle touche à l'absolu. Au contraire, c'est par

accident, — chance ou convention, comme on voudra,
— que la science obtient sur le vivant une prise analogue
à celle qu'elle a sur la matière brute. Ici l'application des
cadres de l'entendement n'est plus naturelle. Nous ne
voulons pas dire qu'elle ne soit plus légitime, au sens
scientifique du mot. Si la science doit étendre notre
action sur les choses, et si nous ne pouvons agir qu'avec
la matière inerte pour instrument, la science peut et doit
continuer à traiter le vivant comme elle traitait l'inerte.
Mais il sera entendu que, plus elle s'enfonce dans les
profondeurs de la vie, plus la connaissance qu'elle nous
fournit devient symbolique, relative aux contingences de
l'action. Sur ce nouveau terrain la philosophie devra donc
suivre la science, pour superposer à la vérité scientifique
une connaissance d'un autre genre, qu'on pourra appeler
métaphysique. Dès lors toute notre connaissance, scientifique ou métaphysique, se relève. Dans l'absolu nous
sommes, nous circulons et vivons. La connaissance que
nous en avons est incomplète, sans doute, mais non pas
extérieure ou relative. C'est l'être même, dans ses profondeurs, que nous atteignons par le développement combiné
et progressif de la science et de la philosophie.

En renonçant ainsi à l'unité factice que l'entendement
impose du dehors à la nature, nous en retrouverons peut-
être l'unité vraie, intérieure et vivante. Car l'effort que
nous donnons pour dépasser le pur entendement nous
introduit dans quelque chose de plus vaste, où notre
entendement se découpe et dont il a dû se détacher. Et,
comme la matière se règle sur l'intelligence, comme
il y a entre elles un accord évident, on ne peut engendrer l'une sans faire la genèse de l'autre. Un processus
identique a dû tailler en même temps matière et intelligence dans une étoffe qui les contenait toutes deux.

Dans cette réalité nous nous replacerons de plus en plus complètement, à mesure que nous nous efforcerons davantage de transcender l'intelligence pure.

Concentrons-nous donc sur ce que nous avons, tout à la fois, de plus détaché de l'extérieur et de moins pénétré d'intellectualité. Cherchons, au plus profond de nous-mêmes, le point où nous nous sentons le plus intérieurs à notre propre vie. C'est dans la pure durée que nous nous replongeons alors, une durée où le passé, toujours en marche, se grossit sans cesse d'un présent absolument nouveau. Mais, en même temps, nous sentons se tendre, jusqu'à sa limite extrême, le ressort de notre volonté. Il faut que, par une contraction violente de notre personnalité sur elle-même, nous ramassions notre passé qui se dérobe, pour le pousser, compact et indivisé, dans un présent qu'il créera en s'y introduisant. Bien rares sont les moments où nous nous ressaisissons nous-mêmes à ce point : ils ne font qu'un avec nos actions vraiment libres. Et, même alors, nous ne nous tenons jamais tout entiers. Notre sentiment de la durée, je veux dire la coïncidence de notre moi avec lui-même, admet des degrés. Mais, plus le sentiment est profond et la coïncidence complète, plus la vie où ils nous replacent absorbe l'intellectualité en la dépassant. Car l'intelligence a pour fonction essentielle de lier le même au même, et il n'y a d'entièrement adaptables au cadres de l'intelligence que les faits qui se répètent. Or, sur les moments réels de la durée réelle l'intelligence trouve sans doute prise après coup, en reconstituant le nouvel état avec une série de vues prises du dehors sur lui et qui ressemblent autant que possible au déjà connu : en ce sens, l'état contient de l'intellectualité « en puissance », pour ainsi dire. Il la déborde cependant, il reste même incommensurable avec elle, étant indivisible et nouveau.

Détendons-nous maintenant, interrompons l'effort qui pousse dans le présent la plus grande partie possible du passé. Si la détente était complète, il n'y aurait plus ni mémoire ni volonté : c'est dire que nous ne tombons jamais dans cette passivité absolue, pas plus que nous ne pouvons nous rendre absolument libres. Mais, à la limite, nous entrevoyons une existence faite d'un présent qui recommencerait sans cesse, — plus de durée réelle, rien que de l'instantané qui meurt et renaît indéfiniment. Est-ce là l'existence de la matière ? Pas tout à fait, sans doute, car l'analyse la résout en ébranlements élémentaires dont les plus courts sont d'une durée très faible, presque évanouissante, mais non pas nulle. On peut néanmoins présumer que l'existence physique incline dans ce second sens, comme l'existence psychique dans le premier.

Au fond de la « spiritualité » d'une part, de la « matérialité » avec l'intellectualité de l'autre, il y aurait donc deux processus de direction opposée, et l'on passerait du premier au second par voie d'inversion, peut-être même de simple interruption, s'il est vrai qu'inversion et interruption soient deux termes qui doivent être tenus ici pour synonymes, comme nous le montrerons en détail un peu plus loin. Cette présomption se confirmera si l'on considère les choses du point de vue de l'étendue, et non plus seulement de la durée.

Plus nous prenons conscience de notre progrès dans la pure durée, plus nous sentons les diverses parties de notre être entrer les unes dans les autres et notre personnalité tout entière se concentrer en un point, ou mieux en une pointe, qui s'insère dans l'avenir en l'entamant sans cesse. En cela consistent la vie et l'action libres. Laissons-nous aller, au contraire ; au lieu d'agir, rêvons. Du même coup notre moi s'éparpille ; notre passé, qui jusque-là se ramassait sur lui-même dans l'impulsion indivisible qu'il nous communiquait, se décompose en mille et mille souvenirs qui s'extériorisent les uns par rapport aux autres. Ils renoncent à s'entrepénétrer à mesure qu'ils se figent davantage. Notre personnalité redescend ainsi dans la direction de l'espace. Elle le côtoie sans cesse, d'ailleurs, dans la sensation. Nous ne nous appesantirons pas ici sur un point que nous avons approfondi ailleurs. Bornons-nous à rappeler que l'extension admet des degrés, que toute sensation est extensive dans une certaine mesure, et que l'idée de sensations inétendues, artificiellement localisées dans l'espace, est une simple vue de l'esprit, suggérée par une métaphysique inconsciente bien plutôt que par l'observation psychologique.

Sans doute nous ne faisons que les premiers pas dans la direction de l'étendue, même quand nous nous laissons aller le plus que nous pouvons. Mais supposons, un instant, que la matière consiste en ce même mouvement poussé plus loin, et que le physique soit simplement du psychique inverti. On comprendrait alors que l'esprit se sentît si bien à son aise et circulât si naturellement dans l'espace, dès que la matière lui en suggère la représentation plus distincte. Cet espace, il en avait la représentation implicite dans le sentiment même qu'il prenait de sa *détente* éventuelle, c'est-à-dire de son *extension* possible. Il le retrouve dans les choses, mais il l'eût obtenu sans elles s'il eût eu l'imagination assez puissante pour pousser jusqu'au bout l'inversion de son mouvement naturel. D'autre part, nous nous expliquerions ainsi que la matière accentuât encore sa matérialité sous le regard de l'esprit. Elle a commencé par aider celui-ci à redescendre sa pente à elle, elle lui a donné l'impulsion. Mais l'esprit continue, une fois lancé. La représentation qu'il forme de l'espace pur n'est que le *schéma* du terme où ce mouvement aboutirait. Une fois en possession de la forme d'espace, il s'en sert comme d'un filet aux mailles faisables et défaisables à volonté, lequel, jeté sur la matière, la divise comme les besoins de notre action l'exigent. Ainsi, l'espace de notre géométrie et la spatialité des choses s'engendrent mutuellement par l'action et la réaction réciproques de deux termes qui sont de même essence, mais qui marchent en sens inverse l'un de l'autre. Ni l'espace n'est aussi étranger à notre nature que nous nous le figurons, ni la matière n'est aussi complètement étendue dans l'espace que notre intelligence et nos sens se la représentent.

Nous avons traité du premier point ailleurs. En ce qui concerne le second, nous nous bornerons à faire observer que la spatialité parfaite consisterait en une parfaite extériorité des parties les unes par rapport aux autres, c'est-à-dire en une indépendance réciproque complète. Or, il n'y a pas de point matériel qui n'agisse sur n'importe quel autre point matériel. Si l'on remarque qu'une chose est véritablement là où elle agit, on sera conduit à dire (comme le faisait Faraday[1]) que tous les atomes s'entre-pénètrent et que chacun d'eux remplit le monde. Dans une pareille hypothèse, l'atome ou plus généralement le point matériel devient une simple vue de l'esprit, celle où l'on arrive en continuant assez loin le travail (tout relatif à notre faculté d'agir) par lequel nous subdivisons la matière en corps. Pourtant il est incontestable que la

---

1. Faraday, *A speculation concerning electric conduction* (*Philos. Magazine*, 3e série, vol. XXIV).

matière se prête à cette subdivision, et qu'en la supposant morcelable en parties extérieures les unes des autres, nous construisons une science suffisamment représentative du réel. Il est incontestable que, s'il n'y a pas de système tout à fait isolé, la science trouve cependant moyen de découper l'univers en systèmes relativement indépendants les uns des autres, et qu'elle ne commet pas ainsi d'erreur sensible. Qu'est-ce à dire, sinon que la matière *s'étend* dans l'espace sans y être absolument *étendue*, et qu'en la tenant pour décomposable en systèmes isolés, en lui attribuant des éléments bien distincts qui changent les uns par rapport aux autres sans changer eux-mêmes, (qui « se déplacent », disons-nous, sans s'altérer), en lui conférant enfin les propriétés de l'espace pur, on se transporte au terme du mouvement dont elle dessine simplement la direction ?

Ce que l'*Esthétique transcendantale* de Kant nous paraît avoir établi d'une manière définitive, c'est que l'étendue n'est pas un attribut matériel comparable aux autres. Sur la notion de chaleur, sur celle de couleur ou de pesanteur, le raisonnement ne travaillera pas indéfiniment : pour connaître les modalités de la pesanteur, ou de la chaleur, il faudra reprendre contact avec l'expérience. Il n'en est pas de même pour la notion d'espace. A supposer qu'elle nous soit fournie empiriquement par la vue et le toucher, (et Kant ne l'a jamais contesté), elle a ceci de remarquable que l'esprit, spéculant sur elle avec ses seules forces, y découpe *a priori* des figures dont il déterminera *a priori* les propriétés : l'expérience, avec laquelle il n'a pas gardé contact, le suit cependant à travers les complications infinies de ses raisonnements et leur donne invariablement raison. Voilà le fait. Kant l'a mis en pleine lumière. Mais l'explication du fait doit être cherchée, croyons-nous, dans une tout autre voie que celle où Kant s'engage.

L'intelligence, telle que Kant nous la représente, baigne dans une atmosphère de spatialité à laquelle elle est aussi inséparablement unie que le corps vivant à l'air qu'il respire. Nos perceptions ne nous arrivent qu'après avoir traversé cette atmosphère. Elles s'y sont imprégnées par avance de notre géométrie, de sorte que notre faculté de penser ne fait que retrouver, dans la matière, les propriétés mathématiques qu'y a déposées par avance notre faculté de percevoir. Ainsi, nous sommes assurés de voir la matière se plier avec docilité à nos raisonnements ; mais cette matière, dans ce qu'elle a d'intelligible, est notre œuvre : de la réalité « en soi » nous ne savons et ne saurons jamais rien, puisque nous ne saisissons d'elle que sa réfraction à travers les formes de notre faculté de percevoir. Que si nous prétendons en affirmer quelque chose, aussitôt l'affirmation contraire surgit, également démontrable, également plausible : l'idéalité de l'espace, prouvée directement par l'analyse de la connaissance, l'est indirectement par les antinomies où la thèse opposée conduit. Telle est l'idée directrice de la critique kantienne. Elle a inspiré à Kant une réfutation péremptoire des théories dites « empiristiques » de la connaissance. Elle est, à notre sens, définitive dans ce qu'elle nie. Mais nous apporte-t-elle, dans ce qu'elle affirme, la solution du problème ?

Elle se donne l'espace comme une forme toute faite de notre faculté de percevoir, — véritable *deus ex machina* dont on ne voit ni comment il surgit, ni pourquoi il est ce qu'il est plutôt que tout autre chose. Elle se donne des « choses en soi » dont elle prétend que nous ne pouvons rien connaître : de quel droit en affirme-t-elle alors l'existence, même comme « problématique » ? Si l'inconnaissable réalité projette dans notre faculté de percevoir une diversité sensible, capable de s'y insérer exactement, n'est-elle pas, par là même, connue en partie ? Et, en approfondissant cette insertion, n'allons-nous pas être amenés, sur un point tout au moins, à supposer entre les choses et notre esprit un accord préétabli, — hypothèse paresseuse, dont Kant avait raison de vouloir se passer ? Au fond, c'est pour n'avoir pas distingué de degrés dans la spatialité que Kant a dû se donner l'espace tout fait, — d'où la question de savoir comment la « diversité sensible » s'y adapte. C'est pour la même raison qu'il a cru la matière entièrement développée en parties absolument extérieures les unes aux autres : de là des antinomies, dont on verrait sans peine que la thèse et l'antithèse supposent la coïncidence parfaite de la matière avec l'espace géométrique, mais qui s'évanouissent dès qu'on cesse d'étendre à la matière ce qui est vrai de l'espace pur. De là enfin la conclusion qu'il y a trois alternatives, et trois seulement, entre lesquelles opter pour la théorie de la connaissance : ou l'esprit se règle sur les choses, ou les choses se règlent sur l'esprit, ou il faut supposer entre les choses et l'esprit une concordance mystérieuse.

Mais la vérité est qu'il y en a une quatrième, à laquelle Kant ne paraît pas avoir songé, — d'abord parce qu'il ne pensait pas que l'esprit débordât l'intelligence, ensuite (et c'est, au fond, la même chose) parce qu'il n'attribuait pas à la durée une existence absolue, ayant mis *a priori* le temps sur la même ligne que l'espace. Cette solution consisterait d'abord à considérer l'intelligence comme une fonction spéciale de l'esprit, essentiellement tournée vers la matière inerte. Elle consisterait ensuite à dire que ni la matière ne détermine la forme de l'intelligence, ni l'intelligence n'impose sa forme à la matière, ni la matière et l'intelligence n'ont été réglées l'une sur l'autre par je ne sais quelle harmonie préétablie, mais que progressivement l'intelligence et la matière se sont adaptées l'une à l'autre pour s'arrêter enfin à une forme commune. *Cette adaptation se serait d'ailleurs effectuée tout naturellement, parce que c'est la même inversion du même mouvement qui crée à la fois l'intellectualité de l'esprit et la matérialité des choses.*

De ce point de vue, la connaissance que nous donnent de la matière notre perception, d'un côté, et la science, de l'autre, nous apparaît comme approximative, sans doute, mais non pas comme relative. Notre perception, dont le rôle est d'éclairer nos actions, opère un sectionnement de la matière qui sera toujours trop net, toujours subordonné à des exigences pratiques, toujours à reviser par conséquent. Notre science, qui aspire à prendre la forme mathématique, accentue plus qu'il ne faut la spatialité de la matière ; ses schémas seront donc, en général, trop précis, et d'ailleurs toujours à refaire. Il faudrait, pour qu'une théorie scientifique fût définitive, que l'esprit pût embrasser en bloc la totalité des choses et les situer exactement les unes par rapport aux autres ; mais, en réalité, nous sommes obligés de poser les problèmes un à un, en termes qui sont par là même des termes provisoires, de sorte que la solution de chaque problème devra être indéfiniment corrigée par la solution qu'on donnera des problèmes suivants, et que la science, dans son ensemble, est relative à l'ordre contingent dans lequel les problèmes ont été posés tour à tour. C'est en ce sens, et dans cette mesure, qu'il faut tenir la science pour conventionnelle. Mais la conventionalité est de fait, pour ainsi dire, et non pas de droit. En principe, la science positive porte sur la réalité même, pourvu qu'elle ne sorte pas de son domaine propre, qui est la matière inerte.

La connaissance scientifique, ainsi envisagée, s'élève. En revanche, la théorie de la connaissance devient une entreprise infiniment difficile, et qui passe les forces de la pure intelligence. Il ne suffit plus, en effet, de déterminer, par une analyse conduite avec prudence, les catégories de la pensée, il s'agit de les engendrer. En ce qui concerne l'espace, il faudrait, par un effort *sui generis* de l'esprit, suivre la progression ou plutôt la régression de l'extra-spatial se dégradant en spatialité. En nous plaçant d'abord aussi haut que possible dans notre propre conscience pour nous laisser ensuite peu à peu tomber, nous avons bien le sentiment que notre moi s'étend en souvenirs inertes extériorisés les uns par rapport aux autres, au lieu de se tendre en un vouloir indivisible et agissant. Mais ce n'est là qu'un commencement. Notre conscience, en esquissant le mouvement, nous en montre la direction et nous fait entrevoir la possibilité pour lui de se continuer jusqu'au bout ; elle ne va pas aussi loin. En revanche, si nous considérons la matière qui nous paraît d'abord coïncider avec l'espace, nous trouvons que, plus notre attention se fixe sur elle, plus les parties que nous disions juxtaposées entrent les unes dans les autres, chacune d'elles subissant l'action du tout qui lui est, par conséquent, présent en quelque manière. Ainsi, quoiqu'elle se déploie dans le sens de l'espace, la matière n'y aboutit pas tout à fait : d'où l'on peut conclure qu'elle ne fait que continuer beaucoup plus loin le mouvement que la conscience pouvait esquisser en nous à l'état naissant. Nous tenons donc les deux bouts de la chaîne, quoique nous n'arrivions pas à saisir les autres anneaux. Nous échapperont-ils toujours ? Il faut considérer que la philosophie, telle que nous la définissons, n'a pas encore pris conscience complète d'elle-même. La physique comprend son rôle quand elle pousse la matière dans le sens de la spatialité ; mais la métaphysique a-t-elle compris le sien quand elle emboîtait purement et simplement le pas de la physique, avec le chimérique espoir d'aller plus loin dans la même direction ? Sa tâche propre ne serait-elle pas, au contraire, de remonter la pente que la physique descend, de ramener la matière à ses origines, et de constituer progressivement une cosmologie qui serait, si l'on peut parler ainsi, une psychologie retournée ? Tout ce qui apparaît comme *positif* au physicien et au géomètre deviendrait, de ce nouveau point de vue, interruption ou interversion de la positivité vraie, qu'il faudrait définir en termes psychologiques.

Certes, si l'on considère l'ordre admirable des mathématiques, l'accord parfait des objets dont elles s'occupent, la logique immanente aux nombres et aux figures, la certitude où nous sommes, quelles que soient la diversité et la complexité de nos raisonnements sur le même sujet, de retomber toujours sur la même conclusion, on hésitera à voir dans des propriétés d'apparence aussi positive un système de négations, l'absence plutôt que la présence d'une réalité vraie. Mais il ne faut pas oublier que notre intelligence, qui constate cet ordre et qui l'admire, est dirigée dans le sens même du mouvement qui aboutit à la matérialité et à la spatialité de son objet. Plus, en analysant son objet, elle y met de complication, plus compliqué est l'ordre qu'elle y trouve. Et cet ordre et cette complication lui font nécessairement l'effet d'une réalité positive, étant de même sens qu'elle.

Quand un poète me lit ses vers, je puis m'intéresser assez à lui pour entrer dans sa pensée, m'insérer dans ses

sentiments, revivre l'état simple qu'il a éparpillé en phrases et en mots. Je sympathise alors avec son inspiration,
je la suis d'un mouvement continu qui est, comme l'inspiration elle-même, un acte indivisé. Maintenant, il
suffit que je relâche mon attention, que je détende ce
qu'il y avait en moi de tendu, pour que les sons, jusque-
là noyés dans le sens, m'apparaissent distinctement, un à
un, dans leur matérialité. Je n'ai rien à ajouter pour
cela ; il suffit que je retranche quelque chose. A mesure
que je me laisserai aller, les sons successifs s'individua-
liseront davantage : comme les phrases s'étaient décom-
posées en mots, ainsi les mots se scanderont en syllabes
que je percevrai tour à tour. Allons plus loin encore dans
le sens du rêve : ce sont les lettres qui se distingueront les
unes des autres et que je verrai défiler, entrelacées, sur
une feuille de papier imaginaire. J'admirerai alors la précision des entrelacements, l'ordre merveilleux du cortège, l'insertion exacte des lettres dans les syllabes, des
syllabes dans les mots et des mots dans les phrases. Plus
j'aurai avancé dans le sens tout négatif du relâchement,
plus j'aurai créé d'extension et de complication ; plus la
complication, à son tour, croîtra, plus admirable me paraîtra l'ordre qui continue à régner, inébranlé, entre les
éléments. Pourtant cette complication et cette extension
ne représentent rien de positif : elles expriment une défi-
cience du vouloir. Et, d'autre part, il faut bien que l'ordre
croisse avec la complication, puisqu'il n'en est qu'un aspect : plus on aperçoit symboliquement de parties dans un
tout indivisible, plus augmente, nécessairement, le nombre
des rapports que les parties ont entre elles, puisque
la même indivision du tout réel continue à planer sur la
multiplicité croissante des éléments symboliques en laquelle l'éparpillement de l'attention l'a décomposé. Une

comparaison de ce genre fera comprendre, dans une certaine mesure, comment la même suppression de réalité positive, la même inversion d'un certain mouvement originel, peut créer tout à la fois l'extension dans l'espace et l'ordre admirable que notre mathématique y découvre. Il y a sans doute cette différence entre les deux cas, que les mots et les lettres ont été inventés par un effort positif de l'humanité, tandis que l'espace surgit automatiquement, comme surgit, une fois posés les deux termes, le reste d'une soustraction[1]. Mais, dans un cas comme dans l'autre, la complication à l'infini des parties et leur parfaite coordination entre elles sont créées du même coup par une inversion qui est, au fond, une interruption, c'est-à-dire une diminution de réalité positive.

Toutes les opérations de notre intelligence tendent à la géométrie, comme au terme où elles trouvent leur parfait achèvement. Mais, comme la géométrie leur est nécessairement antérieure (puisque ces opérations n'aboutiront jamais à reconstruire l'espace et ne peuvent faire autrement que de se le donner), il est évident que c'est une

1. Notre comparaison ne fait que développer le contenu du terme λόγος, tel que l'entend Plotin. Car d'une part le λόγος de ce philosophe est une puissance génératrice et informatrice, un aspect ou un fragment de la ψυχή, et d'autre part Plotin en parle quelquefois comme d'un *discours*. Plus généralement, la relation que nous établissons, dans le présent chapitre, entre l' « extension » et la « distension », ressemble par certains côtés à celle que suppose Plotin, (dans des développements dont devait s'inspirer M. Ravaisson), quand il fait de l'étendue, non pas sans doute une inversion de l'Être originel, mais un affaiblissement de son essence, une des dernières étapes de la procession (Voir en particulier: *Enn.*, IV, iii, 9-11 et III, vi, 17-18). Toutefois, la philosophie antique ne vit pas quelles conséquences résultaient de là pour les mathématiques, car Plotin, comme Platon, érigea les essences mathématiques en réalités absolues. Surtout, elle se laissa tromper par l'analogie tout extérieure de la durée avec l'extension. Elle traita celle-là comme elle avait traité celle-ci, considérant le changement comme une dégradation de l'immutabilité, le sensible comme une chute de l'intelligible. De là, comme nous le montrerons dans le prochain chapitre, une philosophie qui méconnaît la fonction et la portée réelles de l'intelligence.

géométrie latente, immanente à notre représentation de l'espace, qui est le grand ressort de notre intelligence et qui la fait marcher. On s'en convaincra en considérant les deux fonctions essentielles de l'intelligence, la faculté de déduire et celle d'induire.

Commençons par la déduction. Le même mouvement par lequel je trace une figure dans l'espace en engendre les propriétés ; elles sont visibles et tangibles dans ce mouvement même ; je sens, je vis dans l'espace le rapport de la définition à ses conséquences, des prémisses à la conclusion. Tous les autres concepts dont l'expérience me suggère l'idée ne sont qu'en partie reconstituables *a priori*; la définition en sera donc imparfaite, et les déductions où entreront ces concepts, si rigoureusement qu'on enchaîne la conclusion aux prémisses, participeront de cette imperfection. Mais lorsque je trace grossièrement sur le sable la base d'un triangle, et que je commence à former les deux angles à la base, je sais d'une manière certaine et je comprends absolument que, si ces deux angles sont égaux, les côtés le seront aussi, la figure pouvant alors se retourner sur elle-même sans que rien s'y trouve changé. Je le sais, bien avant d'avoir appris la géométrie. Ainsi, antérieurement à la géométrie savante, il y a une géométrie naturelle dont la clarté et l'évidence dépassent celles des autres déductions. Celles-ci portent sur des qualités et non plus sur des grandeurs. Elles se forment donc sans doute sur le modèle des premières, et doivent emprunter leur force à ce que, sous la qualité, nous voyons confusément la grandeur transparaître. Remarquons que les questions de situation et de grandeur sont les premières qui se posent à notre activité, celles que l'intelligence extériorisée en action résout avant même qu'ait paru l'intelligence réfléchie : le sauvage s'entend mieux que le civilisé à évaluer des distances, à déterminer une direction, à retracer de mémoire le schéma souvent complexe du chemin qu'il a parcouru et à revenir ainsi, en ligne droite, à son point de départ[1]. Si l'animal ne déduit pas explicitement, s'il ne forme pas explicitement des concepts, il ne se représente pas non plus un espace homogène. Vous ne pouvez vous donner cet espace sans introduire, du même coup, une géométrie virtuelle qui se dégradera, d'elle-même, en logique. Toute la répugnance des philosophes à envisager les choses de ce biais vient de ce que le travail logique de l'intelligence représente à leurs yeux un effort positif de l'esprit. Mais, si l'on entend par spiritualité une marche en avant à des créations toujours nouvelles, à des conclusions incommensurables avec les prémisses et indéterminables par rapport à elles, on devra dire d'une représentation qui se meut parmi des rapports de détermination nécessaire, à travers des prémisses qui contiennent par avance leur conclusion, qu'elle suit la direction inverse, celle de la matérialité. Ce qui apparaît, du point de vue de l'intelligence, comme un effort, est en soi un abandon. Et tandis que, du point de vue de l'intelligence, il y a une pétition de principe à faire sortir automatiquement de l'espace la géométrie, de la géométrie elle-même la logique, au contraire, si l'espace est le terme ultime du mouvement de détente de l'esprit, on ne peut se donner l'espace sans poser ainsi la logique et la géométrie, qui sont sur le trajet dont la pure intuition spatiale est le terme.

On n'a pas assez remarqué combien la portée de la déduction est faible dans les sciences psychologiques et

---

1. Bastian, *Le cerveau*, Paris, 1882, vol. I, p. 166-170.

morales. D'une proposition vérifiée par les faits on ne peut tirer ici des conséquences vérifiables que jusqu'à un certain point, dans une certaine mesure. Bien vite il faut en appeler au bon sens, c'est-à-dire à l'expérience continue du réel, pour infléchir les conséquences déduites et les recourber le long des sinuosités de la vie. La déduction ne réussit dans les choses morales que métaphoriquement, pour ainsi dire, et dans l'exacte mesure où le moral est transposable en physique, je veux dire traduisible en symboles spatiaux. La métaphore ne va jamais bien loin, pas plus que la courbe ne se laisse longtemps confondre avec sa tangente. Comment n'être pas frappé de ce qu'il y a d'étrange, et même de paradoxal, dans cette faiblesse de la déduction ? Voici une pure opération de l'esprit, s'accomplissant par la seule force de l'esprit. Il semble que si, quelque part, elle devrait se sentir chez elle et évoluer à son aise, c'est parmi les choses de l'esprit, c'est dans le domaine de l'esprit. Point du tout, c'est là qu'elle est tout de suite au bout de son rouleau. Au contraire, en géométrie, en astronomie, en physique, alors que nous avons affaire à des choses extérieures à nous, la déduction est toute puissante ! L'observation et l'expérience sont sans doute nécessaires ici pour arriver au principe, c'est-à-dire pour découvrir l'aspect sous lequel il fallait envisager les choses ; mais, à la rigueur, avec beaucoup de chance, on eût pu le trouver tout de suite ; et, dès qu'on possède ce principe, on en tire assez loin des conséquences que l'expérience vérifiera toujours. Que conclure de là, sinon que la déduction est une opération réglée sur les démarches de la matière, calquée sur les articulations mobiles de la matière, implicitement donnée, enfin, avec l'espace qui sous-tend la matière ? Tant qu'elle roule dans l'espace ou dans le temps spatialisé, elle n'a qu'à se laisser aller. C'est la *durée* qui met des bâtons dans les roues.

La déduction ne va donc pas sans une arrière-pensée d'intuition spatiale. Mais on en dirait autant de l'induction. Certes, il n'est pas nécessaire de penser en géomètre, ni même de penser du tout, pour attendre des mêmes conditions la répétition du même fait. La conscience de l'animal fait déjà ce travail, et, indépendamment de toute conscience, le corps vivant lui-même est déjà construit pour extraire des situations successives où il se trouve les similitudes qui l'intéressent, et pour répondre ainsi aux excitations par des réactions appropriées. Mais il y a loin d'une attente et d'une réaction machinales du corps à l'induction proprement dite, qui est une opération intellectuelle. Celle-ci repose sur la croyance qu'il y a des causes et des effets, et que les mêmes effets suivent les mêmes causes. Maintenant, si l'on approfondit cette double croyance, voici ce qu'on trouve. Elle implique d'abord que la réalité est décomposable en groupes, qu'on peut pratiquement tenir pour isolés et indépendants. Si je fais bouillir de l'eau dans une casserole placée sur un réchaud, l'opération et les objets qui la supportent sont, en réalité, solidaires d'une foule d'autres objets et d'une foule d'autres opérations : de proche en proche, on trouverait que notre système solaire tout entier est intéressé à ce qui s'accomplit en ce point de l'espace. Mais, dans une certaine mesure, et pour le but spécial que je poursuis, je puis admettre que les choses se passent comme si le groupe *eau-casserole-réchaud allumé* était un microcosme indépendant. Voilà ce que j'affirme d'abord. Maintenant, quand je dis que ce microcosme se comportera toujours de la même manière, que la chaleur provoquera nécessairement, au bout d'un certain temps, l'ébullition de l'eau, j'admets que, si je me donne un certain nombre d'éléments du système, cela suffit pour que le système soit complet : il se complète automatiquement, je ne suis pas libre de le compléter par la pensée comme il me plaît. Le réchaud allumé, la casserole et l'eau étant posés, ainsi qu'un certain intervalle de durée, l'ébullition, que l'expérience m'a montrée hier être ce qui manquait au système pour être complet, le complètera demain, n'importe quand, toujours. Qu'y a-t-il au fond de cette croyance ? Il faut remarquer qu'elle est plus ou moins assurée, selon les cas, et qu'elle prend le caractère d'une certitude absolue lorsque le microcosme considéré ne contient que des grandeurs. Si je pose deux nombres, en effet, je ne suis plus libre de choisir leur différence. Si je me donne deux côtés d'un triangle et l'angle compris, le troisième côté surgit de lui-même, le triangle se complète automatiquement. Je puis, n'importe où et n'importe quand, tracer les deux mêmes côtés comprenant le même angle ; il est évident que les nouveaux triangles ainsi formés pourront être superposés au premier, et que par conséquent le même troisième côté sera venu compléter le système. Or, si ma certitude est parfaite dans le cas où je raisonne sur de pures déterminations spatiales, ne dois-je pas supposer que, dans les autres cas, elle l'est d'autant plus qu'elle se rapproche davantage de ce cas limite ? Même, ne serait-ce pas le cas limite qui transparaîtrait à travers tous les autres[1] et qui les colorerait, selon leur plus ou moins grande transparence, d'une nuance plus ou moins accusée de nécessité géométrique ? De fait, quand je dis que mon eau placée sur mon réchaud va bouillir aujourd'hui comme elle faisait hier, et que cela est d'une abso-

---

1. Nous avons développé ce point dans un travail antérieur. Voir l'*Essai sur les données immédiates de la conscience*, Paris, 1889. p. 155-160.

lue nécessité, je sens confusément que mon imagination transporte le réchaud d'aujourd'hui sur celui d'hier,
la casserole sur la casserole, l'eau sur l'eau, la durée qui
s'écoule sur la durée qui s'écoule, et que le reste paraît
dès lors devoir coïncider aussi, par la même raison qui
fait que les troisièmes côtés de deux triangles qu'on superpose coïncident si les deux premiers coïncident déjà ensemble. Mais mon imagination ne procède ainsi que parce
qu'elle ferme les yeux sur deux points essentiels. Pour
que le système d'aujourd'hui pût être superposé à celui
d'hier, il faudrait que celui-ci eût attendu celui-là, que le
temps se fût arrêté et que tout fût devenu simultané à tout :
c'est ce qui arrive en géométrie, mais en géométrie seulement. L'induction implique donc d'abord que, dans le
monde du physicien comme dans celui du géomètre, le
temps ne compte pas. Mais elle implique aussi que des
qualités peuvent se superposer les unes aux autres comme
des grandeurs. Si je transporte idéalement le réchaud allumé d'aujourd'hui sur celui d'hier, je constate sans doute
que la forme est restée la même ; il suffit, pour cela, que
les surfaces et les arêtes coïncident ; mais qu'est-ce que la
coïncidence de deux qualités, et comment les superposer
l'une à l'autre pour s'assurer qu'elles sont identiques ?
Pourtant, j'étends au second ordre de réalité tout ce qui
s'applique au premier. Le physicien légitimera plus tard
cette opération en ramenant, autant que possible, les différences de qualité à des différences de grandeur ; mais,
avant toute science, j'incline à assimiler les qualités aux
quantités, comme si j'apercevais derrière celles-là, par
transparence, un mécanisme géométrique[1]. Plus cette
transparence est complète, plus, dans les mêmes condi-

1. *Op. cit.*, chap. I et III. *passim.*

tions, la répétition du même fait me paraît nécessaire. Nos inductions sont certaines, à nos yeux, dans l'exacte mesure où nous faisons fondre les différences qualitatives dans l'homogénéité de l'espace qui les sous-tend, de sorte que la géométrie est la limite idéale de nos inductions aussi bien que celle de nos déductions. Le mouvement au terme duquel est la spatialité dépose le long de son trajet la faculté d'induire comme celle de déduire, l'intellectualité tout entière.

Il les crée dans l'esprit. Mais il crée aussi, dans les choses, l' « ordre » que notre induction, aidée de la déduction, retrouve. Cet ordre, auquel notre action s'adosse et où notre intelligence se reconnaît, nous paraît merveilleux. Non seulement les mêmes grosses causes produisent toujours les mêmes effets d'ensemble, mais, sous les causes et les effets visibles, notre science découvre une infinité de changements infinitésimaux qui s'insèrent de plus en plus exactement les uns dans les autres à mesure qu'on pousse l'analyse plus loin : si bien qu'au terme de cette analyse la matière serait, nous semble-t-il, la géométrie même. Certes, l'intelligence admire à bon droit, ici, l'ordre croissant dans la complexité croissante : l'un et l'autre ont pour elle une réalité positive, étant de même sens qu'elle. Mais les choses changent d'aspect quand on considère le tout de la réalité comme une marche en avant, indivisée, à des créations qui se succèdent. On devine alors que la complication des éléments matériels, et l'ordre mathématique qui les relie entre eux, doivent surgir automatiquement, dès que se produit, au sein du tout, une interruption ou une inversion partielles. Comme d'ailleurs l'intelligence se découpe dans l'esprit par un processus du même genre, elle est accordée sur cet ordre et cette complication, et les admire parce qu'elle s'y reconnaît. Mais ce qui est admirable *en soi*, ce qui mériterait de provoquer l'étonnement, c'est la création sans cesse renouvelée que le tout du réel, indivisé, accomplit en avançant, car aucune complication de l'ordre mathématique avec lui-même, si savante qu'on la suppose, n'introduira un atome de nouveauté dans le monde, au lieu que, cette puissance de création une fois posée (et elle existe, puisque nous en prenons conscience en nous, tout au moins, quand nous agissons librement), elle n'a qu'à se distraire d'elle-même pour se détendre, à se détendre pour s'étendre, à s'étendre pour que l'ordre mathématique qui préside à la disposition des éléments ainsi distingués, et le déterminisme inflexible qui les lie, manifestent l'interruption de l'acte créateur : ils ne font qu'un, d'ailleurs, avec cette interruption même.

C'est cette tendance toute négative qu'expriment les lois particulières du monde physique. Aucune d'elles, prise à part, n'a de réalité objective : elle est l'œuvre d'un savant qui a considéré les choses d'un certain biais, isolé certaines variables, appliqué certaines unités conventionnelles de mesure. Et néanmoins il y a un ordre approximativement mathématique immanent à la matière, ordre objectif, dont notre science se rapproche au fur et à mesure de son progrès. Car si la matière est un relâchement de l'inextensif en extensif et, par là, de la liberté en nécessité, elle a beau ne point coïncider tout à fait avec le pur espace homogène, elle s'est constituée par le mouvement qui y conduit, et dès lors elle est sur le chemin de la géométrie. Il est vrai que des lois à forme mathématique ne s'appliqueront jamais sur elle complètement. Il faudrait pour cela qu'elle fût pur espace, et qu'elle sortît de la durée.

On n'insistera jamais assez sur ce qu'il y a d'artificiel

dans la forme mathématique d'une loi physique, et par conséquent dans notre connaissance scientifique des choses [1]. Nos unités de mesure sont conventionnelles et, si l'on peut parler ainsi, étrangères aux intentions de la nature : comment supposer que celle-ci ait rapporté toutes les modalités de la chaleur aux dilatations d'une même masse de mercure ou aux changements de pression d'une même masse d'air maintenue à un volume constant? Mais ce n'est pas assez dire. D'une manière générale, *mesurer* est une opération tout humaine, qui implique qu'on superpose réellement ou idéalement deux objets l'un à l'autre un certain nombre de fois. La nature n'a pas songé à cette superposition. Elle ne mesure pas, elle ne compte pas davantage. Pourtant la physique compte, mesure, rapporte les unes aux autres des variations « quantitatives » pour obtenir des lois, et elle réussit. Son succès serait inexplicable, si le mouvement constitutif de la matérialité n'était le mouvement même qui, prolongé par nous jusqu'à son terme, c'est-à-dire jusqu'à l'espace homogène, aboutit à nous faire compter, mesurer, suivre dans leurs variations respectives des termes qui sont fonctions les uns des autres. Pour effectuer ce prolongement, notre intelligence n'a d'ailleurs qu'à se prolonger elle-même, car elle va naturellement à l'espace et aux mathématiques, intellectualité et matérialité étant de même nature et se produisant de la même manière.

Si l'ordre mathématique était chose positive, s'il y avait, immanentes à la matière, des lois comparables à celles de nos codes, le succès de notre science tiendrait du miracle. Quelles chances aurions-nous, en effet, de retrouver l'étalon de la nature et d'isoler précisément, pour

---

1. Nous faisons allusion ici, surtout, aux profondes études de M. Ed. Le Roy, parues dans la *Revue de métaphysique et de morale*.

en déterminer les relations réciproques, les variables que celle-ci aurait choisies ? Mais le succès d'une science à forme mathématique serait non moins incompréhensible, si la matière n'avait pas tout ce qu'il faut pour entrer dans nos cadres. Une seule hypothèse reste donc plausible : c'est que l'ordre mathématique n'ait rien de positif, qu'il soit la forme où tend, d'elle-même, une certaine *interruption*, et que la matérialité consiste précisément dans une interruption de ce genre. On comprendra ainsi que notre science soit contingente, relative aux variables qu'elle a choisies, relative à l'ordre où elle a posé successivement les problèmes, et que néanmoins elle réussisse. Elle eût pu, dans son ensemble, être toute différente et pourtant réussir encore. C'est justement parce qu'aucun système défini de lois mathématiques n'est à la base de la nature, et que la mathématique en général représente simplement le sens dans lequel la matière retombe. Mettez dans n'importe quelle posture une de ces petites poupées de liège dont les pieds sont en plomb, couchez-la sur le dos, renversez-la sur la tête, lancez-la en l'air ; elle se remettra toujours debout, automatiquement. Ainsi pour la matière : nous pouvons la prendre par n'importe quel bout et la manipuler n'importe comment, elle retombera toujours dans quelqu'un de nos cadres mathématiques, parce qu'elle est lestée de géométrie.

Mais le philosophe se refusera peut-être à fonder une théorie de la connaissance sur de pareilles considérations. Il y répugnera, parce que l'ordre mathématique, étant de l'ordre, lui paraîtra renfermer quelque chose de positif. En vain nous disons que cet ordre se produit automatiquement par l'interruption de l'ordre inverse, qu'il est cette interruption même. L'idée n'en subsiste pas moins qu'*il pourrait ne pas y avoir d'ordre du tout*, et que l'ordre mathématique des choses, étant une conquête sur le désordre, possède une réalité positive. En approfondissant ce point, on verrait quel rôle capital joue l'idée de *désordre* dans les problèmes relatifs à la théorie de la connaissance. Elle n'y paraît pas explicitement, et c'est pourquoi l'on ne s'est pas occupé d'elle. Pourtant, c'est par la critique de cette idée qu'une théorie de la connaissance devrait commencer, car si le grand problème est de savoir pourquoi et comment la réalité se soumet à un ordre, c'est que l'absence de toute espèce d'ordre paraît possible ou concevable. A cette absence d'ordre le réaliste et l'idéaliste croient penser l'un et l'autre, le réaliste quand il parle de la réglementation que les lois « objectives » imposent effectivement à un désordre possible de la nature, l'idéaliste quand il suppose une « diversité sensible » qui se coordonnerait — étant par conséquent sans ordre — sous l'influence organisatrice de notre entendement. L'idée du désordre, entendu au sens d'une *absence d'ordre,* est donc celle qu'il faudrait analyser d'abord. La philosophie l'emprunte à la vie courante. Et il est incontestable que, couramment, lorsque nous parlons de désordre, nous pensons à quelque chose. Mais à quoi pensons-nous ?

On verra, dans le prochain chapitre, combien il est malaisé de déterminer le contenu d'une idée négative, et à quelles illusions on s'expose, dans quelles inextricables difficultés la philosophie tombe, pour n'avoir pas entrepris ce travail. Difficultés et illusions tiennent d'ordinaire à ce qu'on accepte comme définitive une manière de s'exprimer essentiellement provisoire. Elles tiennent à ce qu'on transporte dans le domaine de la spéculation un procédé fait pour la pratique. Si je choisis, au hasard, un volume dans ma bibliothèque, je puis, après y avoir jeté un coup d'œil, le remettre sur les rayons en disant : « ce ne sont pas des vers ». Est-ce bien ce que j'ai aperçu en feuilletant le livre ? Non, évidemment. Je n'ai pas vu, je ne verrai jamais une absence de vers. J'ai vu de la prose. Mais comme c'est de la poésie que je désire, j'exprime ce que je trouve en fonction de ce que je cherche, et, au lieu de dire « voilà de la prose », je dis « ce ne sont pas des vers ». Inversement, s'il me prend fantaisie de lire de la prose et que je tombe sur un volume de vers, je m'écrierai : « ce n'est pas de la prose », traduisant ainsi les données de ma perception, qui me montre des vers, dans la langue de mon attente et de mon attention, qui sont fixées sur l'idée de prose et ne veulent entendre parler que d'elle. Maintenant, si M. Jourdain m'écoutait, il inférerait sans doute de ma double exclamation que prose et poésie sont deux formes de langage réservées aux livres, et que ces formes savantes se sont superposées à un langage brut, lequel n'était ni prose ni vers. Parlant de cette chose qui n'est ni vers ni prose, il croirait d'ailleurs y penser : ce ne serait pourtant là qu'une pseudo-représentation. Allons plus loin : la pseudo-représentation pourrait créer un pseudo-problème, si M. Jourdain demandait à son professeur de philosophie comment la forme prose et la forme poésie se sont surajoutées à ce qui ne possédait ni l'une ni l'autre, et s'il voulait qu'on lui fît la théorie, en quelque sorte, de l'imposition de ces deux formes à cette simple matière. Sa question serait absurde, et l'absurdité viendrait de ce qu'il aurait hypostasié en substrat commun de la prose et de la poésie la négation simultanée des deux, oubliant que la négation de l'une consiste dans la position de l'autre.

Or, supposons qu'il y ait deux espèces d'ordre, et que ces deux ordres soient deux contraires au sein d'un même genre. Supposons aussi que l'idée de désordre surgisse dans notre esprit toutes les fois que, cherchant l'une des deux espèces d'ordre, nous rencontrons l'autre. L'idée de désordre aurait alors une signification nette dans la pratique courante de la vie ; elle objectiverait, pour la commodité du langage, la déception d'un esprit qui trouve devant lui un ordre différent de celui dont il a besoin, ordre dont il n'a que faire pour le moment, et qui, en ce sens, n'existe pas pour lui. Mais elle ne comporterait aucun emploi théorique. Que si nous prétendons, malgré tout, l'introduire en philosophie, infailliblement nous perdrons de vue sa signification vraie. Elle notait l'absence d'un certain ordre, mais *au profit d'un autre* (dont on n'avait pas à s'occuper) ; seulement, comme elle s'applique à chacun des deux tour à tour, et même qu'elle va et vient sans cesse entre les deux, nous la prendrons en route, ou plutôt en l'air, comme le volant entre les deux raquettes, et nous la traiterons comme si elle représentait, non plus l'absence de l'un ou de l'autre ordre indifféremment, mais l'absence des deux ensemble, — chose qui n'est ni perçue ni conçue, simple entité verbale. Ainsi naîtrait le problème de savoir comment l'ordre s'impose au désordre, la forme à la matière. En analysant l'idée de désordre ainsi subtilisée, on verrait qu'elle ne représente rien du tout, et du même coup s'évanouiraient les problèmes qu'on faisait lever autour d'elle.

Il est vrai qu'il faudrait commencer par distinguer, par opposer même l'une à l'autre, deux espèces d'ordre que l'on confond d'ordinaire ensemble. Comme cette confusion a créé les principales difficultés du problème de la connaissance, il ne sera pas inutile d'appuyer encore une fois sur les traits par où les deux ordres se distinguent.

D'une manière générale, la réalité est *ordonnée* dans l'exacte mesure où elle satisfait notre pensée. L'ordre est donc un certain accord entre le sujet et l'objet. C'est l'esprit se retrouvant dans les choses. Mais l'esprit, disions-nous, peut marcher dans deux sens opposés. Tantôt il suit sa direction naturelle : c'est alors le progrès sous forme de tension, la création continue, l'activité libre. Tantôt il l'invertit, et cette inversion, poussée jusqu'au bout, mènerait à l'extension, à la détermination réciproque nécessaire des éléments extériorisés les uns par rapport aux autres, enfin au mécanisme géométrique. Or, soit que l'expérience nous paraisse adopter la première direction, soit qu'elle s'oriente dans le sens de la seconde, dans les deux cas nous disons qu'il y a de l'ordre, car dans les deux processus l'esprit se retrouve. La confusion entre eux est donc naturelle. Il faudrait, pour y échapper, mettre sur les deux espèces d'ordre des noms différents, et ce n'est pas facile, à cause de la variété et de la variabilité des formes qu'elles prennent. L'ordre du second genre pourrait se définir par la géométrie, qui en est la limite extrême : plus généralement, c'est de lui qu'il s'agit toutes les fois qu'on trouve un rapport de détermination nécessaire entre des causes et des effets. Il évoque des idées d'inertie, de passivité, d'automatisme. Quant à l'ordre du premier genre, il oscille sans doute autour de la finalité : on ne saurait cependant le définir par elle, car tantôt il est au-dessus, tantôt au-dessous. Dans ses formes les plus hautes il est plus que finalité, car d'une action libre ou d'une œuvre d'art on pourra dire qu'elles manifestent un ordre parfait, et pourtant elles ne sont exprimables en termes d'idées qu'après coup et approximativement. La vie dans son ensemble, envisagée comme une évolution créatrice, est quelque chose d'analogue ;

elle transcende la finalité, si l'on entend par finalité la réalisation d'une idée conçue ou concevable par avance. Le cadre de la finalité est donc trop étroit pour la vie dans son intégralité. Au contraire, il est souvent trop large pour telle ou telle manifestation de la vie, prise en particulier. Quoi qu'il en soit, c'est toujours à du *vital* qu'on a ici affaire, et toute la présente étude tend à établir que le vital est dans la direction du volontaire. On pourrait donc dire que ce premier genre d'ordre est celui du *vital* ou du *voulu*, par opposition au second, qui est celui de l'*inerte* et de l'*automatique*. Le sens commun fait d'ailleurs instinctivement la distinction entre les deux espèces d'ordre, au moins dans les cas extrêmes : instinctivement aussi, il les rapproche. Des phénomènes astronomiques on dira qu'ils manifestent un ordre admirable, entendant par là qu'on peut les prévoir mathématiquement.. Et l'on trouvera un ordre non moins admirable à une symphonie de Beethoven, qui est la génialité, l'originalité et par conséquent l'imprévisibilité même.

Mais c'est par exception seulement que l'ordre du premier genre revêt une forme aussi distincte. En général, il se présente avec des caractères qu'on a tout intérêt à confondre avec ceux de l'ordre opposé. Il est bien certain, par exemple, que si nous envisagions l'évolution de la vie dans son ensemble, la spontanéité de son mouvement et l'imprévisibilité de ses démarches s'imposeraient à notre attention. Mais ce que nous rencontrons dans notre expérience courante, c'est tel ou tel vivant déterminé, telles ou telles manifestations spéciales de la vie, qui répètent *à peu près* des formes et des faits déjà connus : même, la similitude de structure que nous constatons partout entre ce qui engendre et ce qui est engendré, similitude qui nous permet d'enfermer un nombre indéfini d'individus vivants dans le même groupe, est à nos yeux le type même du *générique*, les genres inorganiques nous paraissant prendre les genres vivants pour modèle. Il se trouve ainsi que l'ordre vital, tel qu'il s'offre à nous dans l'expérience qui le morcelle, présente le même caractère et accomplit la même fonction que l'ordre physique : l'un et l'autre font que notre expérience *se répète*, l'un et l'autre permettent que notre esprit *généralise*. En réalité, ce caractère a des origines toutes différentes dans les deux cas, et même des significations opposées. Dans le second, il a pour type, pour limite idéale, et aussi pour fondement, la nécessité géométrique en vertu de laquelle les mêmes composantes donnent une résultante identique. Dans le premier, il implique au contraire l'intervention de quelque chose qui s'arrange de manière à obtenir le même effet, alors même que les causes élémentaires, infiniment complexes, peuvent être toutes différentes. Nous avons insisté sur ce dernier point dans notre premier chapitre, quand nous avons montré comment des structures identiques se rencontrent sur des lignes d'évolution indépendantes. Mais, sans chercher aussi loin, on peut présumer que la seule reproduction du type de l'ascendant par ses descendants est déjà tout autre chose que la répétition d'une même composition de forces qui se résumeraient dans une résultante identique. Quand on pense à l'infinité d'éléments infinitésimaux et de causes infinitésimales qui concourent à la genèse d'un être vivant, quand on songe qu'il suffirait de l'absence ou de la déviation de l'un d'eux pour que rien ne marchât plus, le premier mouvement de l'esprit est de faire surveiller cette armée de petits ouvriers par un contremaître avisé, le « principe vital », qui réparerait à tout instant les fautes commises, corrigerait l'effet des distractions, remettrait les choses en place :

par là on essaie de traduire la différence entre l'ordre physique et l'ordre vital, celui-là faisant que la même combinaison de causes donne le même effet d'ensemble, celui-ci assurant la stabilité de l'effet lors même qu'il y a du flottement dans les causes. Mais ce n'est là qu'une traduction : en y réfléchissant, on trouve qu'il ne peut pas y avoir de contremaître, par la raison très-simple qu'il n'y a pas d'ouvriers. Les causes et les éléments que l'analyse physico-chimique découvre sont des causes et des éléments réels, sans doute, pour les faits de destruction organique ; ils sont alors en nombre limité. Mais les phénomènes vitaux proprement dits, ou faits de création organique, nous ouvrent, quand nous les analysons, la perspective d'un progrès à l'infini : d'où l'on peut inférer que causes et éléments multiples ne sont ici que des vues de l'esprit s'essayant à une imitation indéfiniment approchée de l'opération de la nature, tandis que l'opération imitée est un acte indivisible. La ressemblance entre individus d'une même espèce aurait ainsi un tout autre sens, une tout autre origine que la ressemblance entre effets complexes obtenus par la même composition des mêmes causes. Mais, dans un cas comme dans l'autre, il y a ressemblance, et par conséquent généralisation possible. Et comme c'est là tout ce qui nous intéresse dans la pratique, puisque notre vie quotidienne est nécessairement une attente des mêmes choses et des mêmes situations, il était naturel que ce caractère commun, essentiel au point de vue de notre action, rapprochât les deux ordres l'un de l'autre, en dépit d'une diversité tout interne, qui n'intéresse que la spéculation. De là l'idée d'un *ordre général de la nature*, le même partout, planant à la fois sur la vie et sur la matière. De là notre habitude de désigner par le même mot, et de nous représenter de la même manière, l'existence de *lois* dans le domaine de la matière inerte et celle de *genres* dans le domaine de la vie.

Que d'ailleurs cette confusion soit à l'origine de la plupart des difficultés soulevées par le problème de la connaissance, chez les anciens comme chez les modernes, cela ne nous paraît pas douteux. En effet, la généralité des lois et celle des genres étant désignées par le même mot, subsumées à la même idée, l'ordre géométrique et l'ordre vital étaient dès lors confondus ensemble. Selon le point de vue où l'on se plaçait, la généralité des lois était expliquée par celle des genres, ou celle des genres par celle des lois. Des deux thèses ainsi définies, la première est caractéristique de la pensée antique ; la seconde appartient à la philosophie moderne. Mais, dans l'une et l'autre philosophies, l'idée de « généralité » est une idée équivoque, qui réunit dans son extension et dans sa compréhension des objets et des éléments incompatibles entre eux. Dans l'une et dans l'autre, on groupe sous le même concept deux espèces d'ordre qui se ressemblent simplement par la facilité qu'ils donnent à notre action sur les choses. On rapproche deux termes en vertu d'une similitude tout extérieure, qui justifie sans doute leur désignation par le même mot dans la pratique, mais qui ne nous autorise pas du tout, dans le domaine spéculatif, à les confondre dans la même définition.

Les anciens, en effet, ne se sont pas demandé pourquoi la nature se soumet à des lois, mais pourquoi elle s'ordonne selon des genres. L'idée de genre correspond surtout à une réalité objective dans le domaine de la vie, où elle traduit un fait incontestable, l'hérédité. Il ne peut d'ailleurs y avoir de genres que là où il y a des objets individuels : or, si l'être organisé est découpé dans l'en-

semble de la matière par son organisation même, je veux
dire par la nature, c'est notre perception qui morcelle la
matière inerte en corps distincts, guidée par les intérêts
de l'action, guidée par les réactions naissantes que notre
corps dessine, c'est-à-dire, comme on l'a montré ailleurs[1],
par les genres virtuels qui aspirent à se constituer : genres et individus se déterminent donc ici l'un l'autre par
une opération semi-artificielle, toute relative à notre action
future sur les choses. Néanmoins, les anciens n'hésitèrent
pas à mettre tous les genres sur le même rang, à leur attribuer la même existence absolue. La réalité devenant
ainsi un système de genres, c'est à la généralité des genres (c'est-à-dire, en somme, à la généralité expressive de
l'ordre vital) que devait se ramener la généralité des lois.
Il serait intéressant, à cet égard, de comparer la théorie
aristotélicienne de la chute des corps à l'explication fournie par Galilée. Aristote est uniquement préoccupé des
concepts de « haut » et de « bas », de « lieu propre » et
de lieu emprunté, de « mouvement naturel » et de « mouvement forcé »[2] : la loi physique, en vertu de laquelle la
pierre tombe, exprime pour lui que la pierre regagne
le « lieu naturel » de toutes les pierres, à savoir la terre.
La pierre, à ses yeux, n'est pas tout à fait pierre tant
qu'elle n'est pas à sa place normale ; en retombant à cette
place elle vise à se compléter, comme un être vivant
qui grandit, et à réaliser ainsi pleinement l'essence du
genre pierre[3]. Si cette conception de la loi physique était
exacte, la loi ne serait plus une simple relation établie par

---

1. *Matière et mémoire*, chap. III et IV.

2. Voir en particulier : *Phys.*, IV, 215 *a* 2 ; V, 230 *b* 12 ; VIII, 255 *a* 2 ;
et *De Cælo*, IV, 1-5 ; II, 296 *b* 27 ; IV, 308 *a* 34.

3. *De Cælo*, IV, 310 *a* 34 : τὸ δ'εἰς τὸν αὐτοῦ τόπον φέρεσθαι ἕκαστον τὸ
εἰς τὸ αὐτοῦ εἶδός ἐστι φέρεσθαι.

l'esprit, la subdivision de la matière en corps ne serait plus relative à notre faculté de percevoir : tous les corps auraient la même individualité que les corps vivants, et les lois de l'univers physique exprimeraient des rapports de parenté réelle entre des genres réels. On sait quelle physique sortit de là, et comment, pour avoir cru à la possibilité d'une science une et définitive, embrassant la totalité du réel et coïncidant avec l'absolu, les anciens durent s'en tenir, en fait, à une traduction plus ou moins grossière du physique en vital.

Mais la même confusion se retrouve chez les modernes, avec cette différence que le rapport entre les deux termes est interverti, que les lois ne sont plus ramenées aux genres, mais les genres aux lois, et que la science, supposée encore une fois une, devient tout entière relative, au lieu d'être tout entière, comme le voulaient les anciens, en coïncidence avec l'absolu. C'est un fait remarquable que l'éclipse du problème des genres dans la philosophie moderne. Notre théorie de la connaissance roule à peu près exclusivement sur la question des lois : les genres devront trouver moyen de s'arranger avec les lois, peu importe comment. La raison en est que notre philosophie a son point de départ dans les grandes découvertes astronomiques et physiques des temps modernes. Les lois de Kepler et de Galilée sont restées, pour elle, le type idéal et unique de toute connaissance. Or, une loi est une relation entre des choses ou entre des faits. Plus précisément, une loi à forme mathématique exprime qu'une certaine grandeur est fonction d'une ou de plusieurs autres variables, convenablement choisies. Or, le choix des grandeurs variables, la répartition de la nature en objets et en faits, a déjà quelque chose de contingent et de conventionnel. Mais admettons que le choix soit tout indiqué, imposé même par l'expérience : la loi n'en restera pas moins une relation, et une relation consiste essentiellement en une comparaison ; elle n'a de réalité objective que pour une intelligence qui se représente en même temps plusieurs termes. Cette intelligence peut n'être pas la mienne ni la vôtre ; une science qui porte sur des lois peut donc être une science objective, que l'expérience contenait par avance et que nous lui faisons simplement dégorger : il n'en est pas moins vrai que la comparaison, si elle n'est l'œuvre de personne en particulier, s'effectue tout au moins impersonnellement, et qu'une expérience faite de lois, c'est-à-dire de termes *rapportés* à d'autres termes, est une expérience faite de comparaisons, qui a déjà dû traverser, quand nous la recueillons, une atmosphère d'intellectualité. L'idée d'une science et d'une expérience toutes relatives à l'entendement humain est donc implicitement contenue dans la conception d'une science une et intégrale qui se composerait de lois : Kant n'a fait que la dégager. Mais cette conception résulte d'une confusion arbitraire entre la généralité des lois et celle des genres. S'il faut une intelligence pour conditionner des termes les uns par rapport aux autres, on conçoit que, dans certains cas, les termes, eux, puissent exister d'une manière indépendante. Et si, à côté des relations de terme à terme, l'expérience nous présentait aussi des termes indépendants, les genres vivants étant tout autre chose que des systèmes de lois, une moitié au moins de notre connaissance porterait sur la « chose en soi », sur la réalité même. Cette connaissance serait fort difficile, justement parce qu'elle ne construirait plus son objet et serait obligée, au contraire, de le subir ; mais, si peu qu'elle l'entamât, c'est dans l'absolu même qu'elle aurait mordu. Allons plus loin : l'autre moitié de la connaissance ne serait plus aussi radicalement, aussi définitivement relative que le disent certains philosophes, si l'on pouvait établir qu'elle porte sur une réalité d'ordre inverse, réalité que nous exprimons toujours en lois mathématiques, c'est-à-dire en relations qui impliquent des comparaisons, mais qui ne se prête à ce travail que parce qu'elle est lestée de spatialité et par conséquent de géométrie. Quoi qu'il en soit, c'est la confusion des deux espèces d'ordre qu'on trouve derrière le relativisme des modernes, comme elle était déjà sous le dogmatisme des anciens.

Nous en avons assez dit pour marquer l'origine de cette confusion. Elle tient à ce que l'ordre « vital », qui est essentiellement création, se manifeste moins à nous dans son essence que dans quelques-uns de ses accidents: ceux-ci *imitent* l'ordre physique et géométrique ; ils nous présentent, comme lui, des répétitions qui rendent la généralisation possible, et c'est là tout ce qui nous importe. Il n'est pas douteux que la vie, dans son ensemble, soit une évolution, c'est-à-dire une transformation incessante. Mais la vie ne peut progresser que par l'intermédiaire des vivants, qui en sont dépositaires. Il faut que des milliers et des milliers d'entre eux, à peu près semblables, se répètent les uns les autres dans l'espace et dans le temps, pour que grandisse et mûrisse la nouveauté qu'ils élaborent. Tel, un livre qui s'acheminerait à sa refonte en traversant des milliers de tirages à des milliers d'exemplaires. Il y a toutefois cette différence entre les deux cas que les tirages successifs sont identiques, identiques aussi les exemplaires simultanés du même tirage, au lieu que, ni sur les divers points de l'espace ni aux divers moments du temps, les représentants d'une même espèce ne se ressemblent tout à fait. L'hérédité ne transmet pas seulement les caractères ; elle transmet aussi l'élan en vertu duquel les caractères se modifient, et cet élan est la vitalité même. C'est pourquoi nous disons que la répétition qui sert de base à nos généralisations est essentielle dans l'ordre physique, accidentelle dans l'ordre vital. Celui-là est un ordre « automatique »; celui-ci est, je ne dirai pas volontaire, mais analogue à l'ordre « voulu ».

Or, dès qu'on s'est représenté clairement la distinction entre l'ordre « voulu » et l'ordre « automatique », l'équivoque dont vit l'idée de *désordre* se dissipe, et, avec elle, une des principales difficultés du problème de la connaissance.

Le problème capital de la théorie de la connaissance est en effet de savoir comment la science est possible, c'est-à-dire, en somme, pourquoi il y a de l'ordre, et non pas du désordre, dans les choses. L'ordre existe, c'est un fait. Mais d'autre part le désordre, *qui nous paraît être moins que de l'ordre*, serait, semble-t-il, de droit. L'existence de l'ordre serait donc un mystère à éclaircir, en tous cas un problème à poser. Plus simplement, dès qu'on entreprend de fonder l'ordre, on le tient pour contingent, sinon dans les choses, du moins aux yeux de l'esprit : d'une chose qu'on ne jugerait pas contingente on ne demanderait aucune explication. Si l'ordre ne nous apparaissait pas comme une conquête sur quelque chose, ou comme une addition à quelque chose (qui serait l' « absence d'ordre »), ni le réalisme antique n'aurait parlé d'une « matière » à laquelle s'ajouterait l'Idée, ni l'idéalisme moderne n'aurait posé une « diversité sensible » que l'entendement organiserait en nature. Et il est incontestable, en effet, que tout ordre est contingent et conçu comme tel. Mais contingent par rapport à quoi ?

La réponse, à notre sens, n'est pas douteuse. Un ordre est contingent, et nous apparaît contingent, par rapport à l'ordre inverse, comme les vers sont contingents par rapport à la prose et la prose par rapport aux vers. Mais, de même que tout parler qui n'est pas prose est vers et nécessairement conçu comme vers, de même que tout parler qui n'est pas vers est prose et nécessairement conçu comme prose, ainsi toute manière d'être qui n'est pas l'un des deux ordres est l'autre, et nécessairement conçue comme l'autre. Mais nous pouvons ne pas nous rendre compte de ce que nous concevons, et n'apercevoir l'idée réellement présente à notre esprit qu'à travers une brume d'états affectifs. On s'en convaincra en considérant l'emploi que nous faisons de l'idée de désordre dans la vie courante. Quand j'entre dans une chambre et que je la juge « en désordre », qu'est-ce que j'entends par là ? La position de chaque objet s'explique par les mouvements automatiques de la personne qui couche dans la chambre, ou par les causes efficientes, quelles qu'elles soient, qui ont mis chaque meuble, chaque vêtement, etc., à la place où ils sont : l'ordre, au second sens du mot, est parfait. Mais c'est l'ordre du premier genre que j'attends, l'ordre que met consciemment dans sa vie une personne rangée, l'ordre voulu enfin et non pas l'automatique. J'appelle alors désordre l'absence de cet ordre. Au fond, tout ce qu'il y a de réel, de perçu et même de conçu dans cette absence de l'un des deux ordres, c'est la présence de l'autre. Mais le second m'est indifférent ici, *je ne m'intéresse qu'au premier,* et j'exprime la présence du second en fonction du premier, au lieu de l'exprimer, pour ainsi dire, en fonction d'elle-même, en disant que c'est du désordre. Inversement, quand nous déclarons nous représenter un chaos, c'est-à-dire un état de choses où le monde physique n'obéit plus à des lois, à quoi pensons-nous ? Nous imaginons des faits qui apparaîtraient et disparaîtraient *capricieusement*. Nous commençons par penser à l'univers physique tel que nous le connaissons, avec des effets et des causes bien proportionnés les uns aux autres: puis, par une série de décrets arbitraires, nous augmentons, diminuons, supprimons, de manière à obtenir ce que nous appelons le désordre. En réalité, nous avons substitué du vouloir au mécanisme de la nature ; nous avons remplacé l' « ordre automatique » par une multitude de volontés élémentaires, autant que nous imaginons d'apparitions et de disparitions de phénomènes. Sans doute, pour que toutes ces petites volontés constituassent un « ordre voulu », il faudrait qu'elles eussent accepté la direction d'une volonté supérieure. Mais, en y regardant de près, on verra que c'est bien ce qu'elles font : notre volonté est là, qui s'objective elle-même tour à tour dans chacune de ces volontés capricieuses, qui prend bien garde à ne pas lier le même au même, à ne pas laisser l'effet proportionnel à la cause, enfin qui fait planer sur l'ensemble des volitions élémentaires une intention simple. Ainsi l'absence de l'un des deux ordres consiste bien encore ici dans la présence de l'autre. — En analysant l'idée de hasard, proche parente de l'idée de désordre, on y trouverait les mêmes éléments. Que le jeu tout mécanique des causes qui arrêtent la roulette sur un numéro me fasse gagner, et par conséquent opère comme eût fait un bon génie soucieux de mes intérêts, que la force toute mécanique du vent arrache du toit une tuile et me la lance sur la tête, c'est-à-dire agisse comme eût fait un mauvais génie conspirant contre ma personne, dans les deux cas je trouve un mécanisme là où j'aurais cherché, là où j'aurais dû rencontrer, semble-t-il, une intention ; c'est ce que j'exprime en parlant de *hasard*. Et d'un monde anarchique, où les phénomènes se succéderaient au gré de leur caprice, je dirai encore que c'est le règne du hasard, entendant par là que je trouve devant moi des volontés, ou plutôt des *décrets,* quand c'est du mécanisme que j'attendais. Ainsi s'explique le singulier ballottement de l'esprit quand il tente de définir le hasard. Ni la cause efficiente ni la cause finale ne peuvent lui fournir la définition cherchée. Il oscille, incapable de se fixer, entre l'idée d'une absence de cause finale et celle d'une absence de cause efficiente, chacune de ces deux définitions le renvoyant à l'autre. Le problème reste insoluble, en effet, tant qu'on tient l'idée de hasard pour une pure idée, sans mélange d'affection. Mais, en réalité, le hasard ne fait qu'objectiver l'état d'âme de celui qui se serait attendu à l'une des deux espèces d'ordre, et qui rencontre l'autre. Hasard et désordre sont donc nécessairement conçus comme relatifs. Que si l'on veut se les représenter comme absolus, on s'aperçoit qu'involontairement on va et vient comme une navette entre les deux espèces d'ordre, passant dans celui-ci au moment précis où l'on se surprendrait soi-même dans celui-là, et que la prétendue absence de tout ordre est en réalité la présence des deux avec, en outre, le balancement d'un esprit qui ne se pose définitivement ni sur l'un ni sur l'autre. Pas plus dans les choses que dans notre représentation des choses, il ne peut être question de donner ce désordre pour substrat à l'ordre, puisqu'il implique les deux espèces d'ordre et qu'il est fait de leur combinaison.

Mais notre intelligence passe outre. Par un simple *sic jubeo,* elle pose un désordre qui serait une « absence d'ordre ». Elle pense ainsi un mot ou une juxtaposition de mots, rien de plus. Qu'elle cherche à mettre sous le mot une idée : elle trouvera que le désordre peut bien être la négation d'un ordre, mais que cette négation est alors la constatation implicite de la présence de l'ordre opposé, constatation sur laquelle nous fermons les yeux parce qu'elle ne nous intéresse pas, ou à laquelle nous échappons en niant à son tour le second ordre, c'est-à-dire, au fond, en rétablissant le premier. Comment parler alors d'une diversité incohérente qu'un entendement organiserait ? On aura beau dire que nul ne suppose cette incohérence réalisée ou réalisable : du moment qu'on en parle, c'est qu'on croit y penser ; or, en analysant l'idée effectivement présente, on n'y trouvera, encore une fois, que la déception de l'esprit devant un ordre qui ne l'intéresse pas, ou une oscillation de l'esprit entre deux espèces d'ordre, ou enfin la représentation pure et simple du mot vide qu'on a créé en accolant le préfixe négatif à un mot qui signifiait quelque chose. Mais c'est cette analyse qu'on néglige de faire. On l'omet, précisément parce qu'on ne songe pas à distinguer deux espèces d'ordre irréductibles l'une à l'autre.

Nous disions en effet que tout ordre apparaît nécessairement comme contingent. S'il y a deux espèces d'ordre, cette contingence de l'ordre s'explique : l'une des formes est contingente par rapport à l'autre. Où je trouve du géométrique, le vital était possible ; où l'ordre est vital, il aurait pu être géométrique. Mais supposons que l'ordre soit partout de même espèce, et comporte simplement des degrés, qui aillent du géométrique au vital. Un ordre déterminé continuant à m'apparaître comme contingent, et ne pouvant plus l'être par rapport à un ordre d'un autre genre, je croirai nécessairement que l'ordre est contingent par rapport à une *absence de lui-même*, c'est-à-dire par rapport à un état de choses « où il n'y aurait pas d'ordre du tout. » Et cet état de choses, je croirai y penser, parce qu'il est impliqué, semble-t-il, dans la contingence même de l'ordre, qui est un fait incontestable. Je poserai donc, au sommet de la hiérarchie, l'ordre vital, puis, comme une diminution ou une moins haute complication de celui-là, l'ordre géométrique, et enfin, tout en bas, l'absence d'ordre, l'incohérence même, auxquelles l'ordre se superposerait. C'est pourquoi l'incohérence me fera l'effet d'un mot derrière lequel il doit y avoir quelque chose, sinon de réalisé, du moins de pensé. Mais si je remarque que l'état de choses impliqué par la contingence d'un ordre déterminé est simplement la présence de l'ordre contraire, si, par là même, je pose deux espèces d'ordre inverses l'une de l'autre, je m'aperçois qu'entre les deux ordres on ne saurait imaginer de degrés intermédiaires, et qu'on ne saurait davantage descendre de ces deux ordres vers l' « incohérent ». Ou l'incohérent n'est qu'un mot vide de sens, ou, si je lui donne une signification, c'est à la condition de mettre l'incohérence à mi-chemin entre les deux ordres, et non pas au-dessous de l'un et de l'autre. Il n'y a pas l'incohérent d'abord, puis le géométrique, puis le vital : il y a simplement le géométrique et le vital, puis, par un balancement de l'esprit entre l'un et l'autre, l'idée de l'incohérent. Parler d'une diversité incoordonnée à laquelle l'ordre se surajoute est donc commettre une véritable pétition de principe, car en imaginant l'incoordonné on pose réellement un ordre, ou plutôt on en pose deux.

Cette longue analyse était nécessaire pour montrer comment le réel pourrait passer de la tension à l'extension et de la liberté à la nécessité mécanique par voie d'inversion. Il ne suffisait pas d'établir que ce rapport entre les deux termes nous est suggéré, tout à la fois, par la conscience et par l'expérience sensible. Il fallait prouver que l'ordre géométrique n'a pas besoin d'explication, étant purement et simplement la suppression de l'ordre inverse. Et, pour cela, il était indispensable d'établir que la suppression est toujours une substitution, et même qu'elle est nécessairement conçue comme telle : seules, les exigences de la vie pratique nous suggèrent ici une manière de parler qui nous trompe à la fois sur ce qui se passe dans les choses et sur ce qui est présent à notre pensée. Il faut maintenant que nous examinions de plus près l'inversion dont nous venons de décrire les conséquences. Quel est donc le principe qui n'a qu'à se détendre pour s'étendre, l'interruption de la cause équivalant ici à un renversement de l'effet ?

Faute d'un meilleur mot, nous l'avons appelé conscience. Mais il ne s'agit pas de cette conscience diminuée qui fonctionne en chacun de nous. Notre conscience à nous est la conscience d'un certain être vivant, placé en un certain point de l'espace ; et, si elle va bien dans la même direction que son principe, elle est sans cesse tirée en sens inverse, obligée, quoiqu'elle marche en avant, de regarder en arrière. Cette vision rétrospective est, comme nous l'avons montré, la fonction naturelle de l'intelligence et par conséquent de la conscience distincte. Pour que notre conscience coïncidât avec quelque chose de son principe, il faudrait qu'elle se détachât du *tout fait* et s'attachât au *se faisant*. Il faudrait que, se retournant et se tordant sur elle-même, la faculté de *voir* ne fît plus qu'un avec l'acte de *vouloir*. Effort douloureux, que nous pouvons donner brusquement en violentant la nature, mais non pas soutenir au delà de quelques instants. Dans l'action libre, quand nous contractons tout notre être pour le lancer en avant, nous avons la conscience plus ou moins claire des motifs et des mobiles, et même, à la rigueur, du devenir par lequel ils s'organisent en acte ; mais le pur vouloir, le courant qui traverse cette matière

en lui communiquant la vie, est chose que nous sentons
à peine, que tout au plus nous effleurons au passage. Essayons de nous y installer, ne fût-ce que pour un moment :
même alors, c'est un vouloir individuel, fragmentaire,
que nous saisirons. Pour arriver au principe de toute vie
comme aussi de toute matérialité, il faudrait aller plus
loin encore. Est-ce impossible? non, certes : l'histoire de
la philosophie est là pour en témoigner. Il n'y a pas de
système durable qui ne soit, dans quelques-unes au moins
de ses parties, vivifié par l'intuition. La dialectique est nécessaire pour mettre l'intuition à l'épreuve, nécessaire aussi
pour que l'intuition se réfracte en concepts et se propage
à d'autres hommes ; mais elle ne fait, bien souvent, que
développer le résultat de cette intuition qui la dépasse.
A vrai dire, les deux démarches sont de sens contraires :
le même effort, par lequel on lie des idées à des idées,
fait évanouir l'intuition que les idées se proposaient d'emmagasiner. Le philosophe est obligé d'abandonner l'intuition une fois qu'il en a reçu l'élan, et de se fier à
lui-même pour continuer le mouvement, en poussant
maintenant les concepts les uns derrière les autres. Mais
bien vite il sent qu'il a perdu pied ; un nouveau contact
devient nécessaire ; il faudra défaire la plus grande partie
de ce qu'on avait fait. En résumé, la dialectique est ce qui
assure l'accord de notre pensée avec elle-même. Mais par
la dialectique, — qui n'est qu'une détente de l'intuition, —
bien des accords différents sont possibles, et il n'y a pourtant qu'une vérité. L'intuition, si elle pouvait se prolonger au delà de quelques instants, n'assurerait pas seulement l'accord du philosophe avec sa propre pensée, mais
encore celui de tous les philosophes entre eux. Telle
qu'elle existe, fuyante et incomplète, elle est, dans chaque
système, ce qui vaut mieux que le système et ce qui lui

survit. L'objet de la philosophie serait atteint si cette intuition pouvait se soutenir, se généraliser, et surtout s'assurer des points de repère extérieurs pour ne pas s'égarer. Pour cela, un va-et-vient continuel est nécessaire entre la nature et l'esprit.

Quand nous replaçons notre être dans notre vouloir, et notre vouloir lui-même dans l'impulsion qu'il prolonge, nous comprenons, nous sentons que la réalité est une croissance perpétuelle, une création qui se poursuit sans fin. Notre volonté fait déjà ce miracle. Toute œuvre humaine qui renferme une part d'invention, tout acte volontaire qui renferme une part de liberté, tout mouvement d'un organisme qui manifeste de la spontanéité, apporte quelque chose de nouveau dans le monde. Ce ne sont là, il est vrai, que des créations de forme. Comment seraient-elles autre chose ? Nous ne sommes pas le courant vital lui-même ; nous sommes ce courant déjà chargé de matière, c'est-à-dire de parties congelées de sa substance qu'il charrie le long de son parcours. Dans la composition d'une œuvre géniale comme dans une simple décision libre, nous avons beau tendre au plus haut point le ressort de notre activité et créer ainsi ce qu'aucun assemblage pur et simple de matériaux n'aurait pu donner (quelle juxtaposition de courbes connues équivaudra jamais au trait de crayon d'un grand artiste ?), il n'y en a pas moins ici des éléments qui préexistent et survivent à leur organisation. Mais si un simple arrêt de l'action génératrice de la forme pouvait en constituer la matière (les lignes originales dessinées par l'artiste ne sont-elles pas déjà, elles-mêmes, la fixation et comme la congélation d'un mouvement?), une création de matière ne serait ni incompréhensible ni inadmissible. Car nous saisissons du dedans, nous vivons à tout instant une création de forme, et ce serait précisément là, dans les cas où la forme est pure et où le courant créateur s'interrompt momentanément, une création de matière. Considérons toutes les lettres de l'alphabet qui entrent dans la composition de tout ce qui a jamais été écrit: nous ne concevons pas que d'autres lettres surgissent et viennent s'ajouter à celles-là pour faire un nouveau poème. Mais que le poète crée le poème et que la pensée humaine s'en enrichisse, nous le comprenons fort bien : cette création est un acte simple de l'esprit, et l'action n'a qu'à faire une pause, au lieu de se continuer en une création nouvelle, pour que, d'elle-même, elle s'éparpille en mots qui se dissocient en lettres qui s'ajouteront à tout ce qu'il y avait déjà de lettres dans le monde. Ainsi, que le nombre des atomes composant à un moment donné l'univers matériel augmente, cela heurte nos habitudes d'esprit, cela contredit notre expérience. Mais qu'une réalité d'un tout autre ordre, et qui tranche sur l'atome comme la pensée du poète sur les lettres de l'alphabet, croisse par des additions brusques, cela n'est pas inadmissible ; et l'envers de chaque addition pourrait bien être un monde, ce que nous nous représentons, symboliquement d'ailleurs, comme une juxtaposition d'atomes.

Le mystère répandu sur l'existence de l'univers vient pour une forte part, en effet, de ce que nous voulons que la genèse s'en soit faite d'un seul coup, ou bien alors que toute matière soit éternelle. Qu'on parle de création ou qu'on pose une matière incréée, dans les deux cas c'est la totalité de l'univers qu'on met en cause. En approfondissant cette habitude d'esprit, on y trouverait le préjugé que nous analyserons dans notre prochain chapitre, l'idée, commune aux matérialistes et à leurs adversaires, qu'il n'y a pas de durée réellement agissante et que l'absolu — matière ou esprit — ne saurait prendre place dans le temps concret, dans le temps que nous sentons être l'étoffe même de notre vie : d'où résulterait que tout est donné une fois pour toutes, et qu'il faut poser de toute éternité ou la multiplicité matérielle elle-même, ou l'acte créateur de cette multiplicité, donné en bloc dans l'essence divine. Une fois déraciné ce préjugé, l'idée de création devient plus claire, car elle se confond avec celle d'accroissement. Mais ce n'est plus alors de l'univers dans sa totalité que nous devrons parler.

Pourquoi en parlerions-nous ? L'univers est un assemblage de systèmes solaires que nous avons tout lieu de croire analogues au nôtre. Sans doute, ces systèmes ne sont pas absolument indépendants les uns des autres. Notre soleil rayonne de la chaleur et de la lumière au delà de la planète la plus lointaine, et d'autre part notre système solaire tout entier se meut dans une direction définie, comme s'il y était attiré. Il y a donc un lien entre les mondes. Mais ce lien peut être considéré comme infiniment lâche en comparaison de la solidarité qui unit les parties d'un même monde entre elles. De sorte que ce n'est pas artificiellement, pour des raisons de simple commodité, que nous isolons notre système solaire ; la nature elle-même nous invite à l'isoler. En tant qu'êtres vivants, nous dépendons de la planète où nous sommes et du soleil qui l'alimente, mais de rien autre chose. En tant qu'êtres pensants, nous pouvons appliquer les lois de notre physique à notre monde à nous, et sans doute aussi les étendre à chacun des mondes pris isolément, mais rien ne dit qu'elles s'appliquent encore à l'univers entier, ni même qu'une telle affirmation ait un sens, car l'univers n'est pas fait, mais se fait sans cesse. Il s'accroît sans doute indéfiniment par l'adjonction de mondes nouveaux.

Étendons alors à l'ensemble de notre système solaire,

mais limitons à ce système relativement clos, comme aux autres systèmes relativement clos, les deux lois les plus générales de notre science, le principe de la conservation de l'énergie et celui de la dégradation. Voyons ce qui en résultera. Il faut d'abord remarquer que ces deux principes n'ont pas la même portée métaphysique. Le premier est une loi quantitative, et par conséquent relative, en partie, à nos procédés de mesure. Il dit que, dans un systèm supposé clos, l'énergie totale, c'est-à-dire la somme des énergies cinétique et potentielle, reste constante. Or, s'il n'y avait que de l'énergie cinétique dans le monde, ou même s'il n'y avait, en outre de l'énergie cinétique, qu'une seule espèce d'énergie potentielle, l'artifice de la mesure ne suffirait pas à rendre la loi artificielle. La loi de conservation de l'énergie exprimerait bien que *quelque chose* se conserve en quantité constante. Mais il y a en réalité des énergies de nature diverse [1], et la mesure de chacune d'elles a été évidemment choisie de manière à justifier le principe de la conservation de l'énergie. La part de convention inhérente à ce principe est donc assez grande, encore qu'il y ait sans doute, entre les variations des diverses énergies composant un même système, une solidarité qui a précisément rendu possible l'extension du principe par des mesures convenablement choisies. Si donc le philosophe fait application de ce principe à l'ensemble du système solaire, il devra tout au moins en estomper les contours. La loi de conservation de l'énergie ne pourra plus exprimer ici la permanence objective d'une certaine quantité d'une certaine chose, mais plutôt la nécessité pour tout changement qui se produit d'être contre-balancé,

---

1. Sur ces différences de qualité, voir l'ouvrage de Duhem, *L'évolution de la mécanique,* Paris, 1905, p. 197 et suiv.

quelque part, par un changement de sens contraire. C'est à dire que, même si elle régit l'ensemble de notre système solaire, la loi de conservation de l'énergie nous renseigne sur le rapport d'un fragment de ce monde à un autre fragment plutôt que sur la nature du tout.

Il en est autrement du second principe de la thermodynamique. La loi de dégradation de l'énergie, en effet, ne porte pas essentiellement sur des grandeurs. Sans doute l'idée première en naquit, dans la pensée de Carnot, de certaines considérations quantitatives sur le rendement des machines thermiques. Sans doute aussi, c'est en termes mathématiques que Clausius la généralisa, et c'est à la conception d'une grandeur calculable, l' « entropie », qu'il aboutit. Ces précisions sont nécessaires aux applications. Mais la loi resterait vaguement formulable et aurait pu, à la rigueur, être formulée en gros, lors même qu'on n'eût jamais songé à mesurer les diverses énergies du monde physique, lors même qu'on n'eût pas créé le concept d'énergie. Elle exprime essentiellement, en effet, que tous les changements physiques ont une tendance à se dégrader en chaleur, et que la chaleur elle-même tend à se répartir d'une manière uniforme entre les corps. Sous cette forme moins précise, elle devient indépendante de toute convention ; elle est la plus métaphysique des lois de la physique, en ce qu'elle nous montre du doigt, sans symboles interposés, sans artifices de mesure, la direction où marche le monde. Elle dit que les changements visibles et hétérogènes les uns aux autres se dilueront de plus en plus en changements invisibles et homogènes, et que l'instabilité à laquelle nous devons la richesse et la variété des changements s'accomplissant dans notre système solaire cédera peu à peu la place à la stabilité relative d'ébranlements élémentaires qui se répèteront indéfiniment les uns les autres. Tel, un homme qui conserverait ses forces mais les consacrerait de moins en moins à des actes, et finirait par les employer tout entières à faire respirer ses poumons et palpiter son cœur.

Envisagé de ce point de vue, un monde tel que notre système solaire apparaît comme épuisant à tout instant quelque chose de la mutabilité qu'il contient. Au début était le maximum d'utilisation possible de l'énergie : cette mutabilité est allée sans cesse en diminuant. D'où vient-elle? On pourrait d'abord supposer qu'elle est venue de quelque autre point de l'espace, mais la difficulté ne serait que reculée, et pour cette source extérieure de mutabilité la même question se poserait. On pourrait ajouter, il est vrai, que le nombre des mondes capables de se passer de la mutabilité les uns aux autres est illimité, que la somme de mutabilité contenue dans l'univers est infinie, et que, dès lors, il n'y a pas plus lieu d'en rechercher l'origine que d'en prévoir la fin. Une hypothèse de ce genre est aussi irréfutable qu'elle est indémontrable; mais parler d'un univers infini consiste à admettre une coïncidence parfaite de la matière avec l'espace abstrait, et par conséquent une extériorité absolue de toutes les parties de la matière les unes par rapport aux autres. Nous avons vu plus haut ce qu'il faut penser de cette dernière thèse, et combien il est difficile de la concilier avec l'idée d'une influence réciproque de toutes les parties de la matière les unes sur les autres, influence à laquelle on prétend justement ici faire appel. On pourrait enfin supposer que l'instabilité générale est sortie d'un état général de stabilité, que la période où nous sommes, et pendant laquelle l'énergie utilisable va en diminuant, a été précédée d'une période où la mutabilité était en voie d'accroissement, que d'ailleurs les alternatives d'accroissement et de diminution se succèdent sans fin. Cette hypothèse est théoriquement concevable, comme on l'a montré avec précision dans ces derniers temps ; mais, d'après les calculs de Boltzmann, elle est d'une improbabilité mathématique qui passe toute imagination et qui équivaut, pratiquement, à l'impossibilité absolue [1]. En réalité, le problème est insoluble si l'on se maintient sur le terrain de la physique, car le physicien est obligé d'attacher l'énergie à des particules étendues, et, même s'il ne voit dans les particules que des réservoirs d'énergie, il reste dans l'espace : il mentirait à son rôle s'il cherchait l'origine de ces énergies dans un processus extra-spatial. C'est bien là cependant, à notre sens, qu'il faut la chercher.

Considère-t-on *in abstracto* l'étendue en général ? L'*extension* apparaît seulement, disions-nous, comme une *tension* qui s'interrompt. S'attache-t-on à la réalité concrète qui remplit cette étendue ? L'ordre qui y règne, et qui se manifeste par les lois de la nature, est un ordre qui doit naître de lui-même quand l'ordre inverse est supprimé : une détente du vouloir produirait précisément cette suppression. Enfin, voici que le sens où marche cette réalité nous suggère maintenant l'idée d'une chose *qui se défait* ; là est, sans aucun doute, un des traits essentiels de la matérialité. Que conclure de là, sinon que le processus par lequel cette chose *se fait* est dirigé en sens contraire des processus physiques et qu'il est dès lors, par définition même, immatériel ? Notre vision du monde matériel est celle d'un poids qui tombe ; aucune image tirée de la matière proprement dite ne nous donnera une idée du poids qui s'élève. Mais cette conclusion s'impo-

---

1. Boltzmann, *Vorlesungen über Gastheorie*, Leipzig, 1898, p. 253 et suiv.

sera à nous avec plus de force encore si nous serrons de plus près la réalité concrète, si nous considérons, non plus seulement la matière en général, mais, à l'intérieur de cette matière, les corps vivants.

Toutes nos analyses nous montrent en effet dans la vie un effort pour remonter la pente que la matière descend. Par là elles nous laissent entrevoir la possibilité, la nécessité même, d'un processus inverse de la matérialité, créateur de la matière par sa seule interruption. Certes, la vie qui évolue à la surface de notre planète est attachée à de la matière. Si elle était pure conscience, à plus forte raison supraconscience, elle serait pure activité créatrice. De fait, elle est rivée à un organisme qui la soumet aux lois générales de la matière inerte. Mais tout se passe comme si elle faisait son possible pour s'affranchir de ces lois. Elle n'a pas le pouvoir de renverser la direction des changements physiques, telle que le principe de Carnot la détermine. Du moins se comporte-t-elle absolument comme ferait une force qui, laissée à elle-même, travaillerait dans la direction inverse. Incapable d'*arrêter* la marche des changements matériels, elle arrive cependant à la *retarder*. L'évolution de la vie continue en effet, comme nous l'avons montré, une impulsion initiale ; cette impulsion, qui a déterminé le développement de la fonction chlorophyllienne dans la plante et du système sensori-moteur chez l'animal, amène la vie à des actes de plus en plus efficaces par la fabrication et l'emploi d'explosifs de plus en plus puissants. Or, que représentent ces explosifs sinon un emmagasinage de l'énergie solaire, énergie dont la dégradation se trouve ainsi provisoirement suspendue en quelques-uns des points où elle se déversait ? L'énergie utilisable que l'explosif recèle se dépensera, sans doute, au moment de l'explosion ; mais elle se fût dépensée plus tôt si un organisme ne s'était trouvé là pour en arrêter la dissipation, pour la retenir et l'additionner avec elle-même. Telle qu'elle se présente aujourd'hui à nos yeux, au point où l'a amenée une scission des tendances, complémentaires l'une de l'autre, qu'elle renfermait en elle, la vie est suspendue tout entière à la fonction chlorophyllienne de la plante. C'est dire qu'envisagée dans son impulsion initiale, avant toute scission, elle était une tendance à accumuler dans un réservoir, comme font surtout les parties vertes des végétaux, en vue d'une dépense instantanée efficace, comme celle qu'effectue l'animal, quelque chose qui se fût écoulé sans elle. Elle est comme un effort pour relever le poids qui tombe. Elle ne réussit, il est vrai, qu'à en retarder la chute. Du moins peut-elle nous donner une idée de ce que fut l'élévation du poids [1].

Imaginons donc un récipient plein de vapeur à une haute tension, et, çà et là, dans les parois du vase, une fissure par où la vapeur s'échappe en jet. La vapeur lancée en l'air se condense presque tout entière en gouttelettes qui retombent, et cette condensation et cette chute représentent simplement la perte de quelque chose, une

---

1. Dans un livre riche de faits et d'idées (*La dissolution opposée à l'évolution*, Paris, 1899), M. André Lalande nous montre toutes choses marchant à la mort, en dépit de la résistance momentanée que paraissent opposer les organismes. — Mais, même du côté de la matière inorganisée, avons-nous le droit d'étendre à l'univers entier des considérations tirées de l'état présent de notre système solaire ? A côté des mondes qui meurent, il y a sans doute des mondes qui naissent. D'autre part, dans le monde organisé, la mort des individus n'apparaît pas du tout comme une diminution de la « vie en général », ou comme une nécessité que celle-ci subirait à regret. Comme on l'a remarqué plus d'une fois, la vie n'a jamais fait effort pour prolonger indéfiniment l'existence de l'individu, alors que sur tant d'autres points elle a fait tant d'efforts heureux. Tout se passe *comme si* cette mort avait été voulue, ou tout au moins acceptée, pour le plus grand progrès de la vie en général.

interruption, un déficit. Mais une faible partie du jet de vapeur subsiste, non condensée, pendant quelques instants ; celle-là fait effort pour relever les gouttes qui tombent ; elle arrive, tout au plus, à en ralentir la chute. Ainsi, d'un immense réservoir de vie doivent s'élancer sans cesse des jets, dont chacun, retombant, est un monde. L'évolution des espèces vivantes à l'intérieur de ce monde représente ce qui subsiste de la direction primitive du jet originel, et d'une impulsion qui se continue en sens inverse de la matérialité. Mais ne nous attachons pas trop à cette comparaison. Elle ne nous donnerait de la réalité qu'une image affaiblie et même trompeuse, car la fissure, le jet de vapeur, le soulèvement des gouttelettes sont déterminés nécessairement, au lieu que la création d'un monde est un acte libre et que la vie, à l'intérieur du monde matériel, participe de cette liberté. Pensons donc plutôt à un geste comme celui du bras qu'on lève ; puis supposons que le bras, abandonné à lui-même, retombe, et que pourtant subsiste en lui, s'efforçant de le relever, quelque chose du vouloir qui l'anima : avec cette image d'un *geste créateur qui se défait* nous aurons déjà une représentation plus exacte de la matière. Et nous verrons alors, dans l'activité vitale, ce qui subsiste du mouvement direct dans le mouvement inverti, *une réalité qui se fait à travers celle qui se défait.*

Tout est obscur dans l'idée de création si l'on pense à des *choses* qui seraient créées et à une *chose* qui crée, comme on le fait d'habitude, comme l'entendement ne peut s'empêcher de le faire. Nous montrerons, dans notre prochain chapitre, l'origine de cette illusion. Elle est naturelle à notre intelligence, fonction essentiellement pratique, faite pour nous représenter des choses et des états plutôt que des changements et des actes. Mais choses et états ne sont que des vues prises par notre esprit sur le devenir. Il n'y a pas de choses, il n'y a que des actions. Plus particulièrement, si je considère le monde où nous vivons, je trouve que l'évolution automatique et rigoureusement déterminée de ce tout bien lié est de l'action qui se défait, et que les formes imprévues qu'y découpe la vie, formes capables de se prolonger elles-mêmes en mouvements imprévus, représentent de l'action qui se fait. Or, j'ai tout lieu de croire que les autres mondes sont analogues au nôtre, que les choses s'y passent de la même manière. Et je sais qu'ils ne se sont pas tous constitués en même temps, puisque l'observation me montre, aujourd'hui même, des nébuleuses en voie de concentration. Si, partout, c'est la même espèce d'action qui s'accomplit, soit qu'elle se défasse soit qu'elle tente de se refaire, j'exprime simplement cette similitude probable quand je parle d'un centre d'où les mondes jailliraient comme les fusées d'un immense bouquet, — pourvu toutefois que je ne donne pas ce centre pour une *chose*, mais pour une continuité de jaillissement. Dieu, ainsi défini, n'a rien de tout fait ; il est vie incessante, action, liberté. La création, ainsi conçue, n'est pas un mystère ; nous l'expérimentons en nous dès que nous agissons librement. Que des choses nouvelles puissent s'ajouter aux choses qui existent, cela est absurde, sans aucun doute, puisque la *chose* résulte d'une solidification opérée par notre entendement, et qu'il n'y a jamais d'autres choses que celles que l'entendement a constituées. Parler de choses qui se créent reviendrait donc à dire que l'entendement se donne plus qu'il ne se donne, — affirmation contradictoire avec elle-même, représentation vide et vaine. Mais que l'action grossisse en avançant, qu'elle crée au fur et à mesure de son progrès, c'est ce que chacun de nous constate quand il se regarde agir. Les choses se constituent par la coupe instantanée que l'entendement pratique, à un moment donné, dans un flux de ce genre, et ce qui est mystérieux quand on compare entre elles les coupes devient clair quand on se reporte au flux. Même, les modalités de l'action créatrice, en tant que celle-ci se poursuit dans l'organisation des formes vivantes, se simplifient singulièrement quand on les prend de ce biais. Devant la complexité d'un organisme et la multitude quasi-infinie d'analyses et de synthèses entrelacées qu'elle présuppose, notre entendement recule déconcerté. Que le jeu pur et simple des forces physiques et chimiques puisse faire cette merveille, nous avons peine à le croire. Et si c'est une science profonde qui est à l'œuvre, comment comprendre l'influence exercée sur la matière sans forme par cette forme sans matière ? Mais la difficulté naît de ce qu'on se représente, statiquement, des particules matérielles toutes faites, juxtaposées les unes aux autres, et, statiquement aussi, une cause extérieure qui plaquerait sur elles une organisation savante. En réalité la vie est un mouvement, la matérialité est le mouvement inverse, et chacun de ces deux mouvements est simple, la matière qui forme un monde étant un flux indivisé, indivisée aussi étant la vie qui la traverse en y découpant des êtres vivants. De ces deux courants, le second contrarie le premier, mais le premier obtient tout de même quelque chose du second : il en résulte entre eux un *modus vivendi*, qui est précisément l'organisation. Cette organisation prend pour nos sens et pour notre intelligence la forme de parties entièrement extérieures à des parties dans le temps et dans l'espace. Non seulement nous fermons les yeux sur l'unité de l'élan qui, traversant les générations, relie les individus aux individus, les espèces aux espèces, et fait de la série entière des vivants une seule immense vague courant sur la matière, mais chaque individu lui-même nous apparaît comme un agrégat, agrégat de molécules et agrégat de faits. La raison s'en trouverait dans la structure de notre intelligence, qui est faite pour agir du dehors sur la matière et qui n'y arrive qu'en pratiquant, dans le flux du réel, des coupes instantanées dont chacune devient, dans sa fixité, indéfiniment décomposable. N'apercevant, dans un organisme, que des parties extérieures à des parties, l'entendement n'a le choix qu'entre deux systèmes d'explication : ou tenir l'organisation infiniment compliquée (et, par là, infiniment savante) pour un assemblage fortuit, ou la rapporter à l'influence incompréhensible d'une force extérieure qui en aurait groupé les éléments. Mais cette complication est l'œuvre de l'entendement, cette incompréhensibilité est son œuvre aussi. Essayons de voir, non plus avec les yeux de la seule intelligence, qui ne saisit que le tout fait et qui regarde du dehors, mais avec l'esprit, je veux dire avec cette faculté de voir qui est immanente à la faculté d'agir et qui jaillit, en quelque sorte, de la torsion du vouloir sur lui-même. Tout se remettra en mouvement, et tout se résoudra en mouvement. Là où l'entendement, s'exerçant sur l'image supposée fixe de l'action en marche, nous montrait des parties infiniment multiples et un ordre infiniment savant, nous devinerons un processus simple, une action qui se fait à travers une action du même genre qui se défait, quelque chose comme le chemin que se fraye la dernière fusée du feu d'artifice parmi les débris qui retombent des fusées éteintes.

De ce point de vue s'éclaireront et se compléteront les considérations générales que nous présentions sur l'évo-

lution de la vie. On dégagera plus nettement ce qu'il
y a d'accidentel, ce qu'il y a d'essentiel dans cette évolution.

L'*élan de vie* dont nous parlons consiste, en somme,
dans une exigence de création. Il ne peut créer absolument, parce qu'il rencontre devant lui la matière, c'est-à-
dire le mouvement inverse du sien. Mais il se saisit de
cette matière, qui est la nécessité même, et il tend à y
introduire la plus grande somme possible d'indétermination et de liberté. Comment s'y prend-il ?

Un animal élevé dans la série peut se représenter
en gros, disions-nous, par un système nerveux sensori-moteur posé sur des systèmes digestif, respiratoire,
circulatoire, etc. Ces derniers ont pour rôle de le nettoyer, de le réparer, de le protéger, de le rendre aussi
indépendant que possible des circonstances extérieures,
mais, par-dessus tout, de lui fournir l'énergie qu'il dépensera en mouvements. La complexité croissante de l'organisme tient donc théoriquement (malgré les innom-
brables exceptions dues aux accidents de l'évolution) à la
nécessité de compliquer le système nerveux. Chaque complication d'une partie quelconque de l'organisme en
entraîne d'ailleurs beaucoup d'autres, parce qu'il faut
bien que cette partie elle-même vive, tout changement en
un point du corps ayant sa répercussion partout. La complication pourra donc aller à l'infini dans tous les sens : mais
c'est la complication du système nerveux qui conditionne
les autres en droit, sinon toujours en fait. Maintenant, en
quoi consiste le progrès du système nerveux lui-même ?
En un développement simultané de l'activité automatique
et de l'activité volontaire, la première fournissant à la
seconde un instrument approprié. Ainsi, dans un organisme tel que le nôtre, un nombre considérable de méca-

nismes moteurs se montent dans la moelle et dans le bulbe, n'attendant qu'un signal pour libérer l'acte correspondant ; la volonté s'emploie, dans certains cas, à monter le mécanisme lui-même, et, dans les autres, à choisir les mécanismes à déclancher, la manière de les combiner ensemble, le moment du déclanchement. La volonté d'un animal est d'autant plus efficace, d'autant plus intense aussi, qu'elle a le choix entre un plus grand nombre de ces mécanismes, que le carrefour où toutes les voies motrices se croisent est plus compliqué, ou, en d'autres termes, que son cerveau atteint un développement plus considérable. Ainsi, le progrès du système nerveux assure à l'acte une précision croissante, une variété croissante, une efficacité et une indépendance croissantes. L'organisme se comporte de plus en plus comme une machine à agir qui se reconstruirait tout entière pour chaque action nouvelle, comme si elle était de caoutchouc et pouvait, à tout instant, changer la forme de toutes ses pièces. Mais, avant l'apparition du système nerveux, avant même la formation d'un organisme proprement dit, déjà dans la masse indifférenciée de l'Amibe se manifestait cette propriété essentielle de la vie animale. L'Amibe se déforme dans des directions variables ; sa masse entière fait donc ce que la différenciation des parties localisera dans un système sensori-moteur chez l'animal développé. Ne le faisant que d'une manière rudimentaire, elle est dispensée de la complication des organismes supérieurs : point n'est besoin ici que des éléments auxiliaires passent à des éléments moteurs de l'énergie à dépenser ; l'animal indivisé se meut, et indivisé aussi se procure de l'énergie par l'intermédiaire des substances organiques qu'il s'assimile. Ainsi, qu'on se place en bas ou en haut de la série des animaux, on trouve toujours que la vie animale consiste 1° à se procurer une provision d'énergie, 2° à la dépenser, par l'entremise d'une matière aussi souple que possible, dans des directions variables et imprévues.

Maintenant, d'où vient l'énergie ? De l'aliment ingéré, car l'aliment est une espèce d'explosif, qui n'attend que l'étincelle pour se décharger de l'énergie qu'il emmagasine. Qui a fabriqué cet explosif ? L'aliment peut être la chair d'un animal qui se sera nourri d'animaux, et ainsi de suite ; mais, en fin de compte, c'est au végétal qu'on aboutira. Lui seul recueille véritablement l'énergie solaire. Les animaux ne font que la lui emprunter, ou directement, ou en se la repassant les uns aux autres. Comment la plante a-t-elle emmagasiné cette énergie ? Par la fonction chlorophyllienne surtout, c'est-à-dire par un chimisme *sui generis* dont nous n'avons pas la clef, et qui ne ressemble probablement pas à celui de nos laboratoires. L'opération consiste à se servir de l'énergie solaire pour fixer le carbone de l'acide carbonique, et, par là, à emmagasiner cette énergie comme on emmagasinerait celle d'un porteur d'eau en l'employant à remplir un réservoir surélevé : l'eau une fois montée pourra mettre en mouvement, comme on voudra et quand on voudra, un moulin ou une turbine. Chaque atome de carbone fixé représente quelque chose comme l'élévation de ce poids d'eau, ou comme la tension d'un fil élastique qui aurait uni le carbone à l'oxygène dans l'acide carbonique. L'élastique se détendra, le poids retombera, l'énergie mise en réserve se retrouvera, enfin, le jour où, par un simple déclanchement, on permettra au carbone d'aller rejoindre son oxygène.

De sorte que la vie tout entière, animale et végétale, dans ce qu'elle a d'essentiel, apparaît comme un effort pour accumuler de l'énergie et pour la lâcher ensuite dans des canaux flexibles, déformables, à l'extrémité desquels elle accomplira des travaux infiniment variés. Voilà ce que *l'élan vital*, traversant la matière, voudrait obtenir tout d'un coup. Il y réussirait, sans doute, si sa puissance était illimitée ou si quelque aide lui pouvait venir du dehors. Mais l'élan est fini, et il a été donné une fois pour toutes. Il ne peut pas surmonter tous les obstacles. Le mouvement qu'il imprime est tantôt dévié, tantôt divisé, toujours contrarié, et l'évolution du monde organisé n'est que le déroulement de cette lutte. La première grande scission qui dut s'effectuer fut celle des deux règnes végétal et animal, qui se trouvent ainsi être complémentaires l'un de l'autre, sans que cependant un accord ait été établi entre eux. Ce n'est pas pour l'animal que la plante accumule de l'énergie, c'est pour sa consommation propre ; mais sa dépense à elle est moins discontinue, moins ramassée et moins efficace, par conséquent, que ne l'exigeait l'élan initial de la vie, dirigé essentiellement vers des actes libres : le même organisme ne pouvait soutenir avec une égale force les deux rôles à la fois, accumuler graduellement et utiliser brusquement. C'est pourquoi, d'eux-mêmes, sans aucune intervention extérieure, par le seul effet de la dualité de tendance impliquée dans l'élan originel et de la résistance opposée par la matière à cet élan, les organismes appuyèrent les uns dans la première direction, les autres dans la seconde. A ce dédoublement en succédèrent beaucoup d'autres. De là les lignes divergentes d'évolution, au moins dans ce qu'elles ont d'essentiel. Mais il y faut tenir compte des régressions, des arrêts, des accidents de tout genre. Et il faut se rappeler, surtout, que chaque espèce se comporte comme si le mouvement général de la vie s'arrêtait à elle au lieu de la traverser. Elle ne pense qu'à elle, elle ne vit que pour elle. De là les luttes sans

nombre dont la nature est le théâtre. De là une désharmonie frappante et choquante, mais dont nous ne devons
pas rendre responsable le principe même de la vie.

La part de la contingence est donc grande dans l'évolution. Contingentes, le plus souvent, sont les formes
adoptées, ou plutôt inventées. Contingente, relative aux
obstacles rencontrés en tel lieu, à tel moment, la dissociation de la tendance primordiale en telles et telles tendances complémentaires qui créent des lignes divergentes
d'évolution. Contingents les arrêts et les reculs ; contingentes, dans une large mesure, les adaptations. Deux
choses seulement sont nécessaires : 1° une accumulation
graduelle d'énergie, 2° une canalisation élastique de cette
énergie dans des directions variables et indéterminables,
au bout desquelles sont les actes libres.

Ce double résultat a été obtenu d'une certaine manière
sur notre planète. Mais il eût pu l'être par de tout autres
moyens. Point n'était nécessaire que la vie jetât son
dévolu sur le carbone de l'acide carbonique princi-
palement. L'essentiel était pour elle d'emmagasiner de
l'énergie solaire ; mais, au lieu de demander au Soleil
d'écarter les uns des autres, par exemple, des atomes
d'oxygène et de carbone, elle eût pu (théoriquement du
moins, et abstraction faite de difficultés d'exécution
peut-être insurmontables) lui proposer d'autres éléments
chimiques, qu'il aurait dès lors fallu associer ou dissocier
par des moyens physiques tout différents. Et, si l'élément
caractéristique des substances énergétiques de l'organisme
eût été autre que le carbone, l'élément caractéristique des
substances plastiques eût probablement été autre que
l'azote. La chimie des corps vivants eût donc été radicalement différente de ce qu'elle est. Il en serait résulté
des formes vivantes sans analogie avec celles que nous

connaissons, dont l'anatomie eût été autre, la physiologie autre. Seule, la fonction sensori-motrice se fût conservée, sinon dans son mécanisme, du moins dans ses effets. Il est donc vraisemblable que la vie se déroule sur d'autres planètes, dans d'autres systèmes solaires aussi, sous des formes dont nous n'avons aucune idée, dans des conditions physiques auxquelles elle nous paraît, du point de vue de notre physiologie, répugner absolument. Si elle vise essentiellement à capter de l'énergie utilisable pour la dépenser en actions explosives, elle choisit sans doute dans chaque système solaire et sur chaque planète, comme elle le fait sur la terre, les moyens les plus propres à obtenir ce résultat dans les conditions qui lui sont faites. Voilà du moins ce que dit le raisonnement par analogie, et c'est user à rebours de ce raisonnement que de déclarer la vie impossible là où d'autres conditions lui sont faites que sur la terre. La vérité est que la vie est possible partout où l'énergie descend la pente indiquée par la loi de Carnot et où une cause, de direction inverse, peut retarder la descente, — c'est-à-dire, sans doute, dans tous les mondes suspendus à toutes les étoiles. Allons plus loin : il n'est même pas nécessaire que la vie se concentre et se précise dans des organismes proprement dits, c'est-à-dire dans des corps définis qui présentent à l'écoulement de l'énergie des canaux une fois faits, encore qu'élastiques. On conçoit (quoiqu'on n'arrive guère à l'imaginer) que de l'énergie puisse être mise en réserve et ensuite dépensée sur des lignes variables courant à travers une matière non encore solidifiée. Tout l'essentiel de la vie serait là, puisqu'il y aurait encore accumulation lente d'énergie et détente brusque. Entre cette vitalité, vague et floue, et la vitalité définie que nous connaissons, il n'y aurait guère plus de différence qu'il n'y en a, dans notre vie psychologique, entre l'état de rêve et l'état de veille. Telle a pu être la condition de la vie dans notre nébuleuse avant que la condensation de la matière fût achevée, s'il est vrai que la vie prenne son essor au moment même où, par l'effet d'un mouvement inverse, la matière nébulaire apparaît.

On conçoit donc que la vie eût pu revêtir un tout autre aspect extérieur et dessiner des formes très différentes de celles que nous lui connaissons. Avec un autre substrat chimique, dans d'autres conditions physiques, l'impulsion fût restée la même, mais elle se fût scindée bien différemment en cours de route et, dans l'ensemble, un autre chemin eût été parcouru, — moins de chemin peut-être, peut-être aussi davantage. En tous cas, de la série entière des vivants, aucun terme n'eût été ce qu'il est. Maintenant, était-il nécessaire qu'il y eût une série et des termes ? Pourquoi l'élan unique ne se serait-il pas imprimé à un corps unique, qui eût évolué indéfiniment ?

Cette question se pose, sans doute, quand on compare la vie à un élan. Et il faut la comparer à un élan, parce qu'il n'y a pas d'image, empruntée au monde physique, qui puisse en donner plus approximativement l'idée. Mais ce n'est qu'une image. La vie est en réalité d'ordre psychologique, et il est de l'essence du psychique d'envelopper une pluralité confuse de termes qui s'entrepénètrent. Dans l'espace, et dans l'espace seul, sans aucun doute, est possible la multiplicité distincte : un point est absolument extérieur à un autre point. Mais l'unité pure et vide ne se rencontre, elle aussi, que dans l'espace : c'est celle d'un point mathématique. Unité et multiplicité abstraites sont, comme on voudra, des déterminations de l'espace ou des catégories de l'entendement, spatialité et intellectualité étant calquées l'une sur l'autre. Mais ce qui est de nature psychologique ne saurait s'appliquer exactement sur l'es-

pace, ni entrer tout à fait dans les cadres de l'entendement.
Ma personne, à un moment donné, est-elle une ou multiple ? Si je la déclare une, des voix intérieures surgissent
et protestent, celles des sensations, sentiments, représentations entre lesquels mon individualité se partage.
Mais si je la fais distinctement multiple, ma conscience
s'insurge tout aussi fort ; elle affirme que mes sensations, mes sentiments, mes pensées sont des abstractions que j'opère sur moi-même, et que chacun de mes
états implique tous les autres. Je suis donc — il faut bien
adopter le langage de l'entendement, puisque l'entendement seul a un langage — unité multiple et multiplicité
une [1] ; mais unité et multiplicité ne sont que des vues
prises sur ma personnalité par un entendement qui braque
sur moi ses catégories : je n'entre ni dans l'une ni dans
l'autre ni dans les deux à la fois, quoique les deux, réunies, puissent donner une imitation approximative de
cette interpénétration réciproque et de cette continuité que
je trouve au fond de moi-même. Telle est ma vie intérieure,
et telle est aussi la vie en général. Si, dans son contact
avec la matière, la vie est comparable à une impulsion ou
à un élan, envisagée en elle-même elle est une immensité
de virtualité, un empiétement mutuel de mille et mille tendances qui ne seront pourtant « mille et mille » qu'une
fois extériorisées les unes par rapport aux autres, c'est-à-dire spatialisées. Le contact avec la matière décide de
cette dissociation. La matière divise effectivement ce qui
n'était que virtuellement multiple, et, en ce sens, l'individuation est en partie l'œuvre de la matière, en partie
l'effet de ce que la vie porte en elle. C'est ainsi que d'un
sentiment poétique s'explicitant en strophes distinctes, en

1. Nous avons développé ce point dans un travail intitulé : *Introduction à
la métaphysique* (*Revue de métaphysique et de morale*, janvier 1903, p. 1 à 25).

vers distincts, en mots distincts, on pourra dire qu'il contenait cette multiplicité d'éléments individués et que pourtant c'est la matérialité du langage qui la crée.

Mais à travers les mots, les vers et les strophes, court l'inspiration simple qui est le tout du poème. Ainsi, entre les individus dissociés, la vie circule encore : partout, la tendance à s'individuer est combattue et en même temps parachevée par une tendance antagoniste et complémentaire à s'associer, comme si l'unité multiple de la vie, tirée dans le sens de la multiplicité, faisait d'autant plus d'effort pour se rétracter sur elle-même. Une partie n'est pas plutôt détachée qu'elle tend à se réunir, sinon à tout le reste, du moins à ce qui est le plus près d'elle. De là, dans tout le domaine de la vie, un balancement entre l'individuation et l'association. Les individus se juxtaposent en une société ; mais la société, à peine formée, voudrait fondre dans un organisme nouveau les individus juxtaposés, de manière à devenir elle-même un individu qui puisse, à son tour, faire partie intégrante d'une association nouvelle. Au plus bas degré de l'échelle des organismes nous trouvons déjà de véritables associations, les colonies microbiennes, et, dans ces associations, s'il faut en croire un travail récent, la tendance à s'individuer par la constitution d'un noyau[1]. La même tendance se retrouve à un échelon plus élevé, chez ces Protophytes qui, une fois sortis de la cellule-mère par voie de division, restent unis les uns aux autres par la substance gélatineuse qui entoure leur surface, comme aussi chez ces Protozoaires qui commencent par entremêler leurs pseudopodes et finissent par se souder entre eux. On connaît la théorie dite « coloniale » de la genèse des organismes supérieurs. Les Protozoaires,

1. Serkovski, mémoire (en russe) analysé dans l'*Année biologique*, 1898, p. 317.

constitués par une cellule unique, auraient formé, en
se juxtaposant, des agrégats, lesquels, se rapprochant à
leur tour, auraient donné des agrégats d'agrégats :
ainsi, des organismes de plus en plus compliqués, de
plus en plus différenciés aussi, seraient nés de l'association d'organismes à peine différenciés et élémentaires [1]. Sous cette forme extrême, la thèse a soulevé
des objections graves ; de plus en plus paraît s'affirmer l'idée que le polyzoïsme est un fait exceptionnel et
anormal [2]. Mais il n'en est pas moins vrai que les choses
se passent *comme si* tout organisme supérieur était né
d'une association de cellules qui se seraient partagé entre
elles le travail. Très probablement, ce ne sont pas les
cellules qui ont fait l'individu par voie d'association ; c'est
plutôt l'individu qui a fait les cellules par voie de dissociation [3]. Mais ceci même nous révèle, dans la genèse
de l'individu, une hantise de la forme sociale, comme s'il
ne pouvait se développer qu'à la condition de scinder sa
substance en éléments ayant eux-mêmes une apparence
d'individualité et unis entre eux par une apparence de
sociabilité. Nombreux sont les cas où la nature paraît
hésiter entre les deux formes, et se demander si elle con-
stituera une société ou un individu : il suffit alors de la plus
légère impulsion pour faire pencher la balance d'un côté
ou de l'autre. Si l'on prend un Infusoire assez volumineux,
tel que le Stentor, et qu'on le coupe en deux moitiés contenant chacune une partie du noyau, chacune des deux
moitiés régénère un Stentor indépendant ; mais si l'on

1. Ed. Perrier, *Les colonies animales*, Paris, 1897 (2ᵉ éd.).
2. Delage, *L'Hérédité*, 2ᵉ édit., Paris, 1903, p. 97. Cf., du même auteur :
La conception polyzoïque des êtres (Revue scientifique, 1896, p. 641-653).
3. C'est la théorie soutenue par Kunstler, Delage, Sedgwick, Labbé, etc.
On en trouvera le développement, avec des indications bibliographiques,
dans l'ouvrage de Busquet, *Les êtres vivants*, Paris, 1899.

effectue la division incomplètement, en laissant entre les deux moitiés une communication protoplasmique, on les voit exécuter, chacune de son côté, des mouvements parfaitement synergiques, de sorte qu'il suffit ici d'un fil maintenu ou coupé pour que la vie affecte la forme sociale ou la forme individuelle. Ainsi, dans des organismes rudimentaires faits d'une cellule unique, nous constatons déjà que l'individualité apparente du tout est le composé d'un nombre *non défini* d'individualités virtuelles, virtuellement associées. Mais, de bas en haut de la série des vivants, la même loi se manifeste. Et c'est ce que nous exprimons en disant qu'unité et multiplicité sont des catégories de la matière inerte, que *l'élan vital* n'est ni unité ni multiplicité pures, et que si la matière à laquelle il se communique le met en demeure d'opter pour l'une des deux, son option ne sera jamais définitive : il sautera indéfiniment de l'une à l'autre. L'évolution de la vie dans la double direction de l'individualité et de l'association n'a donc rien d'accidentel. Elle tient à l'essence même de la vie.

Essentielle aussi est la marche à la réflexion. Si nos analyses sont exactes, c'est la conscience, ou mieux la supraconscience, qui est à l'origine de la vie. Conscience ou supraconscience est la fusée dont les débris éteints retombent en matière ; conscience encore est ce qui subsiste de la fusée même, traversant les débris et les illuminant en organismes. Mais cette conscience, qui est une *exigence de création,* ne se manifeste à elle-même que là où la création est possible. Elle s'endort quand la vie est condamnée à l'automatisme ; elle se réveille dès que renaît la possibilité d'un choix. C'est pourquoi, dans les organismes dépourvus de système nerveux, elle varie en raison du pouvoir de locomotion et de déformation dont l'organisme dispose. Et, chez les animaux à système nerveux, elle est proportionnelle à la complication du carrefour où se croisent les voies dites sensorielles et les voies motrices, c'est-à-dire du cerveau. Comment faut-il comprendre cette solidarité entre l'organisme et la conscience ?

Nous n'insisterons pas ici sur un point que nous avons approfondi dans des travaux antérieurs. Bornons-nous à rappeler que la théorie d'après laquelle la conscience serait attachée à certains neurones, par exemple, et se dégagerait de leur travail comme une phosphorescence, peut être acceptée par le savant pour le détail de l'analyse ; c'est une manière commode de s'exprimer. Mais ce n'est pas autre chose. En réalité, un être vivant est un centre d'action. Il représente une certaine somme de contingence s'introduisant dans le monde, c'est-à-dire une certaine quantité d'action possible, — quantité variable avec les individus et surtout avec les espèces. Le système nerveux d'un animal dessine les lignes flexibles sur lesquelles son action courra (bien que l'énergie potentielle à libérer soit accumulée dans les muscles plutôt que dans le système nerveux lui-même) ; ses centres nerveux indiquent, par leur développement et leur configuration, le choix plus ou moins étendu qu'il aura entre des actions plus ou moins nombreuses et compliquées. Or, le réveil de la conscience, chez un être vivant, étant d'autant plus complet qu'une plus grande latitude de choix lui est laissée et qu'une somme plus considérable d'action lui est départie, il est clair que le développement de la conscience paraîtra se régler sur celui des centres nerveux. D'autre part, tout état de conscience étant, par un certain côté, une question posée à l'activité motrice et même un commencement de réponse, il n'y a pas de fait psychologique qui n'implique l'entrée en jeu des mécanismes corticaux. Tout paraîtra donc se passer comme si la conscience jaillissait du cerveau, et comme si le détail de l'activité consciente se modelait sur celui de l'activité cérébrale. En réalité, la conscience ne jaillit pas du cerveau; mais cerveau et conscience se correspondent parce qu'ils mesurent également, l'un par la complexité de sa structure et l'autre par l'intensité de son réveil, la quantité de *choix* dont l'être vivant dispose.

Précisément parce qu'un état cérébral exprime simplement ce qu'il y a d'action naissante dans l'état psychologique correspondant, l'état psychologique en dit plus long que l'état cérébral. La conscience d'un être vivant, comme nous avons essayé de le prouver ailleurs, est solidaire de son cerveau dans le sens où un couteau pointu est solidaire de sa pointe : le cerveau est la pointe acérée par où la conscience pénètre dans le tissu compact des événements, mais il n'est pas plus coextensif à la conscience que la pointe ne l'est au couteau. Ainsi, de ce que deux cerveaux, comme celui du singe et celui de l'homme, se ressemblent beaucoup, on ne peut pas conclure que les consciences correspondantes soient comparables ou commensurables entre elles.

Mais ils se ressemblent peut-être moins qu'on ne le suppose. Comment n'être pas frappé du fait que l'homme est capable d'apprendre n'importe quel exercice, de fabriquer n'importe quel objet, enfin d'acquérir n'importe quelle habitude motrice, alors que la faculté de combiner des mouvements nouveaux est strictement limitée chez l'animal le mieux doué, même chez le singe ? La caractéristique cérébrale de l'homme est là. Le cerveau humain est fait, comme tout cerveau, pour monter des mécanismes moteurs et pour nous laisser choisir parmi eux, à un instant quelconque, celui que nous mettrons en mouvement par un jeu de déclic. Mais il diffère des autres cerveaux en ce que le nombre des mécanismes qu'il peut monter, et par conséquent le nombre des déclics entre lesquels il donne le choix, est indéfini. Or, du limité à l'illimité il y a toute la distance du fermé à l'ouvert. Ce n'est pas une différence de degré, mais de nature.

Radicale aussi, par conséquent, est la différence entre la conscience de l'animal, même le plus intelligent, et la conscience humaine. Car la conscience correspond exactement à la puissance de choix dont l'être vivant dispose ; elle est coextensive à la frange d'action possible qui entoure l'action réelle : conscience est synonyme d'invention et de liberté. Or, chez l'animal, l'invention n'est jamais qu'une variation sur le thème de la routine. Enfermé dans les habitudes de l'espèce, il arrive sans doute à les élargir par son initiative individuelle ; mais il n'échappe à l'automatisme que pour un instant, juste le temps de créer un automatisme nouveau : les portes de sa prison se referment aussitôt ouvertes ; en tirant sur sa chaîne il ne réussit qu'à l'allonger. Avec l'homme, la conscience brise la chaîne. Chez l'homme, et chez l'homme seulement, elle se libère. Toute l'histoire de la vie, jusque-là, avait été celle d'un effort de la conscience pour soulever la matière, et d'un écrasement plus ou moins complet de la conscience par la matière qui retombait sur elle. L'entreprise était paradoxale, — si toutefois l'on peut parler ici, autrement que par métaphore, d'entreprise et d'effort. Il s'agissait de créer avec la matière, qui est la nécessité même, un instrument de liberté, de fabriquer une mécanique qui triomphât du mécanisme, et d'employer le déterminisme de la nature à passer à travers les mailles du filet qu'il avait tendu. Mais, partout ailleurs que chez l'homme, la conscience s'est laissé prendre au filet dont elle voulait traverser les mailles. Elle est restée captive des mécanismes qu'elle avait montés. L'automatisme, qu'elle prétendait tirer dans le sens de la liberté, s'enroule autour d'elle et l'entraîne. Elle n'a pas la force de s'y soustraire, parce que l'énergie dont elle avait fait provision pour des actes s'emploie presque tout entière à maintenir l'équilibre infiniment subtil, essentiellement instable, où elle a amené la matière. Mais l'homme n'entretient pas seulement sa machine ; il arrive à s'en servir comme il lui plaît. Il le doit sans doute à la supériorité de son cerveau, qui lui permet de construire un nombre illimité de mécanismes moteurs, d'opposer sans cesse de nouvelles habitudes aux anciennes, et, en divisant l'automatisme contre lui-même, de le dominer. Il le doit à son langage, qui fournit à la conscience un corps immatériel où s'incarner et la dispense ainsi de se poser exclusivement sur les corps matériels dont le flux l'entraînerait d'abord, l'engloutirait bientôt. Il le doit à la vie sociale, qui emmagasine et conserve les efforts comme le langage emmagasine la pensée, fixe par là un niveau moyen où les individus devront se hausser d'emblée, et, par cette excitation initiale, empêche les médiocres de s'endormir, pousse les meilleurs à monter plus haut. Mais notre cerveau, notre société et notre langage ne sont que les signes extérieurs et divers d'une seule et même supériorité interne. Ils disent, chacun à sa manière, le succès unique, exceptionnel, que la vie a remporté à un moment donné de son évolution. Ils traduisent la différence de nature, et non pas seulement de degré, qui sépare l'homme du reste de l'animalité. Ils nous laissent deviner que si, au bout du large tremplin sur lequel la vie avait pris son élan, tous les autres sont descendus, trouvant la corde tendue trop haute, l'homme seul a sauté l'obstacle.

C'est dans ce sens tout spécial que l'homme est le « terme » et le « but » de l'évolution. La vie, avons-nous dit, transcende la finalité comme les autres catégories. Elle est essentiellement un courant lancé à travers la matière, et qui en tire ce qu'il peut. Il n'y a donc pas eu, à proprement parler, de projet ni de plan. D'autre part, il est trop évident que le reste de la nature n'a pas été rapporté à l'homme ; nous luttons comme les autres espèces, nous avons lutté contre les autres espèces. Enfin, si l'évolution de la vie s'était heurtée à des accidents différents sur la route, si, par là, le courant de la vie avait été divisé autrement, nous aurions été, au physique et au moral, assez différents de ce que nous sommes. Pour ces diverses raisons, on aurait tort de considérer l'humanité, telle que nous l'avons sous les yeux, comme préformée dans le mouvement évolutif. On ne peut même pas dire qu'elle soit l'aboutissement de l'évolution entière, car l'évolution s'est accomplie sur plusieurs lignes divergentes, et, si l'espèce humaine est à l'extrémité de l'une d'elles, d'autres lignes ont été suivies avec d'autres espèces au bout. C'est dans un sens bien différent que nous tenons l'humanité pour la raison d'être de l'évolution.

De notre point de vue, la vie apparaît globalement comme une onde immense qui se propage à partir d'un centre et qui, sur la presque totalité de sa circonférence, s'arrête et se convertit en oscillation sur place : en un seul point l'obstacle a été forcé, l'impulsion a passé librement. C'est cette liberté qu'enregistre la forme humaine. Partout ailleurs que chez l'homme, la conscience s'est vu acculer à une impasse ; avec l'homme seul elle a poursuivi son chemin. L'homme continue donc indéfiniment le mouvement vital, quoiqu'il n'entraîne pas avec lui tout ce que la vie portait en elle. Sur d'autres lignes d'évolution ont cheminé d'autres tendances que la vie impliquait, dont l'homme a sans doute conservé quelque chose, puisque tout se compénètre, mais dont il n'a conservé que peu de chose. *Tout se passe comme si un être indécis et flou, qu'on pourra appeler, comme on voudra, homme ou sur-homme, avait cherché à se réaliser, et n'y était parvenu qu'en abandonnant en route une partie de lui-même.* Ces déchets sont représentés par le reste de l'animalité, et même par le monde végétal, du moins dans ce que ceux-ci ont de positif et de supérieur aux accidents de l'évolution.

De ce point de vue s'atténuent singulièrement les discordances dont la nature nous offre le spectacle. L'ensemble du monde organisé devient comme l'humus sur lequel devait pousser ou l'homme lui-même ou un être qui, moralement, lui ressemblât. Les animaux, si éloignés, si ennemis même qu'ils soient de notre espèce, n'en ont pas moins été d'utiles compagnons de route, sur lesquels la conscience s'est déchargée de ce qu'elle traînait d'encombrant, et qui lui ont permis de s'élever, avec l'homme, sur les hauteurs d'où elle voit un horizon illimité se rouvrir devant elle.

Il est vrai qu'elle n'a pas seulement abandonné en route un bagage embarrassant. Elle a dû renoncer aussi à des biens précieux. La conscience, chez l'homme, est surtout intelligence. Elle aurait pu, elle aurait dû, semble-t-il, être aussi intuition. Intuition et intelligence représentent deux directions opposées du travail conscient : l'intuition marche dans le sens même de la vie, l'intelligence va en sens inverse, et se trouve ainsi tout naturellement réglée sur le mouvement de la matière. Une humanité complète et parfaite serait celle où ces deux formes de l'activité consciente atteindraient leur plein développement. Entre cette humanité et la nôtre on conçoit d'ailleurs bien des intermédiaires possibles, correspondant à tous les degrés imaginables de l'intelligence et de l'intuition. Là est la part de la contingence dans la structure mentale de notre espèce. Une évolution autre eût pu conduire à une humanité ou plus intelligente encore, ou plus intuitive. En fait, dans l'humanité dont nous faisons partie, l'intuition est à peu près complètement sacrifiée à l'intelligence. Il semble qu'à conquérir la matière, et à se reconquérir sur elle-même, la conscience ait dû épuiser le meilleur de sa force. Cette conquête, dans les conditions particulières où elle s'est faite, exigeait que la conscience s'adaptât aux habitudes de la matière et concentrât toute son attention sur elles, enfin se déterminât plus spécialement en intelligence. L'intuition est là cependant, mais vague et surtout discontinue. C'est une lampe presque éteinte, qui ne se ranime que de loin en loin, pour quelques instants à peine. Mais elle se ranime, en somme, là où un intérêt vital est en jeu. Sur notre personnalité, sur notre liberté, sur la place que nous occupons dans l'ensemble de la nature, sur notre origine et peut-être aussi sur notre destinée, elle projette une lumière vacillante et faible, mais qui n'en perce pas moins l'obscurité de la nuit où nous laisse l'intelligence.

De ces intuitions évanouissantes, et qui n'éclairent leur objet que de distance en distance, la philosophie doit s'emparer, d'abord pour les soutenir, ensuite pour les dilater et les raccorder ainsi entre elles. Plus elle avance dans ce travail, plus elle s'aperçoit que l'intuition est l'esprit même et, en un certain sens, la vie même : l'intelligence s'y découpe par un processus imitateur de celui qui a engendré la matière. Ainsi apparaît l'unité de la vie mentale. On ne la reconnaît qu'en se plaçant dans l'intuition pour aller de là à l'intelligence, car de l'intelligence on ne passera jamais à l'intuition.

La philosophie nous introduit ainsi dans la vie spirituelle. Et elle nous montre en même temps la relation de la vie de l'esprit à celle du corps. La grande erreur des doctrines spiritualistes a été de croire qu'en isolant la vie spirituelle de tout le reste, en la suspendant dans l'espace aussi haut que possible au-dessus de terre, elles la mettaient à l'abri de toute atteinte : comme si elles ne l'exposaient pas simplement ainsi à être prise pour un effet de mirage ! Certes, elles ont raison d'écouter la conscience, quand la conscience affirme la liberté humaine ; — mais l'intelligence est là, qui dit que la cause détermine son effet, que le même conditionne le même, que tout se répète et que tout est donné. Elles ont raison de croire à la réalité absolue de la personne et à son indépendance vis-à-vis de la matière ; — mais la science est là, qui montre la solidarité de la vie consciente et de l'activité cérébrale. Elles ont raison d'attribuer à l'homme une place privilégiée dans la nature, de tenir pour infinie la distance de l'animal à l'homme ; — mais l'histoire de la vie est là, qui nous fait assister à la genèse des espèces par voie de transformation graduelle et qui semble ainsi réintégrer l'homme dans l'animalité. Quand un instinct puissant proclame la survivance probable de la personne, elles ont raison de ne pas fermer l'oreille à sa voix ; — mais s'il existe ainsi des « âmes » capables d'une vie indépendante, d'où viennent-elles ? quand, comment, pourquoi entrent-elles dans ce corps que nous voyons, sous nos yeux, sortir très naturellement d'une cellule mixte empruntée aux corps de ses deux parents ? Toutes ces questions resteront sans réponse, une philosophie d'intuition sera la négation de la science, tôt ou tard elle sera balayée par la science, si elle ne se décide pas à voir la vie du corps là où elle est réellement, sur le chemin qui mène à la vie de l'esprit. Mais ce n'est plus alors à tels ou tels vivants déterminés qu'elle aura affaire. La vie entière, depuis l'impulsion initiale qui la lança dans le monde, lui apparaîtra comme un flot qui monte, et que contrarie le mouvement descendant de la matière. Sur la plus grande partie de sa surface, à des hauteurs diverses, le courant est converti par la matière en un tourbillonnement sur place. Sur un seul point il passe librement, entraînant avec lui l'obstacle, qui alourdira sa marche mais ne l'arrêtera pas. En ce point est l'humanité ; là est notre situation privilégiée. D'autre part, ce flot qui monte est conscience, et, comme toute conscience, il enveloppe des virtualités sans nombre qui se compénètrent, auxquelles ne conviennent par conséquent ni la catégorie de l'unité ni celle de la multiplicité, faites pour la matière inerte. Seule, la matière qu'il charrie avec lui, et dans les interstices de laquelle il s'insère, peut le diviser en individualités distinctes. Le courant passe donc, traversant les générations humaines, se subdivisant en individus : cette subdivision était dessinée en lui vaguement, mais elle ne se fût pas accusée sans la matière. Ainsi se créent sans cesse des âmes, qui cependant, en un certain sens, préexistaient. Elles ne sont pas autre chose que les ruisselets entre lesquels se partage le grand fleuve de la vie, coulant à travers le corps de l'humanité. Le mouvement d'un courant est distinct de ce qu'il traverse, bien qu'il en adopte nécessairement les sinuosités. La conscience est distincte de l'organisme qu'elle anime, bien qu'elle en subisse certaines vicissitudes. Comme les actions possibles, dont un état de conscience contient le dessin, reçoivent à tout instant, dans les centres nerveux, un commencement d'exécution, le cerveau souligne à tout instant les articulations motrices de l'état de conscience ; mais là se borne l'interdépendance de la conscience et du cerveau ; le sort de la conscience n'est pas lié pour cela au sort de la matière cérébrale. Enfin, la conscience est essentiellement libre ; elle est la liberté même : mais elle ne peut traverser la matière sans se poser sur elle, sans s'adapter à elle : cette adaptation est ce qu'on appelle l'intellectualité ; et l'intelligence, se retournant vers la conscience agissante, c'est-à-dire libre, la fait naturellement entrer dans les cadres où elle a coutume de voir la matière s'insérer. Elle apercevra donc toujours la liberté sous forme de nécessité ; toujours elle négligera la part de nouveauté ou de création inhérente à l'acte libre, toujours elle substituera à l'action elle-même une imitation artificielle, approximative, obtenue en composant l'ancien avec l'ancien et le même avec le même. Ainsi, aux yeux d'une philosophie qui fait effort pour réabsorber l'intelligence dans l'intuition, bien des difficultés s'évanouissent ou s'atténuent. Mais une telle doctrine ne facilite pas seulement la spéculation. Elle nous donne aussi plus de force pour agir et pour vivre. Car, avec elle, nous ne nous sentons plus isolés dans l'humanité, l'humanité ne nous semble pas non plus isolée dans la nature qu'elle domine. Comme le plus petit grain de poussière est solidaire de notre système solaire tout entier, entraîné avec lui dans ce mouvement indivisé de descente qui est la matérialité même, ainsi tous les êtres organisés, du plus humble au plus élevé, depuis les premières origines de la vie jusqu'au temps où nous sommes, et dans tous les lieux comme dans tous les temps, ne font que rendre sensible aux yeux une impulsion unique, inverse du mouvement de la matière et, en elle-même, indivisible. Tous les vivants se tiennent, et tous cèdent à la même formidable poussée. L'animal prend son point d'appui sur la plante, l'homme chevauche sur l'animalité, et l'humanité entière, dans l'espace et dans le temps, est une immense armée qui galope à côté de chacun de nous, en avant et en arrière de nous, dans une charge entraînante capable de culbuter toutes les résistances et de franchir bien des obstacles, même peut-être la mort.

CHAPITRE IV

**Le mécanisme cinématographique de la pensée [1]
et l'illusion mécanistique.
Coup d'œil sur l'histoire des systèmes.
Le devenir réel et le faux évolutionisme.**

Il nous reste à examiner en elles-mêmes deux illusions
théoriques que nous avons constamment rencontrées sur
notre chemin, et dont nous avions envisagé jusqu'à présent les conséquences plutôt que le principe. Tel sera
l'objet du présent chapitre. Il nous fournira l'occasion
d'écarter certaines objections, de dissiper certains malentendus, et surtout de définir plus nettement, en l'opposant
à d'autres, une philosophie qui voit dans la durée l'étoffe
même de la réalité.

Matière ou esprit, la réalité nous est apparue comme un
perpétuel devenir. Elle se fait ou elle se défait, mais elle
n'est jamais quelque chose de fait. Telle est l'intuition
que nous avons de l'esprit quand nous écartons le voile qui
s'interpose entre notre conscience et nous. Voilà aussi ce

---

1. La partie de ce chapitre qui traite de l'histoire des systèmes, et en
particulier de la philosophie grecque, n'est que le résumé très succinct de
vues que nous avons développées longuement, de 1900 à 1904, dans nos
leçons du Collège de France, notamment dans un cours sur l'*Histoire de
l'idée de temps* (1902-1903). Nous y comparions le mécanisme de la pensée
conceptuelle à celui du *cinématographe*. Nous croyons pouvoir reprendre ici
cette comparaison.

que l'intelligence et les sens eux-mêmes nous montreraient de la matière, s'ils en obtenaient une représentation immédiate et désintéressée. Mais, préoccupée avant tout des nécessités de l'action, l'intelligence, comme les sens, se borne à prendre de loin en loin, sur le devenir de la matière, des vues instantanées et, par là même, immobiles. La conscience, se réglant à son tour sur l'intelligence, regarde de la vie intérieure ce qui est déjà fait, et ne la sent que confusément se faire. Ainsi se détachent de la durée les moments qui nous intéressent et que nous avons cueillis le long de son parcours. Nous ne retenons qu'eux. Et nous avons raison de le faire, tant que l'action est seule en cause. Mais lorsque, spéculant sur la nature du réel, nous le regardons encore comme notre intérêt pratique nous demandait de le regarder, nous devenons incapables de voir l'évolution vraie, le devenir radical. Nous n'apercevons du devenir que des états, de la durée que des instants, et, même quand nous parlons de durée et de devenir, c'est à autre chose que nous pensons. Telle est la plus frappante des deux illusions que nous voulons examiner. Elle consiste à croire qu'on pourra penser l'instable par l'intermédiaire du stable, le mouvant par l'immobile.

L'autre illusion est proche parente de la première. Elle a la même origine. Elle vient, elle aussi, de ce que nous transportons à la spéculation un procédé fait pour la pratique. Toute action vise à obtenir un objet dont on se sent privé, ou à créer quelque chose qui n'existe pas encore. En ce sens très particulier, elle comble un vide et va du vide au plein, d'une absence à une présence, de l'irréel au réel. L'irréalité dont il s'agit ici est d'ailleurs purement relative à la direction où s'est engagée notre attention, car nous sommes immergés dans des réalités et n'en pouvons sortir ; seulement, si la réalité présente n'est pas celle que nous cherchions, nous parlons de *l'absence* de la seconde là où nous constatons la *présence* de la première. Nous exprimons ainsi ce que nous avons en fonction de ce que nous voudrions obtenir. Rien de plus légitime dans le domaine de l'action. Mais, bon gré mal gré, nous conservons cette manière de parler, et aussi de penser, quand nous spéculons sur la nature des choses indépendamment de l'intérêt qu'elles ont pour nous. Ainsi naît la seconde des deux illusions que nous signalions, celle que nous allons approfondir d'abord. Elle tient, comme la première, aux habitudes statiques que notre intelligence contracte quand elle prépare notre action sur les choses. De même que nous passons par l'immobile pour aller au mouvant, ainsi nous nous servons du vide pour penser le plein.

Déjà nous avons trouvé cette illusion sur notre chemin quand nous avons abordé le problème fondamental de la connaissance. La question, disions-nous, est de savoir pourquoi il y a de l'ordre, et non pas du désordre, dans les choses. Mais la question n'a de sens que si l'on suppose que le désordre, entendu comme une absence d'ordre, est possible, ou imaginable, ou concevable. Or, il n'y a de réel que l'ordre ; mais, comme l'ordre peut prendre deux formes, et que la présence de l'une consiste, si l'on veut, dans l'absence de l'autre, nous parlons de désordre toutes les fois que nous sommes devant celui des deux ordres que nous ne cherchions pas. L'idée de désordre est donc toute pratique. Elle correspond à une certaine déception d'une certaine attente, et ne désigne pas l'absence de tout ordre, mais seulement la présence d'un ordre qui n'offre pas d'intérêt actuel. Que si l'on essaie de nier l'ordre complètement, absolument, on s'aperçoit qu'on saute indéfiniment d'une espèce d'ordre à l'autre, et que la prétendue suppression de l'une et de l'autre implique la présence des deux. Enfin si l'on passe outre, si, de parti pris, on ferme les yeux sur ce mouvement de l'esprit et sur tout ce qu'il suppose, on n'a plus affaire à une idée, et du désordre il ne reste qu'un mot. Ainsi le problème de la connaissance est compliqué, et peut-être rendu insoluble, par l'idée que l'ordre comble un vide, et que sa présence effective est superposée à son absence virtuelle. Nous allons de l'absence à la présence, du vide au plein, en vertu de l'illusion fondamentale de notre entendement. Voilà l'erreur dont nous signalions une conséquence dans notre dernier chapitre. Comme nous le faisions pressentir, nous n'aurons définitivement raison de cette erreur que si nous la prenons corps à corps. Il faut que nous la regardions bien en face, en elle-même, dans la conception radicalement fausse qu'elle implique de la négation, du vide, et du néant [1].

Les philosophes ne se sont guère occupés de l'idée de néant. Et pourtant elle est souvent le ressort caché, l'invisible moteur de la pensée philosophique. Dès le premier éveil de la réflexion, c'est elle qui pousse en avant, droit sous le regard de la conscience, les problèmes angoissants, les questions qu'on ne peut fixer sans être pris de vertige. Je n'ai pas plutôt commencé à philosopher que je me demande pourquoi j'existe ; et quand je me suis rendu compte de la solidarité qui me lie au reste de l'univers, la difficulté n'est que reculée, je veux savoir pourquoi l'univers existe ; et si je rattache l'univers à un Principe immanent ou transcendant qui le supporte ou qui le crée, ma pensée ne se repose dans ce principe que pour quelques

---

1. L'analyse que nous donnons ici de l'idée de néant (p. 298 à 322) a déjà paru dans la *Revue philosophique* (novembre 1906).

instants ; le même problème se pose, cette fois dans toute son ampleur et sa généralité : d'où vient, comment comprendre que quelque chose existe ? Ici même, dans le présent travail, quand la matière a été définie par une espèce de descente, cette descente par l'interruption d'une montée, cette montée elle-même par une croissance, quand un Principe de création enfin a été mis au fond des choses, la même question surgit : comment, pourquoi ce principe existe-t-il, plutôt que rien ?

Maintenant, si j'écarte ces questions pour aller à ce qui se dissimule derrière elles, voici ce que je trouve. L'existence m'apparaît comme une conquête sur le néant. Je me dis qu'il pourrait, qu'il devrait même ne rien y avoir, et je m'étonne alors qu'il y ait quelque chose. Ou bien je me représente toute réalité comme étendue sur le néant, ainsi que sur un tapis : le néant était d'abord, et l'être est venu par surcroît. Ou bien encore, si quelque chose a toujours existé, il faut que le néant lui ait toujours servi de substrat ou de réceptacle, et lui soit, par conséquent, éternellement antérieur. Un verre a beau être toujours plein, le liquide qui le remplit n'en comble pas moins un vide. De même, l'être a pu se trouver toujours là : le néant, qui est rempli et comme bouché par lui, ne lui en préexiste pas moins, sinon en fait, du moins en droit. Enfin je ne puis me défaire de l'idée que le plein est une broderie sur le canevas du vide, que l'être est superposé au néant, et que dans la représentation de « rien » il y a *moins* que dans celle de « quelque chose ». De là tout le mystère.

Il faut que ce mystère soit éclairci. Il le faut surtout, si l'on met au fond des choses la durée et le libre choix. Car le dédain de la métaphysique pour toute réalité qui dure vient précisément de ce qu'elle n'arrive à l'être qu'en pas-

sant par le « néant », et de ce qu'une existence qui dure
ne lui paraît pas assez forte pour vaincre l'inexistence et
se poser elle-même. C'est pour cette raison surtout
qu'elle incline à doter l'être véritable d'une existence
logique, et non pas psychologique ou physique. Car
telle est la nature d'une existence purement logique qu'elle
semble se suffire à elle-même, et se poser par le seul effet
de la force immanente à la vérité. Si je me demande pourquoi des corps ou des esprits existent plutôt que rien, je
ne trouve pas de réponse. Mais qu'un principe logique tel
que A $=$ A ait la vertu de se créer lui-même, triomphant
du néant dans l'éternité, cela me semble naturel. L'apparition d'un cercle tracé à la craie sur un tableau est chose
qui a besoin d'être expliquée : cette existence toute physique n'a pas, par elle-même, de quoi vaincre l'inexistence.
Mais l' « essence logique » du cercle, c'est-à-dire la possibilité de le tracer selon une certaine loi, c'est-à-dire enfin
sa définition, est chose qui me paraît éternelle ; elle n'a
ni lieu ni date, car nulle part, à aucun moment, le tracé
d'un cercle n'a commencé d'être possible. Supposons
donc au principe sur lequel toutes choses reposent et que
toutes choses manifestent une existence de même nature
que celle de la définition du cercle, ou que celle de
l'axiome A $=$ A : le mystère de l'existence s'évanouit, car
l'être qui est au fond de tout se pose alors dans l'éternel
comme se pose la logique même. Il est vrai qu'il nous en
coûtera un assez gros sacrifice : si le principe de toutes
choses existe à la manière d'un axiome logique ou d'une
définition mathématique, les choses elles-mêmes devront
sortir de ce principe comme les applications d'un axiome
ou les conséquences d'une définition, et il n'y aura plus
de place, ni dans les choses ni dans leur principe, pour
la causalité efficace entendue au sens d'un libre choix.

Telles sont précisément les conclusions d'une doctrine comme celle de Spinoza ou même de Leibniz par exemple, et telle en a été la genèse.

Si nous pouvions établir que l'idée de néant, au sens où nous la prenons quand nous l'opposons à celle d'existence, est une pseudo-idée, les problèmes qu'elle soulève autour d'elle deviendraient des pseudo-problèmes. L'hypothèse d'un absolu qui agirait librement, qui durerait éminemment, n'aurait plus rien de choquant. Le chemin serait frayé à une philosophie plus rapprochée de l'intuition, et qui ne demanderait plus les mêmes sacrifices au sens commun.

Voyons donc à quoi l'on pense quand on parle du néant. Se représenter le néant consiste ou à l'imaginer ou à le concevoir. Examinons ce que peut être cette image ou cette idée. Commençons par l'image.

Je vais fermer les yeux, boucher mes oreilles, éteindre une à une les sensations qui m'arrivent du monde extérieur : voilà qui est fait, toutes mes perceptions s'évanouissent, l'univers matériel s'abîme pour moi dans le silence et dans la nuit. Je subsiste cependant, et ne puis m'empêcher de subsister. Je suis encore là, avec les sensations organiques qui m'arrivent de la périphérie et de l'intérieur de mon corps, avec les souvenirs que me laissent mes perceptions passées, avec l'impression même, bien positive et bien pleine, du vide que je viens de faire autour de moi. Comment supprimer tout cela ? comment s'éliminer soi-même ? Je puis, à la rigueur, écarter mes souvenirs et oublier jusqu'à mon passé immédiat ; je conserve du moins la conscience que j'ai de mon présent réduit à sa plus extrême pauvreté, c'est-à-dire de l'état actuel de mon corps. Je vais essayer cependant d'en finir

avec cette conscience elle-même. J'atténuerai de plus en
plus les sensations que mon corps m'envoie : les voici
tout près de s'éteindre ; elles s'éteignent, elles disparaissent dans la nuit où se sont déjà perdues toutes choses.
Mais non ! à l'instant même où ma conscience s'éteint,
une autre conscience s'allume ; — ou plutôt elle s'était
allumée déjà, elle avait surgi l'instant d'auparavant pour
assister à la disparition de la première. Car la première ne
pouvait disparaître que pour une autre et vis-à-vis d'une
autre. Je ne me vois anéanti que si, par un acte positif,
encore qu'involontaire et inconscient, je me suis déjà res-
suscité moi-même. Ainsi j'ai beau faire, je perçois toujours
quelque chose, soit du dehors, soit du dedans. Quand je
ne connais plus rien des objets extérieurs, c'est que je me
réfugie dans la conscience que j'ai de moi-même ; si j'abolis cet intérieur, son abolition même devient un objet pour
un moi imaginaire qui, cette fois, perçoit comme un
objet extérieur le moi qui disparaît. Extérieur ou intérieur,
il y a donc toujours un objet que mon imagination se représente. Elle peut, il est vrai, aller de l'un à l'autre, et,
tour à tour, imaginer un néant de perception externe ou
un néant de perception intérieure, — mais non pas les
deux à la fois, car l'absence de l'un consiste, au fond,
dans la présence exclusive de l'autre. Mais, de ce que deux
néants relatifs sont imaginables tour à tour, on conclut à
tort qu'ils sont imaginables ensemble : conclusion dont
l'absurdité devrait sauter aux yeux, puisqu'on ne saurait
imaginer un néant sans s'apercevoir, au moins confusément, qu'on l'imagine, c'est-à-dire qu'on agit, qu'on
pense, et que quelque chose, par conséquent, subsiste
encore.

L'image proprement dite d'une suppression de tout n'est
donc jamais formée par la pensée. L'effort par lequel nous

tendons à créer cette image aboutit simplement à nous
faire osciller entre la vision d'une réalité extérieure et celle
d'une réalité interne. Dans ce va-et-vient de notre esprit
entre le dehors et le dedans, il y a un point, situé à égale
distance des deux, où il nous semble que nous n'apercevons plus l'un et que nous n'apercevons pas encore l'autre : c'est là que se forme l'image du néant. En réalité,
nous apercevons alors l'un et l'autre, étant arrivés au
point où les deux termes sont mitoyens, et l'image du
néant, ainsi définie, est une image pleine de choses, une
image qui renferme à la fois celle du sujet et celle de l'objet, avec, en plus, un saut perpétuel de l'une à l'autre et
le refus de jamais se poser définitivement sur l'une
d'elles. Il est évident que ce n'est pas ce néant-là que nous
pourrions opposer à l'être, et mettre avant lui ou au-dessous de lui, puisqu'il renferme déjà l'existence en général. Mais on nous dira que, si la représentation du néant
intervient, visible ou latente, dans les raisonnements des
philosophes, ce n'est pas sous forme d'image, mais d'idée.
On nous accordera que nous n'imaginons pas une abolition de tout, mais on prétendra que nous pouvons la concevoir. On entend, disait Descartes, un polygone de mille
côtés, quoiqu'on ne le voie pas en imagination : il suffit
qu'on se représente clairement la possibilité de le construire. De même pour l'idée d'une abolition de toutes
choses. Rien de plus simple, dira-t-on, que le procédé par
lequel on en construit l'idée. Il n'est pas un seul objet de
notre expérience, en effet, que nous ne puissions supposer aboli. Étendons cette abolition d'un premier objet à un
second, puis à un troisième, et ainsi de suite aussi longtemps qu'on voudra : le néant n'est pas autre chose que
la limite où tend l'opération. Et le néant ainsi défini est
bien l'abolition du tout. — Voilà la thèse. Il suffit de la

considérer sous cette forme pour apercevoir l'absurdité qu'elle recèle.

Une idée construite de toutes pièces par l'esprit n'est une idée, en effet, que si les pièces sont capables de co-exister ensemble : elle se réduirait à un simple mot, si les éléments qu'on rapproche pour la composer se chassaient les uns les autres au fur et à mesure qu'on les assemble. Quand j'ai défini le cercle, je me représente sans peine un cercle noir ou un cercle blanc, un cercle en carton, en fer ou en cuivre, un cercle transparent ou un cercle opaque, — mais non pas un cercle carré, parce que la loi de génération du cercle exclut la possibilité de limiter cette figure avec des lignes droites. Ainsi mon esprit peut se représenter abolie n'importe quelle chose existante, mais si l'abolition de n'importe quoi par l'esprit était une opération dont le mécanisme impliquât qu'elle s'effectue sur une partie du Tout et non pas sur le Tout lui-même, alors l'extension d'une telle opération à la totalité des choses pourrait devenir chose absurde, contradictoire avec elle-même, et l'idée d'une abolition de tout présenterait peut-être les mêmes caractères que celle d'un cercle carré : ce ne serait plus une idée, ce ne serait qu'un mot. Examinons donc de près le mécanisme de l'opération.

En fait, l'objet qu'on supprime est ou extérieur ou intérieur : c'est une chose ou c'est un état de conscience. Considérons le premier cas. J'abolis par la pensée un objet extérieur : à l'endroit où il était, « il n'y a plus rien ». — Plus rien de cet objet, sans aucun doute, mais un autre objet a pris sa place : il n'y a pas de vide absolu dans la nature. Admettons pourtant que le vide absolu soit possible ; ce n'est pas à ce vide que je pense quand je dis que l'objet, une fois aboli, laisse sa place inoccupée, car il s'agit par hypothèse d'une *place*, c'est-à-dire d'un

vide limité par des contours précis, c'est-à-dire d'une
espèce de *chose*. Le vide dont je parle n'est donc, au fond,
que l'absence de tel objet déterminé, lequel était ici
d'abord, se trouve maintenant ailleurs et, en tant qu'il
n'est plus à son ancien lieu, laisse derrière lui, pour ainsi
dire, le vide de lui-même. Un être qui ne serait pas doué
de mémoire ou de prévision ne prononcerait jamais ici
les mots de « vide » ou de « néant » ; il exprimerait simplement ce qui est et ce qu'il perçoit ; or, ce qui est et ce
qu'on perçoit, c'est la *présence* d'une chose ou d'une autre,
jamais *l'absence* de quoi que ce soit. Il n'y a d'absence
que pour un être capable de souvenir et d'attente. Il se
souvenait d'un objet et s'attendait peut-être à le rencontrer : il en trouve un autre, et il exprime la déception de
son attente, née elle-même du souvenir, en disant qu'il
ne trouve plus rien, qu'il se heurte au néant. Même s'il
ne s'attendait pas à rencontrer l'objet, c'est une attente
possible de cet objet, c'est encore la déception de son
attente éventuelle, qu'il traduit en disant que l'objet n'est
plus où il était. Ce qu'il perçoit en réalité, ce qu'il réus-
sira à penser effectivement, c'est la présence de l'ancien
objet à une nouvelle place ou celle d'un nouvel objet à
l'ancienne ; le reste, tout ce qui s'exprime négativement
par des mots tels que le néant ou le vide, n'est pas tant
pensée qu'affection, ou, pour parler plus exactement,
coloration affective de la pensée. L'idée d'abolition ou de
néant partiel se forme donc ici au cours de la substitution
d'une chose à une autre, dès que cette substitution est
pensée par un esprit qui préférerait maintenir l'ancienne
chose à la place de la nouvelle ou qui conçoit tout au moins
cette préférence comme possible. Elle implique du côté
subjectif une préférence, du côté objectif une substitution,
et n'est point autre chose qu'une combinaison, ou plutôt

une interférence, entre ce sentiment de préférence et cette idée de substitution.

Tel est le mécanisme de l'opération par laquelle notre esprit abolit un objet et arrive à se représenter, dans le monde extérieur, un néant partiel. Voyons maintenant comment il se le représente à l'intérieur de lui-même. Ce que nous constatons en nous, ce sont encore des phénomènes qui se produisent, et non pas, évidemment, des phénomènes qui ne se produisent pas. J'éprouve une sensation ou une émotion, je conçois une idée, je prends une résolution : ma conscience perçoit ces faits qui sont autant de *présences*, et il n'y a pas de moment où des faits de ce genre ne me soient présents. Je puis sans doute interrompre, par la pensée, le cours de ma vie intérieure, supposer que je dors sans rêve ou que j'ai cessé d'exister ; mais, à l'instant même où je fais cette supposition, je me conçois, je m'imagine veillant sur mon sommeil ou survivant à mon anéantissement, et je ne renonce à me percevoir du dedans que pour me réfugier dans la perception extérieure de moi-même. C'est dire qu'ici encore le plein succède toujours au plein, et qu'une intelligence qui ne serait qu'intelligence, qui n'aurait ni regret ni désir, qui règlerait son mouvement sur le mouvement de son objet, ne concevrait même pas une absence ou un vide. La conception d'un vide naît ici quand la conscience, retardant sur elle-même, reste attachée au souvenir d'un état ancien alors qu'un autre état est déjà présent. Elle n'est qu'une comparaison entre ce qui est et ce qui pourrait ou devrait être, entre du plein et du plein. En un mot, qu'il s'agisse d'un vide de matière ou d'un vide de conscience, *la représentation du vide est toujours une représentation pleine, qui se résout à l'analyse en deux éléments positifs : l'idée, distincte ou confuse, d'une substi-*

*lution, et le sentiment, éprouvé ou imaginé, d'un désir
ou d'un regret.*

Il suit de cette double analyse que l'idée du néant
absolu, entendu au sens d'une abolition de tout, est une
idée destructive d'elle-même, une pseudo-idée, un simple
mot. Si supprimer une chose consiste à la remplacer par
une autre, si penser l'absence d'une chose n'est possible
que par la représentation plus ou moins explicite de la
présence de quelque autre chose, enfin si abolition signifie
d'abord substitution, l'idée d'une « abolition de tout » est
aussi absurde que celle d'un cercle carré. L'absurdité ne
saute pas aux yeux, parce qu'il n'existe pas d'objet particulier qu'on ne puisse supposer aboli : alors, de ce qu'il
n'est pas interdit de supprimer par la pensée chaque chose
tour à tour, on conclut qu'il est possible de les supposer
supprimées toutes ensemble. On ne voit pas que supprimer
chaque chose tour à tour consiste précisément à la remplacer au fur et à mesure par une autre, et que dès lors
la suppression de tout absolument implique une véritable
contradiction dans les termes, puisque cette opération
consisterait à détruire la condition même qui lui permet
de s'effectuer.

Mais l'illusion est tenace. De ce que supprimer une
chose consiste *en fait* à lui en substituer une autre, on ne
conclura pas, on ne voudra pas conclure que l'abolition
d'une chose *par la pensée* implique la substitution, par la
pensée, d'une nouvelle chose à l'ancienne. On nous accordera qu'une chose est toujours remplacée par une autre
chose, et même que notre esprit ne peut penser la disparition d'un objet extérieur ou intérieur sans se représenter,
— sous une forme indéterminée et confuse, il est vrai, —
qu'un autre objet s'y substitue. Mais on ajoutera que la
représentation d'une disparition est celle d'un phénomène

qui se produit dans l'espace ou tout au moins dans le temps, qu'elle implique encore, par conséquent, l'évocation d'une image, et qu'il s'agirait précisément ici de s'affranchir de l'imagination pour faire appel à l'entendement pur. Ne parlons donc plus, nous dira-t-on, de disparition ou d'abolition ; ce sont là des opérations physiques. Ne nous représentons plus que l'objet A soit aboli ou absent. Disons simplement que nous le pensons « inexistant ». L'abolir est agir sur lui dans le temps et peut-être aussi dans l'espace ; c'est accepter, par conséquent, les conditions de l'existence spatiale et temporelle, accepter la solidarité qui lie un objet à tous les autres et l'empêche de disparaître sans être remplacé aussitôt. Mais nous pouvons nous affranchir de ces conditions : il suffit que, par un effort d'abstraction, nous évoquions la représentation de l'objet A tout seul, que nous convenions d'abord de le considérer comme existant, et qu'ensuite, par un trait de plume intellectuel, nous biffions cette clause. L'objet sera alors, de par notre décret, inexistant.

Soit. Biffons purement et simplement la clause. Il ne faut pas croire que notre trait de plume se suffise à lui-même et qu'il soit, lui, isolable du reste des choses. On va voir qu'il ramène avec lui, bon gré malgré, tout ce dont nous prétendions nous abstraire. Comparons, en effet, entre elles les deux idées de l'objet A supposé réel et du même objet supposé « inexistant ».

L'idée de l'objet A supposé existant n'est que la représentation pure et simple de l'objet A, car on ne peut pas se représenter un objet sans lui attribuer, par là même, une certaine réalité. Entre penser un objet et le penser existant, il n'y a absolument aucune différence : Kant a mis ce point en pleine lumière dans sa critique de l'argument ontologique. Dès lors, qu'est-ce que penser l'objet A inexistant ? Se le représenter inexistant ne peut pas consister à retirer de l'idée de l'objet A l'idée de l'attribut « existence », puisque, encore une fois, la représentation de l'existence de l'objet est inséparable de la représentation de l'objet et ne fait même qu'un avec elle. Se représenter l'objet A inexistant ne peut donc consister qu'à *ajouter* quelque chose à l'idée de cet objet : on y ajoute, en effet, l'idée d'une *exclusion* de cet objet particulier par la réalité actuelle en général. Penser l'objet A inexistant, c'est penser l'objet d'abord, et par conséquent le penser existant ; c'est ensuite penser qu'une autre réalité, avec laquelle il est incompatible, le supplante. Seulement, il est inutile que nous nous représentions explicitement cette dernière réalité ; nous n'avons pas à nous occuper de ce qu'elle est ; il nous suffit de savoir qu'elle chasse l'objet A, lequel est seul à nous intéresser. C'est pourquoi nous pensons à l'expulsion plutôt qu'à la cause qui expulse. Mais cette cause n'en est pas moins présente à l'esprit ; elle y est à l'état implicite, ce qui expulse étant inséparable de l'expulsion comme la main qui pousse la plume est inséparable du trait de plume qui biffe. L'acte par lequel on déclare un objet irréel pose donc l'existence du réel en général. En d'autres termes, se représenter un objet comme irréel ne peut pas consister à le priver de toute espèce d'existence, puisque la représentation d'un objet est nécessairement celle de cet objet existant. Un pareil acte consiste simplement à déclarer que l'existence attachée par notre esprit à l'objet, et inséparable de sa représentation, est une existence tout idéale, celle d'un simple possible. Mais idéalité d'un objet, simple possibilité d'un objet, n'ont de sens que par rapport à une réalité qui chasse dans la région de l'idéal ou du simple possible cet objet incompatible avec elle. Supposez abolie l'existence plus forte et plus substantielle, c'est l'existence atténuée et plus faible du simple possible qui va devenir la réalité même, et vous ne vous représenterez plus alors l'objet comme inexistant. En d'autres termes, et si étrange que notre assertion puisse paraître, *il y a plus*, *et non pas moins*, *dans l'idée d'un objet conçu comme « n'existant pas » que dans l'idée de ce même objet conçu comme « existant », car l'idée de l'objet « n'existant pas » est nécessairement l'idée de l'objet « existant », avec, en plus, la représentation d'une exclusion de cet objet par la réalité actuelle prise en bloc.*

Mais on prétendra que notre représentation de l'inexistant n'est pas encore assez dégagée de tout élément imaginatif, pas assez négative. « Peu importe, nous dira-t-on, que l'irréalité d'une chose consiste dans son expulsion par d'autres. Nous n'en voulons rien savoir. Ne sommes-nous pas libres de diriger notre attention où il nous plaît et comme il nous plaît ? Eh bien, après avoir évoqué la représentation d'un objet et l'avoir supposé par là même, si vous voulez, existant, nous accolerons simplement à notre affirmation un « non », et cela suffira pour que nous le pensions inexistant. C'est là une opération tout intellectuelle, indépendante de ce qui se passe en dehors de l'esprit. Pensons donc n'importe quoi ou pensons tout, puis mettons en marge de notre pensée le « non » qui prescrit le rejet de ce qu'elle contient : nous abolissons idéalement toutes choses par le seul fait d'en décréter l'abolition. » — Au fond, c'est bien de ce prétendu pouvoir inhérent à la négation que viennent ici toutes les difficultés et toutes les erreurs. On se représente la négation comme exactement symétrique de l'affirmation. On s'imagine que la négation, comme l'affirmation, se suffit à elle-même. Dès lors la négation aurait, comme l'affirmation, la puissance de créer des idées, avec cette seule différence que ce seraient des idées négatives. En affirmant une chose, puis une autre chose, et ainsi de suite indéfiniment, je forme l'idée de Tout : de même, en niant une chose, puis les autres choses, enfin en niant Tout, on arriverait à l'idée de Rien. Mais c'est justement cette assimilation qui nous paraît arbitraire. On ne voit pas que, si l'affirmation est un acte complet de l'esprit, qui peut aboutir à constituer une idée, la négation n'est jamais que la moitié d'un acte intellectuel dont on sous-entend ou plutôt dont on remet à un avenir indéterminé l'autre moitié. On ne voit pas non plus que, si l'affirmation est un acte de l'intelligence pure, il entre dans la négation un élément extra-intellectuel, et que c'est précisément à l'intrusion d'un élément étranger que la négation doit son caractère spécifique.

Pour commencer par le second point, remarquons que nier consiste toujours à écarter une affirmation possible [1]. La négation n'est qu'une attitude prise par l'esprit vis-à-vis d'une affirmation éventuelle. Quand je dis : « cette table est noire », c'est bien de la table que je parle : je l'ai vue noire, et mon jugement traduit ce que j'ai vu. Mais si je dis : « cette table n'est pas blanche », je n'exprime sûrement pas quelque chose que j'aie perçu, car j'ai vu du noir, et non pas une absence de blanc. Ce n'est donc pas, au fond, sur la table elle-même que je porte ce jugement, mais plutôt sur le jugement qui la déclarerait blanche. Je juge un jugement, et non pas la table. La proposition « cette table n'est pas blanche » implique que vous pourriez la croire blanche, que vous la croyiez telle

---

1. Kant, *Critique de la raison pure,* 2ᵉ édit., p. 737 : « Au point de vue du contenu de notre connaissance en général, ... les propositions négatives ont pour fonction propre simplement d'empêcher l'erreur. » Cf. Sigwart, *Logik,* 2ᵉ édit., vol. I, p. 150 et suiv.

ou que j'allais la croire telle : je vous préviens, ou je m'a-
vertis moi-même, que ce jugement est à remplacer par un
autre (que je laisse, il est vrai, indéterminé). Ainsi, tandis
que l'affirmation porte directement sur la chose, la négation ne vise la chose qu'indirectement, à travers une affirmation interposée. Une proposition affirmative traduit un
jugement porté sur un objet ; une proposition négative
traduit un jugement porté sur un jugement. *La négation
différe donc de l'affirmation proprement dite en ce qu'elle
est une affirmation du second degré : elle affirme quelque
chose d'une affirmation qui, elle, affirme quelque chose d'un
objet.*

Mais il suit tout d'abord de là que la négation n'est pas
le fait d'un pur esprit, je veux dire d'un esprit détaché
de tout mobile, placé en face des objets et ne voulant
avoir affaire qu'à eux. Dès qu'on nie, on fait la leçon aux
autres ou on se la fait à soi-même. On prend à partie un
interlocuteur, réel ou possible, qui se trompe et qu'on
met sur ses gardes. Il affirmait quelque chose : on le pré-
vient qu'il devra affirmer autre chose (sans spécifier toutefois l'affirmation qu'il faudrait substituer à la première).
Il n'y a plus simplement alors une personne et un objet en
présence l'un de l'autre ; il y a, en face de l'objet, une personne parlant à une personne, la combattant et l'aidant
tout à la fois ; il y a un commencement de société. La négation vise quelqu'un, et non pas seulement, comme la
pure opération intellectuelle, quelque chose. Elle est d'essence pédagogique et sociale. Elle redresse ou plutôt avertit, la personne avertie et redressée pouvant d'ailleurs être,
par une espèce de dédoublement, celle même qui parle.

Voilà pour le premier point. Arrivons au second. Nous
disions que la négation n'est jamais que la moitié d'un acte
intellectuel dont on laisse l'autre moitié indéterminée. Si

j'énonce la proposition négative « cette table n'est pas blanche », j'entends par là que vous devez substituer à votre jugement « la table est blanche » un autre jugement. Je vous donne un avertissement, et l'avertissement porte sur la nécessité d'une substitution. Quant à ce que vous devez substituer à votre affirmation, je ne vous en dis rien, il est vrai. Ce peut être parce que j'ignore la couleur de la table, mais c'est aussi bien, c'est même bien plutôt parce que la couleur blanche est la seule qui nous intéresse pour le moment, et que dès lors j'ai simplement à vous annoncer qu'une autre couleur devra être substituée au blanc, sans avoir à vous dire laquelle. Un jugement négatif est donc bien un jugement indiquant qu'il y a lieu de substituer à un jugement affirmatif un autre jugement affirmatif, la nature de ce second jugement n'étant d'ailleurs pas spécifiée, quelquefois parce qu'on l'ignore, plus souvent parce qu'elle n'offre pas d'intérêt actuel, l'attention ne se portant que sur la matière du premier.

Ainsi, toutes les fois que j'accole un « non » à une affirmation, toutes les fois que je nie, j'accomplis deux actes bien déterminés : 1° je m'intéresse à ce qu'affirme un de mes semblables, ou à ce qu'il allait dire, ou à ce qu'aurait pu dire un autre moi que je préviens ; 2° j'annonce qu'une seconde affirmation, dont je ne spécifie pas le contenu, devra être substituée à celle que je trouve devant moi. Mais ni dans l'un ni dans l'autre de ces deux actes on ne trouvera autre chose que de l'affirmation. Le caractère *sui generis* de la négation vient de la superposition du premier au second. C'est donc en vain qu'on attribuerait à la négation le pouvoir de créer des idées *sui generis*, symétriques de celles que crée l'affirmation et dirigées en sens contraire. Aucune idée ne sortira d'elle, car elle n'a pas d'autre contenu que celui du jugement affirmatif qu'elle juge.

Plus précisément, considérons un jugement existentiel
et non plus un jugement attributif. Si je dis : « l'objet A
n'existe pas », j'entends par là, d'abord, qu'on pourrait
croire que l'objet A existe : comment d'ailleurs penser
l'objet A sans le penser existant, et quelle différence peut-
il y avoir, encore une fois, entre l'idée de l'objet A existant et l'idée pure et simple de l'objet A? Donc, par cela
seul que je dis « l'objet A », je lui attribue une espèce
d'existence, fût-ce celle d'un simple possible, c'est-à-dire
d'une pure idée. Et par conséquent dans le jugement
« l'objet A n'est pas » il y a d'abord une affirmation telle
que : « l'objet A a été », ou : « l'objet A sera », ou plus
généralement : « l'objet A existe au moins comme simple
possible ». Maintenant, quand j'ajoute les deux mots « n'est
pas », que puis-je entendre par là sinon que, si l'on va
plus loin, si l'on érige l'objet possible en objet réel, on
se trompe, et que le possible dont je parle est exclu de la
réalité actuelle comme incompatible avec elle? Les jugements qui posent la non-existence d'une chose sont donc
des jugements qui formulent un contraste entre le possible et l'actuel (c'est-à-dire entre deux espèces d'*existence*,
l'une pensée et l'autre constatée) dans des cas où une personne, réelle ou imaginaire, croyait à tort qu'un certain
possible était réalisé. A la place de ce possible il y a une
réalité qui en diffère et qui le chasse : le jugement négatif
exprime ce contraste, mais il l'exprime sous une forme
volontairement incomplète, parce qu'il s'adresse à une
personne qui, par hypothèse, s'intéresse exclusivement au
possible indiqué et ne s'inquiétera pas de savoir par quel
genre de réalité le possible est remplacé. L'expression de
la substitution est donc obligée de se tronquer. Au lieu
d'affirmer qu'un second terme s'est substitué au premier,
on maintiendra sur le premier, et sur le premier seul, l'at-

tention qui se dirigeait sur lui d'abord. Et, sans sortir du premier, on affirmera implicitement qu'un second terme le remplace en disant que le premier « n'est pas ». On jugera ainsi un jugement au lieu de juger une chose. On avertira les autres ou l'on s'avertira soi-même d'une erreur possible, au lieu d'apporter une information positive. Supprimez toute intention de ce genre, rendez à la connaissance son caractère exclusivement scientifique ou philosophique, supposez, en d'autres termes, que la réalité vienne s'inscrire d'elle-même sur un esprit qui ne se soucie que des choses et ne s'intéresse pas aux personnes : on affirmera que telle ou telle chose est, on n'affirmera jamais qu'une chose n'est pas.

D'où vient donc qu'on s'obstine à mettre l'affirmation et la négation sur la même ligne et à les doter d'une égale objectivité? D'où vient qu'on a tant de peine à reconnaître ce que la négation a de subjectif, d'artificiellement tronqué, de relatif à l'esprit humain et surtout à la vie sociale? La raison en est sans doute que négation et affirmation s'expriment, l'une et l'autre, par des propositions, et que toute proposition, étant formée de *mots* qui symbolisent des *concepts*, est chose relative à la vie sociale et à l'intelligence humaine. Que je dise « le sol est humide » ou « le sol n'est pas humide », dans les deux cas les termes « sol » et « humide » sont des concepts plus ou moins artificiellement créés par l'esprit de l'homme, je veux dire extraits par sa libre initiative de la continuité de l'expérience. Dans les deux cas, ces concepts sont représentés par les mêmes mots conventionnels. Dans les deux cas on peut même dire, à la rigueur, que la proposition vise une fin sociale et pédagogique, puisque la première propagerait une vérité comme la seconde préviendrait une erreur. Si l'on se place à ce point de vue, qui est celui de la logique formelle, affirmer et nier sont bien en effet deux actes symétriques l'un de l'autre, dont le premier établit un rapport de convenance et le second un rapport de disconvenance entre un sujet et un attribut. — Mais comment ne pas voir que la symétrie est tout extérieure et la ressemblance superficielle ? Supposez aboli le langage, dissoute la société, atrophiée chez l'homme toute initiative intellectuelle, toute faculté de se dédoubler et de se juger lui-même : l'humidité du sol n'en subsistera pas moins, capable de s'inscrire automatiquement dans la sensation et d'envoyer une vague représentation à l'intelligence hébétée. L'intelligence affirmera donc encore, en termes implicites. Et, par conséquent, ni les concepts distincts, ni les mots, ni le désir de répandre la vérité autour de soi, ni celui de s'améliorer soi-même, n'étaient de l'essence même de l'affirmation. Mais cette intelligence passive, qui emboîte machinalement le pas de l'expérience, qui n'avance ni ne retarde sur le cours du réel, n'aurait aucune velléité de nier. Elle ne saurait recevoir une empreinte de négation, car, encore une fois, ce qui existe peut venir s'enregistrer, mais l'inexistence de l'inexistant ne s'enregistre pas. Pour qu'une pareille intelligence arrive à nier, il faudra qu'elle se réveille de sa torpeur, qu'elle formule la déception d'une attente réelle ou possible, qu'elle corrige une erreur actuelle ou éventuelle, enfin qu'elle se propose de faire la leçon aux autres ou à elle-même.

On aura plus de peine à s'en apercevoir sur l'exemple que nous avons choisi, mais l'exemple n'en sera que plus instructif et l'argument plus probant. Si l'humidité est capable de venir s'enregistrer automatiquement, il en est de même, dira-t-on, de la non-humidité, car le sec peut, aussi bien que l'humide, donner des impressions à la sen-

sibilité qui les transmettra comme des représentations
plus ou moins distinctes à l'intelligence. En ce sens, la
négation de l'humidité serait chose aussi objective, aussi
purement intellectuelle, aussi détachée de toute intention
pédagogique que l'affirmation. — Mais qu'on y regarde
de près : on verra que la proposition négative « le sol n'est
pas humide » et la proposition affirmative « le sol est sec »
ont des contenus tout différents. La seconde implique que
l'on connaît le sec, qu'on a éprouvé les sensations spécifiques, tactiles ou visuelles par exemple, qui sont à la base
de cette représentation. La première n'exige rien de semblable : elle pourrait aussi bien être formulée par un poisson intelligent, qui n'aurait jamais perçu que de l'humide. Il faudrait, il est vrai, que ce poisson se fût élevé
jusqu'à la distinction du réel et du possible, et qu'il se
souciât d'aller au-devant de l'erreur de ses congénères,
lesquels considèrent sans doute comme seules possibles
les conditions d'humidité où ils vivent effectivement. Te-
nez-vous en strictement aux termes de la proposition « le
sol n'est pas humide », vous trouverez qu'elle signifie
deux choses : 1° qu'on pourrait croire que le sol est humide, 2° que l'humidité est remplacée en fait par une certaine qualité x. Cette qualité, on la laisse dans l'indétermination, soit qu'on n'en ait pas la connaissance positive,
soit qu'elle n'ait aucun intérêt actuel pour la personne à
laquelle la négation s'adresse. Nier consiste donc bien
toujours à présenter sous une forme tronquée un système
de deux affirmations, l'une déterminée qui porte sur un
certain possible, l'autre indéterminée, se rapportant à la
réalité inconnue ou indifférente qui supplante cette possibilité : la seconde affirmation est virtuellement contenue
dans le jugement que nous portons sur la première, jugement qui est la négation même. Et ce qui donne à la né-

gation son caractère subjectif, c'est précisément que, dans la constatation d'un remplacement, elle ne tient compte que du remplacé et ne s'occupe pas du remplaçant. Le remplacé n'existe que comme conception de l'esprit. Il faut, pour continuer à le voir et par conséquent pour en parler, tourner le dos à la réalité, qui coule du passé au présent, d'arrière en avant. C'est ce qu'on fait quand on nie. On constate le changement, ou plus généralement la substitution, comme verrait le trajet de la voiture un voyageur qui regarderait en arrière et ne voudrait connaître à chaque instant que le point où il a cessé d'être ; il ne déterminerait jamais sa position actuelle que par rapport à celle qu'il vient de quitter, au lieu de l'exprimer en fonction d'elle-même.

En résumé, pour un esprit qui suivrait purement et simplement le fil de l'expérience, il n'y aurait pas de vide, pas de néant, même relatif ou partiel, pas de négation possible. Un pareil esprit verrait des faits succéder à des faits, des états à des états, des choses à des choses. Ce qu'il noterait à tout moment, ce sont des choses qui existent, des états qui apparaissent, des faits qui se produisent. Il vivrait dans l'actuel et, s'il était capable de juger, il n'affirmerait jamais que l'existence du présent.

Dotons cet esprit de mémoire et surtout du désir de s'appesantir sur le passé. Donnons-lui la faculté de dissocier et de distinguer. Il ne notera plus seulement l'état actuel de la réalité qui passe. Il se représentera le passage comme un changement, par conséquent comme un contraste entre ce qui a été et ce qui est. Et comme il n'y a pas de différence essentielle entre un passé qu'on se remémore et un passé qu'on imagine, il aura vite fait de s'élever à la représentation du possible en général.

Il s'aiguillera ainsi sur la voie de la négation. Et surtout il sera sur le point de se représenter une disparition. Il n'y arrivera pourtant pas encore. Pour se représenter qu'une chose a disparu, il ne suffit pas d'apercevoir un contraste entre le passé et le présent ; il faut encore tourner le dos au présent, s'appesantir sur le passé, et penser le contraste du passé avec le présent en termes de passé seulement, sans y faire figurer le présent.

L'idée d'abolition n'est donc pas une pure idée ; elle implique qu'on regrette le passé ou qu'on le conçoit regrettable, qu'on a quelque raison de s'y attarder. Elle naît lorsque le phénomène de la substitution est coupé en deux par un esprit qui n'en considère que la première moitié, parce qu'il ne s'intéresse qu'à elle. Supprimez tout intérêt, toute affection : il ne reste plus que la réalité qui coule, et la connaissance indéfiniment renouvelée qu'elle imprime en nous de son état présent.

De l'abolition à la négation, qui est une opération plus générale, il n'y a maintenant qu'un pas. Il suffit qu'on se représente le contraste de ce qui est, non seulement avec ce qui a été, mais encore avec tout ce qui aurait pu être. Et il faut qu'on exprime ce contraste en fonction de ce qui aurait pu être et non pas de ce qui est, qu'on affirme l'existence de l'actuel en ne regardant que le possible. La formule qu'on obtient ainsi n'exprime plus simplement une déception de l'individu : elle est faite pour corriger ou prévenir une erreur, qu'on suppose plutôt être l'erreur d'autrui. En ce sens, la négation a un caractère pédagogique et social.

Maintenant, une fois la négation formulée, elle présente un aspect symétrique de celui de l'affirmation. Il nous semble alors que, si celle-ci affirmait une réalité objective, celle-là doit affirmer une non-réalité également objective et, pour ainsi dire, également réelle.

En quoi nous avons à la fois tort et raison : tort, puisque la négation ne saurait s'objectiver dans ce qu'elle a de négatif ; raison cependant, en ce que la négation d'une chose implique l'affirmation latente de son remplacement par une autre chose, qu'on laisse de côté systématiquement. Mais la forme négative de la négation bénéficie de l'affirmation qui est au fond d'elle : chevauchant sur le corps de réalité positive auquel il est attaché, ce fantôme s'objective. Ainsi se forme l'idée de vide ou de néant partiel, une chose se trouvant remplacée non plus par une autre chose, mais par un vide qu'elle laisse, c'est-à-dire par la négation d'elle-même. Comme d'ailleurs cette opération se pratique sur n'importe quelle chose, nous la supposons s'effectuant sur chaque chose tour à tour, et enfin effectuée sur toutes choses en bloc. Nous obtenons ainsi l'idée du « néant absolu ». Que si maintenant nous analysons cette idée de Rien, nous trouvons qu'elle est, au fond, l'idée de Tout, avec, en plus, un mouvement de l'esprit qui saute indéfiniment d'une chose à une autre, refuse de se tenir en place, et concentre toute son attention sur ce refus en ne déterminant jamais sa position actuelle que par rapport à celle qu'il vient de quitter. C'est donc une représentation éminemment compréhensive et pleine, aussi pleine et compréhensive que l'idée de Tout, avec laquelle elle a la plus étroite parenté.

Comment opposer alors l'idée de Rien à celle de Tout ? Ne voit-on pas que c'est opposer du plein à du plein, et que la question de savoir « pourquoi quelque chose existe » est par conséquent une question dépourvue de sens, un pseudo-problème soulevé autour d'une pseudo-idée ? Il faut pourtant que nous disions encore une fois pourquoi ce fantôme de problème hante l'esprit avec une telle obstination. En vain nous montrons que, dans la représentation d'une « abolition du réel », il n'y a que l'image de toutes réalités se chassant les unes les autres, indéfiniment, en cercle. En vain nous ajoutons que l'idée d'inexistence n'est que celle de l'expulsion d'une existence impondérable, ou existence « simplement possible », par une existence plus substantielle, qui serait la vraie réalité. En vain nous trouvons dans la forme *sui generis* de la négation quelque chose d'extra-intellectuel, la négation étant le jugement d'un jugement, un avertissement donné à autrui ou à soi-même, de sorte qu'il serait absurde de lui attribuer le pouvoir de créer des représentations d'un nouveau genre, des idées sans contenu. Toujours la conviction persiste qu'avant les choses, ou tout au moins sous les choses, il y a le néant. Si l'on cherche la raison de ce fait, on la trouve précisément dans l'élément affectif, social et, pour tout dire, pratique, qui donne sa forme spécifique à la négation. Les plus grosses difficultés philosophiques naissent, disions-nous, de ce que les formes de l'action humaine s'aventurent hors de leur domaine propre. Nous sommes faits pour agir autant et plus que pour penser ; — ou plutôt, quand nous suivons le mouvement de notre nature, c'est pour agir que nous pensons. Il ne faut donc pas s'étonner que les habitudes de l'action déteignent sur celles de la représentation, et que notre esprit aperçoive toujours les choses dans l'ordre même où nous avons coutume de nous les figurer quand nous nous proposons d'agir sur elles. Or il est incontestable, comme nous le faisions remarquer plus haut, que toute action humaine a son point de départ dans une dissatisfaction et, par là même, dans un sentiment d'absence. On n'agirait pas si l'on ne se proposait un but, et l'on ne recherche une chose que parce qu'on en ressent la privation. Notre action procède ainsi de « rien » à « quelque chose », et elle a pour essence même de broder « quelque chose » sur le canevas du « rien ». A vrai dire, le rien dont il est question ici n'est pas tant l'absence d'une chose que celle d'une utilité. Si je mène un visiteur dans une chambre que je n'ai pas encore garnie de meubles, je l'avertis « qu'il n'y a rien ». Je sais pourtant que la chambre est pleine d'air; mais, comme ce n'est pas sur de l'air qu'on s'asseoit, la chambre ne contient véritablement rien de ce qui, en ce moment, pour le visiteur et pour moi-même, compte pour quelque chose. D'une manière générale, le travail humain consiste à créer de l'utilité; et, tant que le travail n'est pas fait, il n'y a « rien », — rien de ce qu'on voulait obtenir. Notre vie se passe ainsi à combler des vides, que notre intelligence conçoit sous l'influence extra-intellectuelle du désir et du regret, sous la pression des nécessités vitales : et, si l'on entend par vide une absence d'utilité et non pas de choses, on peut dire, dans ce sens tout relatif, que nous allons constamment du vide au plein. Telle est la direction où marche notre action. Notre spéculation ne peut s'empêcher d'en faire autant, et, naturellement, elle passe du sens relatif au sens absolu, puisqu'elle s'exerce sur les choses mêmes et non pas sur l'utilité qu'elles ont pour nous. Ainsi s'implante en nous l'idée que la réalité comble un vide, et que le néant, conçu comme une absence de tout, préexiste à toutes choses en droit, sinon en fait. C'est cette illusion que nous avons essayé de dissiper, en montrant que l'idée de Rien, si l'on prétend y voir celle d'une abolition de toutes choses, est une idée destructive d'elle-même et se réduit à un simple mot, — que si, au contraire, c'est véritablement une idée, on y trouve autant de matière que dans l'idée de Tout.

Cette longue analyse était nécessaire pour montrer qu'*une*

réalité qui se suffit à elle-même n'est pas nécessairement une réalité étrangère à la durée. Si l'on passe (consciemment ou inconsciemment) par l'idée du néant pour arriver à celle de l'Être, l'Être auquel on aboutit est une essence logique ou mathématique, partant intemporelle. Et, dès lors, une conception statique du réel s'impose : tout paraît donné en une seule fois, dans l'éternité. Mais il faut s'habituer à penser l'Être directement, sans faire un détour, sans s'adresser d'abord au fantôme de néant qui s'interpose entre lui et nous. Il faut tâcher ici de voir pour voir, et non plus de voir pour agir. Alors l'Absolu se révèle très près de nous et, dans une certaine mesure, en nous. Il est d'essence psychologique, et non pas mathématique ou logique. Il vit avec nous. Comme nous, mais, par certains côtés, infiniment plus concentré et plus ramassé sur lui-même, il dure.

Mais pensons-nous jamais la vraie durée ? Ici encore une prise de possession directe serait nécessaire. On ne rejoindra pas la durée par un détour : il faut s'installer en elle d'emblée. C'est ce que l'intelligence refuse le plus souvent de faire, habituée qu'elle est à penser le mouvant par l'intermédiaire de l'immobile.

Le rôle de l'intelligence est, en effet, de présider à des actions. Or, dans l'action, c'est le résultat qui nous intéresse ; les moyens importent peu pourvu que le but soit atteint. De là vient que nous nous tendons tout entiers sur la fin à réaliser, nous fiant le plus souvent à elle pour que, d'idée, elle devienne acte. Et de là vient aussi que le terme où notre activité se reposera est seul représenté explicitement à notre esprit : les mouvements constitutifs de l'action même ou échappent à notre conscience ou ne lui arrivent que confusément. Considérons un acte très simple comme celui de lever le bras. Où en serions-nous si nous avions à imaginer par avance toutes les contractions et tensions élémentaires qu'il implique, ou même à les percevoir, une à une, pendant qu'elles s'accomplissent ? L'esprit se transporte tout de suite au but, c'est-à-dire à la vision schématique et simplifiée de l'acte supposé accompli. Alors, si aucune représentation antagoniste ne neutralise l'effet de la première, d'eux-mêmes les mouvements appropriés viennent remplir le schéma, aspirés, en quelque sorte, par le vide de ses interstices. L'intelligence ne représente donc à l'activité que des buts à atteindre, c'est-à-dire des points de repos. Et, d'un but atteint à un autre but atteint, d'un repos à un repos, notre activité se transporte par une série de bonds, pendant lesquels notre conscience se détourne le plus possible du mouvement s'accomplissant pour ne regarder que l'image anticipée du mouvement accompli.

Or, pour qu'elle se représente, immobile, le résultat de l'acte qui s'accomplit, il faut que l'intelligence aperçoive, immobile aussi, le milieu où ce résultat s'encadre. Notre activité est insérée dans le monde matériel. Si la matière nous apparaissait comme un perpétuel écoulement, à aucune de nos actions nous n'assignerions un terme. Nous sentirions chacune d'elles se dissoudre au fur et à mesure de son accomplissement, et nous n'anticiperions pas sur un avenir toujours fuyant. Pour que notre activité saute d'un *acte* à un *acte*, il faut que la matière passe d'un *état* à un *état*, car c'est seulement dans un état du monde matériel que l'action peut insérer un résultat et par conséquent s'accomplir. Mais est-ce bien ainsi que se présente la matière ?

A priori, on peut présumer que notre perception s'arrange pour prendre la matière de ce biais. Organes sensoriels et organes moteurs sont en effet coordonnés les uns aux autres. Or, les premiers symbolisent notre faculté de percevoir, comme les seconds notre faculté d'agir. L'organisme nous révèle ainsi, sous une forme visible et tangible, l'accord parfait de la perception et de l'action. Si donc notre activité vise toujours un *résultat* où momentanément elle s'insère, notre perception ne doit guère retenir du monde matériel, à tout instant, qu'un *état* où provisoirement elle se pose. Telle est l'hypothèse qui se présente à l'esprit. Il est aisé de voir que l'expérience la confirme.

Dès le premier coup d'œil jeté sur le monde, avant même que nous y délimitions des *corps,* nous y distinguons des *qualités.* Une couleur succède à une couleur, un son à un son, une résistance à une résistance, etc. Chacune de ces qualités, prise à part, est un état qui semble persister tel quel, immobile, en attendant qu'un autre le remplace. Pourtant chacune de ces qualités se résout, à l'analyse, en un nombre énorme de mouvements élémentaires. Qu'on y voie des vibrations ou qu'on se la représente de toute autre manière, un fait est certain, c'est que toute qualité est changement. En vain d'ailleurs on cherche ici, sous le changement, la chose qui change : c'est toujours provisoirement, et pour satisfaire notre imagination, que nous attachons le mouvement à un mobile. Le mobile fuit sans cesse sous le regard de la science ; celle-ci n'a jamais affaire qu'à de la mobilité. En la plus petite fraction perceptible de seconde, dans la perception quasi instantanée d'une qualité sensible, ce peuvent être des trillions d'oscillations qui se répètent : la permanence d'une qualité sensible consiste en cette répétition de mouvements, comme de palpitations successives est faite la persistance de la vie. La première fonction de la perception

est précisément de saisir une série de changements élémentaires sous forme de qualité ou d'état simple, par un
travail de condensation. Plus grande est la force d'agir
départie à une espèce animale, plus nombreux, sans doute,
sont les changements élémentaires que sa faculté de percevoir concentre en un de ses instants. Et le progrès doit
être continu, dans la nature, depuis les êtres qui vibrent
presque à l'unisson des oscillations éthérées jusqu'à ceux
qui immobilisent des trillions de ces oscillations dans la
plus courte de leurs perceptions simples. Les premiers ne
sentent guère que des mouvements, les derniers perçoi-
vent de la qualité. Les premiers sont tout près de se laisser
prendre dans l'engrenage des choses ; les autres réagissent,
et la tension de leur faculté d'agir est sans doute proportionnelle à la concentration de leur faculté de percevoir.
Le progrès se continue jusque dans l'humanité même.
On est d'autant plus « homme d'action » qu'on sait
embrasser d'un coup d'œil un plus grand nombre d'événements : c'est la même raison qui fait qu'on perçoit des
événements successifs un à un et qu'on se laisse conduire
par eux, ou qu'on les saisit en bloc et qu'on les domine.
En résumé, les qualités de la matière sont autant de vues
stables que nous prenons sur son instabilité.

Maintenant, dans la continuité des qualités sensibles
nous délimitons des corps. Chacun de ces corps change,
en réalité, à tout moment. D'abord, il se résout en un
groupe de qualités, et toute qualité, disions-nous, consiste
en une succession de mouvements élémentaires. Mais,
même si l'on envisage la qualité comme un état stable, le
corps est encore instable en ce qu'il change de qualités
sans cesse. Le corps par excellence, celui que nous
sommes le mieux fondés à isoler dans la continuité de
la matière, parce qu'il constitue un système relativement

clos, est le corps vivant ; c'est d'ailleurs pour lui que nous découpons les autres dans le tout. Or, la vie est une évolution. Nous concentrons une période de cette évolution en une vue stable que nous appelons une forme, et, quand le changement est devenu assez considérable pour vaincre l'heureuse inertie de notre perception, nous disons que le corps a changé de forme. Mais, en réalité, le corps change de forme à tout instant. Ou plutôt il n'y a pas de forme, puisque la forme est de l'immobile et que la réalité est mouvement. Ce qui est réel, c'est le changement continuel de forme : *la forme n'est qu'un instantané pris sur une transition.* Donc, ici encore, notre perception s'arrange pour solidifier en images discontinues la continuité fluide du réel. Quand les images successives ne diffèrent pas trop les unes des autres, nous les considérons toutes comme l'accroissement et la diminution d'une seule image *moyenne,* ou comme la déformation de cette image dans des sens différents. Et c'est à cette moyenne que nous pensons quand nous parlons de l'*essence* d'une chose, ou de la chose même.

Enfin les choses, une fois constituées, manifestent à la surface, par leurs changements de situation, les modifications profondes qui s'accomplissent au sein du Tout. Nous disons alors qu'elles *agissent* les unes sur les autres. Cette action nous apparaît sans doute sous forme de mouvement. Mais de la mobilité du mouvement nous détournons le plus possible notre regard : ce qui nous intéresse, c'est, comme nous le disions plus haut, le dessin immobile du mouvement plutôt que le mouvement même. S'agit-il d'un mouvement simple ? nous nous demandons où il va. C'est par sa direction, c'est-à-dire par la position de son but provisoire, que nous nous le représentons à tout moment. S'agit-il d'un mouvement complexe ? nous voulons savoir, avant tout, *ce qui* se passe, *ce que* le mouvement fait, c'est-à-dire le résultat obtenu ou l'intention qui préside. Examinez de près ce que vous avez dans l'esprit quand vous parlez d'une action en voie d'accomplissement. L'idée du changement est là, je le veux bien, mais elle se cache dans la pénombre. En pleine lumière il y a le dessin immobile de l'acte supposé accompli. C'est par là, et par là seulement, que l'acte complexe se distingue et se définit. Nous serions fort embarrassés pour imaginer les mouvements inhérents aux actions de manger, de boire, de se battre, etc. Il nous suffit de savoir, d'une manière générale et indéterminée, que tous ces actes sont des mouvements. Une fois en règle de ce côté, nous cherchons simplement à nous représenter le *plan d'ensemble* de chacun de ces mouvements complexes, c'est-à-dire le *dessin immobile* qui les sous-tend. Ici encore la connaissance porte sur un état plutôt que sur un changement. Il en est donc de ce troisième cas comme des deux autres. Qu'il s'agisse de mouvement qualitatif ou de mouvement évolutif ou de mouvement extensif, l'esprit s'arrange pour prendre des vues stables sur l'instabilité. Et il aboutit ainsi, comme nous venons de le montrer, à trois espèces de représentations : 1° les qualités, 2° les formes ou essences, 3° les actes.

A ces trois manières de voir correspondent trois catégories de mots : les *adjectifs*, les *substantifs* et les *verbes*, qui sont les éléments primordiaux du langage. Adjectifs et substantifs symbolisent donc des *états*. Mais le verbe lui-même, si l'on s'en tient à la partie éclairée de la représentation qu'il évoque, n'exprime guère autre chose.

Que si maintenant on cherchait à caractériser avec plus de précision notre attitude naturelle vis-à-vis du devenir, voici ce qu'on trouverait. Le devenir est infiniment varié. Celui qui va du jaune au vert ne ressemble pas à celui qui va du vert au bleu : ce sont des mouvements qualitatifs différents. Celui qui va de la fleur au fruit ne ressemble pas à celui qui va de la larve à la nymphe et de la nymphe à l'insecte parfait : ce sont des mouvements évolutifs différents. L'action de manger ou de boire ne ressemble pas à l'action de se battre : ce sont des mouvements extensifs différents. Et ces trois genres de mouvement eux-mêmes, qualitatif, évolutif, extensif, diffèrent profondément. L'artifice de notre perception, comme celui de notre intelligence, comme celui de notre langage, consiste à extraire de ces devenirs très variés la représentation unique du devenir en général, devenir indéterminé, simple abstraction qui par elle-même ne dit rien et à laquelle il est même rare que nous pensions. A cette idée toujours la même, et d'ailleurs obscure ou inconsciente, nous adjoignons alors, dans chaque cas particulier, une ou plusieurs images claires qui représentent des *états* et qui servent à distinguer tous les devenirs les uns des autres. C'est cette composition d'un état spécifique et déterminé avec le changement en général et indéterminé que nous substituons à la spécificité du changement. Une multiplicité indéfinie de devenirs diversement colorés, pour ainsi dire, passe sous nos yeux : nous nous arrangeons pour voir de simples différences de couleur, c'est-à-dire d'état, sous lesquelles coulerait dans l'obscurité un devenir toujours et partout le même, invariablement incolore.

Supposons qu'on veuille reproduire sur un écran une scène animée, le défilé d'un régiment par exemple. Il y aurait une première manière de s'y prendre. Ce serait de découper des figures articulées représentant les soldats,

d'imprimer à chacune d'elles le mouvement de la marche,
mouvement variable d'individu à individu quoique commun à l'espèce humaine, et de projeter le tout sur l'écran.
Il faudrait dépenser à ce petit jeu une somme de travail
formidable, et l'on n'obtiendrait d'ailleurs qu'un assez
médiocre résultat : comment reproduire la souplesse et la
variété de la vie? Maintenant, il y a une seconde manière de
procéder, beaucoup plus aisée en même temps que plus
efficace. C'est de prendre sur le régiment qui passe une
série d'instantanés, et de projeter ces instantanés sur
l'écran, de manière qu'ils se remplacent très vite les uns les
autres. Ainsi fait le cinématographe. Avec des photographies dont chacune représente le régiment dans une
attitude immobile, il reconstitue la mobilité du régiment
qui passe. Il est vrai que, si nous avions affaire aux photographies toutes seules, nous aurions beau les regarder,
nous ne les verrions pas s'animer : avec de l'immobilité,
même indéfiniment juxtaposée à elle-même, nous ne
ferons jamais du mouvement. Pour que les images
s'animent, il faut qu'il y ait du mouvement quelque part.
Le mouvement existe bien ici, en effet ; il est dans l'appareil. C'est parce que la bande cinématographique se
déroule, amenant, tour à tour, les diverses photographies
de la scène à se continuer les unes les autres, que chaque
acteur de cette scène reconquiert sa mobilité : il enfile
toutes ses attitudes successives sur l'invisible mouvement
de la bande cinématographique. Le procédé a donc
consisté, en somme, à extraire de tous les mouvements
propres à toutes les figures un mouvement impersonnel,
abstrait et simple, *le mouvement en général* pour ainsi dire,
à le mettre dans l'appareil, et à reconstituer l'individualité de chaque mouvement particulier par la composition de ce mouvement anonyme avec les attitudes per-

sonnelles. Tel est l'artifice du cinématographe. Et tel est aussi celui de notre connaissance. Au lieu de nous attacher au devenir intérieur des choses, nous nous plaçons en dehors d'elles pour recomposer leur devenir artificiellement. Nous prenons des vues quasi instantanées sur la réalité qui passe, et, comme elles sont caractéristiques de cette réalité, il nous suffit de les enfiler le long d'un devenir abstrait, uniforme, invisible, situé au fond de l'appareil de la connaissance, pour imiter ce qu'il y a de caractéristique dans ce devenir lui-même. Perception, intellection, langage procèdent en général ainsi. Qu'il s'agisse de penser le devenir, ou de l'exprimer, ou même de le percevoir, nous ne faisons guère autre chose qu'actionner une espèce de cinématographe intérieur. On résumerait donc tout ce qui précède en disant que *le mécanisme de notre connaissance usuelle est de nature cinématographique.*

Sur le caractère tout pratique de cette opération il n'y a pas de doute possible. Chacun de nos actes vise une certaine insertion de notre volonté dans la réalité. C'est, entre notre corps et les autres corps, un arrangement comparable à celui des morceaux de verre qui composent une figure kaléidoscopique. Notre activité va d'un arrangement à un réarrangement, imprimant chaque fois au kaléidoscope, sans doute, une nouvelle secousse, mais ne s'intéressant pas à la secousse et ne voyant que la nouvelle figure. La connaissance qu'elle se donne de l'opération de la nature doit donc être exactement symétrique de l'intérêt qu'elle prend à sa propre opération. En ce sens on pourrait dire, si ce n'était abuser d'un certain genre de comparaison, que *le caractère cinématographique de notre connaissance des choses tient au caractère kaléidoscopique de notre adaptation à elles.*

La méthode cinématographique est donc la seule pratique, puisqu'elle consiste à régler l'allure générale de la connaissance sur celle de l'action, en attendant que le détail de chaque acte se règle à son tour sur celui de la connaissance. Pour que l'action soit toujours éclairée, il faut que l'intelligence y soit toujours présente ; mais l'intelligence, pour accompagner ainsi la marche de l'activité et en assurer la direction, doit commencer par en adopter le rythme. Discontinue est l'action, comme toute pulsation de vie ; discontinue sera donc la connaissance. Le mécanisme de la faculté de connaître a été construit sur ce plan. Essentiellement pratique, peut-il servir, tel quel, à la spéculation ? Essayons, avec lui, de suivre la réalité dans ses détours, et voyons ce qui va se passer.

Sur la continuité d'un certain devenir j'ai pris une série de vues que j'ai reliées entre elles par « le devenir » en général. Mais il est entendu que je ne puis en rester là. Ce qui n'est pas déterminable n'est pas représentable : du « devenir en général » je n'ai qu'une connaissance verbale. Comme la lettre x désigne une certaine inconnue, quelle qu'elle soit, ainsi mon « devenir en général », toujours le même, symbolise ici une certaine transition sur laquelle j'ai pris des instantanés : de cette transition même il ne m'apprend rien. Je vais donc me concentrer tout entier sur la transition et, entre deux instantanés, chercher ce qui se passe. Mais, puisque j'applique la même méthode, j'arrive au même résultat ; une troisième vue va simplement s'intercaler entre les deux autres. Indéfiniment je recommencerai, et indéfiniment je juxtaposerai des vues à des vues, sans obtenir autre chose. L'application de la méthode cinématographique aboutira donc ici à un perpétuel recommencement, où l'esprit, ne trouvant jamais à se satisfaire et ne voyant nulle part où se poser, se persuade sans doute à lui-même qu'il imite par son instabilité le mouvement même du réel. Mais si, en s'entraînant lui-même au vertige, il finit par se donner l'illusion de la mobilité, son opération ne l'a pas fait avancer d'un pas, puisqu'elle le laisse toujours aussi loin du terme. Pour avancer avec la réalité mouvante, c'est en elle qu'il faudrait se replacer. Installez-vous dans le changement, vous saisirez à la fois et le changement lui-même et les états successifs en lesquels *il pourrait* à tout instant s'immobiliser. Mais avec ces états successifs, aperçus du dehors comme des immobilités réelles et non plus virtuelles, vous ne reconstituerez jamais du mouvement. Appelez-les, selon le cas, *qualités*, *formes*, *positions* ou *intentions* : vous pourrez en multiplier le nombre autant qu'il vous plaira et rapprocher ainsi indéfiniment l'un de l'autre deux états consécutifs ; vous éprouverez toujours devant le mouvement intermédiaire la déception de l'enfant qui voudrait, en rapprochant l'une de l'autre ses deux mains ouvertes, écraser de la fumée. Le mouvement glissera dans l'intervalle, parce que toute tentative pour reconstituer le changement avec des états implique cette proposition absurde que le mouvement est fait d'immobilités.

C'est de quoi la philosophie s'aperçut dès qu'elle ouvrit les yeux. Les arguments de Zénon d'Élée, quoiqu'ils aient été formulés dans une intention bien différente, ne disent pas autre chose.

Considère-t-on la flèche qui vole ? A chaque instant, dit Zénon, elle est immobile, car elle n'aurait le temps de se mouvoir, c'est-à-dire d'occuper au moins deux positions successives, que si on lui concédait au moins deux instants. A un moment donné, elle est donc au repos en un point donné. Immobile en chaque point de son trajet, elle est, pendant tout le temps qu'elle se meut, immobile.

Oui, si nous supposons que la flèche puisse jamais *être* en un point de son trajet. Oui, si la flèche, qui est du mouvant, coïncidait jamais avec une position, qui est de l'immobilité. Mais la flèche *n'est* jamais en aucun point de son trajet. Tout au plus doit-on dire qu'elle pourrait y être, en ce sens qu'elle y passe et qu'il lui serait loisible de s'y arrêter. Il est vrai que, si elle s'y arrêtait, elle y resterait, et que ce ne serait plus, en ce point, à du mouvement que nous aurions affaire. La vérité est que, si la flèche part du point A pour retomber au point B, son mouvement AB est aussi simple, aussi indécomposable, en tant que mouvement, que la tension de l'arc qui la lance. Comme le shrapnell, éclatant avant de toucher terre, couvre d'un indivisible danger la zone d'explosion, ainsi la flèche qui va de A en B déploie d'un seul coup, quoique sur une certaine étendue de durée, son indivisible mobilité. Supposez un élastique que vous tireriez de A en B ; pourriez-vous en diviser l'extension ? La course de la flèche est cette extension même, aussi simple qu'elle, indivisée comme elle. C'est un seul et unique bond. Vous fixez un point C dans l'intervalle parcouru, et vous dites qu'à un certain moment la flèche était en C. Si elle y avait été, c'est qu'elle s'y serait arrêtée, et vous n'auriez plus une course de A en B, mais deux courses, l'une de A en C, l'autre de C en B, avec un intervalle de repos. Un mouvement unique est tout entier, par hypothèse, mouvement entre deux arrêts : s'il y a des arrêts intermédiaires, ce n'est plus un mouvement unique. Au fond, l'illusion vient de ce que le mouvement, *une fois effectué*, a déposé le long de son trajet une trajectoire immobile sur laquelle on peut compter autant d'immobilités qu'on voudra. De là on conclut que le mouvement, *s'effectuant*, déposa à chaque instant au-dessous de lui une position avec laquelle il coïncidait. On ne voit pas que la trajectoire se crée tout d'un coup, encore qu'il lui faille pour cela un certain temps, et que si l'on peut diviser à volonté la trajectoire une fois créée, on ne saurait diviser sa création, qui est un acte en progrès et non pas une chose. Supposer que le mobile *est* en un point du trajet, c'est, par un coup de ciseau donné en ce point, couper le trajet en deux et substituer deux trajectoires à la trajectoire unique que l'on considérait d'abord. C'est distinguer deux actes successifs là où, par hypothèse, il n'y en a qu'un. Enfin c'est transporter à la course même de la flèche tout ce qui peut se dire de l'intervalle qu'elle a parcouru, c'est-à-dire admettre *a priori* cette absurdité que le mouvement coïncide avec l'immobile.

Nous ne nous appesantirons pas ici sur les trois autres arguments de Zénon. Nous les avons examinés ailleurs. Bornons-nous à rappeler qu'ils consistent encore à appliquer le mouvement le long de la ligne parcourue et à supposer que ce qui est vrai de la ligne est vrai du mouvement. Par exemple, la ligne peut être divisée en autant de parties qu'on veut, de la grandeur qu'on veut, et c'est toujours la même ligne. De là on conclura qu'on a le droit de supposer le mouvement articulé comme on veut, et que c'est toujours le même mouvement. On obtiendra ainsi une série d'absurdités qui toutes exprimeront la même absurdité fondamentale. Mais la possibilité d'appliquer le mouvement *sur* la ligne parcourue n'existe que pour un observateur qui, se tenant en dehors du mouvement et envisageant à tout instant la possibilité d'un arrêt, prétend recomposer le mouvement réel avec ces immobilités possibles. Elle s'évanouit dès qu'on adopte par la pensée la continuité du mouvement réel, celle dont chacun de nous a conscience quand il lève le bras ou avance d'un pas. Nous sentons bien alors que la ligne parcourue entre deux arrêts se décrit d'un seul trait indivisible, et qu'on chercherait vainement à pratiquer dans le mouvement qui la trace des divisions correspondant, chacune à chacune, aux divisions arbitrairement choisies de la ligne une fois tracée. La ligne parcourue par le mobile se prête à un mode de décomposition quelconque parce qu'elle n'a pas d'organisation interne. Mais tout mouvement est articulé intérieurement. C'est ou un bond indivisible (qui peut d'ailleurs occuper une très longue durée) ou une série de bonds indivisibles. Faites entrer en ligne de compte les articulations de ce mouvement, ou bien alors ne spéculez pas sur sa nature.

Quand Achille poursuit la tortue, chacun de ses pas doit être traité comme un indivisible, chaque pas de la tortue aussi. Après un certain nombre de pas, Achille aura enjambé la tortue. Rien n'est plus simple. Si vous tenez à diviser davantage les deux mouvements, distinguez de part et d'autre, dans le trajet d'Achille et dans celui de la tortue, des *sous-multiples* du pas de chacun d'eux ; mais respectez les articulations naturelles des deux trajets. Tant que vous les respecterez, aucune difficulté ne surgira, parce que vous suivrez les indications de l'expérience. Mais l'artifice de Zénon consiste à recomposer le mouvement d'Achille selon une loi arbitrairement choisie. Achille arriverait d'un premier bond au point où était la tortue, d'un second bond au point où elle s'est transportée pendant qu'il faisait le premier, et ainsi de suite. Dans ce cas, Achille aurait en effet toujours un nouveau bond à faire. Mais il va sans dire qu'Achille, pour rejoindre la

tortue, s'y prend tout autrement. Le mouvement considéré par Zénon ne serait l'équivalent du mouvement
d'Achille que si l'on pouvait traiter le mouvement comme
on traite l'intervalle parcouru, décomposable et recomposable à volonté. Dès qu'on a souscrit à cette première
absurdité, toutes les autres s'ensuivent [1].

Rien ne serait plus facile, d'ailleurs, que d'étendre
l'argumentation de Zénon au devenir qualitatif et au
devenir évolutif. On retrouverait les mêmes contradictions.
Que l'enfant devienne adolescent, puis homme mûr, enfin
vieillard, cela se comprend quand on considère que l'évolution vitale est ici la réalité même : enfance, adolescence,
maturité, vieillesse sont de simples vues de l'esprit, des
arrêts possibles imaginés pour nous, du dehors, le long
de la continuité d'un progrès. Donnons-nous au contraire l'enfance, l'adolescence, la maturité et la vieillesse
comme des parties intégrantes de l'évolution : elles deviennent des *arrêts réels,* et nous ne concevons plus comment
l'évolution est possible, car des repos juxtaposés n'équi-
vaudront jamais à un mouvement. Comment, avec ce qui
est fait, reconstituer ce qui se fait ? Comment, par exemple,

---

1. C'est dire que nous ne considérons pas le sophisme de Zénon comme réfuté
par le fait que la progression géométrique $a \left(1 + \dfrac{1}{n} + \dfrac{1}{n^2} + \dfrac{1}{n^3} + ..., \text{etc.} \right)$,
où a désigne l'écart initial entre Achille et la tortue, et n le rapport de leurs
vitesses respectives, a une somme finie si n est supérieur à l'unité. Sur ce
point, nous renvoyons à l'argumentation de M. Évellin, que nous tenons
pour décisive (Voirvellin, *Infini et quantité,* Paris, 1880, p. 63-97. Cf. *Revue
philosophique,* vol. XI, 1881, p. 564-568). La vérité est que les mathématiques — comme nous avons essayé de le prouver dans un précédent travail
— n'opèrent et ne peuvent opérer que sur des longueurs. Elles ont donc
dû chercher des artifices pour transporter d'abord au mouvement, qui n'est
pas une longueur, la divisibilité de la ligne qu'il parcourt, et ensuite
pour rétablir l'accord entre l'expérience et l'idée (contraire à l'expérience
et grosse d'absurdités) d'un mouvement-longueur, c'est-à-dire d'un mouvement *appliqué contre* sa trajectoire et arbitrairement décomposable comme
elle.

de l'enfance une fois posée comme une *chose*, passera-t-on
à l'adolescence, alors que, par hypothèse, on s'est donné
l'enfance seulement ? Qu'on y regarde de près : on verra
que notre manière habituelle de parler, laquelle se règle
sur notre manière habituelle de penser, nous conduit à
de véritables impasses logiques, impasses où nous nous
engageons sans inquiétude parce que nous sentons confusément qu'il nous serait toujours loisible d'en sortir ;
il nous suffirait, en effet, de renoncer aux habitudes ciné-
matographiques de notre intelligence. Quand nous disons
« l'enfant devient homme », gardons-nous de trop approfondir le sens littéral de l'expression. Nous trouverions
que, lorsque nous posons le sujet « enfant », l'attribut « homme » ne lui convient pas encore, et que,
lorsque nous énonçons l'attribut « homme », il ne s'applique déjà plus au sujet « enfant ». La réalité, qui est la
transition de l'enfance à l'âge mûr, nous a glissé entre les
doigts. Nous n'avons que les arrêts imaginaires « enfant »
et « homme », et nous sommes tout près de dire que l'un
de ces arrêts *est* l'autre, de même que la flèche de Zénon
est, selon ce philosophe, à tous les points du trajet. La
vérité est que, si le langage se moulait ici sur le réel, nous
ne dirions pas « l'enfant devient homme », mais « il y
a devenir de l'enfant à l'homme ». Dans la première proposition, « devient » est un verbe à sens indéterminé,
destiné à masquer l'absurdité où l'on tombe en attribuant
l'état « homme » au sujet « enfant ». Il se comporte à
peu près comme le mouvement, toujours le même, de la
bande cinématographique, mouvement caché dans l'appareil et dont le rôle est de superposer l'une à l'autre les
images successives pour imiter le mouvement de l'objet
réel. Dans la seconde, « devenir » est un sujet. Il passe
au premier plan. Il est la réalité même ; enfance et âge

d'homme ne sont plus alors que des arrêts virtuels, simples vues de l'esprit ; nous avons affaire, cette fois, au mouvement objectif lui-même, et non plus à son imitation cinématographique. Mais la première manière de s'exprimer est seule conforme à nos habitudes de langage. Il faudrait, pour adopter la seconde, se soustraire au mécanisme cinématographique de la pensée.

Il en faudrait faire abstraction complète, pour dissiper d'un seul coup les absurdités théoriques que la question du mouvement soulève. Tout est obscurité, tout est contradiction quand on prétend, avec des états, fabriquer une transition. L'obscurité se dissipe, la contradiction tombe dès qu'on se place le long de la transition, pour y distinguer des états en y pratiquant par la pensée des coupes transversales. C'est qu'il y a *plus* dans la transition que la série des états, c'est-à-dire des coupes possibles, *plus* dans le mouvement que la série des positions, c'est-à-dire des arrêts possibles. Seulement, la première manière de voir est conforme aux procédés de l'esprit humain ; la seconde exige au contraire qu'on remonte la pente des habitudes intellectuelles. Faut-il s'étonner si la philosophie a d'abord reculé devant un pareil effort ? Les Grecs avaient confiance dans la nature, confiance dans l'esprit laissé à son inclination naturelle, confiance dans le langage surtout, en tant qu'il extériorise la pensée naturellement. Plutôt que de donner tort à l'attitude que prennent, devant le cours des choses, la pensée et le langage, ils aimèrent mieux donner tort au cours des choses.

C'est ce que firent sans ménagement les philosophes de l'école d'Élée. Comme le devenir choque les habitudes de la pensée et s'insère mal dans les cadres du langage, ils le déclarèrent irréel. Dans le mouvement spatial et dans le changement en général ils ne virent qu'illusion pure. On

pouvait atténuer cette conclusion sans changer les prémisses, dire que la réalité change, mais qu'elle *ne devrait
pas* changer. L'expérience nous met en présence du
devenir, voilà la réalité sensible. Mais la réalité intelligible, celle qui devrait être, est plus réelle encore, et
celle-là, dira-t-on, ne change pas. Sous le devenir qualitatif, sous le devenir évolutif, sous le devenir extensif,
l'esprit doit chercher ce qui est réfractaire au changement:
la qualité définissable, la forme ou essence, la fin. Tel fut le
principe fondamental de la philosophie qui se développa
à travers l'antiquité classique, la philosophie des Formes
ou, pour employer un terme plus voisin du grec, la philosophie des Idées.

Le mot εἶδος, que nous traduisons ici par Idée, a en
effet ce triple sens. Il désigne : 1° la qualité, 2° la forme
ou essence, 3° le but ou *dessein* de l'acte s'accomplissant,
c'est-à-dire, au fond, le *dessin* de l'acte supposé accompli.
*Ces trois points de vue sont ceux de l'adjectif, du substantif
et du verbe, et correspondent aux trois catégories essentielles du langage.* Après les explications que nous avons
données un peu plus haut, nous pourrions et nous devrions
peut-être traduire εἶδος par « vue » ou plutôt par « moment ». Car εἶδος est la vue stable prise sur l'instabilité des
choses : la *qualité* qui est un moment du devenir, la *forme*
qui est un moment de l'évolution, *l'essence* qui est la forme
moyenne au-dessus et au-dessous de laquelle les autres
formes s'échelonnent comme des altérations de celle-là,
enfin le *dessein* inspirateur de l'acte s'accomplissant,
lequel n'est point autre chose, disions-nous, que le *dessin*
anticipé de l'action accomplie. Ramener les choses aux
Idées consiste donc à résoudre le devenir en ses principaux
moments, chacun de ceux-ci étant d'ailleurs soustrait par
hypothèse à la loi du temps et comme cueilli dans l'éter

nité. C'est dire qu'on aboutit à la philosophie des Idées
, quand on applique le mécanisme cinématographique de
l'intelligence à l'analyse du réel.

Mais, dès qu'on met les Idées immuables au fond de la
mouvante réalité, toute une physique, toute une cosmologie, toute une théologie même s'ensuivent nécessairement. Arrêtons-nous sur ce point. Il n'entre pas dans
notre pensée de résumer en quelques pages une philosophie aussi complexe et aussi compréhensive que celle
des Grecs. Mais, puisque nous venons de décrire le mécanisme cinématographique de l'intelligence, il importe que
nous montrions à quelle représentation du réel le jeu de ce
mécanisme aboutit. Cette représentation est précisément,
croyons-nous, celle qu'on trouve dans la philosophie
antique. Les grandes lignes de la doctrine qui s'est développée de Platon à Plotin, en passant par Aristote (et
même, dans une certaine mesure, par les stoïciens), n'ont
rien d'accidentel, rien de contingent, rien qu'il faille tenir
pour une fantaisie de philosophe. Elles dessinent la vision
qu'une intelligence systématique se donnera de l'universel devenir quand elle le regardera à travers des vues
prises de loin en loin sur son écoulement. De sorte qu'aujourd'hui encore nous philosopherons à la manière des
Grecs, nous retrouverons, sans avoir besoin de les connaître, telles et telles de leurs conclusions générales, dans
l'exacte mesure où nous nous fierons à l'instinct cinématographique de notre pensée.

Nous disions qu'il y a *plus* dans un mouvement que
dans les positions successives attribuées au mobile, *plus*
dans un devenir que dans les formes traversées tour à tour,
plus dans l'évolution de la forme que les formes réalisées
l'une après l'autre. La philosophie pourra donc, des

termes du premier genre, tirer ceux du second, mais non pas du second le premier : c'est du premier que la spéculation devrait partir. Mais l'intelligence renverse l'ordre des deux termes, et, sur ce point, la philosophie antique procède comme fait l'intelligence. Elle s'installe donc dans l'immuable, elle ne se donnera que des Idées. Pourtant il y a du devenir, c'est un fait. Comment, ayant posé l'immutabilité toute seule, en fera-t-on sortir le changement ? Ce ne peut être par l'addition de quelque chose, puisque, par hypothèse, il n'existe rien de positif en dehors des Idées. Ce sera donc par une diminution. Au fond de la philosophie antique gît nécessairement ce postulat : il y a plus dans l'immobile que dans le mouvant, et l'on passe, par voie de diminution ou d'atténuation, de l'immutabilité au devenir.

C'est donc du négatif, ou tout au plus du zéro, qu'il faudra ajouter aux Idées pour obtenir le changement. En cela consiste le « non-être » platonicien, la « matière » aristotélicienne, — un zéro métaphysique qui, accolé à l'Idée comme le zéro arithmétique à l'unité, la multiplie dans l'espace et dans le temps. Par lui l'Idée immobile et simple se réfracte en un mouvement indéfiniment propagé. En droit, il ne devrait y avoir que des Idées immuables, immuablement emboîtées les unes dans les autres. En fait, la matière y vient surajouter son vide et décroche du même coup le devenir universel. Elle est l'insaisissable rien qui, se glissant entre les Idées, crée l'agitation sans fin et l'éternelle inquiétude, comme un soupçon insinué entre deux cœurs qui s'aiment. Dégradez les idées immuables : vous obtenez, par là même, le flux perpétuel des choses. Les Idées ou Formes sont sans doute le tout de la réalité intelligible, c'est-à-dire de la vérité, en ce qu'elles représentent, réunies, l'équilibre théorique de l'Être. Quant à la réalité sensible, elle est une oscillation indéfinie de part et d'autre de ce point d'équilibre.

De là, à travers toute la philosophie des Idées, une certaine conception de la durée, comme aussi de la relation du temps à l'éternité. A qui s'installe dans le devenir, la durée apparaît comme la vie même des choses, comme la réalité fondamentale. Les Formes, que l'esprit isole et emmagasine dans des concepts, ne sont alors que des vues prises sur la réalité changeante. Elles sont des moments cueillis le long de la durée, et, précisément parce qu'on a coupé le fil qui les reliait au temps, elles ne durent plus. Elles tendent à se confondre avec leur propre définition, c'est-à-dire avec la reconstruction artificielle et l'expression symbolique qui est leur équivalent intellectuel. Elles entrent dans l'éternité, si l'on veut ; mais ce qu'elles ont d'éternel ne fait plus qu'un avec ce qu'elles ont d'irréel.— Au contraire, si l'on traite le devenir par la méthode cinématographique, les Formes ne sont plus des vues prises sur le changement, elles en sont les éléments constitutifs, elles représentent tout ce qu'il y a de positif dans le devenir. L'éternité ne plane plus au-dessus du temps comme une abstraction, elle le fonde comme une réalité. Telle est précisément, sur ce point, l'attitude de la philosophie des Formes ou des Idées. Elle établit entre l'éternité et le temps le même rapport qu'entre la pièce d'or et la menue monnaie, — monnaie si menue que le paiement se poursuit indéfiniment sans que la dette soit jamais payée : on se libèrerait d'un seul coup avec la pièce d'or. C'est ce que Platon exprime dans son magnifique langage quand il dit que Dieu, ne pouvant faire le monde éternel, lui donna le Temps, « image mobile de l'éternité »[1].

1. Platon, *Timée*, 37 d.

De là aussi une certaine conception de l'étendue, qui est à la base de la philosophie des Idées, quoiqu'elle n'ait pas été dégagée aussi explicitement. Imaginons encore un esprit qui se replace le long du devenir et qui en adopte le mouvement. Chaque état successif, chaque qualité, chaque Forme enfin lui apparaîtra comme une simple coupe pratiquée par la pensée dans le devenir universel. Il trouvera que la forme est essentiellement étendue, inséparable qu'elle est du devenir extensif qui l'a matérialisée au cours de son écoulement. Toute forme occupe ainsi de l'espace comme elle occupe du temps. Mais la philosophie des Idées suit la marche inverse. Elle part de la Forme, elle y voit l'essence même de la réalité. Elle n'obtient pas la forme par une vue prise sur le devenir ; elle se donne des formes dans l'éternel ; de cette éternité immobile la durée et le devenir ne seraient que la dégradation. La forme ainsi posée, indépendante du temps, n'est plus alors celle qui tient dans une perception ; c'est un *concept*. Et, comme une réalité d'ordre conceptuel n'occupe pas plus d'étendue qu'elle n'a de durée, il faut que les Formes siègent en dehors de l'espace comme elles planent au-dessus du temps. Espace et temps ont donc nécessairement, dans la philosophie antique, la même origine et la même valeur. C'est la même diminution de l'être qui s'exprime par une distension dans le temps et par une extension dans l'espace.

Extension et distension manifestent alors simplement l'écart entre ce qui est et ce qui devrait être. Du point de vue où la philosophie antique se place, l'espace et le temps ne peuvent être que le champ que se donne une réalité incomplète, ou plutôt égarée hors de soi, pour y courir à la recherche d'elle-même. Seulement il faudra admettre ici que le champ se crée au fur et à mesure de la course,

et que la course le dépose, en quelque sorte, au-dessous
d'elle. Écartez de sa position d'équilibre un pendule idéal,
simple point mathématique : une oscillation sans fin se
produit, le long de laquelle des points se juxtaposent à
des points et des instants succèdent à des instants. L'espace
et le temps qui naissent ainsi n'ont pas plus de « positivité » que le mouvement lui-même. Ils représentent
l'écart entre la position artificiellement donnée au
pendule et sa position normale, *ce qui lui manque* pour
retrouver sa stabilité naturelle. Ramenez-le à sa position
normale : espace, temps et mouvement se rétractent en un
point mathématique. De même, les raisonnements humains
se continuent en une chaîne sans fin, mais ils s'abîme-
raient tout d'un coup dans la vérité saisie par intuition,
car leur extension et leur distension ne sont qu'un écart,
pour ainsi dire, entre notre pensée et la vérité[1]. Ainsi
pour l'étendue et la durée vis-à-vis des Formes pures ou
Idées. Les formes sensibles sont devant nous, toujours
prêtes à ressaisir leur idéalité, toujours empêchées par la
matière qu'elles portent en elles, c'est-à-dire par leur vide
intérieur, par l'intervalle qu'elles laissent entre ce qu'elles
sont et ce qu'elles devraient être. Sans cesse elles sont sur
le point de se reprendre et sans cesse occupées à se perdre.
Une loi inéluctable les condamne, comme le rocher de
Sisyphe, à retomber quand elles vont toucher le faîte, et
cette loi, qui les a lancées dans l'espace et le temps, n'est
point autre chose que la constance même de leur insuffisance originelle. Les alternances de génération et de dépé-
rissement, les évolutions sans cesse renaissantes, le mouvement circulaire indéfiniment répété des sphères célestes,

---

1. Nous avons essayé de démêler ce qu'il y a de vrai et ce qu'il y a de faux
dans cette idée, en ce qui concerne la *spatialité* (voir notre chapitre III).
Elle nous paraît radicalement fausse en ce qui concerne la *durée*.

tout cela représente simplement un certain déficit fondamental en lequel consiste la matérialité. Comblez ce déficit : du même coup vous supprimez l'espace et le temps, c'est-à-dire les oscillations indéfiniment renouvelées autour d'un équilibre stable toujours poursuivi, jamais atteint. Les choses rentrent les unes dans les autres. Ce qui était détendu dans l'espace se retend en forme pure. Et passé, présent, avenir se rétractent en un moment unique, qui est l'éternité.

Cela revient à dire que le physique est du logique gâté. En cette proposition se résume toute la philosophie des Idées. Et là est aussi le principe caché de la philosophie innée à notre entendement. Si l'immutabilité est plus que le devenir, la forme est plus que le changement, et c'est par une véritable chute que le système logique des Idées, rationnellement subordonnées et coordonnées entre elles, s'éparpille en une série physique d'objets et d'événements accidentellement placés les uns à la suite des autres. L'idée génératrice d'un poème se développe en des milliers d'imaginations, lesquelles se matérialisent en phrases qui se déploient en mots. Et, plus on descend de l'idée immobile, enroulée sur elle-même, aux mots qui la déroulent, plus il y a de place laissée à la contingence et au choix : d'autres métaphores, exprimées par d'autres mots, eussent pu surgir ; une image a été appelée par une image, un mot par un mot. Tous ces mots courent maintenant les uns derrière les autres, cherchant en vain, par eux-mêmes, à rendre la simplicité de l'idée génératrice. Notre oreille n'entend que les mots ; elle ne perçoit donc que des accidents. Mais notre esprit, par bonds successifs, saute des mots aux images, des images à l'idée originelle, et remonte ainsi, de la perception des mots, accidents provoqués par des accidents, à la conception de l'Idée qui se pose elle-même. Ainsi procède le philosophe en face de l'univers. L'expérience fait passer sous ses yeux des phénomènes qui courent, eux aussi, les uns derrière les autres dans un ordre accidentel, déterminé par les circonstances de temps et de lieu. Cet ordre physique, véritable affaissement de l'ordre logique, n'est point autre chose que la chute du logique dans l'espace et le temps. Mais le philosophe, remontant du percept au concept, voit se condenser en logique tout ce que le physique avait de réalité positive. Son intelligence, faisant abstraction de la matérialité qui distend l'être, le ressaisit en lui-même dans l'immuable système des Idées. Ainsi s'obtient la Science, laquelle nous apparaît, complète et toute faite, dès que nous remettons notre intelligence à sa vraie place, corrigeant l'écart qui la séparait de l'intelligible. La science n'est donc pas une construction humaine. Elle est antérieure à notre intelligence, indépendante d'elle, véritablement génératrice des choses.

Et en effet, si l'on tenait les Formes pour de simples vues prises par l'esprit sur la continuité du devenir, elles seraient relatives à l'esprit qui se les représente, elles n'auraient pas d'existence en soi. Tout au plus pourrait-on dire que chacune de ces Idées est un idéal. Mais c'est dans l'hypothèse contraire que nous nous sommes placés. Il faut donc que les Idées existent par elles-mêmes. La philosophie antique ne pouvait échapper à cette conclusion. Platon la formula, et c'est en vain qu'Aristote essaya de s'y soustraire. Puisque le mouvement naît de la dégradation de l'immuable, il n'y aurait pas de mouvement, pas de monde sensible par conséquent, s'il n'y avait, quelque part, l'immutabilité réalisée. Aussi, ayant commencé par refuser aux Idées une existence indépendante et ne pouvant pas, néanmoins, les en priver, Aristote les pressa les unes dans les autres, les ramassa en boule, et plaça au-dessus du monde physique une Forme qui se trouva être ainsi la Forme des Formes, l'Idée des Idées, ou enfin, pour employer son expression, la Pensée de la Pensée. Tel est le Dieu d'Aristote, — nécessairement immuable et étranger à ce qui se passe dans le monde, puisqu'il n'est que la synthèse de tous les concepts en un concept unique. Il est vrai qu'aucun des concepts multiples ne saurait exister à part, tel quel, dans l'unité divine : c'est en vain qu'on chercherait les Idées de Platon à l'intérieur du Dieu d'Aristote. Mais il suffit d'imaginer le Dieu d'Aristote se réfractant lui-même, ou simplement inclinant vers le monde, pour qu'aussitôt paraissent se déverser hors de lui les Idées platoniciennes, impliquées dans l'unité de son essence : tels, les rayons sortent du soleil, qui pourtant ne les renfermait point. C'est sans doute cette *possibilité d'un déversement* des Idées platoniciennes hors du Dieu aristotélique qui est figurée, dans la philosophie d'Aristote, par l'intellect actif, le νοῦς qu'on a appelé ποιητικός, — c'est-à-dire par ce qu'il y a d'essentiel, et pourtant d'inconscient, dans l'intelligence humaine. Le νοῦς ποιητικός est la Science intégrale, posée tout d'un coup, et que l'intelligence consciente, discursive, est condamnée à reconstruire avec peine, pièce à pièce. Il y a donc en nous, ou plutôt derrière nous, une vision possible de Dieu, comme diront les Alexandrins, vision toujours virtuelle, jamais actuellement réalisée par l'intelligence consciente. Dans cette intuition nous verrions Dieu s'épanouir en Idées. C'est elle qui « fait tout [1] », jouant par

---

1. Aristote, *De Anima*, 430 *a* 14 : καὶ ἔστιν ὁ μὲν τοιοῦτος νοῦς τῷ πάντα

rapport à l'intelligence discursive, en mouvement dans le temps, le même rôle que joue le Moteur immobile lui-même par rapport au mouvement du ciel et au cours des choses.

On trouverait donc, immanente à la philosophie des Idées, une conception *sui generis* de la causalité, conception qu'il importe de mettre en pleine lumière, parce que c'est celle où chacun de nous arrivera quand il suivra jusqu'au bout, pour remonter jusqu'à l'origine des choses, le mouvement naturel de l'intelligence. A vrai dire, les philosophes anciens ne l'ont jamais formulée explicitement. Ils se sont bornés à en tirer les conséquences et, en général, ils nous ont signalé des points de vue sur elle plutôt qu'ils ne nous l'ont présentée elle-même. Tantôt, en effet, on nous parle d'une *attraction,* tantôt d'une *impulsion* exercée par le premier moteur sur l'ensemble du monde. Les deux vues se trouvent chez Aristote, qui nous montre dans le mouvement de l'univers une aspiration des choses à la perfection divine et par conséquent une ascension vers Dieu, tandis qu'il le décrit ailleurs comme l'effet d'un contact de Dieu avec la première sphère et comme descendant, par conséquent, de Dieu aux choses. Les Alexandrins n'ont d'ailleurs fait, croyons-nous, que suivre cette double indication quand ils ont parlé de procession et de conversion : tout dérive du premier principe et tout aspire à y rentrer. Mais ces deux conceptions de la causalité divine ne peuvent s'identifier ensemble que si on les ramène l'une et l'autre à une troisième, que nous tenons pour fondamentale et qui seule fera comprendre, non seulement pourquoi, en quel sens, les choses

γίνεσθαι, ὁ δὲ τῷ πάντα ποιεῖν, ὡς ἕξις τις, οἷον τὸ φῶς · τρόπον γάρ τινα καὶ τὸ φῶς ποιεῖ τὰ δυνάμει ὄντα χρώματα ἐνεργείᾳ χρώματα.

se meuvent dans l'espace et dans le temps, mais aussi pourquoi il y a de l'espace et du temps, pourquoi du mouvement, pourquoi des choses.

Cette conception, qui transparaît de plus en plus sous les raisonnements des philosophes grecs à mesure qu'on va de Platon à Plotin, nous la formulerions ainsi : *La position d'une réalité implique la position simultanée de tous les degrés de réalité intermédiaires entre elle et le pur néant.* Le principe est évident lorsqu'il s'agit du nombre : nous ne pouvons poser le nombre 10 sans poser, par là même, l'existence des nombres 9, 8, 7..., etc., enfin de tout l'intervalle entre 10 et zéro. Mais notre esprit passe naturellement, ici, de la sphère de la quantité à celle de la qualité. Il nous semble qu'une certaine perfection étant donnée, toute la continuité des dégradations est donnée aussi entre cette perfection, d'une part, et d'autre part le néant que nous nous imaginons concevoir. Posons donc le Dieu d'Aristote, pensée de la pensée, c'est-à-dire pensée *faisant cercle*, se transformant de sujet en objet et d'objet en sujet par un processus circulaire instantané, ou mieux éternel. Comme, d'autre part, le néant paraît se poser lui-même et que, ces deux extrémités étant données, l'intervalle entre elles l'est également, il s'ensuit que tous les degrés descendants de l'être, depuis la perfection divine jusqu'au « rien absolu », se réaliseront, pour ainsi dire, automatiquement dès qu'on aura posé Dieu.

Parcourons alors cet intervalle de haut en bas. D'abord, il suffit de la plus légère diminution du premier principe pour que l'être soit précipité dans l'espace et le temps, mais la durée et l'étendue qui représentent cette première diminution seront aussi voisines que possible de l'inextension et de l'éternité divines. Nous devrons donc nous

figurer cette première dégradation du principe divin
comme une sphère tournant sur elle-même, imitant par
la perpétuité de son mouvement circulaire l'éternité du
circulus de la pensée divine, créant d'ailleurs son propre
lieu et, par là, le lieu en général [1], puisque rien ne la
contient et qu'elle ne change pas de place, créant aussi sa
propre durée et, par là, la durée en général, puisque son
mouvement est la mesure de tous les autres [2]. Puis, de
degré en degré, nous verrons la perfection décroître jusqu'à notre monde sublunaire, où le cycle de la génération, de la croissance et de la mort imite une dernière
fois, en le gâtant, le circulus originel. Ainsi entendue, la
relation causale entre Dieu et le monde apparaît comme
une attraction si l'on regarde d'en bas, une impulsion ou
une action par contact si l'on regarde d'en haut, puisque
le premier ciel avec son mouvement circulaire est une
imitation de Dieu, et que l'imitation est la réception
d'une forme. Donc, selon qu'on regarde dans un sens ou
dans l'autre, on aperçoit Dieu comme cause efficiente ou
comme cause finale. Et pourtant, ni l'une ni l'autre de ces
deux relations n'est la relation causale définitive. La vraie
relation est celle qu'on trouve entre les deux membres
d'une équation, dont le premier membre est un terme
unique et le second une sommation d'un nombre indéfini
de termes. C'est, si l'on veut, le rapport de la pièce d'or
à sa monnaie, pourvu qu'on suppose la monnaie s'offrant
automatiquement dès que la pièce d'or est présentée.
Ainsi seulement on comprendra qu'Aristote ait démontré

1. *De Cælo*, II, 287 a 12 : τῆς ἐσχάτης περιφορᾶς οὔτε κενόν ἐστιν ἔξωθεν
οὔτε τόπος. *Phys.*, IV, 212 a 34 : τὸ δὲ πᾶν ἔστι μὲν ὡς κινήσεται ἔστι δ'ὡς οὔ.
Ὡς μὲν γὰρ ὅλον, ἅμα τὸν τόπον οὐ μεταβάλλει · κύκλῳ δὲ κινήσεται, τῶν
μορίων γὰρ οὗτος ὁ τόπος.

2. *De Cælo*, I, 279 a 12 : οὐδὲ χρόνος ἐστιν ἔξω τοῦ οὐρανοῦ. *Phys.*, VIII,
251 b 27 : ὁ χρόνος πάθος τι κινήσεως.

la nécessité d'un premier moteur immobile, non pas en se fondant sur ce que le mouvement des choses a dû avoir un commencement, mais au contraire en posant que ce mouvement n'a pas pu commencer et ne doit jamais finir. Si le mouvement existe, ou, en d'autres termes, si la monnaie se compte, c'est que la pièce d'or est quelque part. Et si la sommation se poursuit sans fin, n'ayant jamais commencé, c'est que le terme unique qui lui équivaut éminemment est éternel. Une perpétuité de mobilité n'est possible que si elle est adossée à une éternité d'immutabilité, qu'elle déroule en une chaîne sans commencement ni fin.

Tel est le dernier mot de la philosophie grecque. Nous n'avons pas eu la prétention de la reconstruire *a priori*. Elle a des origines multiples. Elle se rattache par des fils invisibles à toutes les fibres de l'âme antique. C'est en vain qu'on voudrait la déduire d'un principe simple [1]. Mais, si l'on en élimine tout ce qui est venu de la poésie, de la religion, de la vie sociale, comme aussi d'une physique et d'une biologie encore rudimentaires, si l'on fait abstraction des matériaux friables qui entrent dans la construction de cet immense édifice, une charpente solide demeure, et cette charpente dessine les grandes lignes d'une métaphysique qui est, croyons-nous, la métaphysique naturelle de l'intelligence humaine. On aboutit à une philosophie de ce genre, en effet, dès qu'on suit jusqu'au bout la tendance cinématographique de la perception et de la pensée. A la continuité du changement évolutif notre perception et notre pensée commencent par substituer une série de formes stables qui seraient

---

1. Surtout, nous avons presque laissé de côté ces intuitions admirables, mais un peu fuyantes, que Plotin devait plus tard ressaisir, approfondir et fixer.

tour à tour enfilées au passage, comme ces anneaux que décrochent avec leur baguette, en passant, les enfants qui tournent sur des chevaux de bois. En quoi consistera alors le passage, et sur quoi s'enfileront les formes ? Comme on a obtenu les formes stables en extrayant du changement tout ce qu'on y trouve de défini, il ne reste plus, pour caractériser l'instabilité sur laquelle les formes sont posées, qu'un attribut négatif : ce sera l'indétermination même. Telle est la première démarche de notre pensée : elle dissocie chaque changement en deux éléments, l'un stable, définissable pour chaque cas particulier, à savoir la Forme, l'autre indéfinissable et toujours le même, qui serait le changement en général. Et telle est aussi l'opération essentielle du langage. Les formes sont tout ce qu'il est capable d'exprimer. Il est réduit à sous-entendre ou il se borne à *suggérer* une mobilité qui, justement parce qu'elle demeure inexprimée, est censée rester la même dans tous les cas. Survient alors une philosophie qui tient pour légitime la dissociation ainsi effectuée par la pensée et le langage. Que fera-t-elle, sinon objectiver la distinction avec plus de force, la pousser jusqu'à ses conséquences extrêmes, la réduire en système ? Elle composera donc le réel avec des Formes définies ou éléments immuables, d'une part, et, d'autre part, un principe de mobilité qui, étant la négation de la forme, échappera par hypothèse à toute définition et sera l'indéterminé pur. Plus elle dirigera son attention sur ces formes que la pensée délimite et que le langage exprime, plus elle les verra s'élever au-dessus du sensible et se subtiliser en purs concepts, capables d'entrer les uns dans les autres et même de se ramasser enfin dans un concept unique, synthèse de toute réalité, achèvement de toute perfection. Plus, au contraire, elle descendra vers l'invisible source de la mobilité universelle, plus elle la sentira fuir sous elle et en même temps se vider, s'abîmer dans ce qu'elle appellera le pur néant. Finalement, elle aura d'un côté le système des Idées logiquement coordonnées entre elles ou concentrées en une seule, de l'autre un quasi-néant, le « non-être » platonicien ou la « matière » aristotélicienne. Mais, après avoir taillé, il faut coudre. Il s'agit maintenant, avec des Idées supra-sensibles et un non-être infra-sensible, de reconstituer le monde sensible. On ne le pourra que si l'on postule une espèce de nécessité métaphysique, en vertu de laquelle la mise en présence de ce Tout et de ce Zéro *équivaut* à la position de tous les degrés de réalité qui mesurent l'intervalle entre les deux; de même qu'un nombre indivisé, dès qu'on l'envisage comme une différence entre lui-même et zéro, se révèle comme une certaine somme d'unités et fait apparaître du même coup tous les nombres inférieurs. Voilà le postulat naturel. C'est aussi celui que nous apercevons au fond de la philosophie grecque. Il ne restera plus alors, pour expliquer les caractères spécifiques de chacun de ces degrés de réalité intermédiaires, qu'à mesurer la distance qui le sépare de la réalité intégrale : chaque degré inférieur consiste en une diminution du supérieur, et ce que nous y percevons de nouveauté sensible se résoudrait, du point de vue de l'intelligible, en une nouvelle quantité de négation qui s'y est surajoutée. La plus petite quantité possible de négation, celle qu'on trouve déjà dans les formes les plus hautes de la réalité sensible et par conséquent, *a fortiori*, dans les formes inférieures, sera celle qu'exprimeront les attributs les plus généraux de la réalité sensible, étendue et durée. Par des dégradations croissantes, on obtiendra des attributs de plus en plus spéciaux. Ici la fantaisie du philosophe se donnera libre carrière, car c'est par un décret arbitraire, ou du moins discutable, qu'on égalera tel aspect du monde sensible à telle diminution d'être. On n'aboutira pas nécessairement, comme l'a fait Aristote, à un monde constitué par des sphères concentriques tournant sur elles-mêmes. Mais on sera conduit à une cosmologie analogue, je veux dire à une construction dont les pièces, pour être toutes différentes, n'en auront pas moins entre elles les mêmes rapports. Et cette cosmologie sera toujours dominée par le même principe. Le physique sera défini par le logique. Sous les phénomènes changeants on nous montrera, par transparence, un système clos de concepts subordonnés et coordonnés les uns aux autres. La science, entendue comme le système des concepts, sera plus réelle que la réalité sensible. Elle sera antérieure au savoir humain, qui ne fait que l'épeler lettre par lettre, antérieure aussi aux choses, qui s'essaient maladroite-ment à l'imiter. Elle n'aurait qu'à se distraire un instant d'elle-même pour sortir de son éternité et, par là, coïnci-der avec tout ce savoir et avec toutes ces choses. Son im-mutabilité est donc bien la cause de l'universel devenir.

Tel fut le point de vue de la philosophie antique sur le changement et sur la durée. Que la philosophie moderne ait eu, à maintes reprises, mais surtout à ses débuts, la velléité d'en changer, cela ne nous paraît pas contestable. Mais un irrésistible attrait ramène l'intelligence à son mouvement naturel, et la métaphysique des modernes aux conclusions générales de la métaphysique grecque. C'est ce dernier point que nous allons essayer de mettre en lumière, afin de montrer par quels fils invisibles notre philosophie mécanistique se rattache à l'antique philosophie des Idées, et comment aussi elle répond aux exigences, avant tout pratiques, de notre intelligence.

La science moderne, comme la science antique, procède selon la méthode cinématographique. Elle ne peut faire autrement ; toute science est assujettie à cette loi. Il est de l'essence de la science, en effet, de manipuler des *signes* qu'elle substitue aux objets eux-mêmes. Ces signes diffèrent sans doute de ceux du langage par leur précision plus grande et leur efficacité plus haute ; ils n'en sont pas moins astreints à la condition générale du signe, qui est de noter sous une forme arrêtée un aspect fixe de la réalité. Pour penser le mouvement, il faut un effort sans cesse renouvelé de l'esprit. Les signes sont faits pour nous dispenser de cet effort en substituant à la continuité mouvante des choses une recomposition artificielle qui lui équivaille dans la pratique et qui ait l'avantage de se manipuler sans peine. Mais laissons de côté les procédés et ne considérons que le résultat. Quel est l'objet essentiel de la science? C'est d'accroître notre influence sur les choses. La science peut être spéculative dans sa forme, désintéressée dans ses fins immédiates : en d'autres termes, nous pouvons lui faire crédit aussi longtemps qu'elle voudra. Mais l'échéance a beau être reculée, il faut que nous soyons finalement payés de notre peine. C'est donc toujours, en somme, l'utilité pratique que la science visera. Même quand elle se lance dans la théorie, la science est tenue d'adapter sa démarche à la configuration générale de la pratique. Si haut qu'elle s'élève, elle doit être prête à retomber dans le champ de l'action, et à s'y retrouver tout de suite sur ses pieds. Ce ne lui serait pas possible, si son rythme différait absolument de celui de l'action elle-même. Or l'action, avons-nous dit, procède par bonds. Agir, c'est se réadapter. Savoir, c'est-à-dire prévoir pour agir, sera donc aller d'une situation à une situation, d'un arrangement à un réarrangement. La science pourra considérer des réarrangements de plus en plus rapprochés les uns des autres ; elle fera croître ainsi le nombre des moments qu'elle isolera, mais toujours elle isolera des moments. Quant à ce qui se passe dans l'intervalle, la science ne s'en préoccupe pas plus que ne font l'intelligence commune, les sens et le langage : elle ne porte pas sur l'intervalle, mais sur les extrémités. La méthode cinématographique s'impose donc à notre science, comme elle s'imposait déjà à celle des anciens.

Où est donc la différence entre ces deux sciences ? Nous l'avons indiquée, quand nous avons dit que les anciens ramenaient l'ordre physique à l'ordre vital, c'est-à-dire les lois aux genres, tandis que les modernes veulent résoudre les genres en lois. Mais il importe de l'envisager sous un autre aspect, qui n'est d'ailleurs qu'une transposition du premier. En quoi consiste la différence d'attitude de ces deux sciences vis-à-vis du changement ? Nous la formulerions en disant que *la science antique croit connaître suffisamment son objet quand elle en a noté des moments privilégiés, au lieu que la science moderne le considère à n'importe quel moment.*

Les formes ou idées d'un Platon ou d'un Aristote correspondent à des moments privilégiés ou saillants de l'histoire des choses — ceux-là mêmes, en général, qui ont été fixés par le langage. Elles sont censées, comme l'enfance ou la vieillesse d'un être vivant, caractériser une période dont elles exprimeraient la quintessence, tout le reste de cette période étant rempli par le passage, dépourvu d'intérêt en lui-même, d'une forme à une autre forme. S'agit-il d'un corps qui tombe ? On croit avoir serré d'assez près le fait quand on l'a caractérisé globalement : c'est un mouvement vers le *bas*, c'est la tendance vers un *centre*, c'est le mouvement *naturel* d'un corps qui, séparé de la terre à laquelle il appartenait, y va maintenant retrouver sa place. On note donc le terme final ou le point culminant (τέλος, ἀκμή), on l'érige en moment essentiel, et ce moment, que le langage a retenu pour exprimer l'ensemble du fait, suffit aussi à la science pour le caractériser. Dans la physique d'Aristote, c'est par les concepts du haut et du bas, de déplacement spontané et de déplacement contraint, de lieu propre et de lieu étranger, que se définit le mouvement d'un corps lancé dans l'espace ou tombant en chute libre. Mais Galilée estima qu'il n'y avait pas de moment essentiel, pas d'instant privilégié : étudier le corps qui tombe, c'est le considérer à n'importe quel moment de sa course. La vraie science de la pesanteur sera celle qui déterminera, pour un instant quelconque du temps, la position du corps dans l'espace. Il lui faudra pour cela, il est vrai, des signes autrement précis que ceux du langage.

On pourrait donc dire que notre physique diffère surtout de celle des anciens par la décomposition indéfinie qu'elle opère du temps. Pour les anciens, le temps comprend autant de périodes indivises que notre perception naturelle et notre langage y découpent de faits successifs présentant une espèce d'individualité. C'est pourquoi chacun de ces faits ne comporte, à leurs yeux, qu'une définition ou une description *globales*. Que si, en le décrivant, on est amené à y distinguer des phases, on aura plusieurs faits au lieu d'un seul, plusieurs périodes indivises au lieu d'une période unique ; mais toujours le temps aura été divisé en périodes déterminées, et toujours ce mode de division aura été imposé à l'esprit par des crises apparentes du réel, comparables à celle de la puberté, par le déclanchement apparent d'une nouvelle forme. Pour un

Kepler ou un Galilée, au contraire, le temps n'est pas divisé objectivement d'une manière ou d'une autre par la matière qui le remplit. Il n'a pas d'articulations naturelles. Nous pouvons, nous devons le diviser comme il nous plaît. Tous les instants se valent. Aucun d'eux n'a le droit de s'ériger en instant représentatif ou dominateur des autres. Et, par conséquent, nous ne connaissons un changement que lorsque nous savons déterminer où il en est à l'un quelconque de ses moments.

La différence est profonde. Elle est même radicale par un certain côté. Mais, du point de vue d'où nous l'envisageons, c'est une différence de degré plutôt que de nature. L'esprit humain a passé du premier genre de connaissance au second par perfectionnement graduel, simplement en cherchant une précision plus haute. Il y a entre ces deux sciences le même rapport qu'entre la notation des phases d'un mouvement par l'œil et l'enregistrement beaucoup plus complet de ces phases par la photographie instantanée. C'est le même mécanisme cinématographique dans les deux cas, mais il atteint, dans le second, une précision qu'il ne peut pas avoir dans le premier. Du galop d'un cheval notre œil perçoit surtout une attitude caractéristique, essentielle ou plutôt schématique, une forme qui paraît rayonner sur toute une période et remplir ainsi un temps de galop : c'est cette attitude que la sculpture a fixée sur les frises du Parthénon. Mais la photographie instantanée isole n'importe quel moment ; elle les met tous au même rang. C'est ainsi que le galop d'un cheval s'éparpille pour elle en un nombre aussi grand qu'on voudra d'attitudes successives, au lieu de se ramasser en une attitude unique, qui brillerait en un instant privilégié et éclairerait toute une période.

De cette différence originelle découlent toutes les autres.

Une science qui considère tour à tour des périodes indivises de durée ne voit que des phases succédant à des phases, des formes qui remplacent des formes ; elle se contente d'une description *qualitative* des objets, qu'elle assimile à des êtres organisés. Mais, quand on cherche ce qui se passe à l'intérieur d'une de ces périodes, en un moment quelconque du temps, on vise tout autre chose : les changements qui se produisent d'un moment à un autre ne sont plus, par hypothèse, des changements de qualité ; ce sont dès lors des variations *quantitatives*, soit du phénomène lui-même, soit de ses parties élémentaires. On a donc eu raison de dire que la science moderne tranche sur celle des anciens en ce qu'elle porte sur des grandeurs et se propose, avant tout, de les mesurer. Les anciens avaient déjà pratiqué l'expérimentation, et d'autre part Kepler n'a pas expérimenté, au sens propre de ce mot, pour découvrir une loi qui est le type même de la connaissance scientifique telle que nous l'entendons. Ce qui distingue notre science, ce n'est pas qu'elle expérimente, mais qu'elle n'expérimente et plus généralement ne travaille qu'en vue de mesurer.

C'est pourquoi l'on a encore eu raison de dire que la science antique portait sur des *concepts*, tandis que la science moderne cherche des *lois*, des relations constantes entre des grandeurs variables. Le concept de circularité suffisait à Aristote pour définir le mouvement des astres. Mais, même avec le concept plus exact de forme elliptique, Kepler n'eût pas cru rendre compte du mouvement des planètes. Il lui fallait une loi, c'est-à-dire une relation constante entre les variations quantitatives de deux ou plusieurs éléments du mouvement planétaire.

Toutefois ce ne sont là que des conséquences, je veux dire des différences qui dérivent de la différence fondamentale. Il a pu arriver accidentellement aux anciens d'expérimenter en vue de mesurer, comme aussi de découvrir une loi qui énonçât une relation constante entre des grandeurs. Le principe d'Archimède est une véritable loi expérimentale. Il fait entrer en ligne de compte trois grandeurs variables : le volume d'un corps, la densité du liquide où on l'immerge, la poussée de bas en haut qu'il subit. Et il énonce bien, en somme, que l'un de ces trois termes est fonction des deux autres.

La différence essentielle, originelle, doit donc être cherchée ailleurs. C'est celle même que nous signalions d'abord. La science des anciens est statique. Ou elle considère en bloc le changement qu'elle étudie, ou, si elle le divise en périodes, elle fait de chacune de ces périodes un bloc à son tour : ce qui revient à dire qu'elle ne tient pas compte du temps. Mais la science moderne s'est constituée autour des découvertes de Galilée et de Kepler, qui lui ont tout de suite fourni un modèle. Or, que disent les lois de Kepler ? Elles établissent une relation entre les aires décrites par le rayon vecteur héliocentrique d'une planète et les *temps* employés à les décrire, entre le grand axe de l'orbite et le *temps* mis à la parcourir. Quelle fut la principale découverte de Galilée ? Une loi qui reliait l'espace parcouru par un corps qui tombe au temps occupé par la chute. Allons plus loin. En quoi consista la première des grandes transformations de la géométrie dans les temps modernes ? A introduire, sous une forme voilée, il est vrai, le temps et le mouvement jusque dans la considération des figures. Pour les anciens, la géométrie était une science purement statique. Les figures en étaient données tout d'un coup, à l'état achevé, semblables aux Idées platoniciennes. Mais l'essence de la géométrie cartésienne (bien que Descartes ne lui ait pas donné cette forme) fut de considérer toute courbe plane comme décrite par le mouvement d'un point sur une droite mobile qui se déplace, parallèlement à elle-même, le long de l'axe des abscisses, — le déplacement de la droite mobile étant supposé uniforme et l'abscisse devenant ainsi représentative du temps. La courbe sera alors définie si l'on peut énoncer la relation qui lie l'espace parcouru sur la droite mobile au temps employé à le parcourir, c'est-à-dire si l'on est capable d'indiquer la position du mobile sur la droite qu'il parcourt à un moment quelconque de son trajet. Cette relation ne sera pas autre chose que l'équation de la courbe. Substituer une équation à une figure consiste, en somme, à voir où l'on en est du tracé de la courbe à n'importe quel moment, au lieu d'envisager ce tracé tout d'un coup, ramassé dans le moment unique où la courbe est à l'état d'achèvement.

Telle fut donc bien l'idée directrice de la réforme par laquelle se renouvelèrent et la science de la nature et la mathématique qui lui servait d'instrument. La science moderne est fille de l'astronomie; elle est descendue du ciel sur la terre le long du plan incliné de Galilée, car c'est par Galilée que Newton et ses successeurs se relient à Kepler. Or, comment se posait pour Kepler le problème astronomique? Il s'agissait, connaissant les positions respectives des planètes à un moment donné, de calculer leurs positions à n'importe quel autre moment. La même question se posa, désormais, pour tout système matériel. Chaque point matériel devint une planète rudimentaire, et la question par excellence, le problème idéal dont la solution devait livrer la clef de tous les autres, fut de déterminer les positions relatives de ces éléments en un moment quelconque, une fois qu'on en connaissait les positions à un moment donné. Sans doute le problème ne se pose en ces termes précis que dans des cas très simples, pour une réalité schématisée, car nous ne connaissons jamais les positions respectives des véritables éléments de la matière, à supposer qu'il y ait des éléments réels, et, même si nous les connaissions à un moment donné, le calcul de leurs positions pour un autre moment exigerait le plus souvent un effort mathématique qui passe les forces humaines. Mais il nous suffit de savoir que ces éléments pourraient être connus, que leurs positions actuelles pourraient être relevées, et qu'une intelligence surhumaine pourrait, en soumettant ces données à des opérations mathématiques, déterminer les positions des éléments à n'importe quel autre moment du temps. Cette conviction est au fond des questions que nous nous posons au sujet de la nature, et des méthodes que nous employons à les résoudre. C'est pourquoi toute loi à forme statique nous apparaît comme un acompte provisoire ou comme un point de vue particulier sur une loi dynamique qui, seule, nous donnerait la connaissance intégrale et définitive.

Concluons que notre science ne se distingue pas seulement de la science antique en ce qu'elle recherche des lois, ni même en ce que ses lois énoncent des relations entre des grandeurs. Il faut ajouter que la grandeur à laquelle nous voudrions pouvoir rapporter toutes les autres est le temps, et que *la science moderne doit se définir surtout par son aspiration à prendre le temps pour variable indépendante*. Mais de quel temps s'agit-il ?

Nous l'avons dit et nous ne saurions trop le répéter : la science de la matière procède comme la connaissance usuelle. Elle perfectionne cette connaissance, elle en accroît la précision et la portée, mais elle travaille dans

lé même sens et met en jeu le même mécanisme. Si donc
la connaissance usuelle, en raison du mécanisme cinématographique auquel elle s'assujettit, renonce à suivre
le devenir dans ce qu'il a de mouvant, la science de la
matière y renonce également. Sans doute elle distingue
un nombre aussi grand qu'on voudra de moments dans
l'intervalle de temps qu'elle considère. Si petits que soient
les intervalles auxquels elle s'est arrêtée, elle nous autorise à les diviser encore, si nous en avons besoin. A la
différence de la science antique, qui s'arrêtait à certains
moments soi-disant essentiels, elle s'occupe indifféremment de n'importe quel moment. Mais toujours elle considère des moments, toujours des stations virtuelles, toujours, en somme, des immobilités. C'est dire que le temps
réel, envisagé comme un flux ou, en d'autres termes,
comme la mobilité même de l'être, échappe ici aux prises
de la connaissance scientifique. Nous avons déjà essayé
d'établir ce point dans un précédent travail. Nous en
avons encore touché un mot dans le premier chapitre de
ce livre. Mais il importe d'y revenir une dernière fois,
pour dissiper les malentendus.

Quand la science positive parle du temps, c'est qu'elle
se reporte au mouvement d'un certain mobile T sur sa
trajectoire. Ce mouvement a été choisi par elle comme
représentatif du temps, et il est uniforme par définition.
Appelons T_1, T_2, T_3, ..., etc., des points qui divisent la trajectoire du mobile en parties égales depuis son origine T_0.
On dira qu'il s'est écoulé 1, 2, 3, ... unités de temps quand
le mobile sera aux points T_1, T_2, T_3, ... de la ligne qu'il
parcourt. Alors, considérer l'état de l'univers au bout d'un
certain temps t, c'est examiner où il en sera quand le mobile T sera au point T_t de sa trajectoire. Mais du *flux*
même du temps, à plus forte raison de son effet sur la

conscience, il n'est pas question ici ; car ce qui entre en ligne de compte, ce sont des points $T_1, T_2, T_3, \ldots$ pris sur le flux, jamais le flux lui-même. On peut rétrécir autant qu'on voudra le temps considéré, c'est-à-dire décomposer à volonté l'intervalle entre deux divisions consécutives T_n et T_{n+1}, c'est toujours à des points, et à des points seulement, qu'on aura affaire. Ce qu'on retient du mouvement du mobile T, ce sont des positions prises sur sa trajectoire. Ce qu'on retient du mouvement de tous les autres points de l'univers, ce sont leurs positions sur leurs trajectoires respectives. A chaque *arrêt virtuel* du mobile T en des points de division $T_1, T_2, T_3, \ldots$ on fait correspondre un *arrêt virtuel* de tous les autres mobiles aux points où ils passent. Et quand on dit qu'un mouvement ou tout autre changement a occupé un temps t, on entend par là qu'on a noté un nombre t de correspondances de ce genre. On a donc compté des simultanéités, on ne s'est pas occupé du flux qui va de l'une à l'autre. La preuve en est que je puis, à mon gré, faire varier la rapidité de flux de l'univers au regard d'une conscience qui en serait indépendante et qui s'apercevrait de la variation au *sentiment* tout qualitatif qu'elle en aurait : du moment que le mouvement de T participerait à cette variation, je n'aurais rien à changer à mes équations ni aux nombres qui y figurent.

Allons plus loin. Supposons que cette rapidité de flux devienne infinie. Imaginons, comme nous le disions dans les premières pages de ce livre, que la trajectoire du mobile T soit donnée tout d'un coup, et que toute l'histoire passée, présente et future de l'univers matériel soit étalée instantanément dans l'espace. Les mêmes correspondances mathématiques subsisteront entre les moments de l'histoire du monde dépliée en éventail, pour ainsi dire, et les divisions $T_1, T_2, T_3, \ldots$ de la ligne qui s'appellera, par définition, « le cours du temps ». Au regard de la science il n'y aura rien de changé. Mais si, le temps s'étalant ainsi en espace et la succession devenant juxtaposition, la science n'a rien à changer à ce qu'elle nous dit, c'est que, dans ce qu'elle nous disait, elle ne tenait compte ni de la *succession* dans ce qu'elle a de spécifique ni du *temps* dans ce qu'il a de fluent. Elle n'a aucun signe pour exprimer, de la succession et de la durée, ce qui frappe notre conscience. Elle ne s'applique pas plus au devenir, dans ce qu'il a de mouvant, que les ponts jetés de loin en loin sur le fleuve ne suivent l'eau qui coule sous leurs arches.

Pourtant la succession existe, j'en ai conscience, c'est un fait. Quand un processus physique s'accomplit sous mes yeux, il ne dépend pas de ma perception ni de mon inclination de l'accélérer ou de le ralentir. Ce qui importe au physicien, c'est le *nombre* d'unités de durée que le processus remplit : il n'a pas à s'inquiéter des unités elles-mêmes, et c'est pourquoi les états successifs du monde pourraient être déployés d'un seul coup dans l'espace sans que sa science en fût changée et sans qu'il cessât de parler du temps. Mais pour nous, êtres conscients, ce sont les unités qui importent, car nous ne comptons pas des extrémités d'intervalle, nous sentons et vivons les intervalles eux-mêmes. Or, nous avons conscience de ces intervalles comme d'intervalles *déterminés*. J'en reviens toujours à mon verre d'eau sucrée[1] : pourquoi dois-je attendre que le sucre fonde? Si la durée du phénomène est relative pour le physicien, en ce qu'elle se réduit à un certain nombre d'unités de temps et que les unités elles-mêmes sont ce qu'on voudra, cette durée est

---

1. Voir p. 10.

un absolu pour ma conscience, car elle coïncide avec un certain degré d'impatience qui est, lui, rigoureusement déterminé. D'où vient cette détermination ? Qu'est-ce qui m'oblige à attendre, et à attendre pendant une certaine longueur de durée psychologique qui s'impose, sur laquelle je ne puis rien ? Si la succession, en tant que distincte de la simple juxtaposition, n'a pas d'efficace réelle, si le temps n'est pas une espèce de force, pourquoi l'univers déroule-t-il ses états successifs avec une vitesse qui, au regard de ma conscience, est un véritable absolu ? pourquoi avec cette vitesse déterminée plutôt qu'avec n'importe quelle autre ? pourquoi pas avec une vitesse infinie ? D'où vient, en d'autres termes, que tout n'est pas donné d'un seul coup, comme sur la bande du cinématographe ? Plus j'approfondis ce point, plus il m'apparaît que, si l'avenir est condamné à *succéder* au présent au lieu d'être donné à côté de lui, c'est qu'il n'est pas tout à fait déterminé au moment présent, et que, si le temps occupé par cette succession est autre chose qu'un nombre, s'il a, pour la conscience qui y est installée, une valeur et une réalité absolues, c'est qu'il s'y crée sans cesse, non pas sans doute dans tel ou tel système artificiellement isolé, comme un verre d'eau sucrée, mais dans le tout concret avec lequel ce système fait corps, de l'imprévisible et du nouveau. Cette durée peut n'être pas le fait de la matière même, mais celle de la Vie qui en remonte le cours : les deux mouvements n'en sont pas moins solidaires l'un de l'autre. *La durée de l'univers ne doit donc faire qu'un avec la latitude de création qui y peut trouver place.*

Quand l'enfant s'amuse à reconstituer une image en assemblant les pièces d'un jeu de patience, il y réussit de plus en plus vite à mesure qu'il s'exerce davantage. La reconstitution était d'ailleurs instantanée, l'enfant la trouvait toute faite, quand il ouvrait la boîte au sortir du magasin. L'opération n'exige donc pas un temps déterminé; et même, théoriquement, elle n'exige aucun temps. C'est que le résultat en est donné. C'est que l'image est créée déjà et que, pour l'obtenir, il suffit d'un travail de recomposition et de réarrangement, — travail qu'on peut supposer allant de plus en plus vite, et même infiniment vite au point d'être instantané. Mais, pour l'artiste qui crée une image en la tirant du fond de son âme, le temps n'est plus un accessoire. Ce n'est pas un intervalle qu'on puisse allonger ou raccourcir sans en modifier le contenu. La durée de son travail fait partie intégrante de son travail. La contracter ou la dilater serait modifier à la fois l'évolution psychologique qui la remplit et l'invention qui en est le terme. Le temps d'invention ne fait qu'un ici avec l'invention même. C'est le progrès d'une pensée qui change au fur et à mesure qu'elle prend corps. Enfin c'est un processus vital, quelque chose comme la maturation d'une idée.

Le peintre est devant sa toile, les couleurs sont sur la palette, le modèle pose ; nous voyons tout cela, et nous connaissons aussi la manière du peintre : prévoyons-nous ce qui apparaîtra sur la toile ? Nous possédons les éléments du problème ; nous savons, d'une connaissance abstraite, comment il sera résolu, car le portrait ressemblera sûrement au modèle et sûrement aussi à l'artiste ; mais la solution concrète apporte avec elle cet imprévisible rien qui est le tout de l'œuvre d'art. Et c'est ce rien qui prend du temps. Néant de matière, il se crée lui-même comme forme. La germination et la floraison de cette forme s'allongent en une irrétrécissable durée, qui fait corps avec elles. De même pour les œuvres de la nature. Ce qui y paraît de nouveau sort d'une poussée intérieure qui est progrès ou succession, qui confère à la succession une vertu propre ou qui tient de la succession toute sa vertu, qui, en tous cas, rend la succession, ou *continuité d'interpénétration* dans le temps, irréductible à une simple juxtaposition instantanée dans l'espace. C'est pourquoi l'idée de lire dans un état présent de l'univers matériel l'avenir des formes vivantes, et de déplier tout d'un coup leur histoire future, doit renfermer une véritable absurdité. Mais cette absurdité est difficile à dégager, parce que notre mémoire a coutume d'aligner dans un espace idéal les termes qu'elle perçoit tour à tour, parce qu'elle se représente toujours la succession *passée* sous forme de juxtaposition. Elle peut d'ailleurs le faire, précisément parce que le passé est du déjà inventé, du mort, et non plus de la création et de la vie. Alors, comme la succession à venir finira par être une succession passée, nous nous persuadons que la durée à venir comporte le même traitement que la durée passée, qu'elle serait dès maintenant déroulable, que l'avenir est là, enroulé, déjà peint sur la toile. Illusion sans doute, mais illusion naturelle, indéracinable, qui durera autant que l'esprit humain !

Le temps est invention ou il n'est rien du tout. Mais du temps-invention la physique ne peut pas tenir compte, astreinte qu'elle est à la méthode cinématographique. Elle se borne à compter les simultanéités entre les événements constitutifs de ce temps et les positions du mobile T sur sa trajectoire. Elle détache ces événements du tout qui revêt à chaque instant une nouvelle forme et qui leur communique quelque chose de sa nouveauté. Elle les considère à l'état abstrait, tels qu'ils seraient en dehors du tout vivant, c'est-à-dire dans un temps déroulé en espace. Elle ne retient que les événements ou systèmes d'événements

qu'on peut isoler ainsi sans leur faire subir une déformation trop profonde, parce que ceux-là seuls se prêtent
à l'application de sa méthode. Notre physique date du jour
où l'on a su isoler de semblables systèmes. En résumé,
*si la physique moderne se distingue de l'ancienne en ce qu'elle
considère n'importe quel moment du temps, elle repose
tout entière sur une substitution du temps-longueur au
temps-invention.*

Il semble donc que, parallèlement à cette physique,
eût dû se constituer un second genre de connaissance,
lequel aurait retenu ce que la physique laissait échapper.
Sur le flux même de la durée la science ne voulait ni ne
pouvait avoir prise, attachée qu'elle était à la méthode
cinématographique. On se serait dégagé de cette méthode.
On eût exigé de l'esprit qu'il renonçât à ses habitudes les
plus chères. C'est à l'intérieur du devenir qu'on se serait
transporté par un effort de sympathie. On ne se fût plus
demandé où un mobile sera, quelle configuration un système prendra, par quel état un changement passera à
n'importe quel moment : les moments du temps, qui ne
sont que des arrêts de notre attention, eussent été abolis ;
c'est l'écoulement du temps, c'est le flux même du réel
qu'on eût essayé de suivre. Le premier genre de connaissance a l'avantage de nous faire prévoir l'avenir et de nous
rendre, dans une certaine mesure, maîtres des événements ;
en revanche, il ne retient de la réalité mouvante que des
immobilités éventuelles, c'est-à-dire des vues prises sur
elle par notre esprit : il symbolise le réel et le trans-
pose en humain plutôt qu'il ne l'exprime. L'autre connaissance, si elle est possible, sera pratiquement inutile,
elle n'étendra pas notre empire sur la nature, elle contra-
riera même certaines aspirations naturelles de l'intelligence ; mais, si elle réussissait, c'est la réalité même

qu'elle embrasserait dans une définitive étreinte. Par là, on ne compléterait pas seulement l'intelligence et sa connaissance de la matière, en l'habituant à s'installer dans le mouvant : en développant aussi une autre faculté, complémentaire de celle-là, on s'ouvrirait une perspective sur l'autre moitié du réel. Car, dès qu'on se retrouve en présence de la durée vraie, on voit qu'elle signifie création, et que, si ce qui se défait dure, ce ne peut être que par sa solidarité avec ce qui se fait. Ainsi, la nécessité d'un accroissement continu de l'univers apparaîtrait, je veux dire d'une *vie* du réel. Et dès lors on envisagerait sous un nouvel aspect la vie que nous rencontrons à la surface de notre planète, vie dirigée dans le même sens que celle de l'univers et inverse de la matérialité. A l'intelligence enfin on adjoindrait l'intuition.

Plus on y réfléchira, plus on trouvera que cette conception de la métaphysique est celle que suggère la science moderne.

Pour les anciens, en effet, le temps est théoriquement négligeable, parce que la durée d'une chose ne manifeste que la dégradation de son essence : c'est de cette essence immobile que la science s'occupe. Le changement n'étant que l'effort d'une Forme vers sa propre réalisation, la réalisation est tout ce qu'il nous importe de connaître. Sans doute, cette réalisation n'est jamais complète : c'est ce que la philosophie antique exprime en disant que nous ne percevons pas de forme sans matière. Mais si nous considérons l'objet changeant en un certain moment essentiel, à son apogée, nous pouvons dire qu'il *frôle* sa forme intelligible. De cette forme intelligible, idéale et, pour ainsi dire, limite, notre science s'empare. Et quand elle possède ainsi la pièce d'or, elle tient éminemment cette menue monnaie qu'est le changement. Celui-ci est moins qu'être.

La connaissance qui le prendrait pour objet, à supposer qu'elle fût possible, serait moins que science.

Mais, pour une science qui place tous les instants du temps sur le même rang, qui n'admet pas de moment essentiel, pas de point culminant, pas d'apogée, le changement n'est plus une diminution de l'essence, ni la durée un délayage de l'éternité. Le flux du temps devient ici la réalité même, et, ce qu'on étudie, ce sont les choses qui s'écoulent. Il est vrai que sur la réalité qui coule on se borne à prendre des instantanés. Mais, justement pour cette raison, la connaissance scientifique devrait en appeler une autre, qui la complétât. Tandis que la conception antique de la connaissance scientifique aboutissait à faire du temps une dégradation, du changement la diminution d'une Forme donnée de toute éternité, au contraire, en suivant jusqu'au bout la conception nouvelle, on fût arrivé à voir dans le temps un accroissement progressif de l'absolu et dans l'évolution des choses une invention continue de formes nouvelles.

Il est vrai que c'eût été rompre avec la métaphysique des anciens. Ceux-ci n'apercevaient qu'une seule manière de savoir définitivement. Leur science consistait en une métaphysique éparpillée et fragmentaire, leur métaphysique en une science concentrée et systématique : c'étaient, tout au plus, deux espèces d'un même genre. Au contraire, dans l'hypothèse où nous nous plaçons, science et métaphysique seraient deux manières opposées, quoique complémentaires, de connaître, la première ne retenant que des instants, c'est-à-dire ce qui ne dure pas, la seconde portant sur la durée même. Il était naturel qu'on hésitât entre une conception aussi neuve de la métaphysique et la conception traditionnelle. La tentation devait même être grande de recommencer sur la nouvelle science ce

qui avait été essayé sur l'ancienne, de supposer tout de
suite achevée notre connaissance scientifique de la nature,
de l'unifier complètement, et de donner à cette unification,
comme l'avaient déjà fait les Grecs, le nom de métaphysique. Ainsi, à côté de la nouvelle voie que la philosophie
pouvait frayer, l'ancienne demeurait ouverte. C'était celle
même où la physique marchait. Et, comme la physique
ne retenait du temps que ce qui pourrait aussi bien être
étalé tout d'un coup dans l'espace, la métaphysique qui
s'engageait dans cette direction devait nécessairement procéder comme si le temps ne créait et n'anéantissait rien,
comme si la durée n'avait pas d'efficace. Astreinte, comme
la physique des modernes et la métaphysique des anciens,
à la méthode cinématographique, elle aboutissait à cette
conclusion, implicitement admise au départ et immanente
à la méthode même : *Tout est donné.*

Que la métaphysique ait hésité d'abord entre les deux
voies, cela ne nous paraît pas contestable. L'oscillation
est visible dans le cartésianisme. D'un côté, Descartes
affirme le mécanisme universel : de ce point de vue, le
mouvement serait relatif [1], et comme le temps a juste
autant de réalité que le mouvement, passé, présent et
avenir devraient être donnés de toute éternité. Mais d'autre
part (et c'est pourquoi le philosophe n'est pas allé jusqu'à
ces conséquences extrêmes) Descartes croit au libre arbitre
de l'homme. Il superpose au déterminisme des phénomènes physiques l'indéterminisme des actions humaines,
et par conséquent au temps-longueur une durée où il y a
invention, création, succession vraie. Cette durée, il
l'adosse à un Dieu qui renouvelle sans cesse l'acte créateur
et qui, étant ainsi tangent au temps et au devenir, les

---

1. Descartes, *Principes*, II, 29.

soutient, leur communique nécessairement quelque chose de son absolue réalité. Quand il se place à ce second point de vue, Descartes parle du mouvement, même spatial, comme d'un absolu [1].

Il s'est donc engagé tour à tour sur l'une et sur l'autre voies, décidé à ne suivre aucune des deux jusqu'au bout. La première l'eût conduit à la négation du libre arbitre chez l'homme et du véritable vouloir en Dieu. C'était la suppression de toute durée efficace, l'assimilation de l'univers à une chose *donnée* qu'une intelligence surhumaine embrasserait tout d'un coup, dans l'instantané ou dans l'éternel. En suivant la seconde, au contraire, on aboutissait à toutes les conséquences que l'intuition de la durée vraie implique. La création n'apparaissait plus simplement comme *continuée*, mais comme *continue*. L'univers, envisagé dans son ensemble, évoluait véritablement. L'avenir n'était plus déterminable en fonction du présent ; tout au plus pouvait-on dire qu'une fois réalisé il était retrouvable dans ses antécédents, comme les sons d'une nouvelle langue sont exprimables avec les lettres d'un ancien alphabet : on dilate alors la valeur des lettres, on leur attribue rétroactivement des sonorités qu'aucune combinaison des anciens sons n'aurait pu faire prévoir. Enfin l'explication mécanistique pouvait rester universelle en ce qu'elle se fût étendue à autant de systèmes qu'on aurait voulu en découper dans la continuité de l'univers ; mais le mécanisme devenait alors une *méthode* plutôt qu'une *doctrine*. Il exprimait que la science doit procéder à la manière cinématographique, que son rôle est de scander le rythme d'écoulement des choses et non pas de s'y insérer. Telles étaient les deux conceptions

---

1. *Ibid.*, II, § 36 et suiv.

opposées de la métaphysique qui s'offraient à la philosophie.

C'est vers la première qu'on s'orienta. La raison de ce choix est sans doute dans la tendance de l'esprit à procéder selon la méthode cinématographique, méthode si naturelle à notre intelligence, si bien ajustée aussi aux exigences de notre science, qu'il faut être deux fois sûr de son impuissance spéculative pour y renoncer en métaphysique. Mais l'influence de la philosophie ancienne y fut aussi pour quelque chose. Artistes à jamais admirables, les Grecs ont créé un type de vérité suprasensible, comme de beauté sensible, dont il est difficile de ne pas subir l'attrait. Dès qu'on incline à faire de la métaphysique une systématisation de la science, on glisse dans la direction de Platon et d'Aristote. Et, une fois entré dans la zone d'attraction où cheminent les philosophes grecs, on est entraîné dans leur orbite.

Ainsi se sont constituées les doctrines de Leibniz et de Spinoza. Nous ne méconnaissons pas les trésors d'originalité qu'elles renferment. Spinoza et Leibniz y ont versé le contenu de leur âme, riche des inventions de leur génie et des acquisitions de l'esprit moderne. Et il y a chez l'un et chez l'autre, chez Spinoza surtout, des poussées d'intuition qui font craquer le système. Mais, si l'on élimine des deux doctrines ce qui leur donne l'animation et la vie, si l'on n'en retient que l'ossature, on a devant soi l'image même qu'on obtiendrait en regardant le platonisme et l'aristotélisme à travers le mécanisme cartésien. On est en présence d'une systématisation de la physique nouvelle, systématisation construite sur le modèle de l'ancienne métaphysique.

Que pouvait être, en effet, l'unification de la physique ? L'idée inspiratrice de cette science était d'isoler, au sein de l'univers, des systèmes de points matériels tels que. la position de chacun de ces points étant connue à un moment donné. on pût la calculer ensuite pour n'importe quel moment. Comme d'ailleurs les systèmes ainsi définis étaient les seuls sur lesquels la nouvelle science eût prise, et comme, on ne pouvait dire *a priori* si un système satisfaisait ou ne satisfaisait pas à la condition voulue, il était utile de procéder toujours et partout *comme si* la condition était réalisée. Il y avait là une règle méthodologique tout indiquée, et si évidente qu'il n'était même pas nécessaire de la formuler. Le simple bon sens nous dit, en effet, que lorsque nous sommes en possession d'un instrument efficace de recherche, et que nous ignorons les limites de son applicabilité, nous devons faire comme si cette applicabilité était sans limite : il sera toujours temps d'en rabattre. Mais la tentation devait être grande, pour le philosophe, d'hypostasier cette espérance ou plutôt cet élan de la nouvelle science, et de convertir une règle générale de méthode en loi fondamentale des choses. On se transportait alors à la limite ; on supposait la physique achevée et embrassant la totalité du monde sensible. L'univers devenait un système de points dont la position était rigoureusement déterminée à chaque instant par rapport à l'instant précédent, et théoriquement calculable pour n'importe quel moment. On aboutissait, en un mot, au mécanisme universel. Mais il ne suffisait pas de formuler ce mécanisme ; il fallait le fonder, c'est-à-dire en prouver la nécessité, en donner la raison. Et, l'affirmation essentielle du mécanisme étant celle d'une solidarité mathématique de tous les points de l'univers entre eux, de tous les moments de l'univers entre eux, la raison du mécanisme devait se trouver dans l'unité d'un principe où se contractât tout ce qu'il y a de juxtaposé dans l'espace, de successif dans le temps. Dès lors on supposait donnée d'un seul coup la totalité du réel. La détermination réciproque des apparences juxtaposées dans l'espace tenait à l'indivisibilité de l'être vrai. Et le déterminisme rigoureux des phénomènes successifs dans le temps exprimait simplement que le tout de l'être est donné dans l'éternel.

La nouvelle philosophie allait donc être un recommencement, ou plutôt une transposition de l'ancienne. Celle-ci avait pris chacun des *concepts* en lesquels se concentre un devenir ou s'en marque l'apogée ; elle les supposait tous connus et les ramassait en un concept unique, forme des formes, idée des idées, comme le Dieu d'Aristote. Celle-là allait prendre chacune des *lois* qui conditionnent un devenir par rapport à d'autres et qui sont comme le substrat permanent des phénomènes ; elle les supposerait toutes connues et les ramasserait en une unité qui les exprimât, elle aussi, éminemment, mais qui, comme le Dieu d'Aristote et pour les mêmes raisons, devait rester immuablement enfermée en elle-même.

Il est vrai que ce retour à la philosophie antique n'allait pas sans de grosses difficultés. Quand un Platon, un Aristote ou un Plotin fondent tous les concepts de leur science en un seul, ils embrassent ainsi la totalité du réel, car les concepts représentent les choses mêmes et possèdent au moins autant de contenu positif qu'elles. Mais une loi, en général, n'exprime qu'un rapport, et les lois physiques en particulier ne traduisent que des relations quantitatives entre les choses concrètes. De sorte que si un philosophe moderne opère sur les lois de la nouvelle science comme la philosophie antique sur les concepts de l'ancienne, s'il fait converger sur un seul point toutes les conclusions d'une physique supposée omnisciente, il laisse de côté ce qu'il y a de concret dans les phénomènes : les qualités perçues, les perceptions mêmes. Sa synthèse ne comprend, semble-t-il, qu'une fraction de la réalité. De fait, le premier résultat de la nouvelle science fut de couper le réel en deux moitiés, quantité et qualité, dont l'une fut portée au compte des *corps* et l'autre à celui des *âmes*. Les anciens n'avaient élevé de pareilles barrières ni entre la qualité et la quantité, ni entre l'âme et le corps. Pour eux, les concepts mathématiques étaient des concepts comme les autres, apparentés aux autres et s'insérant tout naturellement dans la hiérarchie des idées. Ni le corps ne se définissait alors par l'étendue géométrique, ni l'âme par la conscience. Si la ψυχή d'Aristote, entéléchie d'un corps vivant, est moins spirituelle que notre « âme », c'est que son σῶμα, déjà imbibé d'idée, est moins corporel que notre « corps ». La scission n'était donc pas encore irrémédiable entre les deux termes. Elle l'est devenue, et dès lors une métaphysique qui visait à une unité abstraite devait se résigner ou à ne comprendre dans sa synthèse qu'une moitié du réel, ou à profiter au contraire de l'irréductibilité absolue des deux moitiés entre elles pour considérer l'une comme une *traduction* de l'autre. Des phrases différentes diront des choses différentes si elles appartiennent à une même langue, c'est-à-dire si elles ont une certaine parenté de son entre elles. Au contraire, si elles appartiennent à deux langues différentes, elles pourront, précisément à cause de leur diversité radicale de son, exprimer la même chose. Ainsi pour la qualité et la quantité, pour l'âme et le corps. C'est pour avoir coupé toute attache entre les deux termes que les philosophes furent conduits à établir entre eux un parallélisme rigoureux, auquel les anciens n'avaient pas songé, à les tenir pour des traductions, et non pas des inversions l'un de l'autre, enfin à donner pour substrat à leur dualité une identité fondamentale. La synthèse à laquelle on s'était élevé devenait ainsi capable de tout embrasser. Un divin mécanisme faisait correspondre, chacun à chacun, les phénomènes de la pensée à ceux de l'étendue, les qualités aux quantités et les âmes aux corps.

C'est ce parallélisme que nous trouvons et chez Leibniz et chez Spinoza, sous des formes différentes, il est vrai, à cause de l'inégale importance qu'ils attachent à l'étendue. Chez Spinoza, les deux termes Pensée et Étendue sont placés, en principe au moins, au même rang. Ce sont donc deux traductions d'un même original ou, comme dit Spinoza, deux attributs d'une même substance, qu'il faut appeler Dieu. Et ces deux traductions, comme aussi une infinité d'autres dans des langues que nous ne connaissons pas, sont appelées et même exigées par l'original, de même que l'essence du cercle se traduit automatiquement, pour ainsi dire, et par une figure et par une équation. Au contraire, pour Leibniz, l'étendue est bien encore une traduction, mais c'est la pensée qui est l'original, et celle-ci pourrait se passer de traduction, la traduction n'étant faite que pour nous. En posant Dieu, on pose nécessairement aussi toutes les vues possibles sur Dieu, c'est-à-dire les monades. Mais nous pouvons toujours imaginer qu'une vue ait été prise d'un point de vue, et il est naturel à un esprit imparfait comme le nôtre de classer des vues, qualitativement différentes, d'après l'ordre et la position de points de vue, qualitativement identiques, d'où les vues auraient été prises. En réalité les points de vue n'existent pas, car il n'y a que des vues, chacune donnée en un bloc indivisible et représentant, à sa manière, le tout de la réalité, qui est Dieu. Mais nous avons besoin de traduire par la multiplicité de ces points de vue, extérieurs les uns aux autres, la pluralité des vues dissemblables entre elles, comme aussi de symboliser par la situation relative de ces points de vue entre eux, par leur voisinage ou leur écart, c'est-à-dire par une grandeur, la parenté plus ou moins étroite des vues les unes avec les autres. C'est ce que Leibniz exprime en disant que l'espace est l'ordre des coexistants, que la perception de l'étendue est une perception confuse (c'est-à-dire relative à un esprit imparfait), et qu'il n'y a que des monades, entendant par là que le Tout réel n'a pas de parties, mais qu'il est répété à l'infini, chaque fois intégralement (quoique diversement) à l'intérieur de lui-même, et que toutes ces répétitions sont complémentaires les unes des autres. C'est ainsi que le relief visible d'un objet équivaut à l'ensemble des vues stéréoscopiques qu'on prendrait sur lui de tous les points, et qu'au lieu de voir dans le relief une juxtaposition de parties solides on pourrait aussi bien le considérer comme fait de la *complémentarité réciproque* de ces vues intégrales, chacune donnée en bloc, chacune indivisible, chacune différente des autres et pourtant représentative de la même chose. Le Tout, c'est-à-dire Dieu, est ce relief même pour Leibniz, et les monades sont ces vues planes complémentaires les unes des autres : c'est pourquoi il définit Dieu « la substance qui n'a pas de point de vue », ou encore « l'harmonie universelle », c'est-à-dire la complémentarité réciproque des monades. En somme, Leibniz diffère ici de Spinoza en ce qu'il considère le mécanisme universel comme un aspect que la réalité prend pour nous, tandis que Spinoza en fait un aspect que la réalité prend pour elle.

Il est vrai qu'après avoir concentré en Dieu la totalité du réel, il leur devenait difficile de passer de Dieu aux choses, de l'éternité au temps. La difficulté était même beaucoup plus grande pour ces philosophes que pour un Aristote ou un Plotin. Le Dieu d'Aristote, en effet, avait été obtenu par la compression et la compénétration réciproque des Idées qui représentent, à l'état achevé ou en leur point culminant, les choses qui changent dans le monde. Il était donc transcendant au monde, et la durée des choses se juxtaposait à son éternité, dont elle était un affaiblissement. Mais le principe auquel on est conduit par la considération du mécanisme universel, et qui doit lui servir de substrat, ne condense plus en lui des concepts ou des *choses*, mais des lois ou *relations*. Or une relation n'existe pas séparément. Une loi relie entre eux des termes qui changent ; elle est immanente à ce qu'elle régit. Le principe où toutes ces relations viennent se condenser, et qui fonde l'unité de la nature, ne peut donc plus être transcendant à la réalité sensible ; il lui est immanent, et il faut supposer tout à la fois qu'il est dans le temps et hors du temps, ramassé dans l'unité de sa substance et pourtant condamné à la dérouler en une chaîne sans commencement ni fin. Plutôt que de formuler une contradiction aussi choquante, les philosophes devaient être conduits à sacrifier le plus faible des deux termes, et à tenir l'aspect temporel des choses pour une pure illusion. Leibniz le dit en propres termes, car il fait du temps, comme de l'espace, une perception confuse. Si la multiplicité de ses monades n'exprime que la diversité des vues prises sur l'ensemble, l'histoire d'une monade isolée ne paraît guère être autre chose, pour ce philosophe, que la pluralité des vues qu'une monade peut prendre sur sa propre substance : de sorte que le temps consisterait dans l'ensemble des points de vue de chaque monade sur elle-même, comme l'espace dans l'ensemble des points de vue de toutes les monades sur Dieu. Mais la pensée de Spinoza est beaucoup moins claire, et il semble que ce philosophe ait cherché à établir entre l'éternité et ce qui dure la même différence que faisait Aristote entre l'essence et les accidents : entreprise difficile entre toutes, car la ὕλη d'Aristote n'était plus là pour mesurer l'écart et expliquer le passage de l'essentiel à l'accidentel, Descartes l'ayant éliminée pour toujours. Quoi qu'il en soit, plus on approfondit la conception spinoziste de l' « inadéquat » dans ses rapports avec l' « adéquat », plus on se sent marcher dans la direction de l'aristotélisme, de même que les monades leibniziennes, à mesure qu'elles se dessinent plus clairement, tendent davantage à se rapprocher des Intelligibles de Plotin[1]. La pente naturelle de ces deux philosophies les ramène aux conclusions de la philosophie antique.

En résumé, les ressemblances de cette nouvelle métaphysique avec celle des anciens viennent de ce que l'une et l'autre supposent toute faite, celle-là au dessus du sensible et celle-ci au sein du sensible lui-même, une Science une et complète, avec laquelle coïnciderait tout ce que le sensible contient de réalité. *Pour l'une et pour l'autre, la réalité, comme la vérité, serait intégralement donnée dans l'éternité.* L'une et l'autre répugnent à l'idée d'une réalité qui se créerait au fur et à mesure, c'est-à-dire, au fond, d'une durée absolue.

Que d'ailleurs les conclusions de cette métaphysique, issue de la science, aient rebondi jusque dans l'intérieur de la science par une espèce de ricochet, c'est ce qu'on

---

1. Dans un cours sur Plotin, professé au Collège de France en 1897-1898, nous avons essayé de dégager ces ressemblances. Elles sont nombreuses et saisissantes. L'analogie se poursuit jusque dans les formules employées de part et d'autre.

montrerait sans peine. Tout notre prétendu empirisme en est encore pénétré. La physique et la chimie n'étudient que la matière inerte ; la biologie, quand elle traite physiquement et chimiquement l'être vivant, n'en considère que le côté inertie. Les explications mécanistiques n'englobent donc, en dépit de leur développement, qu'une petite partie du réel. Supposer *a priori* que la totalité du réel est résoluble en éléments de ce genre, ou du moins que le mécanisme pourrait donner une traduction intégrale de ce qui se passe dans le monde, c'est opter pour une certaine métaphysique, celle même dont un Spinoza et un Leibniz ont posé les principes, tiré les conséquences. Certes, un pyscho-physiologiste qui affirme l'équivalence exacte de l'état cérébral et de l'état psychologique, qui se représente la possibilité, pour quelque intelligence surhumaine, de lire dans le cerveau ce qui se passe dans la conscience, se croit bien loin des métaphysiciens du xviie siècle, et très près de l'expérience. Pourtant l'expérience pure et simple ne nous dit rien de semblable. Elle nous montre l'interdépendance du physique et du moral, la nécessité d'un certain substratum cérébral pour l'état psychologique, rien de plus. De ce qu'un terme est solidaire d'un autre terme, il ne suit pas qu'il y ait équivalence entre les deux. Parce qu'un certain écrou est nécessaire à une certaine machine, parce que la machine fonctionne quand on laisse l'écrou et s'arrête quand on l'enlève, on ne dira pas que l'écrou soit l'équivalent de la machine. Il faudrait, pour que la correspondance fût équivalence, qu'à une partie quelconque de la machine correspondît une partie déterminée de l'écrou, — comme dans une traduction littérale où chaque chapitre rend un chapitre, chaque phrase une phrase, chaque mot un mot. Or, la relation du cerveau à la conscience paraît être tout autre chose. Non seulement l'hypothèse d'une équivalence entre l'état psychologique et l'état cérébral implique une véritable absurdité, comme nous avons essayé de le prouver dans un travail antérieur, mais les faits, interrogés sans parti pris, semblent bien indiquer que la relation de l'un à l'autre est précisément celle de la machine à l'écrou. Parler d'une équivalence entre les deux termes, c'est simplement tronquer — en la rendant à peu près inintelligible — la métaphysique spinoziste ou leibnizienne. On accepte cette philosophie, telle quelle, du côté Étendue, mais on la mutile du côté Pensée. Avec Spinoza, avec Leibniz, on suppose achevée la synthèse unificatrice des phénomènes de la matière : tout s'y expliquerait mécaniquement. Mais, pour les faits conscients, on ne pousse plus la synthèse jusqu'au bout. On s'arrête à mi-chemin. On suppose la conscience coextensive à telle ou telle partie de la nature, et non plus à la nature entière. On aboutit, ainsi, tantôt à un « épiphénoménisme » qui attache la conscience à certaines vibrations particulières et la met çà et là dans le monde, à l'état sporadique, tantôt à un « monisme » qui éparpille la conscience en autant de petits grains qu'il y a d'atomes. Mais, dans un cas comme dans l'autre, c'est à un spinozisme ou à un leibnizianisme incomplets qu'on revient. Entre cette conception de la nature et le cartésianisme on retrouverait d'ailleurs les intermédiaires historiques. Les médecins philosophes du xviiiᵉ siècle, avec leur cartésianisme rétréci, ont été pour beaucoup dans la genèse de l' « épiphénoménisme » et du « monisme » contemporains.

Ces doctrines se trouvent ainsi retarder sur la critique kantienne. Certes, la philosophie de Kant est imbue, elle aussi, de la croyance à une science une et intégrale, embrassant la totalité du réel. Même, à l'envisager d'un certain côté, elle n'est qu'un prolongement de la métaphysique des modernes et une transposition de la métaphysique antique. Spinoza et Leibniz avaient, à l'exemple d'Aristote, hypostasié en Dieu l'unité du savoir. La critique kantienne, par un de ses côtés au moins, consista à se demander si la totalité de cette hypothèse était nécessaire à la science moderne comme elle l'avait été à la science antique, ou si une partie seulement de l'hypothèse ne suffirait pas. Pour les anciens, en effet, la science portait sur des concepts, c'est-à-dire sur des espèces de *choses*. En comprimant tous les concepts en un seul, ils arrivaient donc nécessairement à un *être*, qu'on pouvait appeler Pensée, sans doute, mais qui était plutôt pensée-objet que pensée-sujet : quand Aristote définissait Dieu la νοήσεως νόησις, c'est probablement sur νοήσεως, et non pas sur νόησις, qu'il mettait l'accent. Dieu était ici la synthèse de tous les concepts, l'idée des idées. Mais la science moderne roule sur des lois, c'est-à-dire sur des relations. Or, une relation est une liaison établie par un esprit entre deux ou plusieurs termes. Un rapport n'est rien en dehors de l'intelligence qui rapporte. L'univers ne peut donc être un système de lois que si les phénomènes passent à travers le filtre d'une intelligence. Sans doute cette intelligence pourrait être celle d'un être infiniment supérieur à l'homme, qui fonderait la matérialité des choses en même temps qu'il les relierait entre elles : telle était l'hypothèse de Leibniz et de Spinoza. Mais il n'est pas nécessaire d'aller aussi loin, et, pour l'effet qu'il s'agit d'obtenir ici, l'intelligence humaine suffit : telle est précisément la solution kantienne. Entre le dogmatisme d'un Spinoza ou d'un Leibniz et la critique de Kant, il y a tout juste la même distance qu'entre le

« il faut que » et le « il suffit que ». Kant arrête ce dogmatisme sur la pente qui le faisait glisser trop loin vers la
métaphysique grecque ; il réduit au strict minimum l'hypothèse qu'il faut faire pour supposer indéfiniment extensible la physique de Galilée. Il est vrai que, lorsqu'il parle
de l'intelligence humaine, ce n'est ni de la vôtre ni de la
mienne qu'il s'agit. L'unité de la nature viendrait bien de
l'entendement humain qui unifie, mais la fonction unificatrice qui opère ici est impersonnelle. Elle se communique à nos consciences individuelles, mais elle les
dépasse. Elle est beaucoup moins qu'un Dieu substantiel ;
elle est un peu plus, cependant, que le travail isolé
d'un homme ou même que le travail collectif de l'humanité. Elle ne fait pas précisément partie de l'homme ;
c'est plutôt l'homme qui est en elle, comme dans une
atmosphère d'intellectualité que sa conscience respirerait.
C'est, si l'on veut, un *Dieu formel*, quelque chose qui
n'est pas encore divin chez Kant, mais qui tend à le devenir. On s'en aperçut avec Fichte. Quoi qu'il en soit, son
rôle principal, chez Kant, est de donner à l'ensemble de
notre science un caractère relatif et *humain*, bien que d'une
humanité déjà quelque peu divinisée. La critique de Kant,
envisagée de ce point de vue, consista surtout à limiter le
dogmatisme de ses prédécesseurs, en acceptant leur conception de la science et en réduisant au minimum ce
qu'elle impliquait de métaphysique.

Mais il en est autrement de la distinction kantienne
entre la matière de la connaissance et sa forme. En voyant
dans l'intelligence, avant tout, une faculté d'établir des
rapports, Kant attribuait aux termes entre lesquels les
rapports s'établissent une origine extra-intellectuelle. Il
affirmait, contre ses prédécesseurs immédiats, que la connaissance n'est pas entièrement résoluble en termes d'in-

telligence. Il réintégrait dans la philosophie, mais en le modifiant, en le transportant sur un autre plan, cet élément essentiel de la philosophie de Descartes qui avait été abandonné par les cartésiens.

Par là il frayait la voie à une philosophie nouvelle, qui se fût installée dans la matière extra-intellectuelle de la connaissance par un effort supérieur d'intuition. Coïncidant avec cette matière, adoptant le même rythme et le même mouvement, la conscience ne pourrait-elle pas, par deux efforts de direction inverse, se haussant et s'abaissant tour à tour, saisir du dedans et non plus apercevoir du dehors les deux formes de la réalité, corps et esprit? Ce double effort ne nous ferait-il pas, dans la mesure du possible, revivre l'absolu? Comme d'ailleurs, au cours de cette opération, on verrait l'intelligence surgir d'elle-même, se découper dans le tout de l'esprit, la connaissance intellectuelle apparaîtrait alors telle qu'elle est, limitée, mais non plus relative.

Telle était la direction que le kantisme pouvait montrer à un cartésianisme revivifié. Mais dans cette direction Kant lui-même ne s'engagea pas.

Il ne voulut pas s'y engager, parce que, tout en assignant à la connaissance une matière extra-intellectuelle, il croyait cette matière ou coextensive à l'intelligence, ou plus étroite que l'intelligence. Dès lors, il ne pouvait plus songer à découper l'intelligence en elle, ni par conséquent à retracer la genèse de l'entendement et de ses catégories. Les cadres de l'entendement et l'entendement lui-même devaient être acceptés tels quels, tout faits. Entre la matière présentée à notre intelligence et cette intelligence même il n'y avait aucune parenté. L'accord entre les deux venait de ce que l'intelligence imposait sa forme à la matière. De sorte que non seulement il fallait poser la

forme intellectuelle de la connaissance comme une espèce
d'absolu et renoncer à en faire la genèse, mais la matière
même de cette connaissance semblait trop triturée par
l'intelligence pour qu'on pût espérer l'atteindre dans sa
pureté originelle. Elle n'était pas la « chose en soi », elle
n'en était que la réfraction à travers notre atmosphère.

Que si maintenant on se demande pourquoi Kant n'a
pas cru que la matière de notre connaissance en débordât
la forme, voici ce qu'on trouve. La critique que Kant a
instituée de notre connaissance de la nature a consisté à
démêler ce que doit être notre esprit et ce que doit être la
nature, *si* les prétentions de notre science sont justifiées ;
mais de ces prétentions elles-mêmes Kant n'a pas fait la
critique. Je veux dire qu'il a accepté sans discussion l'idée
d'une science une, capable d'étreindre avec la même force
toutes les parties du donné et de les coordonner en un
système présentant de toutes parts une égale solidité. Il
n'a pas jugé, dans sa Critique de la Raison pure, que
la science devînt de moins en moins objective, de plus
en plus symbolique, à mesure qu'elle allait du physique
au vital, du vital au psychique. L'expérience ne se meut
pas, à ses yeux, dans deux sens différents et peut-être
opposés, l'un conforme à la direction de l'intelligence,
l'autre contraire. Il n'y a pour lui qu'*une* expérience, et
l'intelligence en couvre toute l'étendue. C'est ce que Kant
exprime en disant que toutes nos intuitions sont sensibles,
ou, en d'autres termes, infra-intellectuelles. Et c'est ce
qu'il faudrait admettre, en effet, si notre science présentait dans toutes ses parties une égale objectivité. Mais supposons, au contraire, que la science soit de moins en
moins objective, de plus en plus symbolique, à mesure
qu'elle va du physique au psychique, en passant par le
vital. Alors, comme il faut bien percevoir une chose en

quelque façon pour arriver à la symboliser, il y aurait une intuition du psychique, et plus généralement du vital, que l'intelligence transposerait et traduirait sans doute, mais qui n'en dépasserait pas moins l'intelligence. Il y aurait, en d'autres termes, une intuition supra-intellectuelle. Si cette intuition existe, une prise de possession de l'esprit par lui-même est possible, et non plus seulement une connaissance extérieure et phénoménale. Bien plus : si nous avons une intuition de ce genre, je veux dire ultra-intellectuelle, l'intuition sensible est sans doute en continuité avec celle-là par certains intermédiaires, comme l'infra-rouge avec l'ultra-violet. L'intuition sensible va donc elle-même se relever. Elle n'atteindra plus simplement le fantôme d'une insaisissable chose en soi. C'est (pourvu qu'on y apporte certaines corrections indispensables) dans l'absolu encore qu'elle nous introduirait. Tant qu'on voyait en elle l'unique matière de notre science, il rejaillissait sur toute science quelque chose de la relativité qui frappe une connaissance scientifique de l'esprit ; et dès lors la perception des corps, qui est le commencement de la science des corps, apparaissait elle-même comme relative. Relative semblait donc être l'intuition sensible. Mais il n'en est plus de même si l'on fait des distinctions entre les diverses sciences, et si l'on voit dans la connaissance scientifique de l'esprit (ainsi que du vital, par conséquent) l'extension plus ou moins artificielle d'une certaine façon de connaître qui, appliquée aux corps, n'était pas du tout symbolique. Allons plus loin : s'il y a ainsi deux intuitions d'ordre différent (la seconde s'obtenant d'ailleurs par un renversement du sens de la première), et si c'est du côté de la seconde que l'intelligence se porte naturellement, il n'y a pas de différence essentielle entre l'intelligence et cette intuition même. Les barrières s'abaissent entre la matière de la connaissance sensible et sa forme, comme aussi entre les « formes pures » de la sensibilité et les catégories de l'entendement. On voit la matière et la forme de la connaissance intellectuelle (restreinte à son objet propre) s'engendrer l'une l'autre par une adaptation réciproque, l'intelligence se modelant sur la corporéité et la corporéité sur l'intelligence.

Mais cette dualité d'intuition, Kant ne voulait ni ne pouvait l'admettre. Il eût fallu, pour l'admettre, voir dans la durée l'étoffe même de la réalité, et par conséquent distinguer entre la durée substantielle des choses et le temps éparpillé en espace. Il aurait fallu voir dans l'espace lui-même, et dans la géométrie qui lui est immanente, un terme idéal dans la direction duquel les choses matérielles se développent, mais où elles ne sont pas développées. Rien de plus contraire à la lettre, et peut-être aussi à l'esprit, de la Critique de la Raison pure. Sans doute la connaissance nous est présentée ici comme une liste toujours ouverte, l'expérience comme une poussée de faits qui se continue indéfiniment. Mais, d'après Kant, ces faits s'éparpillent au fur et à mesure sur un plan ; ils sont extérieurs les uns aux autres et extérieurs à l'esprit. D'une connaissance par le dedans, qui les saisirait dans leur jaillissement même au lieu de les prendre une fois jaillis, qui creuserait ainsi au-dessous de l'espace et du temps spatialisé, il n'est jamais question. Et pourtant c'est bien sous ce plan que notre conscience nous place ; là est la durée vraie.

De ce côté encore, Kant est assez près de ses devanciers. Entre l'intemporel et le temps éparpillé en moments distincts, il n'admet pas de milieu. Et comme il n'y a pas d'intuition qui nous transporte dans l'intemporel, toute intuition se trouve ainsi être sensible, par définition. Mais entre l'existence physique, qui est éparpillée dans l'espace, et une existence intemporelle, qui ne pourrait être qu'une existence conceptuelle et logique comme celle dont parlait le dogmatisme métaphysique, n'y a-t-il pas place pour la conscience et pour la vie ? Oui, incontestablement. On s'en aperçoit dès qu'on se place dans la durée pour aller de là aux moments, au lieu de partir des moments pour les relier en durée.

Pourtant c'est du côté d'une intuition intemporelle que s'orientèrent les successeurs immédiats de Kant pour échapper au relativisme kantien. Certes, les idées de devenir, de progrès, d'évolution, paraissent occuper une large place dans leur philosophie. Mais la durée y joue-t-elle véritablement un rôle ? La durée réelle est celle où chaque forme dérive des formes antérieures, tout en y ajoutant quelque chose, et s'explique par elles dans la mesure où elle peut s'expliquer. Mais déduire cette forme, directement, de l'Être global qu'elle est supposée manifester, c'est revenir au Spinozisme. C'est, comme Leibniz et comme Spinoza, dénier à la durée toute action efficace. La philosophie post-kantienne, si sévère qu'elle ait pu être pour les théories mécanistiques, accepte du mécanisme l'idée d'une science une, la même pour toute espèce de réalité. Et elle est plus près de cette doctrine qu'elle ne se l'imagine ; car si, dans la considération de la matière, de la vie et de la pensée, elle remplace les degrés successifs de complication, que supposait le mécanisme, par des degrés de réalisation d'une Idée ou par des degrés d'objectivation d'une Volonté, elle parle encore de degrés, et ces degrés sont ceux d'une échelle que l'être parcourrait dans un sens unique. Bref, elle démêle dans la nature les mêmes articulations qu'y démêlait le mécanisme ; du mécanisme elle retient tout le dessin ; elle y met simplement d'autres couleurs. Mais c'est le dessin lui-même, ou tout au moins une moitié du dessin, qui est à refaire.

Il faudrait pour cela, il est vrai, renoncer à la méthode de construction, qui fut celle des successeurs de Kant. Il faudrait faire appel à l'expérience, — à une expérience épurée, je veux dire dégagée, là où il le faut, des cadres que notre intelligence a constitués au fur et à mesure des progrès de notre action sur les choses. Une expérience de ce genre n'est pas une expérience intemporelle. Elle cherche seulement, par delà le temps spatialisé où nous croyons apercevoir des réarrangements continuels entre les parties, la durée concrète où s'opère sans cesse une refonte radicale du tout. Elle suit le réel dans toutes ses sinuosités. Elle ne nous conduit pas, comme la méthode de construction, à des généralités de plus en plus hautes, étages superposés d'un magnifique édifice. Du moins ne laisse-t-elle pas de jeu entre les explications qu'elle nous suggère et les objets qu'il s'agit d'expliquer. C'est le détail du réel qu'elle prétend éclaircir, et non plus seulement l'ensemble.

Que la pensée du dix-neuvième siècle ait réclamé une philosophie de ce genre, soustraite à l'arbitraire, capable de descendre au détail des faits particuliers, cela n'est pas douteux. Incontestablement aussi, elle a senti que cette philosophie devait s'installer dans ce que nous appelons la durée concrète. L'avènement des sciences morales, le progrès de la psychologie, l'importance croissante de l'embryologie parmi les sciences biologiques, tout cela devait suggérer l'idée d'une réalité qui dure intérieurement, qui est la durée même. Aussi, quand un penseur surgit qui annonça une doctrine d'évolution, où le progrès de la matière vers la perceptibilité serait retracé en même temps que la marche de l'esprit vers la rationalité, où serait suivie de degré en degré la complication des correspondances entre l'externe et l'interne, où le changement deviendrait enfin la substance même des choses, vers lui se tournèrent tous les regards. L'attraction puissante que l'évolutionisme spencérien a exercée sur la pensée contemporaine vient de là. Si éloigné que Spencer paraisse être de Kant, si ignorant qu'il ait d'ailleurs été du Kantisme, il n'en a pas moins senti, au premier contact qu'il prit avec les sciences biologiques, dans quelle direction la philosophie pourrait continuer à marcher en tenant compte de la critique kantienne.

Mais il ne s'était pas plutôt engagé sur la voie qu'il tournait court. Il avait promis de retracer une genèse, et voici qu'il faisait tout autre chose. Sa doctrine portait bien le nom d'évolutionisme ; elle prétendait remonter et redescendre le cours de l'universel devenir. En réalité, il n'y était question ni de devenir ni d'évolution.

Nous n'avons pas à entrer dans un examen approfondi de cette philosophie. Disons simplement que *l'artifice ordinaire de la méthode de Spencer consiste à reconstituer l'évolution avec des fragments de l'évolué.* Si je colle une image sur un carton et que je découpe ensuite le carton en morceaux, je pourrai, en groupant comme il faut les petits cartons, reproduire l'image. Et l'enfant qui travaille ainsi sur les pièces d'un jeu de patience, qui juxtapose des fragments d'image informes et finit par obtenir un beau dessin colorié, s'imagine sans doute avoir *produit* du dessin et de la couleur. Pourtant l'acte de dessiner et de peindre n'a aucun rapport avec celui d'assembler les fragments d'une image déjà dessinée, déjà peinte. De même, en composant entre eux les résultats les plus simples de l'évolution, vous en imiterez tant bien que mal les effets les plus complexes ; mais ni des uns ni des autres vous n'aurez retracé la genèse, et cette addition de l'évolué à l'évolué ne ressemblera pas du tout au mouvement d'évolution lui-même.

Telle est pourtant l'illusion de Spencer. Il prend la réalité sous sa forme actuelle ; il la brise, il l'éparpille en fragments qu'il jette au vent ; puis il « intègre » ces fragments et il en « dissipe le mouvement ». Ayant imité le Tout par un travail de mosaïque, il s'imagine en avoir retracé le dessin et fait la genèse.

S'agit-il de la matière ? Les éléments diffus qu'il intègre en corps visibles et tangibles ont tout l'air d'être les particules mêmes des corps simples, qu'il suppose d'abord disséminées à travers l'espace. Ce sont, en tous cas, des « points matériels » et par conséquent des points invariables, de véritables petits solides : comme si la solidité, étant ce qu'il y a de plus près de nous et de plus manipulable par nous, pouvait être à l'origine même de la matérialité ! Plus la physique progresse, plus elle montre l'impossibilité de se représenter les propriétés de l'éther ou de l'électricité, base probable de tous les corps, sur le modèle des propriétés de la matière que nous apercevons. Mais la philosophie remonte plus haut encore que l'éther, simple figuration schématique des relations saisies par nos sens entre les phénomènes. Elle sait bien que ce qu'il y a de visible et de tangible dans les choses représente notre action possible sur elles. Ce n'est pas en divisant l'évolué qu'on atteindra le principe de ce qui évolue. Ce n'est pas en recomposant l'évolué avec lui-même qu'on reproduira l'évolution dont il est le terme.

S'agit-il de l'esprit ? Par la composition du réflexe avec le réflexe, Spencer croit engendrer tour à tour l'instinct et la volonté raisonnable. Il ne voit pas que le réflexe spécialisé, étant un point terminus de l'évolution au même titre que la volonté consolidée, ne saurait être supposé au départ. Que le premier des deux termes ait atteint plus vite que l'autre sa forme définitive, c'est fort probable ; mais l'un et l'autre sont des dépôts du mouvement évolutif, et le mouvement évolutif lui-même ne peut pas plus s'exprimer en fonction du premier tout seul que du second uniquement. Il faudrait commencer par mêler le réflexe et le volontaire ensemble. Il faudrait ensuite aller à la recherche de la réalité fluide qui se précipite sous cette double forme et qui, sans doute, participe de l'un et de l'autre sans être aucun des deux. Au plus bas degré de l'échelle animale, chez des êtres vivants qui se réduisent à une masse protoplasmique indifférenciée, la réaction à l'excitation ne met pas encore en œuvre un mécanisme déterminé, comme dans le réflexe ; elle n'a pas encore le choix entre plusieurs mécanismes déterminés, comme dans l'acte volontaire ; elle n'est donc ni volontaire ni réflexe, et pourtant elle annonce l'un et l'autre. Nous expérimentons en nous-mêmes quelque chose de la véritable activité originelle, quand nous exécutons des mouvements semi-volontaires et semi-automatiques pour échapper à un danger pressant : encore n'est-ce là qu'une bien imparfaite imitation de la démarche primitive, car nous avons affaire alors à un mélange de deux activités déjà constituées, déjà localisées dans un cerveau et dans une moelle, tandis que l'activité première est chose simple, qui se diversifie par la production même de mécanismes comme ceux de la moelle et du cerveau. Mais sur tout cela Spencer ferme les yeux, parce qu'il est de l'essence de sa méthode de recomposer le consolidé avec du consolidé, au lieu de retrouver le travail graduel de consolidation, qui est l'évolution même.

S'agit-il enfin de la correspondance entre l'esprit et la matière? Spencer a raison de définir l'intelligence par cette correspondance. Il a raison d'y voir le terme d'une évolution. Mais quand il en vient à retracer cette évolution, il intègre encore de l'évolué avec de l'évolué sans s'apercevoir qu'il prend ainsi une peine inutile : en se donnant le moindre fragment de l'actuellement évolué, il pose le tout de l'évolué actuel, et c'est en vain qu'il prétendrait alors en faire la genèse.

Pour Spencer, en effet, les phénomènes qui se succèdent dans la nature projettent dans l'esprit humain des images qui les représentent. Aux relations entre les phénomènes correspondent donc, symétriquement, des relations entre les représentations. Et les lois les plus générales de la nature, en lesquelles se condensent les relations entre les phénomènes, se trouvent ainsi avoir engendré les principes directeurs de la pensée, en lesquels se sont intégrées les relations entre les représentations. La nature se reflète donc dans l'esprit. La structure intime de notre pensée correspond, pièce à pièce, à l'ossature même des choses. Je le veux bien ; mais, pour que l'esprit humain puisse se représenter des relations entre les phénomènes, encore faut-il qu'il y ait des phénomènes, c'est-à-dire des faits distincts, découpés dans la continuité du devenir. Et dès qu'on se donne ce mode spécial de décomposition, tel que nous l'apercevons aujourd'hui, on se donne aussi l'intelligence, telle qu'elle est aujourd'hui, car c'est par rapport à elle, et à elle seulement, que le réel se décompose de cette manière. Pense-t-on que le Mammifère et l'Insecte notent les mêmes aspects de la nature, y tracent les mêmes divisions, désarticulent le tout de la même manière ? Et pourtant l'Insecte, en tant qu'intelligent, a déjà quelque chose de notre intelligence. Chaque être décompose le monde matériel selon les lignes mêmes que son action y doit suivre : ce sont ces lignes *d'action possible* qui, en s'entre-croisant, dessinent le réseau d'expérience dont chaque maille est un fait. Sans doute une ville se compose exclusivement de maisons, et les rues de la ville ne sont que les intervalles entre les maisons : de même, on peut dire que la nature ne contient que des faits, et que, les faits une fois posés, les relations sont simplement les lignes qui courent entre les faits. Mais, dans une ville, c'est le lotissement graduel du terrain qui a déterminé à la fois la place des maisons, leur configuration, et la direction des rues ; à ce lotissement il faut se reporter pour comprendre le mode particulier de subdivision qui fait que chaque maison est où elle est, que chaque rue va où elle va. Or, l'erreur fondamentale de Spencer est de se donner l'expérience déjà lotie, alors que le vrai problème est de savoir comment s'est opéré le lotissement. J'accorde que les lois de la pensée ne soient que l'intégration des rapports entre les faits. Mais, dès que je pose les faits avec la configuration qu'ils ont aujourd'hui pour moi, je suppose mes facultés de perception et d'intellection telles qu'elles sont aujourd'hui en moi, car ce sont elles qui lotissent le réel, elles qui découpent les faits dans le tout de la réalité. Dès lors, au lieu de dire que les relations entre les faits ont engendré les lois de la pensée, je puis aussi bien prétendre que c'est la forme de la pensée qui a déterminé la configuration des faits perçus, et par suite leurs relations entre eux. Les deux manières de s'exprimer se valent. Elles disent, au fond, la même chose. Avec la seconde, il est vrai, on renonce à parler d'évolution. Mais, avec la première, on se borne à en parler, on n'y pense pas davantage: Car un évolutionisme vrai se proposerait de rechercher par quel *modus vivendi* graduellement obtenu

l'intelligence a adopté son plan de structure, et la matière
son mode de subdivision. Cette structure et cette subdivision s'engrènent l'une dans l'autre. Elles sont complémentaires l'une de l'autre. Elles ont dû progresser
l'une avec l'autre. Et, soit qu'on pose la structure actuelle
de l'esprit soit qu'on se donne la subdivision actuelle de
la matière, dans les deux cas on reste dans l'évolué : on ne
nous dit rien de ce qui évolue, rien de l'évolution.

C'est pourtant cette évolution qu'il faudrait retrouver.
Déjà, dans le domaine de la physique elle-même, les
savants qui poussent le plus loin l'approfondissement
de leur science inclinent à croire qu'on ne peut pas rai-
sonner sur les parties comme on raisonne sur le tout, que
les mêmes principes ne sont pas applicables à l'origine et
au terme d'un progrès, que ni la création ni l'annihilation,
par exemple, ne sont inadmissibles quand il s'agit des
corpuscules constitutifs de l'atome. Par là ils tendent à se
placer dans la durée concrète, la seule où il y ait génération, et non pas seulement composition de parties. Il est
vrai que la création et l'annihilation dont ils parlent con-
cernent le mouvement ou l'énergie, et non pas le milieu
impondérable à travers lequel l'énergie et le mouvement
circuleraient. Mais que peut-il rester de la matière quand
on en retranche tout ce qui la détermine, c'est-à-dire, précisément, l'énergie et le mouvement ? Le philosophe doit
aller plus loin que le savant. Faisant table rase de ce qui
n'est qu'un symbole imaginatif, il verra le monde matériel se résoudre en un simple flux, une continuité d'écoulement, un devenir. Et il se préparera ainsi à retrouver la
durée réelle là où il est plus utile encore de la retrouver,
dans le domaine de la vie et de la conscience. Car, tant
qu'il s'agit de la matière brute, on peut négliger l'écoulement sans commettre d'erreur grave : la matière, avons-

nous dit, est lestée de géométrie, et elle ne dure, elle réalité qui *descend*, que par sa solidarité avec ce qui *monte*. Mais la vie et la conscience sont cette montée même. Quand une fois on les a saisies dans leur essence en adoptant leur mouvement, on comprend comment le reste de la réalité dérive d'elles. L'évolution apparaît, et, au sein de cette évolution, la détermination progressive de la matérialité et de l'intellectualité par la consolidation graduelle de l'une et de l'autre. Mais c'est alors dans le mouvement évolutif qu'on s'insère, pour le suivre jusque dans ses résultats actuels, au lieu de recomposer artificiellement ces résultats avec des fragments d'eux-mêmes. Telle nous paraît être la fonction propre de la philosophie. Ainsi comprise, la philosophie n'est pas seulement le retour de l'esprit à lui-même, la coïncidence de la conscience humaine avec le principe vivant d'où elle émane, une prise de contact avec l'effort créateur. Elle est l'approfondissement du devenir en général, l'évolutionisme vrai, et par conséquent le vrai prolongement de la science, — pourvu qu'on entende par ce dernier mot un ensemble de vérités constatées ou démontrées, et non pas une certaine scolastique nouvelle qui a poussé pendant la seconde moitié du dix-neuvième siècle autour de la physique de Galilée, comme l'ancienne autour d'Aristote.

TABLE DES MATIÈRES

CHAPITRE III

De la signification de la vie.
L'ordre de la nature et la forme de l'intelligence.

CHAPITRE IV

Le mécanisme cinématographique de la pensée et l'illu-
sion mécanistique. — Coup d'œil sur l'histoire des
systèmes. — Le devenir réel et le faux évolutionisme.